Latinoamérica
su civilización y su cultura

Eugenio Chang-Rodríguez
Queens College of the City University of New York

HH Heinle & Heinle Publishers
Boston, Massachusetts 02116, U.S.A.

Photo Acknowledgments: *Courtesy of the author:* pp. 107, 356, 363 / *Organización de los Estados Americanos:* pp. 16, 92, 97, 102, 105, 122, 127, 169, 204, 236, 260, 265, 292, 301, 303, 318, 331, 381, 403 / *Corporación de Turismo de Venezuela, Centro Audiovisual:* pp. 18, 215 / *Departamento de Turismo, México:* pp. 25, 39, 227, 229, 333 / *Dominican Tourist Information Center, New York:* pp. xvi, 27, 270, 276, 334, 390 / *Archivo Guillén, Instituto Nacional de Cultura, Perú:* pp. 34, 37, 43, 46, 47, 64, 76, 78, 79, 112, 113, 129, 131, 133, 322, 325, 329, 336, 337, 377 / *Perspectivas de la Unesco, No. 732:* p. 38 / *Museum of the American Indian, Heye Foundation:* pp. 48, 283, 348, 374 / *Granger:* pp. 42, 54, 376 / *Colombian Information Service, New York:* pp. 51, 212 / *The Hispanic Society of America:* pp. 55, 59, 61, 67, 311, 312 / *Brazilian Tourism Authority, Embratur:* pp. 94, 148, 327, 340, 382, 405 / *Grabitzky, Monkmeyer:* p. 155 / *From the collections of the Humanities Research Center, The University of Texas at Austin:* p. 158 / *United Nations:* p. 188 / *Courtesy of the Panama Canal Commission:* p. 252 / *AP/Wide World:* pp. 306, 308 / *Coca-Cola Export Corporation:* p. 320 / *San Francisco Museum of Modern Art:* Gift of Albert M. Bender in memory of Caroline Walter (oil and tempera on masonite— 48″ × 47 ¾″): p. 360 / *The Museum of Modern Art, New York: Agrarian Leader Zapata,* Diego Rivera, 1981. Fresco, 7′9¾″ × 6′2″—Abby Aldrich Rockefeller Fund: p. 220; *Echo of a Scream,* David Alfaro Siqueiros, 1937. Duco on wood, 48″ × 36″—Gift of Edward M. M. Warburg: p. 362; Kahlo, Frida. *Self Portrait.* 1937. In two parts: oil on composition board with painted mirror frame, 22¼ × 17⅜ × 1¾″, including frame; mirror with painted mirror frame, 25¼ × 19⅛ × 1¾″, including frame. Collection, The Museum of Modern Art, New York. Mary Sklar Bequest: p. 365 / *Galería Arvil:* p. 363 (top) / *The Pierre Matisse Gallery Corporation:* p. 368 / *Metropolitan Opera Guild:* p. 389 / *St. Augustine Chamber of Commerce:* p. 412

Sponsoring Editor: Laura McKenna
Project Editor: Brigitte Pelner
Design Supervisor: Claudia DePolo
Text Design Adaptation and Cover Design: Delgado Design, Inc.
Photo Research: Mira Schachne
Production Administrator: Beth Maglione
Compositor: Tapsco, Inc.
Printer and Binder: R. R. Donnelley & Sons Company
Cover printer: Phoenix Color Corp.

Latinoamérica: su civilización y su cultura, Second Edition

Library of Congress Cataloging-in-Publication Data

Chang-Rodríguez, Eugenio.
    Latinoamérica, su civilización y su cultura/Eugenio Chang-
Rodríguez.—2nd ed.
        p. cm.
    Filmography: p.
    Includes bibliographical references (p.) and index.
    ISBN 0-8384-3540-8
    1. Latin America—Civilization. 2. Spanish language—Readers
Latin America—Civilization. I. Title.
    F1408.3.C4 1991
    980—dc20   90-40675
                                                         CIP

92 93 9 8 7 6 5 4 3

Indice de materias

Preface

Latinoamérica: su civilización y su cultura is the result of my many years of teaching courses on Latin American civilization at American universities. In the process of revising the first edition, it has been more difficult to exclude than to include parts of the complex world of culture and the different phases of historical experience. My approach in preparing this second edition has been to select the most important aspects of Latin American culture. The revision gives greater importance to meaningful events, their causes and effects than to the bare historical facts, places, dates, and names. These significant episodes, appropriately perceived, help us to categorize them according to their substantive similarities.

Most chapters have been written with a diachronic focus to present the march of those events with the greatest human significance. After all, history and the character of the people exert a reciprocal influence on each other. Historical experience leaves an indelible mark on human conduct and in a certain sense contributes to shaping its future. Yet, although diachronic analysis is predominant in this book, the synchronic approach is also present.

This revised edition is intended primarily for students of Latin American civilization. It can be used as a reader in the fourth semester of Spanish and in courses in Spanish conversation and composition. New features of the second edition include updated bibliographic recommendations, questionnaires for conversations, themes for oral and written reports, and chapter summaries to highlight the most important cultural facts, events, conflicts, problems, and contributions. Each chapter is also accompanied by footnotes. My aim was to gloss words that are not typical of an intermediate college course or whose meaning could not be inferred. To determine whether the student was likely to have encountered a specific term in his or her previous study of the language, the *Frequency Dictionary of Spanish Words* (A. Juilland and E. Chang-Rodríguez, The Hague: Mouton, 1964) was used as a guide. Most of the first 1500 words of this dictionary were not glossed. Whenever possible, footnotes are explained in Spanish rather than English. Reading and translating are two different mental performances and encouraging the first implies discouraging the second.

The book begins with a chapter on the various names for Latin America and the problem of its unity, that is, of its condition as a *pueblo-continente*, in the sense that the Peruvian writer Antenor Orrego (1892–1960) gave to this term. In his book *El pueblo-continente*, published in Chile in 1939, he applied it to the continental peoples of China, India, the United States, Canada, Australia, Russia, and Latin America, countries with a defined psychological and geopolitical profile. On this real or ideal unity rests all analysis of Latin American civilization, to such a degree that if this premise were discarded, it would be futile to discuss and examine Latin American civilization as such.

Chapter 2 takes up briefly the geographic aspect in its double import: physical and human (physical characteristics and their impact on human beings). The fundamental interest is to present the theater of events and the scene of the experiences that have enriched Latin American culture in the course of the millenia. In Chapter 3 the most influential pre-Columbian characteristics are reviewed, whose historical legacy constitutes the cultural foundation of their present-day descendants.

Chapter 4 describes the explorations and the conquest of the New World and the far-reaching nature of the transformation of the conqueror and the conquered, the colonizer and the colonized, the native and the immigrant. The two following chapters deal with the colonial period and its cultural legacy. Symbiosis and syncretism are two by-products of the cultural fusion that took place from the 16th to the 19th century. Chapter 7 reviews the intellectual achievements of those three centuries of deculturation, acculturation, and assimilation.

Chapter 8 takes up the political emancipation, which clearly was inconclusive as a revolution, although it is officially known as the Revolution for Independence. Because the emancipation obtained failed to bring structural changes in the economy, society, and culture of this continental nation, it has been appropriately called the "first independence." Bearing this thesis in mind, Chapters 9–15 attempt to explain the struggle in the new states to assure political autonomy, to complete the unfinished work of the first revolution for their independence. They sum up the efforts to overcome dependency and economic, literary, artistic, and educational underdevelopment. Chapters 16 to 19 take up the literary and artistic currents, dwelling on the most crucial and original moments. The last chapter is a miscellany; it deals with the recent interpretative approaches to the challenges now facing Latin American culture and civilization. It also deals with the black and Asiatic presence, as well as feminism, the changing role of the Church, and the Hispanic community in the United States.

One of the aims of writing this book has been to show the unity of Latin American culture, notwithstanding its varied contours. As the different components of the general culture are not to be found evenly distributed in all the countries nor in the various regions, the incautious observer is likely to confuse the part with the whole and see plurality where there is homogeneity *sui generis*. Not a few are disoriented by the perceived regional differences in this apparently heterogeneous continent. After reading the book the student will be aware that Argentina and Mexico, Uruguay and Peru, have more in common than is readily accepted by those who are misled by superficial manifestations. Latin American culture could be compared to a rainbow in which some colors are perceived brighter than others. The present work will have fulfilled its objective if its readers come to perceive Latin American civilization as a unified ray of light, made up of all the colors of the spectrum.

By giving the synthesis of my reflections on Latin America, I hope to contribute to clearing away false perceptions of this part of the world, fed for centuries by fables, mirages of the imagination, prejudices, myths, frustrations, simple-mindedness, generalizations and the black and white legends which have contributed to the apocryphal history of a purported failure. Only the lenses of despair can drive the pessimist to believe that Latin America is in fact the land of a permanent tomorrow. On the other hand, Latin American problems and their phantoms have engendered, since the arrival of Columbus, a torrent of hyperbole. The *Diary* and the letters of Columbus, for example, reveal astonishment mixed with a veiled interest in justifying the imperialist adventure. In his euphoria, the Admiral calls islets islands and the islands continents; he calls brooks rivers and inlets ports; he calls hills mountains and ponds lakes. What Columbus writes in his jubilation emanates more from a charmed mind than a mad one. So another history of the area began to be written, with an admixture of astonishment and propaganda, of justification, resentments and fears, because many have tried, like Columbus, to apply European categories and concepts to New World realities.

If this book, written during pauses in my periodic trips through the continent, in the library, in the university office and the study at home, after decades of living in Latin America and tens of visits to study its multiple horizons, contributes to demythologizing its history and to showing old and new facets of its reality, then it will have achieved a great part of the purposes which motivated its writing.

I wish to conclude this preface by expressing my appreciation to all the people who have helped me during the preparation of this book and its revision, especially my wife Raquel Chang-Rodríguez, Elizabeth Lantz, Janet Dracksdorf, Carlos Thorne, Gabriella de Beer, Martín Poblete, Nilo de Cárdenas, Miguel Maticorena Estrada, and Harry F. Langhorne. My thanks to Susana D. Castillo, San Diego State University, and Klaus Müller-Bergh, University of Illinois at Chicago, who read the revised manuscript with special dedication and made valuable suggestions that were incorporated in the second edition. I also would like to express my gratitude to the following persons who read the revised manuscript: Leon Bright, University of Southern California; Ivo Domínguez, University of Delaware; José Escarpanter, Auburn University; David W. Foster, Arizona State University; Ester Gimbernat de González, University of Northern Colorado; Naomi Lindstrom, University of Texas at Austin; Barbara Mujica, Georgetown University; Allen Pomerantz, Bronx Community College; Harry L. Rosser, Boston College; and Nancy W. Shumaker, Georgia Southern University. I am most grateful to Laura McKenna, Brigitte Pelner, and Lisa R. Littman of HarperCollins Publishers Inc., for their assistance and support during the preparation and production of this revised edition.

Eugenio Chang-Rodríguez

Latinoamérica

Estatua de Cristóbal Colón en el Parque de Santo Domingo, República Dominicana.

Capítulo 1

Unidad del mundo latinoamericano

1.1 La cuestión del nombre

Al hablar de la América Latina inmediatamente pensamos primero en la cuestión del nombre y después en el problema de su unidad. ¿Cómo se llama verdaderamente esa gran nación continental que muchos nombran América Latina?

Ya se ha dicho que el Hemisferio Occidental es el continente de las equivocaciones.[1] Como sabemos, el nuevo mundo fue «descubierto» y nombrado por equívoco,[2] y hoy se sigue equivocando la mayoría de los que tratan de interpretar su realidad. Cuando los europeos buscaban un camino al Asia, erraron al creer que habían llegado al Lejano Oriente y nombraron «Indias» a estas tierras. Más tarde, para corregir el error, al nombre equivocado se le añadió el adjetivo «occidental» que también puede considerarse equivocado. Así se dijo Indias Occidentales, en plural, para distinguirlas de la India en singular, es decir, la India Oriental. Sus habitantes aborígenes hasta hoy reciben el nombre de indios.

Después, también erróneamente, a las tierras visitadas por Colón se las llamó *América*, en honor de Américo Vespucio, navegante italiano que fue uno de los primeros en identificarlas como parte de un Nuevo Mundo. Por varios siglos universalmente se ha errado al identificar la palabra «América» con sólo una porción del continente. En los siglos XVI y XVII

---

[1] V. R. Haya de la Torre, «No nos avergoncemos de llamarnos indoamericanos» [«Let's not be ashamed to call ourselves Indo-Americans»]. Ver E. Chang-Rodríguez y Harry Kantor, eds., *La América Latina de hoy* (New York: Ronald Press, 1961), pp. 119–130.

[2] *equivocaciones, equívocos*   (related to *equivocarse*, to err) errors.

América era principalmente el nuevo mundo ocupado por los españoles y portugueses. En la Península Ibérica, desde el siglo XVI hasta el siglo pasado, cuando se decía «América» se quería decir en realidad las tierras hispánicas del Hemisferio Occidental. En este siglo el término «América» se identifica universalmente con los Estados Unidos, y así continuamos equivocándonos.

Los nombres más usados en castellano que se le da a la región que se extiende desde el Río Bravo hasta la Patagonia son: *Iberoamérica, Hispanoamérica, América Latina, Indoamérica, Sudamérica y Eurindia.* En este libro usamos alternadamente las diversas denominaciones[3] aunque algunas son erróneas. Veamos por qué.

Se ha observado que el nombre Iberoamérica es incorrecto porque excluye a Haití y Surinam. Hay quienes objetan al término Hispanoamérica porque no tiene debidamente en cuenta a la inmensa mayoría india, negra y de las otras razas que hoy forman un pueblo predominantemente mestizo, indoamericano; otros afirman que es precisamente el legado cultural hispano lo que en último análisis dio una unidad a elementos tan heterogéneos que forman esa realidad hispanoamericana mestiza de nuestro tiempo. América Latina, denominación inventada por los franceses en el siglo pasado y hoy universalizada, tiene el defecto de excluir las muchas contribuciones no latinas. El término Sudamérica, usado por los argentinos desde el Congreso de Tucumán (1816), es demasiado estrecho para tan inmensa área. Eurindia, apelativo[4] inventado por el escritor argentino Ricardo Rojas (1882–1957), no parece haber sido muy aceptado por diversas razones. En cambio, Indoamérica es defendido principalmente por los apristas[5] del Perú y en general por los indigenistas[6] del resto del continente. Es probablemente el que ha recibido defensa más coherente, articulada, y hasta cierto punto, apasionada. Para los defensores de Indoamérica, éste es término de reivindicación[7] y de optimismo: abarca a indios, españoles, portugueses, negros, mestizos, mulatos, a todos los grupos étnicos de procedencia europea, africana y oriental. Indoamérica en realidad no da exclusividad ni prioridad a lo indio porque el prefijo «Indo» se deriva aquí no de «indio» sino de «Indias», el nombre usado por más tiempo, desde 1492 hasta el siglo XVIII. Quienes prefieren Indoamérica lo hacen para incluir a todos. Tratan de abarcar las diversas contribuciones culturales: precolombinas[8] simbolizadas por el prefijo «Indo» y las poscolombinas, representadas por la parte «América» del término. Indoamérica entendida así sería una de-

---

[3] *denominaciones*   nombres
[4] *apelativo*   nombre
[5] *Apristas* son los miembros o defensores del Apra (Alianza Popular Revolucionaria Americana), partido político fundado por V. R. Haya de la Torre (1895–1979) en México, en 1924. El partido aprista persigue la creación de los Estados Unidos de Latinoamérica, entre otras cosas.
[6] *Indigenistas* son los artistas y escritores que toman al indio de carne y hueso como centro de su producción artística. «Indigenista» a menudo tiene la connotación de defensor del indio.
[7] *reivindicación*   reclamación
[8] *precolombinas*   de antes de 1492; *poscolombinos*   de después de 1492

nominación más universal y comprensiva, aunque, después de todo, como sabemos, en cuestiones culturales, como lingüísticas no siempre se impone la lógica sino el uso y la costumbre.

1.2 El problema de la unidad

A menudo se ha insistido en la creencia hipotética de la existencia de varias Américas Latinas. Claro, aquí no nos ocuparemos de quienes se interesan en que haya real o ficticiamente varias Américas Latinas porque sus argumentos sólo justifican el lema de *Divide et impera.*[9] Pero no todas éstas son personas comprometidas[10] política o económicamente. Muchos creen, con sinceridad o ingenuidad, que no hay una sola América Latina sino varias; otros, un poco exagerados, sostienen que hay tantas como hay países.

Los que defendemos la unidad del mundo indoamericano lo hacemos basándonos principalmente en razones históricas, políticas, económicas, sociológicas, lingüísticas y sicológicas.

1.3 Razones históricas

El vínculo histórico en Latinoamérica es como el cordón umbilical[11] que une cronológicamente a sus veinte países que en este libro estudiamos. La historia de estos pueblos puede dividirse con criterio pedagógico en dos importantes períodos: el precolombino y el poscolombino. El primero se extiende de diferentes maneras según las diversas definiciones del término historia. Algunos investigadores hacen comenzar el período precolombino varios miles de años antes de Jesucristo; otros, basándose en recientes excavaciones realizadas en Sudamérica y México, lo hacen comenzar varios centenares de miles de años antes. Claro, si aceptamos la definición restringida de «historia» como el período que se inicia con el descubrimiento de la escritura, entonces la historia de Latinoamérica se acorta mucho. De todas maneras hay consenso en hacer terminar este período simbólicamente en 1492. Es este año muy significativo para todo el Hemisferio Occidental, sin excluir a la América anglosajona, ni a la francesa ni holandesa.

El período poscolombino puede dividirse en cuatro importantes épocas de diversa duración según el país. Juzgando a Latinoamérica en forma global y con un criterio didáctico, las etapas[12] poscolombinas tienen las

---

[9] *Divide et impera*   «Divide and rule»
[10] *comprometidas*   committed
[11] *El vínculo. . . umbilical.*   The historical link is like an umbilical cord.
[12] *etapas*   épocas

siguientes duraciones: (1) Conquista y Colonización (1492–1542), (2) Colonia (1542–1810), (3) Lucha por la independencia política (1810–1824), y (4) Vida políticamente independiente (1824–hasta el presente).

Se notará que en la primera etapa no hemos incluido «descubrimiento» porque, desde el punto de vista estrictamente historiográfico, es difícil defender la tesis de que hubo tal cosa. Hablando científicamente es difícil denominar así al desembarco de Colón en la isla de San Salvador hasta que no se expliquen satisfactoriamente las preguntas ¿Quién descubrió a quién? y ¿Fue verdaderamente Colón el primer europeo que viajó al continente occidental? Al aproximarse el quinto centenario de los viajes de Colón el debate sobre su significado se agudizó. La propuesta de España, Portugal y los países de las Américas en las Naciones Unidas para declarar 1992 «el año del descubrimiento» fue derrotada por los países escandinavos y africanos por considerar que exploradores nórdicos llegaron al Nuevo Mundo antes que Colón y porque la llegada de éste agudizó el tráfico de esclavos. Los hispanoamericanos mismos acordaron celebrar el quinto centenario del mutuo descubrimiento y del encuentro de dos mundos en vez del colonialista y superado falso nombre de «Descubrimiento de América». Por esta y otras razones, nosotros hemos escogido llamar a esta etapa de la historia latinoamericana «Conquista y Colonización» porque en 1492 se inicia el período de las exploraciones, conquista y colonización del Nuevo Mundo.

La Colonia abarca aproximadamente tres siglos en la mayor parte de Latinoamérica. Arbitrariamente la hacemos comenzar con el año más importante de las Leyes de Indias[13] y la hacemos terminar en el año de la proclamación de la autonomía del mayor número de cabildos abiertos.[14] Aunque la lucha por la independencia verdaderamente empezó en el siglo XVIII, conviene iniciar esta etapa con el año de 1810 porque fue el cabildo abierto el pretexto y la razón de ser de la revolución independentista. Termina este período cuando el ejército español capituló en Sudamérica en 1824. La vida independiente, o políticamente libre, comienza teóricamente a partir de 1824 y se extiende hasta nuestros días. Pero no todos se independizaron en ese año. Haití lo hizo en 1804, el Brasil en 1822, y Cuba no lo pudo hacer sino hasta 1898, por lo menos en lo que respecta a su dependencia de España.

Si olvidamos las excepciones mencionadas, el acontecer histórico es indudablemente un común denominador de los diversos países latinoamericanos.

---

[13] *The Laws of The Indies* were the most important legal documents governing the Spanish possessions and the treatment of the Indians in America.
[14] El cabildo abierto del mundo hispánico tiene otro origen, composición y función que el *town meeting* de Nueva Inglaterra, aunque de un modo general es su equivalente.

1.4 Razones políticas

Desde el punto de vista político, oficialmente todos los países latinoamericanos tienen la forma de gobierno republicano. Hoy día sus pueblos, con la excepción del puertorriqueño, forman veinte repúblicas políticamente independientes. Su turbulenta historia es uniforme en la adhesión verbal de sus políticos al sistema republicano y a la democracia. De los cuatro experimentos monárquicos, sólo el del Brasil no terminó con la muerte violenta del monarca. En Haití, Dessalines fue asesinado en 1806 y catorce años más tarde su sucesor, Christophe, se suicidó. En México, Iturbide fue fusilado en 1824, Maximiliano en 1867. Sólo don Pedro, expulsado del Brasil en 1889, pudo morir en su pobre cama parisina dos años después.

La causa monárquica nunca ha sido popular en Latinoamérica. Los pueblos y caudillos[15] latinoamericanos se parecen en su ardiente dedicación a la causa republicana. En el futuro podrán establecerse nuevos sistemas económicos y se podrá reorganizar su sociedad pacífica o violentamente, pero Latinoamérica seguirá siendo oficialmente republicana. Esta forma de gobierno está firmemente establecida.

1.5 Razones económicas

La producción de recursos naturales y la economía en general varía de región en región, conforme cambia la latitud, la altitud y la naturaleza del medio. En términos generales, puede decirse que los veinte países todavía son principalmente productores de materias primas,[16] no obstante los vastos programas de industrialización que se han llevado a cabo con esfuerzo en algunos de ellos, especialmente en Argentina, México, Brasil y Chile. Se acostumbra a decir que toda la región está económicamente «en desarrollo» (eufemismo por «subdesarrollada»), porque su promedio de ingreso[17] anual per cápita es de unos 1000 dólares, menos de la décima parte que en los Estados Unidos. Con todo, todavía es válida la frase «El latinoamericano es un mendigo[18] sentado en un banco de oro.» Se ilustra con ella, con un poco de exageración, la situación del latinoamericano medio,[19] que tiene un ingreso anual tan bajo aunque vive en un continente potencialmente muy rico. Por supuesto, las cifras[20] a veces engañan si uno no las analiza co-

---

[15] *Caudillo* is the typical political leader of the Hispanic world. He is a charismatic political boss followed blindly and with loyalty from the time he emerges with a common cause until he becomes a tyrant or a benevolent dictator. His popularity is based more on the force of his personality, his courage and oratory than on his ideology.

[16] *materias primas*   raw materials

[17] *promedio de ingreso*   average income. Véase el estudio de las Naciones Unidas, *¿Se puede superar la pobreza?* (Santiago de Chile, CEPAL, 1980) y los últimos *Cuadernos de la CEPAL*.

[18] *mendigo*   beggar

[19] *medio*   average

[20] *cifras*   figures

rrectamente. Aunque los venezolanos y los argentinos tienen un promedio de ingresos de unos 1800 dólares anuales, respectivamente, la cifra de 1000 dólares de promedio para toda el área es en sí, para la gran mayoría, todavía muy alta.[21] Recuérdese que hay ricos que tienen millones de dólares de ingresos anualmente. Probablemente es más exacto decir que, con la excepción de Argentina, Uruguay, Cuba y Puerto Rico, los demás países hispanoamericanos tienen una población compuesta de una pequeña minoría de gente sumamente rica e indiferente a las necesidades de su patria y una vasta mayoría de paupérrimos resueltos hoy a mejorar su suerte lo más pronto posible.

No cabe duda que Indoamérica enfrenta una de las crisis más importantes de los pueblos en desarrollo. Debido a la gran presión del constante aumento de la población, es más o menos universal la creencia en la industrialización, la reforma agraria y la redistribución de las riquezas. Para muchos, estas urgentes necesidades deben satisfacerse inmediatamente, aunque sea sacrificando temporalmente algunos derechos civiles. Las masas, hoy despiertas, sobre todo los campesinos y los trabajadores urbanos, sienten fuertemente el deseo de modificar la estructura económica de sus países, sea como sea, a fin de conseguir hoy, en pocos años, lo que no han podido obtener en varios siglos. El clamor general es por más pan, mejor vivienda,[22] más escuelas y mejor transporte. La gente no está dispuesta a seguir esperando ese distante «mañana» de la respuesta tradicional. El latinoamericano medio quiere para él y para sus hijos un mejor nivel de vida[23] inmediatamente. Exige realizaciones y no promesas. Está cansado de oír promesas que no se cumplen. Esta fuerte inclinación al cambio inmediato, al mejoramiento, es un nuevo elemento que tienen en común muchos latinoamericanos de las diversas latitudes: desde Cuba hasta el Perú, desde México hasta la Argentina.

1.6 Razones sociales

El panorama sociológico de la región es múltiple y sin embargo, la característica de su multiplicidad asemeja unas naciones a otras. La mayor parte de la población todavía es de origen ibérico, es decir con mucha o poca sangre española o portuguesa. En algunos países como en México, Guatemala, Ecuador, Perú y Bolivia, la mayoría de los habitantes son de origen indio. La herencia indígena, sea sanguínea o sicológica, es la constante de

---

[21] The United Nations Economic Commission for Latin America publishes periodically a revised and updated version of its *Statistical Yearbook for Latin America*. Its Part One presents statistical series for Latin America proper and the region as a whole. Its Part Two offers the same statistical series with valuable data by countries, arranged in alphabetical order. This important United Nations publication also offers a population projection.

[22] *vivienda* housing

[23] *nivel de vida* living standard

todos los pueblos. Si por influencia india se entiende también el influjo[24] de la exuberante naturaleza americana, las naciones con abrumadora[25] mayoría blanca o negra—Uruguay, Haití, por ejemplo—también pertenecen a la comunidad indoamericana. Al cuadro sociológico de base iberoindia hay que añadir otros elementos étnicos que también cambian de región en región. En las repúblicas del Río de la Plata y en el Brasil viven millones de *hispanoamericanos* descendientes de inmigrantes italianos; en el sur de Brasil y de Chile, como en gran número de países vecinos, hay centenares de miles de *latinoamericanos* de ascendencia alemana.[26] En menor cantidad viven en diversos rincones de Iberoamérica *indoamericanos* de procedencia francesa, inglesa, judía, árabe, eslava, japonesa, irlandesa[27] y china. Los *mestizos*—producto de la mezcla de dos o más razas—viven en todas estas repúblicas, constituyendo a veces la mayoría de la población. Colombia y Venezuela, por ejemplo, son países esencialmente mestizos.

1.7 Razones lingüísticas

El panorama lingüístico es también bastante importante en la unificación indoamericana. El idioma es indudablemente una de las fuerzas unificadoras más poderosas. Pocas áreas geográficas del mundo tienen tanta unidad lingüística. En Hispanoamérica propiamente dicha—es decir en la parte del Nuevo Mundo donde se tiene el castellano como lengua oficial—hay más unidad lingüística que en Europa, Africa y Asia, por ejemplo.

El español y el portugués predominantemente, y en menor grado el francés y las lenguas indias, son los medios de comunicación verbal a través de las fronteras políticas artificiales. El 90 por ciento de la población, más o menos, habla o comprende el castellano. No olvidemos que los de habla portuguesa tienen poca dificultad en entender a los hispanoparlantes.[28] Los brasileños, que constituyen el 33 por ciento de la población total latinoamericana, tienen por lengua oficial al portugués. Un 3 por ciento de latinoamericanos hablan exclusivamente uno o varios de los idiomas indios, entre los cuales el quechua, el aymará y el náhuatl son probablemente los más difundidos. El francés es el idioma oficial de tres millones de haitianos y la segunda lengua de miles de latinoamericanos cultos de Norte, Sur y Centroamérica. El castellano, por su parte, es la lengua universal de toda el área. Sabiendo español el extranjero puede viajar con facilidad por toda Latinoamérica sin tener mayor problema de comunicación.

---

[24] *influjo*   influencia
[25] *abrumadora*   overwhelming
[26] *ascendencia alemana*   German ancestry
[27] *judía. . . irlandesa*   Jewish. . . Irish
[28] *hispanoparlantes*   speakers of Spanish, Spanish-speaking persons

1.8 Razones sicológicas

Además de las razones anteriormente expuestas hay que añadir otras grandes fuerzas unificadoras internas que han dado a los latinoamericanos rasgos síquicos[29] y culturales comunes. Si es verdad que los latinoamericanos no son más unidos que sus vecinos anglosajones del Norte, también es cierto que aquéllos les aventajan a éstos en la intensidad de ciertas características espirituales muy universalizadas.

Junto a las peculiaridades locales, regionales y nacionales, hay fuerzas espirituales que los extranjeros fácilmente notan en los latinoamericanos. Se encuentran entre ellas la cultura, el pensamiento y la acción que muchos denominan tal vez apresuradamente como «típicamente latinoamericanos». Al latinoamericano lo mueve subconscientemente una fuerza muy visible en su literatura: la búsqueda de su conciencia continental.[30] Ella se manifiesta en la intensa preocupación en el destino histórico y en la interpretación coherente de su manera de ser individual. El latinoamericano está sumamente preocupado por saber quién es y qué es lo que verdaderamente quiere y cuál es su destino histórico. Los latinoamericanos de las diversas latitudes—de Cuba, de México, de la Argentina, de Bolivia, del Perú, del Brasil, de Chile, de Colombia y de los otros países—están demostrando una preocupación parecida a la que mostraban los franceses, ingleses y alemanes antes de constituirse en nación.Es como si los ciudadanos de estos países latinoamericanos supieran que además de sentirse hoy más mexicanos, argentinos y peruanos que hispanoamericanos, sus nietos y biznietos serán más indoamericanos que amantes de la patria chica.[31]

Muchos jóvenes creen que la patria grande, la gran patria americana, nacerá algún día: de los veinte países políticamente desunidos de hoy se forjarán los Estados Unidos de Latinoamérica, un poderoso estado continental con una sola bandera y un solo destino, como lo soñaron Simón Bolívar y José Martí. Tal vez ellos tengan razón porque, viéndolo bien, la búsqueda de lo mexicano, la radiografía[32] de la pasión argentina, la urgencia de peruanizar al Perú y de chilenizar Chile no son más que intentos frustrados de quienes, no habiendo logrado la conciencia de su ser continental, se entregan a la caprichosa tarea de reafirmarse en su patria chica para consolar una frustración temporal. Con el tiempo, los estrechos nacionalismos serán reemplazados por un saludable patriotismo continental. El día en que el indoamericano de la región más meridional esté a tono espiritual con su hermano del trópico o de los desiertos de Baja California y de las islas del Caribe, ese día lo mexicano, lo argentino, lo brasileño y lo peruano

---

[29] *rasgos síquicos*   psychological characteristics
[30] *búsqueda. . . continental*   search for a continental awareness, that is, a desire to know who they really are as citizens of a continental nation.
[31] *patria chica*   small fatherland (small country) while *patria grande* is «the» great fatherland (Latin America)
[32] *radiografía*   x-ray

no serán sino las mismas facetas del carácter general latinoamericano. Entonces la nación continental estará sicológicamente lista para constituirse en un estado continental: en los Estados Unidos de Latinoamérica.

1.9 Sumario

I. Razones históricas:
  A. Período precolombino (?–1492)
  B. Período poscolombino (1492–hasta el presente)
    1. Exploraciones, conquista y colonización (1492–1542)
    2. Colonia (1542–1810)
    3. Lucha por la primera independencia política (1820–24)
    4. Vida política independiente (1824–presente)
II. Razones políticas:
  A. Adhesión al sistema republicano
  B. Aversión al sistema monárquico
  C. Retórica defensa de la democracia
III. Razones económicas:
  A. Universalidad del «subdesarrollo» («en desarrollo» = «subdesarrollo»)
  B. Minoría oligárquica vs. mayoría paupérrima
  C. Metáfora del «Mendigo sentado en un banco de oro»
IV. Razones sociales:
  A. El arco iris racial: mestizos, indios, blancos, negros, orientales
  B. El sustrato indio universal
V. Razones lingüísticas:
  español (lingua franca), portugués, lenguas amerindias y francés
VI. Razones sicológicas:
  A. Conciencia continental: la gran patria latinoamericana
  B. Rezagos de estrecho nacionalismo patriotero en «Soy puro mexicano», «Peruanicemos al Perú» y «Chileanicemos a Chile»

1.10 Recomendación bibliográfica

Atwood, R., and E. G. McAnany, eds. *Communication and Society in Latin America*. Madison: University of Wisconsin Press, 1986.

Ardao, Arturo. *Génesis de la idea y el nombre de la América Latina*. Caracas: Centro de Estudios Latinoamericanos «Rómulo Gallegos», 1980.

Arguedas, José María. *Formación de una cultura nacional indoamericana*. Selección y Prólogo de Ángel Rama. México: Siglo XXI, 1975.

Chang-Rodríguez, E., y H. Kantor, eds. *La América Latina de hoy*. New York: Ronald Press, 1961.

Dietz, James L., and James H. Street. *Latin America's Economic Development: In-*

stitutionalist and Structuralist Perspectives. Boulder, Co.: Lynne Rienner Publishers, 1987.

Galeano, Eduardo, *Las venas abiertas de América Latina*. México: Siglo XXI, 1979.

Hirschman, A. O. *Bias for Hope: Essays on Development and Latin America*. Boulder, Co.: Westview Press, 1986.

James, P. E., and C. W. Minkel. *Latin America*. New York: Wiley, 1986.

Loveman, Brian, and Thomas M. Davies, Jr., eds. *The Politics of Antipolitics: The military in Latin America*. 2d ed. Lincoln: University of Nebraska Press, 1989.

O'Donnel, Guillermo, et al. *Transitions from Authoritarian Rule: Latin America*. Baltimore: Johns Hopkins University Press, 1986.

Skidmore, Thomas E., and Peter H. Smith. *Modern Latin America*. Oxford: Oxford University Press, 1984.

Wagley, Charles. *Latin American Tradition: Essays on the Unity and Diversity of Latin American Culture*. New York: Columbia University Press, 1968.

Wiarda, Howard J., *Latin America at the Crossroads: Debt, Development and the Future*. Boulder, Co.: Westview Press, 1986.

Ycaza Tigerino, Julio. *La cultura hispánica y la crisis de Occidente*. Madrid: Ministerio de Cultura, 1981.

1.11 Cuestionario y temas

Cuestionario

1. ¿Hay una o varias Américas Latinas? ¿Por qué?
2. ¿Cómo se puede defender la unidad del mundo latinoamericano?
3. ¿Qué factores tienen en común los hispanoamericanos?
4. ¿Cuál es el nombre más apropiado de América Latina?
5. ¿Cuánto tiempo dura el período precolombino y cómo puede explicarse su duración?
6. ¿Qué épocas comprende el período poscolombino?
7. ¿Por qué es disputable la idea de que hubo «descubrimiento» en 1492?
8. ¿Cuáles son las causas fundamentales de la crisis económica latinoamericana?
9. ¿Qué significa la frase «Mendigo sentado en un banco de oro»?
10. ¿A quiénes se incluye cuando se habla de los «indios»?

Temas para informes orales

1. Importancia de los nombres de Latinoamérica.
2. Unidad versus diversidad.
3. Las grandes etapas históricas de Hispanoamérica.
4. La herencia política común.
5. El proceso del mestizaje.
6. Las lenguas del Nuevo Mundo.
7. El nacionalismo continental latinoamericano.
8. La diferencia entre ricos y pobres.

9. La inclinación al cambio inmediato.
10. El sueño de la unidad continental.

Temas para informes escritos opcionales

1. Razones históricas de la unidad latinoamericana.
2. Razones políticas favorecedoras de la unidad.
3. La búsqueda de la personalidad continental.
4. Nacionalismo regionalista versus patriotismo continental.
5. El sueño económico de la unificación.

Mapa geográfico de América Latina

Mapa geográfico de América Latina que muestra algunas de sus grandes cordilleras, ríos e islas.

Capítulo
2

La geografía y la gente

La belleza del continente americano, de norte a sur, de este a oeste, ha sido elogiada ampliamente por los europeos desde el siglo XVI. Los norteamericanos mismos, canadienses y estadounidenses, al viajar por Latinoamérica desde el siglo XVIII, no pueden evitar su asombro al ver ríos tan caudalosos[1] que parecen brazos de mar; montañas tan altas, que desafían el infinito; y llanuras y bosques[2] tan extensos que estimulan la imaginación. Todo parece requerir superlativos para su descripción. Si dijeran que el Hemisferio Occidental surgió a la vida, vigoroso y palpitante, el segundo día de la creación,[3] no exagerarían. ¡Cuántos viajeros han escrito libros de elogios[4] a la naturaleza americana! ¡Cuántos científicos, como Humboldt y Darwin, han formulado teorías revolucionarias después de admirar y estudiar la prodigiosa flora y fauna americanas! En el desarrollo económico y cultural de Latinoamérica han desempeñado importantísimo papel su medio físico, altitud, latitud, bosques, cordilleras, sistemas fluviales, planicies, desiertos[5] y, por supuesto, el carácter de su gente. Veamos por qué.

---

[1] *no pueden. . . caudalosos* they cannot help being amazed upon seeing such large rivers
[2] *llanuras y bosques* prairies and forests
[3] *Si dijeran. . . creación* If they were to say that the Western Hemisphere sprang to life, vigorous and throbbing, the second day of the creation of the universe
[4] *elogio* praise
[5] *cordilleras. . . desiertos* mountain ranges, river systems, plains, deserts

2.1 El medio físico

Latinoamérica abarca aproximadamente las dos terceras partes del Hemisferio Occidental: comienza en el Río Bravo (Río Grande) y se extiende hasta el Polo Sur. Esta vasta región tiene un área total tres veces el tamaño de Europa; sólo Brasil es más grande que la parte continental de los Estados Unidos. Casi toda Sudamérica se encuentra al sudeste de Norteamérica, apenas a unas 1,550 millas (2494 kilómetros[6]) de Africa, casi a la mitad de la distancia que hay entre Nueva York y San Francisco.

Las islas más importantes de Latinoamérica se encuentran en el Caribe: Cuba, Española y Puerto Rico, también conocidas como Antillas Mayores. Entre las otras islas se destacan las Galápagos, famosas por su especial geología, flora y fauna, tan útiles en la hipótesis sobre la evolución de las especies formulada por Darwin. Fueron importantes en el siglo pasado la isla venezolana Margarita, muy apreciada por sus perlas, y las islas peruanas del Pacífico, riquísimas en guano.[7] A Chile le pertenecen Juan Fernández, escenario de las aventuras de Robinson Crusoe, y la distante Isla de Pascua (Easter Island) en el Pacífico Sur. Las Malvinas (Falkland Islands), cuya soberanía disputan Argentina y Gran Bretaña, son útiles por sus riquezas petrolíferas potenciales y la cría de ovejas.[8] Algunas islas como Cozumel (cerca de Yucatán), las de la desembocadura del Amazonas,[9] Tierra del Fuego y las del sur de Chile son en realidad partes de la masa continental separadas de ella por brazos de mar.

2.2 La altitud modifica la latitud

Así como la mayor parte de Angloamérica se encuentra en la zona templada,[10] la mayor porción de Latinoamérica se halla en la zona tórrida. Si hablamos en términos de países, entonces el cuadro es más claro: excepto el Uruguay, todas las naciones latinoamericanas están total o parcialmente entre el Trópico de Cáncer y el de Capricornio. Es la zona tropical tan importante en la vida de muchos de estos países que uno de ellos tiene el nombre simbólico de Ecuador. La zona tórrida o semitórrida, con bosques o sin ellos, es la constante geográfica de Latinoamérica.

Si América Latina ocupara sólo una masa de tierra baja, sin cordilleras

---

[6] Latin America, like most of the world, uses the metric system, a decimal system of weights and measures. The basic units are the meter (39.37 inches) and the gram (15.46 grains) for mass or weight. A kilometer (1000 meters) is equal to 0.621 mile (1 mile = 1609 meters); a kilogram or kilo (1000 grams), 2.2046 pounds (1 pound = 460 grams).

[7] *Guano*, a substance composed mainly of the excrement of seafowl, has been used extensively as a fertilizer since Inca times.

[8] *cría de ovejas*   sheep raising

[9] *desembocadura del Amazonas*   mouth of the Amazon [*desembocar*, to flow into]

[10] *zona templada*   temperate zone

altas, estaría cubierta, en su mayor parte, de vegetación tropical y semitropical y tendría el clima parecido al del Africa de igual latitud. Pero la
realidad es otra: pese a su posición geográfica, la región tiene extensas
zonas de clima templado en el mismo corazón del trópico. La altitud ha
modificado los efectos de la latitud y así tenemos a corta distancia de zonas
altas con clima primaveral o frío, regiones calurosas con vegetación tupida.[11]

La selva tropical, rica en árboles siempre verdes con hojas grandes,[12]
es típica de las regiones de gran precipitación pluvial[13] y alta temperatura
durante la mayor parte del año. En Latinoamérica encontramos esta clase
de selva en la cuenca[14] del Amazonas, en gran parte del norte de la costa
atlántica y en la costa sudamericana, al norte del Golfo de Guayaquil. La
del Amazonas es la selva ecuatorial más extensa del mundo.

El bosque tupido de árboles siempre verdes y semideciduos (que pier-
den algunas hojas anualmente) es propio de las regiones semitropicales de
alta humedad atmosférica y alta temperatura durante parte del año. Esta
clase de floresta[15] semitropical la encontramos en las Antillas, en la mayor
parte de la costa occidental de Centroamérica, en el sudeste del Brasil y
en el Chaco de Bolivia, Paraguay, Brasil y Argentina.

La floresta semitropical rica en espinos[16] es típica de las regiones semi-
áridas del noreste del Brasil y de la Meseta del Norte de México. En el sur
del Brasil y de Chile y en algunas partes de la Meseta Central de México
encontramos la floresta de zona templada.

En Sudamérica, a las amplias zonas planas cubiertas de hierba semitropical buena para el pastoreo[17] a menudo las llaman *sabanas*. Pueden ser
de dos clases: (1) la que tiene una hierba de tres a ocho pies de altura,
intercalada con árboles bajos y que sufre una sequía durante el invierno
(estación seca),[18] y (2) la cubierta únicamente de hierba de pastoreo que
sufre inundaciones periódicas. A la primera variedad de sabana pertenece
la cuenca septentrional del río Orinoco, en donde también recibe el nombre
de *llanos*, y la que cubre parte de la Meseta Brasileña,[19] donde recibe el
nombre de *campos*. La segunda variedad de sabana es la que encontramos
en el sudeste del Brasil y en parte del Paraguay. Una inmensa región plana
de Sudamérica cubierta de hierba de pastoreo es la Pampa argentina. Por
tratarse de una vasta región de tierra plana baja, rica en hierba de zona
templada, la estudiamos más adelante en las secciones sobre planicies y
desiertos.

---

[11] *regiones. . . tupida* hot regions with lush vegetation
[12] *La selva. . . grandes* Tropical jungle, rich with broad-leaved evergreen trees
[13] *alta precipitación pluvial* high rain precipitation
[14] *cuenca* basin
[15] *floresta* forest
[16] *floresta. . . espinos* hawthorn forest
[17] *hierba. . . pastoreo* grass. . . pasturing
[18] *sequía. . . estación seca* drought. . . dry season
[19] *Meseta Brasileña* Brazilian Plateau

San Antonio de Polopó, villa a orillas del Lago Atitlán, está al norte del volcán Atitlán, entre las dos ciudades más importantes del país: Guatemala y Quetzaltenango. En esta región montañosa viven más de 3 millones de guatemaltecos.

2.3 La importancia de las cordilleras

El espinazo de Latinoamérica lo forman las cadenas de montañas que partiendo del Cabo de Hornos[20] corren por el lado occidental de Sudamérica, se prolongan con menor altura a lo largo de Centroamérica, entran en

---

[20] *espinazo. . . Cabo de Hornos*   backbone. . . Cape Horn

México y, a la altura del Istmo de Tehuantepec, se ramifican en dos grandes cordilleras. Sólo en Sudamérica se llaman Andes. Tienen una extensión de 4,000 millas de largo, una anchura que a veces llega a las 300 millas, numerosos volcanes y picos altísimos. El Aconcagua, por ejemplo, situado entre Chile y la Argentina, tiene 22,829 pies de altitud. Los Andes, después del Himalaya, tienen los picos más altos del mundo. Las cordilleras de los Andes pasan por todos los países iberoamericanos de Sudamérica, excepto por Uruguay, Paraguay y Brasil, a los cuales sin embargo, afectan con las aguas que descienden de sus laderas[21] para formar el Amazonas y alimentar el sistema fluvial Paraná-Río de la Plata.

En Bolivia, los Andes tienen tres cadenas de montañas. Las dos más cercanas al Pacífico forman el inmenso Altiplano,[22] hogar de la mayoría de los habitantes de ese país desde la época precolombina. Esta altiplanicie boliviana es de unas 450 millas de largo por 80 millas de ancho. Su altura media de 12,500 pies la hace, después del Tibet, la región más alta del mundo con fuerte concentración humana. En el Altiplano se encuentran el lago Titicaca y La Paz, la capital más alta del mundo. Entre esta altiplanicie y la cordillera oriental de los Andes se hallan los valles semitropicales (*yungas*) de Bolivia que limitan con la inmensa selva de los afluentes[23] del Amazonas.

En Perú, Ecuador, Colombia y Venezuela las tres cordilleras andinas forman inmensos valles que hasta hace poco se encontraban aislados. En el Ecuador los Andes tienen veinte picos volcánicos dispuestos en serie, formando una especie de avenida de volcanes. En Colombia las subdivisiones interandinas constituyen regiones diferenciadas con economía y ciudad capital propias.

En Centroamérica la cordillera corre paralela al mar, más cerca al Pacífico, y forma la región templada donde vive la mayoría de la población.

Al prolongarse a México, la cordillera continúa paralela al Pacífico hasta llegar al Istmo de Tehuantepec. De allí en adelante, hasta los desiertos del norte de México que limitan con los Estados Unidos, las montañas se dividen en la Sierra Madre Occidental y la Sierra Madre Oriental, las cuales forman la famosa Meseta Central, con su subdivisión norteña, más baja y seca, y la subdivisión sureña,[24] más alta y húmeda. La norteña (Meseta del Norte) varía entre los 3,600 y 4,000 pies de altura. La sureña (Meseta del Sur), que llega hasta el Valle del Río Balsas, tiene una altitud que varía entre los 5,000 y los 8,700 pies. Acá se encuentra la mayor concentración de volcanes del mundo y los picos más altos de Norteamérica, como el Orizaba (18,700 pies), el Popocatépetl (17,887 pies) y el Ixtaccíhuatl (17,342). Esta es la

---

[21] *laderas*   slopes
[22] *Altiplano, altiplanicie*   high plateau
[23] *afluentes*   tributarios
[24] *norteña. . . sureña*   northern. . . southern

El Pico Bolívar, una de las varias cumbres (*summits*) con nieve perpetua de los
Andes venezolanos del Estado de Mérida, ricos en minerales todavía inexplotados.
La carretera Panamericana que une Caracas con Cúcuta, Colombia, cruza estos
Andes a 14,000 pies de altura.

región de cielo azul y aire transparente que los toltecas precolombinos
llamaron Anáhuac (Tierra al filo del agua).[25]
    Se puede evaluar la importancia de las cordilleras latinoamericanas de
una manera negativa o de una manera positiva. Juzgándolas negativamente
se afirma que ellas constituyen una tremenda barrera de obstáculos a las
comunicaciones. Además se señala su propensidad a los movimientos sísmicos periódicos, causantes de destrucción y muerte en el curso de los
siglos. En efecto, casi todas las ciudades edificadas en sus valles, mesetas,
laderas o cercanías[26] han sido afectadas por terremotos o temblores.[27] En
1541 Santiago de los Caballeros, primera capital de Guatemala, fue de-
molida por un terremoto. Lo mismo sucedió en 1773 con la segunda capital
de ese país, levantada con el mismo nombre en otro lugar. La tercera capital,
la actual Ciudad de Guatemala, inaugurada el 1° de enero de 1776, también
ha sufrido los efectos de fuertes temblores en este siglo. Otras ciudades
arruinadas por la furia sísmica y reconstruidas después con caprichosa persistencia han sido: Santiago de Chile (1647), Cuzco (1650), Lima y Callao
(1746), Quito y Riobamba, Ecuador (1797), Caracas (1812), Concepción,
Chile (1835, 1939), Mendoza, Argentina (1861), y Huaraz y Yungay, Perú
(1970). Este último dejó alrededor de 75,000 muertos y un millón de

---

[25] *Tierra al filo del agua*   Land at the edge of the water
[26] *o cercanías*   or proximities
[27] *terremotos o temblores*   earthquakes or tremors

personas sin hogar. Los daños físicos y sicológicos causados por los movimientos sísmicos han influido notablemente en el desarrollo de la región.

Por otra parte, si se quiere adoptar una actitud positiva, se puede señalar la riqueza mineral de las montañas. Aunque todavía no se han hecho exploraciones y estudios geológicos exhaustivos, lo producido antes, lo descubierto recientemente y los cálculos provisionales señalan a Iberoamérica como una de las regiones del mundo más ricas en minerales.

Los yacimientos de hierro[28] de alta calidad en Brasil (Minas Gerais y Bahía) y Venezuela (Cerro Bolívar y El Pâo, al sur del Orinoco meridional), se encuentran entre los más ricos del mundo. Hay además yacimientos de magnetita (óxido de hierro) en México, Perú, Colombia, Argentina, Paraguay y Centroamérica. El manganeso, metal también insustituible en la fabricación del acero[29] y útil en la industria química, se halla en grandes cantidades en Brasil (Mato Grosso y región oriental) y en menores cantidades en México, República Dominicana, Cuba y norte de Chile.

Latinoamérica también produce minerales combinables con el hierro. Hay minas de cromo en Cuba y Guatemala; de níquel[30] en Cuba y Brasil; de tungsteno en Bolivia, Perú, Argentina y Brasil; y de vanadio en el Perú. El yacimiento de níquel y cobalto descubierto en la Provincia de Oriente, en 1953, convirtió a Cuba en uno de los principales productores de níquel del mundo y la hizo ocupar el cuarto lugar en la producción mundial. Una de las minas de vanadio más ricas del orbe[31] está en el Perú, a una altura de 15,500 pies sobre el nivel del mar.

Es verdaderamente una lástima que Latinoamérica sea tan pobre en carbón, el otro ingrediente fundamental en el desarrollo de la industria siderúrgica,[32] base de la industrialización. Sólo México, Colombia, Perú, Argentina, Brasil y Chile tienen limitados yacimientos de carbón, no siempre de buena calidad. Como compensación, sin embargo, la prodigiosa naturaleza le ha dado a Latinoamérica otros metales importantes: cobre a Chile, Argentina, Bolivia y Perú; plomo y zinc a México, Perú, Bolivia y Guatemala; estaño[33] a Bolivia, Argentina, Brasil y México; plata a México, Perú, Bolivia y Centroamérica; oro a Colombia, México, Brasil y Perú; bauxita (material de donde se obtiene el aluminio) a Haití y a la República Dominicana; platino a Colombia; nitrato y sulfuro a Chile.

Chile ocupa en el mundo el segundo lugar en la producción de cobre. Chuquicamata, en el norte del país, tiene la mina de cobre más grande del orbe. La fama mundial de Bolivia por su producción de estaño todavía se mantiene. México y Perú son dos de los grandes productores mundiales de plata: México ocupa el primer lugar y Perú el cuarto. La mayor parte

---

[28] *yacimientos de hierro*   iron deposits
[29] *acero*   steel
[30] *cromo. . . níquel*   chromium. . . nickel
[31] *orbe*   world
[32] *industria siderúrgica*   industria del hierro y del acero
[33] *plomo. . .; estaño*   lead. . .; tin

de las mejores esmeraldas del orbe proceden de Colombia. Chile posee el único gran yacimiento de nitrato natural del mundo. México es el segundo país del orbe en la producción del sulfuro. Y así podríamos continuar señalando la importancia de los minerales en la economía del área. En otros capítulos veremos el papel que los metales han desempeñado en la historia y la influencia que tienen en la economía de los diferentes países.

Los geólogos señalan que el petróleo se encuentra en las profundidades con roca sedimentada. En Latinoamérica hay petróleo en todos los países, excepto en Uruguay y Paraguay. La producción total del área es considerable, sobre todo la de Venezuela y México, importantes abastecedores de los Estados Unidos. Son ellos muy respetados por ocupar puestos importantes en la producción mundial. El petróleo hasta ahora explotado se encuentra irregularmente distribuido: Venezuela rinde[34] más que ningún otro país de Hispanoamérica. El resto lo producen principalmente México, Ecuador, Colombia, Perú, Argentina y Bolivia, países que lo utilizan también para satisfacer crecientes necesidades domésticas. El gas, frecuentemente hallado junto al petróleo, es explotado y utilizado en gran escala sólo por México, Venezuela y Argentina.

2.4 Los grandes sistemas fluviales

Los cinco grandes sistemas fluviales de Iberoamérica se encuentran en Sudamérica: (1) Amazonas, (2) Paraná-La Plata, (3) Cauca-Magdalena, (4) Orinoco y (5) São Francisco. Todos ellos desembocan en el Atlántico.

El Amazonas, el río más caudaloso del mundo, es un verdadero «rey de las aguas». Desde su nacimiento, en el Perú, hasta su desembocadura, en el Atlántico, recorre 3,000 millas, a lo largo de las cuales es alimentado por grandes tributarios de centenares de millas cada uno. Su cuenca, con una área de 2,722,000 millas cuadradas, comprende la mayor parte de Brasil y Bolivia, casi la mitad de Perú y Ecuador y gran parte de Colombia y Venezuela; un vasto territorio equivalente a toda Europa sin Rusia. El Amazonas es tan caudaloso que a doscientas millas de su desembocadura, en el Océano Atlántico, domina el agua dulce a la salada. El sistema fluvial amazónico ofrece una extensa red de navegación[35] acuática: normalmente 20,000 millas, pero en época de inundación alcanza hasta las 36,000 millas.

El sistema Paraná-La Plata desagua[36] la república del Paraguay, el norte de la Argentina, el Uruguay y partes de Bolivia y Brasil. Entre sus principales tributarios se encuentran los ríos Paraguay, Pilcomayo y Uruguay. En realidad lo que se conoce con el nombre de Río de la Plata es el estuario de 225 millas que forman los ríos Paraná y Uruguay. Este sistema tiene un tráfico intenso: es navegable hasta Asunción, capital del Paraguay.

---

[34] *rinde*   yields
[35] *red de navegación*   navigation system
[36] *desagua*   drains

El Magdalena, que nace en la región meridional de los Andes colombianos, corre hacia el norte 1,000 millas hasta llegar al Caribe. Fue este río la ruta que tomó el conquistador Gonzalo Jiménez de Quesada para llegar a la meseta donde fundó Santa Fe de Bogotá (1537) y desde entonces hasta hace poco era casi el único medio de comunicación entre la costa del Caribe y el interior del país. El Cauca, de 600 millas de extensión, es su principal afluente.

El Orinoco desagua las laderas meridionales de los Andes venezolanos y las laderas septentrionales de la Sierra de la Guayana. Después de recorrer 1,500 millas, desemboca en el Caribe. En su extenso recorrido es alimentado por grandes tributarios. Uno de ellos nace cerca de donde comienza un afluente del Amazonas, al cual está unido por un canal. En 1958 dos norteamericanos navegaron desde la desembocadura del Orinoco hasta la del Río de la Plata, después de una cortísima interrupción entre un tributario del Amazonas y otro del Paraguay.

El Sâo Francisco, de unas 1,800 millas de extensión, desagua parte de la Meseta Brasileña. Corre de sur a norte, paralelo a la costa atlántica para luego dirigirse al este y desembocar a unas 400 millas del extremo más oriental[37] de Latinoamérica.

Lamentablemente ninguno de estos ríos ha desempeñado el papel histórico del Eufrates, del Tigris, del Nilo o del Río Amarillo. Hoy día los ríos Amazonas, Magdalena, Sâo Francisco, Paraná y Río de la Plata son de importancia económica. Los demás tienen todavía limitada utilidad por encontrarse lejos de las zonas desarrolladas y pobladas. La importancia de los ríos Magdalena, Orinoco y Sâo Francisco como medios de comunicación está limitada por sus cataratas y rápidos[38] que los hacen navegables por unas 500 millas solamente. Los ríos que desembocan en el Pacífico no son navegables debido a la corta distancia que recorren desde los Andes hasta el mar y sobre todo por el poco caudal de agua que periódicamente llevan. Los ríos de Centroamérica y de México tampoco son importantes arterias de comunicación ni pesan en la economía de la región. Ojalá que en el futuro el latinoamericano consiga emplear mejor los ríos para obtener de ellos más energía hidroeléctrica y agua para irrigar, como ocurre en la represa de Itaipú, una de las mayores represas del mundo, cerca de las cataratas del Iguazú.

2.5 Las planicies y los desiertos

En Latinoamérica hay grandes extensiones de tierras planas bajas y altas. La más extensa es la que se encuentra entre los Andes y la Meseta Brasileña situada en el tercio oriental del Brasil, casi junto al Atlántico. Esta tierra

---

[37] *extremo más oriental*   easternmost
[38] *cataratas y rápidos*   waterfalls and rapids

plana baja forma el Valle del Amazonas que se extiende al sur hacia donde corre el sistema fluvial Paraná-La Plata para comunicarse con las inmensas pampas argentinas.

Otra extensa región plana pero alta es la Meseta Brasileña cuya parte occidental tiene una altitud entre 2,000 y 3,000 pies y es más regular que la parte oriental donde hay unas cadenas de montañas con valles y picos que a veces llegan a los 5,000 pies de altura. Mirando hacia el interior desde Río de Janeiro y sus vecindades se distingue la Serra do Mar (Sierra del Mar) que es en realidad el borde[39] de la meseta.

Las pampas argentinas cubren cuatro millones de millas cuadradas. Se extienden al sur del Chaco semiselvático y la Mesopotamia argentina del sistema fluvial Paraná-La Plata, y llegan al este hasta muy cerca de la ciudad de Buenos Aires. Las pampas avanzan al oeste hasta los contrafuertes de los Andes, y al sur hasta los límites de la Patagonia. Es una región extremadamente fértil, desprovista casi de árboles y sin piedra alguna, cubierta de una hierba que alimenta a millones de cabezas de ganado.[40] En esta extensa región vive la mayor parte de la población rural argentina; allí se han construido los ferrocarriles y caminos más extensos del país.

La Patagonia es la planicie triangular situada en la parte meridional de la Argentina, al sur del Río Colorado. Tiene una altitud media de 2,000 pies de altura y está cubierta de vegetación apropiada para el pastoreo. Es una región pobre, azotada constantemente por fuertes vientos,[41] inhóspita al hombre. Aunque abarca la cuarta parte del área de la Argentina, tiene sólo el 1% de su población.

Los llanos del Orinoco se encuentran entre las laderas meridionales de los Andes venezolanos, las laderas orientales de los Andes colombianos y el borde norte de la Sierra de la Guayana que ocupa la mitad meridional de Venezuela y parte del oriente colombiano.

La Sierra de la Guayana se encuentra inmediatamente al sur del Orinoco e inmediatamente al norte del Valle del Amazonas. Ocupa territorios de Colombia, Venezuela, Brasil, Guyana (antigua Guayana Inglesa), Surinam (Guayana Holandesa) y la Guayana Francesa. En esta sierra se levantan cerros redondos que forman valles angostos. La mayor parte de su superficie plana la cubren sabanas pastorales y bosques de árboles semideciduos. El escritor angloargentino Guillermo Enrique Hudson (1841–1922) describió esta mezcla de floresta y sabana al evocar esta región en su conocida novela *Green Mansions* (*Las mansiones verdes*). La Sierra de la Guayana no sufre los castigos de las inundaciones y sequías como los llanos del Orinoco.

La región plana tropical del Chaco, de más de 200,000 millas cuadradas, se extiende desde la ribera oriental[42] del sistema fluvial formado por los ríos Paraguay, Paraná y Pilcomayo. Bolivia, Paraguay, Brasil y la Argentina

---

[39] *borde*   border, edge
[40] *cabezas de ganado*   head of cattle
[41] *azotada. . . vientos*   constantly scourged by strong winds
[42] *ribera oriental*   eastern bank

comparten esta planicie semitropical. Se parece mucho al Valle del Ganges y como éste tiene la misma clase de monte bajo,[43] condenado a sufrir inundaciones anuales. Su actual valor económico radica en el quebracho (árbol que da una substancia muy útil en el curtido de los cueros),[44] la yerba mate (té del Paraguay), las maderas finas y el petróleo.

Otra gran región plana extensa es la que se encuentra en el norte de México, cortada por el extremo norte de la Sierra Madre Occidental. La parte del Pacífico es más árida; la ocupa el 21% de la población. La parte oriental de esta superficie plana se proyecta hasta más allá de la frontera con los Estados Unidos.

Los desiertos verdaderamente áridos de Latinoamérica no son tan extensos como los de Africa, Asia y Australia. El más árido de todos se encuentra entre los Andes y el Pacífico. Comienza a 250 millas de Santiago, abarca la costa norte de Chile, casi toda la costa del Perú y el sur del Ecuador hasta llegar casi al río Guayas, cerca de Guayaquil. La corriente de Humboldt procedente del Antártico pasa muy cerca de la costa, modifica el clima de la región, le baja la temperatura pero le niega precipitación pluvial, haciéndola en algunas partes—en el norte de Chile, por ejemplo— más seca que el Sahara.

El desierto del noreste del Brasil, la región del *sertão*, es una zona con sequías periódicas, cuyos habitantes a menudo tienen que emigrar en busca de trabajo y mejores condiciones de vida.

Otras zonas semidesérticas ocupan la Patagonia y las altísimas mesetas interandinas. Sólo crecen en ellas una grama baja y arbustos pequeños.[45] Las frígidas mesetas andinas situadas entre los 15,000 y 16,000 pies de altura se encuentran cubiertas de nieve perpetua.

2.6 Los límites del medio físico

La caprichosa geografía latinoamericana es bendecida[46] por unos y criticada por otros. Entre los que la bendicen están las compañías mineras y petroleras, los hacendados, los exportadores de materias primas y todos los que lucran[47] de sus riquezas naturales. En cambio, los que ven los límites del medio físico señalan el obstáculo que las montañas imponen a las comunicaciones y al transporte, el rigor del clima de las tierras bajas, la selva indómita, el caudal[48] de los ríos, la aridez de sus desiertos, la escasez de carbón y, sobre todo, la falta de bahías naturales donde construir grandes puertos.

---

[43] *monte bajo*   scrub forest
[44] *curtido de los cueros*   leather tanning
[45] *grama. . . pequeños*   short grass and small shrubs
[46] *bendecida*   blessed
[47] *lucran*   profit
[48] *caudal*   flow

En efecto, si examinamos el mapa del subcontinente latinoamericano, notamos que en el lado del Atlántico, desde el extremo sur hasta el norte del Brasil, sólo hay dos lugares apropiados donde se han construido grandes puertos: el estuario del Río de la Plata y la Bahía de Guanabara. El estuario ha permitido la edificación de los puertos de Buenos Aires, Montevideo y, algo alejado del mar, en el Paraná, Rosario. En la Bahía de Guanabara se encuentra Río de Janeiro. Los otros puertos, como el de Santos, que sirve al comercio de São Paulo, no se encuentran en bahías importantes y han sido edificados gracias a la voluntad de trabajo del hombre ansioso de desafiar las limitaciones de la naturaleza.

En la costa del Pacífico sucede lo mismo. El único lugar apropiado para un gran puerto es la desembocadura del Guayas, el único río de importancia que lleva sus aguas al Pacífico. A orillas del Guayas, algo alejado del mar, se encuentra Guayaquil. Los otros puertos son artificiales: Valparaíso (Chile), Mollendo y Callao (Perú), Buenaventura (Colombia) y Acapulco (México).

El medio físico ha contribuido a que los latinoamericanos se dediquen principalmente a explotar las materias primas. Sólo en Argentina, Brasil y México ha avanzado algo la industria manufacturera. El resto de Latinoamérica sigue siendo básicamente un área agrícola, minera o ganadera. Empeora la situación el hecho de que la economía de casi todos los países depende mucho de uno o dos productos de exportación, sujetos a las fluctuaciones de los precios del mercado mundial. Brasil, Colombia, Guatemala y El Salvador dependen en gran parte del café; Cuba, del azúcar; Ecuador y Honduras, de las bananas; Bolivia, del estaño; Chile, del cobre, y así sucesivamente. En algunos países esfuerzos recientes para la diversificación de la economía ha tenido resultados optimistas.

2.7 Heterogeneidad del recurso humano

La población actual de Latinoamérica es heterogénea. Más de la mitad de los 390 millones de habitantes son mestizos, es decir tienen sangre de más de una raza. Los de raza blanca constituyen la minoría más importante. Les siguen en importancia numérica los de sangre india pura o con poca o mucha mezcla de otra u otras razas. Vienen después los de sangre negra pura o mezclada. Estos elementos étnicos se encuentran presentes en mayor o menor grado en todos los países latinoamericanos. Finalmente se debe mencionar a los de sangre amarilla pura o mezclada con las razas anteriores.

Predomina la raza caucasoide en Argentina, Uruguay y Costa Rica, países en los que constituye un porcentaje de la población más alto que en los Estados Unidos. En Chile, los blancos y los mestizos se encuentran en casi igual proporción. Son esencialmente indios, es decir, con población mayoritaria indígena, México, Guatemala, Ecuador, Perú y Bolivia. Son predominantemente mestizos Colombia, Venezuela, Paraguay, El Salvador, Honduras y Nicaragua. Países con parecidos porcentajes de blancos, negros y mulatos son Cuba y el Brasil. En cambio, mulata es la mayoría de la

Dos mexicanas trabajan alegremente preparando los ramos de flores para el mercado.

población de la República Dominicana; y negra, la de Haití. La mayoría de los iberoamericanos blancos son de origen ibérico (español o portugués). Les siguen los de origen italiano. Vienen después los procedentes de otras partes de Europa o sus descendientes, sobre todo de alemanes, polacos, franceses, ingleses e irlandeses.

Los de raza india, pura o mezclada, descienden de los aborígenes pre-colombinos, especialmente de los aztecas, mayas, quechuas y aymaras conquistados por los españoles. Los pertenecientes a la raza negroide, por su parte, descienden casi en su totalidad de los esclavos traídos del Africa del siglo XVI al XIX. Como mentís a la decantada afirmación de la inexistencia de prejuicio y discriminación racial en Latinoamérica, señalemos[49] que en

---

[49] As a flat denial to the exaggerated affirmation to the effect that there is no racial prejudice and discrimination in Latin America, let us point out. . .

algunos países latinoamericanos las leyes actuales prohiben abierta o disimuladamente[50] la inmigración negra y amarilla. En parte debido a esta barrera legal, los de raza amarilla, pura y mezclada, nacidos allá o inmigrantes, constituyen un número relativamente bajo. Su porcentaje total es parecido al que hay en los Estados Unidos. La mayoría vive principalmente en Brasil, Perú, Cuba y México.

Cuando leemos los datos estadísticos, los censos y las opiniones del latinoamericano medio debemos tener en cuenta que en la mayor parte de Iberoamérica prevalece la tendencia de llamar blanco al que tiene facciones[51] más o menos europeas y es de piel más o menos clara. Domina allá la inclinación «liberal», opuesta a la actitud conservadora norteamericana, de considerar blanco al que es más de 75% caucasoide y además tiene los rasgos visibles del blanco.

La distribución racial en la pirámide socio-económica es muy clara para muchos. Con todo, es exagerado afirmar que las altas clases sociales, políticas y económicas las forman exclusivamente los blancos y mestizos y que las clases más bajas las constituyen indios y negros. La sociedad latinoamericana no es tan prejuiciosa[52] como la angloamericana y la europea. Sin embargo, es innegable el hecho que la mayoría de las altas posiciones y de las profesiones liberales las ocupan blancos y mestizos, mientras que la vasta inmensidad de la pobreza la comparten, «democráticamente», gente de todas las razas.

Una característica bastante extendida en la mayor parte de esta comunidad de países que estamos estudiando es la coexistencia de diversos estados[53] de desarrollo cultural. Así, mientras que en las grandes ciudades se vive muy modernamente, en el interior, en las zonas aisladas y algo despobladas, se vive con un atraso a veces de varios siglos.

2.8 Densidad de la población

Los 360 millones de latinoamericanos constituyen alrededor del 7% de la población mundial. Si los distribuimos entre los ocho millones de millas cuadradas del área donde viven, obtendremos una baja densidad engañosa.[54] La inmensa mayoría de iberoamericanos está concentrada a no más de 300 millas de la costa, en regiones templadas bajas o altas. Esto quiere decir que el centro de Sudamérica se encuentra despoblado. Por ejemplo, tienen escasísima población el Valle del Amazonas, los llanos, el Chaco y la Patagonia. Desde hace unas décadas la población latinoamericana es la

---

[50] *disimuladamente* furtively, underhandedly
[51] *facciones* features
[52] *prejuiciosa* prejudiced
[53] *estadios* stages
[54] *engañosa* deceiving, misleading

Jugos de frutas refrescan a estos niños dominicanos frente a Santa María la Menor, la catedral más antigua de las Américas.

que con más rapidez aumenta en el mundo. Su tasa de crecimiento anual[55] es de casi 3%, lo cual quiere decir que actualmente cada año hay siete u ocho millones de habitantes más.

Como en otras partes del mundo, la tendencia a la urbanización se ha acentuado en Latinoamérica. Millones de seres van a vivir anualmente a las grandes ciudades en vez de internarse al interior, hacia las zonas menos pobladas. Esta rápida e intensa migración interna ha creado extensas zonas urbanas improvisadas junto a las grandes ciudades o, dentro de ellas mismas, constituyendo las llamadas villas-miserias, callampas, favelas o barriadas.[56] Estos paupérrimos distritos urbanos, especie de ciudades parasitarias y satélites, son causas y consecuencias del desajuste económico social y po-

---

[55] *Su tasa de crecimiento anual*   Its annual rate of growth
[56] *villas-miserias. . . barriadas*   slum quarters, shantytowns

lítico actual. Iberoamérica tiene doce ciudades de más de un millón de habitantes, es decir, más del doble que los Estados Unidos. Cuatro de ellas (Buenos Aires, ciudad de México, São Paulo y Río de Janeiro) son de más de siete millones de habitantes, lo cual significa que de las seis ciudades más pobladas del hemisferio, sólo una (Nueva York) se encuentra en los Estados Unidos. La misma metrópoli neoyorquina incluye en su población a dos millones de habitantes de origen latinoamericano (puertorriqueños, cubanos y dominicanos principalmente).

2.9 El carácter del pueblo

Los diversos elementos humanos de Latinoamérica han creado una sociedad nueva, diferente de la de sus antepasados.[57] Es ella, en términos generales, una sociedad formada por una misma historia y unida por fuertes lazos lingüísticos, filosóficos, religiosos, sicológicos, económicos y políticos. Culturalmente no es una sociedad completamente homogénea: muestra matices[58] regionales, clasistas y étnicos. La civilización latinoamericana, sin embargo, en conjunto, comparte más rasgos en común que características diferenciadoras. Hay en las masas étnicas latinoamericanas cierta diversidad dentro de su unidad.

La realidad latinoamericana confunde a los antropólogos. Los que le asignan una manera de ser especial a cada conglomerado étnico no se explican el problema cuando descubren la existencia de blancos que se comportan[59] como indios o mestizos, y viceversa. Del mismo modo, no entienden el que haya indios que piensen y reaccionen como blancos o mestizos, y viceversa. Debido a esta heterogeneidad particular dentro de la homogeneidad general es difícil o imposible generalizar en cuanto al carácter de la gente. Se cree que el carácter latinoamericano varía más por razones sociales, culturales y económicas que étnicas. Se pueden señalar, sin embargo, algunos rasgos muy extendidos: decencia, personalismo, machismo, compadrazgo, sentido de hospitalidad, verbosidad y otras características que iremos estudiando conforme sigamos el proceso histórico de transculturación.

La «decencia» o el temor al «qué dirán» se deriva del antiguo honor español. Las gentes de los sectores medios y altos de la sociedad se preocupan mucho por el grado de estimación y respeto que les tienen sus iguales y superiores de la escala social. La obsesión por la decencia lleva a muchos a tener obstinadamente un nivel de vida superior al de sus medios económicos. La ambición de muchos para escalar posición social comienza con la imitación de los aspectos externos de la manera de vivir y de comportarse de la clase social inmediatamente superior. A veces la falsa interpretación

---

[57] *antepasados*   forefathers
[58] *matices*   shades
[59] *se comportan*   behave

de la decencia conduce a algunos a adoptar los aspectos más llamativos,[60] decorativos y externos del estrato social considerado ideal.

El personalismo es el respeto o la admiración que el latinoamericano le tiene al individuo por su honor, valentía, liderazgo y otras cualidades espirituales propias que defiende a todo trance,[61] aunque sea sacrificándose. Es una exaltación del «yo» que con orgullo el individuo defiende y los demás respetan.

Machismo es el culto a la concepción latinoamericana del macho: el hombre atrevido, con confianza en sí mismo,[62] resoluto, de gran capacidad y actividad física y sexual. Se ha dicho que no todos los machos son caudillos pero eso sí, todos los caudillos deben ser machos.

Compadrazgo,[63] como lo veremos más adelante, es la especial relación y obligación que se tienen los compadres (padres y padrinos del hijo de aquél) y los padrinos con sus ahijados.[64] Es una extensión de los lazos sanguíneos y políticos[65] para incluir a los que mediante el sacramento del bautismo ahora pertenecen al clan. El compadrazgo a veces se convierte en arma del ambicioso que desea escalar posiciones sociales, económicas y políticas. Se vale de su beneficio el que tiene menos. Lo usa más el que ambiciona más. Hay quienes creen que cuando se cierran las puertas de la justicia hay que empujar las puertas del compadrazgo.

La hospitalidad es probablemente de origen arábigo, judío e indio. La hospitalidad semita heredada por los iberos vino a América no con los conquistadores sino con los colonizadores que fraternizaron con los indios. Ambas vertientes[66] de la hospitalidad, la ibérica y la india, han contribuido a caracterizar la hospitalidad latinoamericana de hoy.

La tendencia a la elocuencia excesiva o verbosidad elegante lleva al latinoamericano a admirar y aplaudir al de fácil expresión. El orador y el conversador[67] gozan de la admiración general. El ingenio en la expresión, el dominio de la retórica con juego de palabras y frases refulgentes, es uno de los dones[68] más apreciados.

Con todo, señalamos al concluir este capítulo, que el ritmo de vida acelerado, la industrialización y la modernización están cambiando rápidamente las costumbres y el carácter de la gente. El cambio se efectúa con mayor celeridad en las regiones urbanas más industrializadas, más educadas y con mayor contacto con otras gentes y otras culturas.

---

[60] *llamativos*   flashy, gaudy
[61] *liderazgo. . . a todo trance*   leadership. . . at any cost
[62] *macho: . . . confianza en sí mismo*   he-man: the daring, self-confident man
[63] *compadrazgo*   status of the godfather
[64] *padrinos. . . ahijados*   godparents. . . godchildren
[65] It is an extension of the relationship established by blood and marriage. . . .
[66] *vertientes*   sides, origins
[67] *El orador y el conversador*   The orator and the conversationalist
[68] *juego de palabras. . . dones*   play on words. . . natural gifts

2.10 Sumario

I. El medio físico:
   A. Aproximadamente ocupa las tres cuartas partes del continente
   B. Tres Antillas Mayores: Cuba, Española y Puerto Rico
   C. Las Galápagos, Margarita, las Malvinas y otras islas.
II. La altitud condiciona la latitud:
   A. La mayor parte se encuentra en la zona tórrida o semitórrida
   B. La altitud modifica el clima que debiera tener por su latitud
III. Importancia de las cordilleras:
   A. Los Andes y sus prolongaciones al norte: el espinazo del continente
   B. Los volcanes, las fallas geológicas y los sismos periódicos
   C. Riqueza en oro, plata, cobre, estaño, vanadio y otros minerales
IV. Los grandes sistemas fluviales:
   A. La cuenca del Amazonas y sus 2,722,000 millas cuadradas con su sistema fluvial navegable de 20,000 a 36,000 millas
   B. El Paraná-La Plata desagua Bolivia, Paraguay, Argentina, Uruguay y Brasil (El Paraná y el Uruguay forman el Río de la Plata)
   C. El Cauca-Magdalena: 1,600 millas antes de desembocar en el Caribe
   D. El Orinoco recorre 1,500 millas antes de desembocar en el Caribe
   E. El São Francisco, de 1,800 millas, desagua la Meseta Brasileña
V. Tierras planas, planicies y desiertos:
   A. La Amazonia es la tierra plana selvática más extensa del mundo
   B. La Meseta Brasileña: región plana de 2,000 a 3,000 pies de altitud
   C. El Chaco semiselvático: petróleo, quebracho, yerba mate y maderas
   D. La fertilidad de las pampas y los millones de cabezas de ganado
   E. La Patagonia: planicie meridional, abarca una cuarta parte de Argentina
   F. Los llanos colombianos, las sabanas venezolanas y otras zonas planas
   G. Desiertos en el norte de México y costa de Ecuador, Perú y Chile
   H. El *sertão*, zona desierta al noreste del Brasil
VI. Los límites del medio físico:
   A. Obstáculos para las vías de comunicación

  B. Escasez de carbón y de bahías naturales para grandes puertos
  C. La tiranía de la explotación de los recursos naturales
 VII. Heterogeneidad de los recursos humanos:
  A. Con la mayoría mestiza conviven blancos, indios, negros y orientales
  B. Connotacion racial en el privilegio de pocos y la pobreza de muchos
VIII. Densidad de la población:
  A. El 10% de la población mundial (390 millones)
  B. La explosión demográfica y el rápido crecimiento urbano
 IX. El carácter del pueblo:
  A. Heterogeneidad regional dentro de la homegeneidad continental
  B. Decencia, personalismo, machismo, compadrazgo y hospitalidad
  C. Admiración a la verbosidad elegante y el ingenio en la expresión
  D. La modernización y la industrialización modifican las costumbres

2.11 Recomendación bibliográfica

Butterworth, Douglas, and John K. Chance. *Latin American Urbanization*. Cambridge: Cambridge University Press, 1981.

Davidson, William V. and James J. Parsons, eds. *Historical Geography of Latin America*. Geoscience and Man, vol. 21. Baton Rouge: Louisiana State University, 1980.

Dietz, James L., and James H. Street. *Latin America's Economic Development: Institutionalist and Structuralist Perspectives*. Boulder, Co.: Lynne Rienner Publishers, 1987.

Freire, Paulo. *The Politics of Education: Culture, Power, and Liberation*. Translated by D. Macero. South Hadley, Mass: Bergin & Garvey, 1985.

Knight, Franklin. *The African Dimension in Latin American Societies*. New York: Macmillan, 1974.

Odell, P. L., and D. A. Preston. *Economics and Societies in Latin America: A Geographical Interpretation*. New York: Wiley and Sons, 1978.

Petras, James F., et al., *Latin America: Bankers, Generals, and the Struggle for Social Justice*. Totowa, N. J.: Rowman & Littlefield, 1986.

Preston, David A. *Environment, Society, and Rural Change in Latin America: The Past, Present, and Future in the Countryside*. New York: Wiley and Sons, 1980.

Sánchez Albornoz, Nicolás. *Población y mano de obra en América Latina*. Madrid: Alianza, 1985.

Skidmore, Thomas E., and Peter H. Smith. *Modern Latin America*. Oxford: Oxford University Press, 1984.

Sunkel, Osvaldo. *La dimensión ambiental en los estilos de desarrollo de América Latina*. Santiago de Chile: CEPAL, 1981.

Wagley, Charles, and Marvin Harris. *Minorities in the New World*. New York: Columbia University Press, 1967.

Webb, Kempton. *Geography of Latin America*. Englewood Cliffs, N.J.: Prentice-Hall, 1972.

2.12 Cuestionaro y temas

Cuestionario

1. ¿Cuáles son las islas más importantes de Latinoamérica?
2. ¿Por qué se dice que la altitud condiciona la latitud?
3. ¿Qué importancia tienen las sabanas, altiplanicies y yungas sudamericanas?
4. ¿Qué cree Ud. que dificulta la industrialización de Latinoamérica?
5. ¿Cuáles son las grandes zonas áridas de Iberoamérica?
6. ¿En qué países predomina la población blanca y cuál es su explicación?
7. ¿En dónde es mestiza la mayoría de la población y por qué?
8. ¿Cuáles son los llamados «países indios» de América Latina?
9. ¿Qué entiende el latinoamericano por «decencia»?
10. ¿Qué es el «personalismo» y qué opina Ud. de esta característica hispánica?

Temas para informes orales

1. La influencia histórica de la geografía en Latinoamérica.
2. Importancia de las regiones pastorales.
3. El espinazo de Iberoamérica, las fallas geológicas y los terremotos.
4. La defensa ecológica de la cuenca del Amazonas.
5. Crítica de los rasgos esenciales del carácter del latinoamericano.

Temas para informes escritos opcionales

1. La importancia económica de la cordillera andina.
2. La influencia de los sistemas fluviales y el desarrollo de la navegación.
3. Evaluación de la heterogeneidad racial en Latinoamérica.
4. La densidad de la población y el desarrollo latinoamericano.
5. Crítica del machismo y del feminismo.

Capítulo
3

Las grandes civilizaciones precolombinas y su legado cultural

3.1 Orígenes del hombre americano

Las diversas hipótesis sobre el origen del hombre americano se agrupan en dos grandes escuelas: (a) la autoctonista[1] y (b) la migratoria. La primera escuela sostiene que el hombre aparece en diferentes puntos del globo, incluso en el continente americano. El científico argentino Florentino Ameghino (1854–1911), uno de sus más destacados defensores, trató de demostrar que el hombre de las Américas es autóctono, que apareció por primera vez en la Patagonia, al extremo sur de la Argentina, y de ahí se trasladó a otros continentes. La escuela autoctonista en sus diversas formas ya no es aceptada.

Los defensores de la hipótesis migratoria son los que gozan de prestigio. De éstos, el antropólogo francés Paul Rivet (1876–1964), reorganizador del Museo del Hombre, de París, sostuvo que el americano es de origen asiático; emigró al Nuevo Mundo unos once mil años antes de Cristo, utilizando el Estrecho de Behring congelado.[2] Las olas migratorias al Hemisferio Occidental procedentes de Alaska bajaban progresivamente cuando las condiciones lo permitían. Se extendieron por Norteamérica hasta llegar a Mesoamérica,[3] donde lograron desarrollar importantes civilizaciones abo-

---

[1] *autoctonista*   autochthonous, native, indigenous
[2] *congelado*   frozen
[3] *Mesoamérica*   Este nombre, hoy tan generalizado entre los arqueólogos, fue propuesto, hace varias décadas, por el conocido antropólogo mexicano Paul Kirchoff para designar al territorio de México y Centroamérica donde se desarrollaron las antiguas civilizaciones precolombinas (olmeca, maya, tolteca, azteca, etc.).

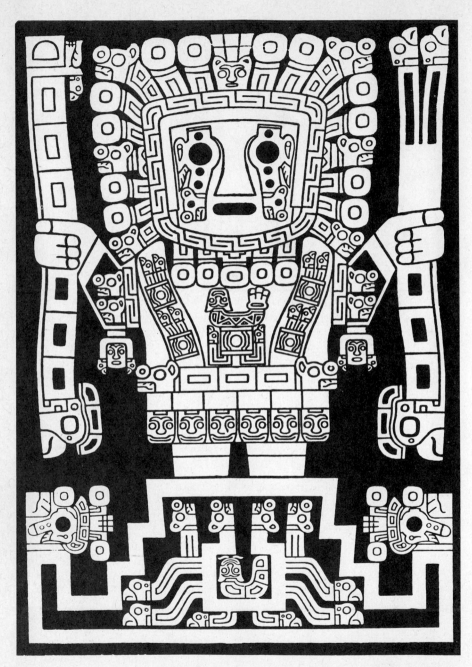

Representación divina en la Puerta del Sol, Tiahuanaco. Muestra al Dios chavinoide (*Chavin-like*) más humanizado, sosteniendo en cada mano un báculo (*staff*) con cabeza de cóndor, rodeado de figuras aladas (*winged*) y armamentos con elementos felinos, falcónicos y auquénidos (*llama-like*).

rígenes. Recientemente se han encontrado evidencias arqueológicas en Chile y el Brasil que hacen suponer que las primeras olas migratorias de Asia a las Américas llegaron a Sudamérica hace varias decenas de miles de años y no hace 12,000 años, al fin de la era glacial, como antes se calculaba, vía Alaska y el Polo Sur.

3.2 Visión arqueológica de Mesoamérica

Los arqueólogos dividen los siglos de desarrollo cultural de Mesoamérica en los siguientes períodos: (1) formativo (de 1500 antes de Cristo al año 300 de nuestra era); (2) clásico (del 300 al 900 de nuestra era); (3) posclásico (del año 900 hasta la llegada de los españoles).

Culturalmente hablando, el período formativo es comparable con la etapa neolítica del viejo mundo, que se desarrolló unos cinco mil años antes. Durante el período formativo creció la población y se mejoró la calidad del maíz a la vez que se aumentó el rendimiento de cada planta. Con la mejor alimentación la gente se concentró en pueblos agrícolas que poco a poco desarrollaron, a mediados del siglo XII antes de Cristo, una de las primeras civilizaciones de Mesoamérica: la *olmeca*. A ésta le sucedieron dos civilizaciones más: la *maya preclásica* (conocida también con el nombre de *Primer Imperio Maya*) y la *zapoteca* de Monte Albán, en el valle de Oaxaca, en el sur de México. En el siguiente período, el clásico, la influencia olmeca es muy visible en otras dos civilizationes: en la de *Teotihuacán* y en la *maya clásica* (también conocida con el nombre de *Nuevo Imperio Maya*), que se prolonga hasta la época posclásica. En el período posclásico los *toltecas*, los *mixtecas* de Monte Albán y los *aztecas* heredan rasgos culturales olmecas.

Recientes excavaciones, estudios e interpretaciones arqueológicas señalan cierta unidad fundamental en todas las culturas mesoamericanas, pese a la diversidad de características y grados de desarrollo de cada una ya mencionadas antes. Sus rasgos distintivos comunes fueron: (1) escritura jeroglífica[4] y libros de papel de corteza o de gamuza (piel de ciervo)[5] que se doblan como acordeón, (2) mapas, (3) calendario solar de 365 días, (4) conocimientos astronómicos avanzados, (5) juego en equipo parecido al básquetbol, llevado a cabo en una cancha especial con una bola sólida de jebe,[6] (6) uso de tabaco para fumar, (7) divinidades como la serpiente emplumada, (8) empleo de maíz, frijoles y calabaza[7] como base de la alimentación diaria, y (9) sacrificio humano.

Se cree que esta comunidad cultural procede de una herencia común,

---

[4] *jeroglífica*   hieroglyphic (picture writing of ancient Mexicans and Egyptians)
[5] *libros. . . ciervo*   bark-paper or deerskin books
[6] *juego. . . jebe*   a team game, resembling basketball, played on a special court. The players used a solid rubber ball.
[7] *maíz; frijoles y calabaza*   corn, beans, and squash

es decir que todas las culturas mesoamericanas debieron tener el mismo origen: la civilización olmeca.

Estudiemos ahora, aunque sea brevemente, las culturas más importantes de Mesoamérica.

3.3 La civilización olmeca

La civilización olmeca se desarrolló en la costa del Golfo de México, cerca de la actual Veracruz, en la vecindad de Tabasco. Ultimos exámenes con el sistema cronométrico del radiocarbono indican que en La Venta, centro ceremonial olmeca, esa civilización se desarrolló entre 1160 y 580 antes de Cristo, lo cual significaría que ella fue la madre cultural de Mesoamérica, y por cierto tiempo algunos arqueólogos postularon que era la primera civilización de las Américas hasta que recientes excavaciones en el Perú refutaron esta teoría.

Además de los rasgos distintivos legados a las futuras culturas de la región, los olmecas hacían figurines y otros artículos artísticos de jade azulverduzco y traslúcido, piedra semipreciosa diferente del jade de color verde de manzana empleado más tarde por los mayas. Esculpieron en piedra cabezas gigantescas de unas dieciocho toneladas de peso cada una y construyeron pirámides rectangulares, planas en la cúspide,[8] imitando a los volcanes. Estas pirámides truncas servían de templos y tumbas. Al mismo tiempo que levantaron enormes monumentos de basalto[9] y grabaron piedras inmensas, elaboraron diminutas figuras de barro blanco pintado de rojo, representando las formas más animadas de la actividad humana. Aparentemente los olmecas fueron los primeros en Mesoamérica en crear un sistema elaborado de control del agua para la irrigación. También se cree que la expansión olmeca hacia el Valle de México y hacia Guatemala pudo ser motivada por la búsqueda del jade necesitado para su arte. Su vanguardia conquistadora la formaban mercaderes que recorrían Mesoamérica combinando actividades mercantiles con las de espionaje y de agentes provocadores, como más tarde lo harían los comerciantes aztecas.

El gran dios olmeca fue un jaguar con características de infante humano, es decir con la apariencia de un felino antropomórfico, que muy bien pudo ser la versión inicial del Dios de la Lluvia.

3.4 Los mayas y los quichés

Los mayas desarrollaron su civilización durante dos períodos: el Viejo Imperio (siglos IV a IX de la era cristiana) y el Nuevo Imperio (siglos IX al XIV). Durante el primero habitaron parte de Honduras y las mesetas de

---

[8] *cúspide*   apex
[9] *basalto*   roca volcánica negra o verdosa muy dura

Cabeza gigante de la civilización olmeca (1150–950 antes de Cristo) esculpida en piedra que pesa varias toneladas y representa, probablemente, a uno de sus caciques.

Guatemala. En esta etapa inicial de su historia los mayas se unieron a los *quichés*, procedentes de las alturas de Guatemala. El nuevo imperio se desarrolló principalmente en Yucatán. Cuando los españoles llegaron a esta península, a principios del siglo XVI, los mayas ya se encontraban en decadencia.

El progreso de los mayas puede apreciarse en su calendario, aparentemente más perfecto que el de los cristianos de la época. Los códices,[10] revelan un tipo de escritura jeroglífica, parecida a la egipcia. Expertos en arquitectura, como veremos en otro capítulo, los mayas llegaron a construir templos y palacios adornados con enormes esculturas. Las ruinas de los centros religiosos de Chichén-Itzá, Palenque y Copán dan idea de la maestría alcanzada en la construcción de grandes edificios. El *Popol Vuh*, libro sagrado de los quichés, relata el origen del hombre, hecho de maíz por el Creador del mundo. La colección *Chilam Balam* (libro mágico) se ocupa de su mitología y de los sucesos[11] más notables de la historia maya.

3.5 Las culturas del Valle de México

Una de las más importantes civilizaciones del Valle Central de México fue la de Teotihuacán, que floreció entre los años 300 y 600 de nuestra era. Compartió los elementos culturales olmecas, desarrollando por su parte

---

[10] *códices*   old manuscripts
[11] *sucesos*   eventos

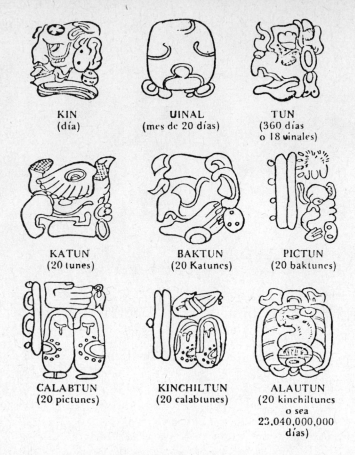

KIN
(día)

UINAL
(mes de 20 días)

TUN
(360 días
o 18 uinales)

KATUN
(20 tunes)

BAKTUN
(20 Katunes)

PICTUN
(20 baktunes)

CALABTUN
(20 pictunes)

KINCHILTUN
(20 calabtunes)

ALAUTUN
(20 kinchiltunes
o sea
23,040,000,000
días)

Los nueve períodos mayas del tiempo.

una imponente arquitectura para satisfacer las necesidades diarias y religiosas de sus decenas de miles de habitantes permanentes. Millares de peregrinos de diferentes regiones llegaban a rendir tributo a los dioses y a participar en las actividades místicas llevadas a cabo en sus ciclópeas pirámides del Sol y de la Luna y en el famoso Templo a Quetzalcóatl (la serpiente emplumada). Los arqueólogos han desenterrado el área central de Teotihuacán formada por esas dos pirámides, el templo y la avenida que conduce a la ciudadela[12] que defendía la región. Su repentina decadencia alrededor del año 600 la causó, al parecer, la invasión de hostiles tribus nomádicas del norte o algunos cambios ecológicos violentos que desecaron la región.

La segunda fuerza unificadora del Valle de México la desarrollaron los toltecas, cuya capital fue la ciudad de Tula. Dominaron ellos grandes ex-

---

[12] *que. . . ciudadela*   which leads toward the citadel (fortress commanding the city)

Portal del Templo de los Guerreros en Chichén Itzá. Muestra al frente la estatua de un dios tolteca heredado por los mayas; atrás, dos columnas con una cabeza de serpiente en su base rodeadas de representaciones de la lluvia.

tensiones del norte y centro del valle. Fue tanta su influencia e importancia que sucesivas dinastías gobernantes de esa región se consideraban con orgullo sus descendientes. Los toltecas se destacaron por sus conocimientos arquitectónicos y agrícolas. Entre las plantas que cultivaron además del maíz, base de su alimentación, se encuentran: cacao, algodón, frijol, chile, camote, yuca.[13] Sus mejores obras arquitectónicas las erigieron en Tula. Aunque no desarrollaron la industria textil tanto como los antiguos peruanos, los toltecas manufacturaron gran variedad de telas desde el lino más fino hasta el terciopelo más grueso.[14] El culto al sol, la luna y las estrellas los impulsó a la observación religiosa de los astros celestes y la elaboración de un calendario muy exacto. Quetzalcóatl también pertenecía al panteón tolteca, donde ocupaba lugar preferente.

A mediados del siglo XII una cultura marginal, la *chichimeca*, procedente del Norte, invadió el Valle Central de México y saqueó Tula. Sobre los elementos culturales toltecas levantaron los chichimecas una civilización no menos imponente, a la cual le dieron por capital Texcoco. Se extendieron políticamente sin imponer sus costumbres, ritos y dioses. Un siglo más

[13] *algodón. . . yuca*   cotton, bean, chili, sweet potato, casava
[14] *telas. . . grueso*   textiles from the finest kind of linen to the thickest velvet

tarde los tolteca-chichimecas entraron en contacto con una nueva y pujante[15] civilización: la azteca. Poco a poco ésta absorbió los elementos culturales tolteca-chichimecas y logró imponer su autoridad en el Valle de México confederándose con otras civilizaciones de menos poder militar. A fines del siglo XIII dominaba todo el Valle Central.

Puede decirse que la civilización azteca era en cierto modo teocrática porque su jefe político supremo también ejercía las más altas funciones eclesiásticas. Uno de sus más distinguidos gobernantes fue el chichimeca Netzahualcóyotl, protector de las artes, poeta y orador.

Los arqueólogos consideran a Tenochtitlán, su capital levantada en el centro de un lago de la meseta central, como una de las ciudades más imponentes de América precolombina. La tierra, equitativamente distribuida entre los jefes de familia, la heredaban los hijos. Se la perdía cuando el propietario dejaba de cultivarla durante dos años consecutivos. La agricultura continuó siendo la actividad principal, y el maíz, la planta básica de la alimentación. Entre otras de las plantas importantes, se destaca el maguey,[16] de donde proviene el pulque, bebida alcohólica todavía popular entre los campesinos. Del maguey también utilizaban sus fibras, para hacer soga, y sus hojas, para techar[17] las casas. Los aztecas, como sus antecesores, domesticaron pocos animales. Los más importantes para ellos fueron el perro y el guajalote.[18]

La religión politeísta, basada en la observación de los astros y la contemplación de las fuerzas misteriosas de la naturaleza, exigía sacrificios humanos. Mucho se ha discutido, a veces con criterio ético puritano, esta práctica tan general en las primeras etapas evolutivas de las civilizaciones del viejo y nuevo mundo. Aparentemente el dominio azteca no era del todo rígido. Después de vencer a sus adversarios se retiraban con el botín de guerra sin incorporar a los vencidos al gobierno de Tenochtitlán. Algunos de ellos eran incorporados a los voluntarios para los sacrificios humanos a los dioses.

3.6 Recientes descubrimientos arqueológicos en Sudamérica

Evidencias arqueológicas desenterradas en la década de los años 80 prueban que en la costa norte del actual Perú se desarrolló una importante civilización alrededor de tres mil años antes de Cristo, durante aproximadamente la misma época en que se construían las pirámides de Egipto y llegaban a su más alto desarrollo las ciudades-estados de Mesopotamia. Algunos arqueólogos norteamericanos e ingleses hicieron excavaciones en veintenas

---

[15] *pujante* vigorosa
[16] *maguey* planta fibrosa
[17] *soga. . . techar* rope. . . to roof
[18] *guajalote* turkey

de lugares de los 50 valles costeños bañados por los riachuelos que descienden de los Andes hacia el Pacífico, desenterrando, en algunos de ellos, pirámides truncas escalonadas, templos enormes y frisos[19] de piedras con ornamentos esculpidos con motivos de jaguares y arañas. Descubrieron, asimismo, amplias plazas, alrededor de las cuales se encontraban las viviendas del pueblo. Los edificios más grandes de esta cultura de la costa andina se construyeron, según las pruebas de carbón, dos mil años antes que los de los mayas y tres mil años antes que los de los aztecas e incas. Cada comunidad ocupaba un área aproximada de 140 acres y tenía por centro una estructura monumental en forma de «U», alrededor de la cual se erigían los templos rodeados de viviendas. La complejidad de los edificios, su tamaño, la planificación precisa y el alto grado de movilización laboral hacen pensar que pertenecían a ciudades-estados motivados por la religión y dependientes principalmente de la riqueza del Pacífico. El pueblo contruyó las grandes estructuras más por temor a los dioses que al gobierno. Se alimentaban de la fauna y flora marina, suplementada con camotes, frijoles, maní, productos de civilizaciones andinas incipientes y, de vez en cuando, de cuyes.[20]

Una de las dos grandes estructuras descubiertas en la Huaca A,[21] cerca de la actual Casma, es un almacén del tamaño de una cancha de fútbol y de tres pisos de alto, donde se guardaban los alimentos; la otra es un templo de diez pisos de altura. Esta civilización, aparentemente la más antigua del Hemisferio Occidental, inexplicablemente y de manera abrupta se trasladó a los Andes para organizar sociedades agrícolas que florecieron a los diez mil pies al nivel del mar, pese al crudo clima frígido. Tal vez un violento cambio ecológico que produjo la disminución de la fauna marítima, en mayor escala que las causadas periódicamente por el desplazamiento de la corriente de Humboldt por la del Niño, empujaron a esta temprana civilización a emigrar hacia las alturas andinas para no sufrir el deterioro económico-político, como ocurriría milenios después con la cultura Chimú.

En las alturas andinas ya vivía gente que desde hacía nueve mil años habían domesticado muchas plantas, tejían su ropa en el período precerámico y se alimentaban de venados, oca, olluco, tomates, frijoles y habichuelas.[22] La primera gran cultura desarrollada en los propios Andes fue *Chavín de Huantar*, que se extendó por el norte del actual Perú con una clase dirigente cuya dominación del pueblo la sustentaban dioses y poder militar temibles. Aparentemente un desastre natural determinó la decadencia de este destacado centro político-religioso. Otras importantes civilizaciones le sucedieron a Chavín: *Mochica, Nazca* y *Chimú*, en la Costa; *Huari*, en los Andes centrales; y *Tiahuanacu*, alrededor del Lago Titicaca.

---

[19] *frisos*   friezes, ornamented bands on the building walls
[20] *maní y. . . cuyes*   peanuts, and some times guinea pigs
[21] *Huaca A*   Burial site A
[22] *venados. . . habichuelas*   deers, oca, olluco [tubers resembling potatoes], tomatoes, beans, and beanpods

Un huaco (cerámica) mochica que muestra un baile de guerreros de esa cultura precolombina.

La civilización incaica, desarrollada en el siglo XV, en realidad no fue sino la culminación de todas las culturas precedentes, cuya lengua quechua fue una variedad del idioma de los Huari. Todas estas culturas, sociedades rurales nucleadas, empleaban el control de las aguas en la agricultura y se expandieron probablemente por la presión demográfica.

3.7 Los incas

Originalmente sólo eran de sangre incaica los de la familia real, pero más tarde el término se aplicó a todos los habitantes del Tahuantinsuyo (cuatro regiones de la tierra), como los antiguos peruanos llamaban a su imperio. Varias leyendas explican su origen divino. Una de las más propagadas nos cuenta que Manco Cápac y su hermana Mama Ocllo, enviados por su padre el Sol a fundar un imperio, establecieron la capital del nuevo estado en el Cuzco (ombligo[23] del mundo). La lengua oficial recibió el nombre de *runa-simi* (lengua general) o quechua. La base de su estructura social era el *ayllu*, grupo de familias que cultivaban la tierra y hacian otras labores en común. Parte de la cosecha era para el inca, otra parte para la religión y el resto se repartía entre las familias del ayllu.

El inca estaba al tanto de lo sucedido en sus dominios, gracias a las

---

[23] *ombligo*   navel

La Puerta del Sol esculpida en un solo bloque de 3 × 4 metros. Esta importante pieza arquitectónica del Tiahuanaco tiene arriba decoraciones como las que muestran las paredes de barro de la Costa. En la parte central superior aparece un dios chavinoide sosteniendo un báculo en cada mano. (Véase p. 34 de este libro.)

carreteras y puentes colgantes[24] que unían el Cuzco a todo el imperio. Los *chasquis*, mensajeros encargados de llevar órdenes o noticias de lo ocurrido en las diferentes regiones, corrían grandes distancias y se pasaban la información retenida en *quipus* como hoy se hace en la carrera de postas.[25] *El quipus* fue un instrumento compuesto de nudos[26] de diversos colores, con el que los incas llevaban la contabilidad de sus cosechas almacenadas en los *tambos* (posadas-depósitos), o informaban acerca del número de guerreros enviados en expediciones militares. El *amauta* (sabio, maestro) era el cronista encargado de conservar y difundir la tradición oralmente.

El inca era también la máxima autoridad religiosa, representante del Sol. Como en el Egipto y otras civilizaciones, la casta gobernante incaica practicaba la endogamia: el monarca se casaba con una de sus familiares, la *colla*, destinada a ser madre del príncipe heredero. Las *pallas* eran las vírgenes del Sol, las doncellas[27] más hermosas del Tahuantinsuyo, selec-

[24] *puentes colgantes* hanging bridges
[25] *carrera de postas* relay races
[26] *nudos* knots
[27] *doncellas* vírgenes

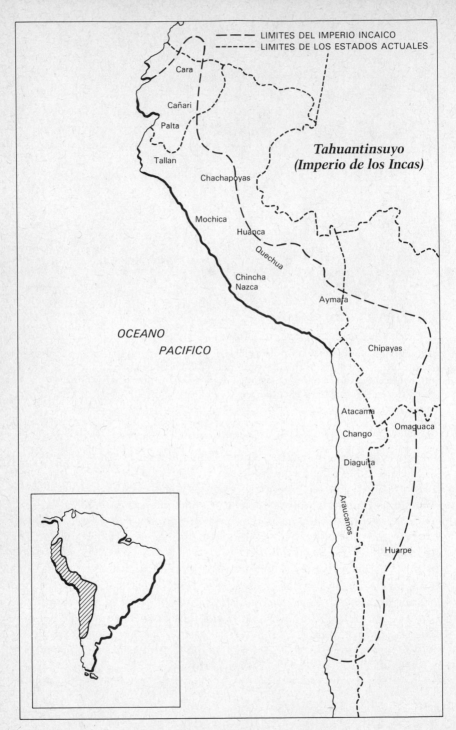

Tahuantinsuyo, a veces escrito como Tawantinsuyo o Tahuantinsuyu, fue el nombre dado por los incas a su imperio.

Los artesanos incaicos no superaron la cerámica de las culturas costeñas preincaicas (mochica, chimú, nazca). Aquí vemos su pieza característica: base puntiaguda (*sharp-pointed*), dos asas (*handles*) y adornos con motivos geométricos rojos y negros.

cionadas para ser instruidas en el culto al Sol y desempeñar un papel parecido al de las vestales del imperio romano.

La base de la religión era el culto al *Inti* o *Viracocha* (Sol). Como el Sol fertilizaba con sus rayos a su esposa *Pacha Mama* (Madre Tierra), el cultivo del suelo era una ceremonia sagrada y festiva. El enviado principal a los pueblos conquistados se llamaba *tucuyrico* (gobernador que todo lo ve), encargado de velar por el cumplimiento de las leyes.[28] Se castigaba a los rebeldes desterrándolos[29] a regiones apartadas.

Los incas construyeron 18,000 millas de carreteras, grandes fortalezas, como la de Sacsahuamán, y templos, como el de Coricancha. Hoy se puede observar su habilidad arquitectónica en las ruinas de la ciudad-fortaleza de Machu Picchu, erigida en la cima[30] de una montaña, a setenta millas del Cuzco. Sobre esta arquitectura nos ocuparemos en otro capítulo (17.2).

---

[28] *velar por. . . leyes*   charged with watching over the obedience of the law
[29] *desterrándolos*   exiling them
[30] *cima*   top

El código moral incaico[31] estricto se revela en el saludo cotidiano: «Ama sua, ama lluclla, ama quella» (no robes, no mientas, no seas haragán).[32] Entre sus monarcas más destacados se encuentran Pachacútec, Viracocha y Huayna Cápac. Según los cronistas españoles, éste último antes de morir dividió su imperio en dos grandes países: uno para Huáscar y el otro para Atahualpa.[33] Recientes estudios etnohistóricos, sin embargo, muestran que la lucha entre los dos hijos de Huayna Cápac fue alentada por diversas facciones políticas y que el inca murió sin dejar sucesor, por eso después de su fallecimiento el imperio de unos 12 millones de habitantes se dividió. Lo cierto es que ambos hermanos lucharon por unificar el Tahuantinsuyo bajo su único mando. Finalmente Atahualpa venció a Huáscar y estaba a punto de proclamarse monarca único cuando llegaron los españoles. En 1532 se encontraba Atahualpa descansando en los baños termales de Cajamarca, en ruta al Cuzco, cuando fueron a buscarlo Pizarro y sus soldados.

3.8 La herencia indígena

Toda civilización deja a la posteridad una serie de manifestaciones culturales muy presentes en la manera de ser, de pensar y de obrar de sus descendientes. Aunque ciertos elementos de las sociedades precolombinas fueron o reordenados o destruidos por los europeos, sobreviven como substrato[34] cultural de los nuevos pueblos indoamericanos. Su supervivencia se hace progresivamente más latente en los países donde todavía quedan millones de sus descendientes, conviviendo[35] con sus hermanos mestizos y de otras razas, con quienes ahora comparten el terreno donde antes gobernaban sus antepasados. Mayor es la herencia prehispánica donde más sangre india queda. Pero, como se vio en el primer capítulo, aun en los países donde la sangre aborigen es mínima o casi no existe, el legado indio, de su sicología, de su manera de pensar, de su manera de obrar o reaccionar es la gran constante. La tristeza del indio andino indudablemente es de origen precolombino. El apego[36] a la tierra del mexicano, del centroamericano y del habitante sudamericano del Pacífico, es asimismo de origen indio. La añoranza al terruño[37] del latinoamericano podrá tener origen ibérico, pero la añoranza, mezclada con cierto grado de fervor religioso, probablemente se remonta[38] al amor precolombino a la *Pacha Mama* (Madre Tierra). La sumisión y disciplina del aborigen andino debe de buscarse en

---

[31] *El código. . . incaico*   The inca moral code
[32] *no seas haragán*   don't be lazy
[33] Some historians believe that Atahualpa's mother was a Quito princess, but most historians today sustain than the mothers of both contenders to the throne were Inca women.
[34] *substrato*   foundation, base
[35] *conviviendo*   viviendo juntos
[36] *apego*   attachment
[37] *añoranza al terruño*   homesickness
[38] *se remonta*   dates back

Machu-Picchu, ciudad incaica de piedra, construida probablemente en el siglo XV, es una de las maravillas arquitectónicas del mundo. Contiene muchos palacios, templos, observatorios, tumbas, plazas, puentes y otros edificios con escalinatas que suman más de tres mil peldaños (steps). Desconocida por los españoles, criollos y mestizos, unos indios se la mostraron a Hiram Bingham, arqueólogo de la Universidad de Yale, quien en sus varios libros reclamó haberla «descubierto» en 1911.

los siglos de obediencia completa primero a sus caciques[39] e incas y después a las autoridades coloniales. La inclinación socializante del indígena debe buscarse en el sistema económico y el régimen de trabajo que las diversas civilizaciones americanas tuvieron. Tanto los aztecas como los mayas y los incas aprendieron en el curso de los siglos a labrar en grupo las tierras pertenecientes a sus comunidades o agrupaciones humanas.

Gran parte de la dieta de los mexicanos, de los guatemaltecos y de los descendientes de los incas se basa principalmente en los artículos comestibles de sus antepasados prehispánicos: papa,[40] yuca, cacao, camote, ají o chile, frijoles, tomates, calabaza y pescado. Hay quienes creen que para comenzar a averiguar[41] la manera de ser de un pueblo hay que principiar por investigar su dieta. Es posible que la baja estatura de los indios se deba en gran parte a su alimentación deficiente.

El espíritu festivo del indígena, su arte manual, su capacidad escultórica,

---

[39] *caciques*   Indian chiefs
[40] *papa*   potato
[41] *averiguar*   to find out

El arte precolombino sobrevive en muchas partes de Indoamérica, como lo muestra esta pequeña estatua de un brujo (*shaman*) tallada en madera por un indio panameño de hoy.

su gran habilidad para trabajar el oro, la plata y las piedras preciosas, se conservan todavía en los indoamericanos de hoy. La música india, como se verá más adelante, aunque enriquecida con técnica e instrumentos europeos, todavía sirve de importante recordatorio[42] del grado de civilización de los antepasados indoamericanos de este lado del Atlántico.

3.9 Sumario

    I. Origen del hombre americano:
        A. Hipótesis autoctonista: el argentino Florentino Ameghino (1854–1911)
        B. Tesis migratoria del francés Paul Rivet (1876–1964)
   II. La civilización olmeca (siglos XII–VI antes de Cristo), primera de Mesoamérica:
        A. Rasgos distintivos expresados en pirámides truncas y cabezas gigantes
        B. Legado cultura a Mesoamérica: jade, irrigación, maíz y frijol
  III. Los mayas y quichés:
        A. El viejo imperio (siglos IV–IX) y el Nuevo Imperio (siglos IX–XIV)
        B. Los mayas se asocian con los quichés de Guatemala

---

[42] *recordatorio*   reminder

C. El calendario y los códices de maguey con escritura jeroglífica
D. Los centros religiosos: Chichén-Itzá, Palenque y Copán
E. Pirámides, templos y palacios adornados con esculturas
F. Los libros clásicos: *Popol Vuh* (sagrado) y *Chilam Balam* (mágico)

IV. Las culturas del Valle de México:
A. Teotihuacán (siglos III–VI), centro religioso:
   1. Ciclópeas pirámides truncas del Sol y de la Luna
   2. El templo de Quetzalcóatl (Serpiente Emplumada) y la ciudadela
B. Los toltecas y su capital Tula:
   1. Cultivaron maíz, frijol, chile, camote, yuca, cacao y algodón
   2. El culto al Sol y la Luna y la astronomía y el calendario
C. Los chichimecas (siglo XII) y su capital Texcoco:
   1. Fusión con los toltecas.
   2. Netzahualcoyótl, rey poeta, se alió con los aztecas
D. Los aztecas (siglo XIII) y su capital Tenochtitlán:
   1. Importancia del maguey, el perro y el guajolote
   2. Teorías explicatorias del sacrificio humano

V. Tahuantinsuyo (Imperio de los incas: siglos XV y XVI) y su capital Cuzco:
A. Herederos de Chavín, Mochica, Chimú, Nazca, Huari y Tiahuanacu
B. La leyenda fundadora de Manco Cápac y su hermana Mama Ocllo
C. El *runasimi* (lengua general) más conocido como quechua
D. Importancia del *ayllu*, la *Pacha Mama*, las carreteras y los tambos
E. Papel del *amauta*, los *quipus*, el *chasqui*, la *colla* y las *pallas*
F. El Inti o Viracocha y la construcción de fortalezas y templos

VI. La herencia indígena, substrato cultural de los hispanoamericanos:
A. Amor a la tierra, la añoranza al terruño y la tristeza india
B. El maíz, la papa, el frijol, la yuca y el tomate en la dieta
C. Facilidad para la artesanía y las bellas artes

3.10 Recomendación bibliográfica

Mesoamérica

Adams, Richard E. W. *The Origins of Maya Civilization.* Albuquerque: University of New Mexico Press, 1977.

Baquedano, Elizabeth. *Los aztecas: historia, arte, arqueología y religión.* México: Panorama, 1987.

Blanton, Richard E., et al. *Ancient Mesoamerica: A Comparison of Change in Three Regions.* Cambridge: Cambridge University Press, 1981.

Carrasco, Pedro. *América indígena*. Madrid: Alianza Editorial, 1985.

Coe, Michael. *The Maya*. 4th ed. Thames & Hudson, 1987.

Dibble, Charles E. *Codex en Cruz*. Salt Lake City: University of Utah Press, 1981.

Graham, John A., ed. *Ancient Mesoamerica*. Palo Alto: Peek Publications,1982.

Morley, Sylvanus G., and George W. Brainerd. *The Ancient Maya*. Revised by Robert J. Sharer. Stanford: Stanford University Press, 1983.

Rivera Dorado, Miguel. *La religión maya*. Madrid: Alianza, 1986.

Rojas, José Luis de. *México Tenochtitlán: Economía y sociedad en el siglo XVI*. México: Fondo de Cultura Económica, 1986.

Scott, John F. *Ancient Mesoamerica*. Gainesville: University Presses of Florida, 1987.

Soustelle, Jacques. *La vida cotidiana de los aztecas en vísperas de la conquista*. México: Fondo de Cultura Económica, 1983.

——. *The Olmecs: Oldest Civilization in Mexico*. Norman: Oklahoma University Press, 1985.

Sudamérica

Hadingham, E. *Lines to the Mountain Gods: Nazca and the Mysteries of Peru*. New York: Random House, 1987.

Keating, R. W., ed. *Peruvian Prehistory*. London-New York: Cambridge University Press, 1986.

Lanning, E. *Peru Before the Incas*. Englewood Cliffs: Prentice Hall, 1967.

Moseley, Michael E., and K. C. Day, eds. *Chan-Chan: Andean Desert City*. Albuquerque: University of New Mexico Press, 1981.

Murra, John V., et al, eds. *Anthropological History of Andean Politics*. London-New York: Cambridge University Press, 1986

——. *La organización económica del estado inca*. México: Siglo XXI, 1980.

Ravines, Rogger. *Chanchán: Metrópoli Chimú*. Lima: Instituto de Estudios Peruanos, 1980.

Rostorowski de Diez Canseco, María. *Historia del Tahuantinsuyu*. Lima: IEP, 1988.

Rowe, John H., and D. Menzel, eds. *Peruvian Archeology: Selected Readings*. Palo Alto: Peek Publications, 1982.

Silverblatt, Irene. *Gender, Ideologies and Class in Inca and Colonial Peru*. Princeton: Princeton University Press, 1987

3.11 Cuestionario y temas

Cuestionario

1. ¿Qué dijo Florentino Ameghino sobre el origen del hombre de las Américas?
2. ¿Qué tesis defiende Paul Rivet y qué opina Ud. de ella?
3. ¿Cuáles fueron las civilizaciones más desarrolladas en el Valle de México?
4. ¿Qué importancia tiene el maíz en las civilizaciones precolombinas?

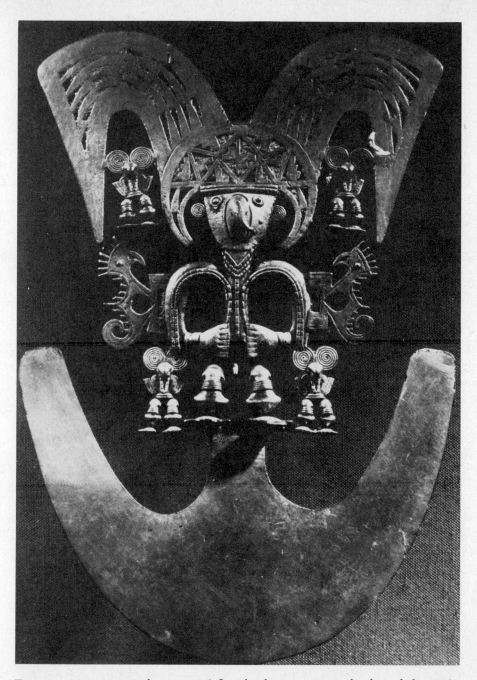

Este armamento pectoral antropomórfico, hecho por un precolombino de la región del Cauca, está decorado con seis figuras zoomórficas. Tiene 15. 8 centímetros de ancho por 24 de alto y un peso de 248.67 gramos. Es una de las 8,000 piezas del Museo de Oro del Banco de la República, Bogotá. Su base se parece mucho al pectoral mochica de Sipán (Lambayeque, Perú) desenterrado en 1987.

5. ¿Qué plantas, animales y costumbres son oriundos del Nuevo Mundo?
6. ¿Cuál fue el papel histórico de Teotihuacán?
7. ¿Dónde desarrollaron su civilización los mayas?
8. ¿Cuáles fueron los grandes centros religiosos maya-quichés?
9. ¿Por qué es importante el *Popol Vuh*, libro sagrado de los quichés?
10. ¿Qué significa Tawantisuyo y por qué los incas llamaron así a su imperio?
11. ¿Cuáles fueron las instituciones incaicas más sobresalientes?
12. ¿Qué palabras quechuas se recuerdan al estudiar la historia incaica?

Temas para informes orales

1. Importancia histórica de los olmecas.
2. Tenochtitlán, capital de los aztecas.
3. El sacrificio humano en las culturas de Mesoamérica.
4. Significado práctico del calendario azteca.
5. La religión de los mayas.
6. Libros mayas reeditados por los españoles.
7. Valor artístico e histórico de la cerámica mochica y chimú.
8. Grado de desarrollo de la industria textil de la civilización nazca.
9. Ubicación geográfica de la civilización del Tiahuanaco.
10. Machu Picchu, la ciudad perdida de los incas.

Temas para informes escritos opcionales

1. Antigüedad de la civilización olmeca.
2. El régimen de la tierra entre los aztecas e incas.
3. Herencia artística prehispánica.
4. La vida social de las civilizaciones precolombinas.
5. El régimen político de los incas.

Capítulo
4

Las exploraciones, la conquista y su significado

4.1 Colón y sus cuatro viajes

Cristóbal Colón (c. 1451–1506), célebre marino genovés, se casó en Lisboa con la hija de un capitán que había navegado por el Atlántico hasta las islas Azores. De las cartas y diario de su suegro acerca de sus viajes, Colón obtuvo ideas en apoyo de la tesis de que la tierra era redonda. Para encontrar una nueva ruta al Asia, continente de las utilísimas especias, el marino genovés buscó sin éxito la ayuda de los gobiernos de Génova, Portugal e Inglaterra. Tras muchas decepciones,[1] al fin encontró quien le oyera y lo asistiera: la reina Isabel la Católica, que según una conocida leyenda, hoy desacreditada, empeñó sus joyas para costear la atrevida expedición marítima de Colón.[2]

El 3 de agosto de 1492, Colón zarpó[3] del puerto de Palos, dirigiendo la Pinta, la Niña y la Santa María con rumbo al oeste.[4] En su primer viaje descubrió las islas San Salvador (hoy parte de las Bahamas), Juana (Cuba) y la Española.[5] El afortunado navegante retornó a España en marzo de 1493, llevando consigo muestras de las riquezas que halló en esas tierras

---

[1] *decepciones* disappointments
[2] *la reina. . . Colón* Queen Isabella the Catholic, according to a well known legend, now discredited, pawned her jewels to pay for Columbus' daring expedition.
[3] *zarpó* sailed
[4] *con rumbo al oeste* in a westerly direction
[5] *actuales. . . Española* present-day. . . Hispaniola (The island presently shared by Haiti and the Dominican Republic)

El desembarco de Colón en la isla Española, según un aguafuerte (*etching*) antiguo (circa 1594) conservado en la Colección de Libros Raros y Colecciones Especiales de la Biblioteca del Congreso en Washington, D. C. Tiene una leyenda (*caption*) en castellano antiguo.

La Santa María, una de las tres carabelas de Cristóbal Colón en su «descubrimiento» de América. Dibujo de Joaquín Savolla y Bastida.

que equivocadamente llamó Indias.[6] El atrevido navegante realizó otros tres viajes en los siguientes diez años, durante los cuales exploró Puerto Rico, Jamaica, las Vírgenes y la costa del continente, desde las Guayanas hasta Honduras.

En su segundo viaje Colón trajo provisiones para colonizar las tierras exploradas. Su primer esfuerzo colonizador lo llevó a cabo en la Española con la ayuda de 1,300 españoles. Allí fundó Isabela (1494), una de las primeras poblaciones europeas en el Nuevo Mundo. Esta villa fue destruida en las luchas con los indios. En 1496, frente a las ruinas de Isabela, se fundó Santo Domingo, hoy la ciudad hispánica más antigua del Nuevo Mundo.

Por ironía de la historia, Colón, a quien en vida se le confirieron tantos honores, murió pobre en Valladolid, España, el 20 de mayo de 1506, ignorando[7] que las tierras visitadas por él pertenecían a un hemisferio hasta entonces desconocido por los europeos de su época. En su mausoleo de Sevilla se trata de hacerle justicia con estos versos:

Por Castilla y por León
Nuevo Mundo halló Colón.

---

[6] *El. . . indias*   The lucky navigator returned to Spain in March 1493, taking with him samples of the wealth he found in the land he mistakenly called Indies.
[7] *ignorando*   not knowing

4.2 Américo Vespucio y sus cuatro viajes

Una vez que Colón probó que viajando hacia el oeste de Europa se llegaba a tierra continental, numerosos navegantes trataron de imitarlo. Uno de ellos, el florentino Américo Vespucio (1451–1519), en nombre de España primero y de Portugal después, realizó cuatro o cinco viajes a las Indias, entre 1497 y 1502. Sus relaciones con los cartógrafos de la época ayudaron a perpetuar el error de llamar América a las tierras «descubiertas» por Colón.

4.3 Magallanes y la primera circunnavegación del mundo

Al portugués Fernando de Magallanes (1470–1521), otro de los grandes marinos de la historia, se le otorga la gloria de haber sido el primero en dar la vuelta al mundo, aunque en realidad, esta proeza la completó su lugarteniente[8] Juan Sebastián Elcano.

Al servicio de España, Magallanes partió en 1519 de Sevilla con cinco embarcaciones y 265 hombres. Cruzó el Atlántico y costeó Sudamérica hasta descubrir, en 1520, el estrecho que lleva su nombre.[9] Después atravesó el Pacífico y tras innumerables dificultades llegó a Cebú, una de las islas de las Filipinas, donde en combate con los aborígenes murió en 1521. Elcano tomó el mando de la expedición y retornó a España al año siguiente, en una sola embarcación, con dieciocho hombres muriéndose de hambre.[10]

4.4 Otros exploradores

Numerosos navegantes continuaron la labor exploradora de Colón. Entre ellos merecen mención el veneciano Juan Caboto (Cabot), que en 1497, al servicio de Inglaterra, descubrió Labrador y Terranova. Dos años más tarde Vicente Yáñez Pinzón salió también del puerto de Palos rumbo al sudoeste, arribó a la costa del Brasil, al sur de la línea equinoccial, y navegando luego al norte descubrió la boca del Amazonas. Sin conocer estos recorridos[11] de Pinzón, el portugués Pedro Alvarez Cabral, en viaje por la costa occidental de Africa, se desvió tanto hacia el oeste que también «descubrió» el Brasil en 1500.

Juan Ponce de León, gobernador de Puerto Rico, navegó en dirección al noroeste y descubrió la Florida en 1513. Años más tarde, mientras bus-

---

[8] *proeza... lugarteniente*   feat was completed by his lieutenant
[9] *costeó... nombre*   sailed along the coast of South America until he discovered, in 1520, the strait named after him
[10] *hombres muriéndose de hambre*   men starving
[11] *recorridos*   trips

caba la fuente de la juventud, murió en combate con los indios. Vasco
Núñez de Balboa, uno de los marinos más populares de este período, atravesó el istmo de Panamá y descubrió el Mar del Sur (Océano Pacífico),
en 1513.

A Juan Díaz de Solís se le confió la misión de buscar la comunicación
o paso del Atlántico al Pacífico. Partió de España en 1515 y al año siguiente
llegó a la boca del Río de la Plata. Creyendo que era el paso que buscaba,
navegó río arriba hasta encontrarse con los indios que le dieron muerte
por haber invadido sus tierras. Finalmente, mencionemos a Hernando de
Soto, verdadero descubridor del Misisipí, al cual llamó Río Grande,
en 1541.

4.5 Conquista de México

Francisco Hernández de Córdoba fue el primer español en recorrer la
costa de la península de Yucatán en 1517. Al año siguiente la expedición
de Juan de Grijalva, que exploraba el litoral de la misma península, se
enteró[12] de la existencia de un gran imperio indio. Animado por las buenas
nuevas,[13] Diego Velázquez, gobernador de Cuba, nombró al joven Hernán
Cortés (1485–1547) jefe de una expedición que en 1519 debería conquistar
el rico país indio del cual Grijalva había traído noticias. Esta expedición
de once barcos, 508 soldados y dieciséis caballos, partió de Cuba
precipitadamente[14] al enterarse Cortés de que el gobernador Velázquez
lo había relevado del mando. El rebelde expedicionario llegó a la isla de
Cozumel, cerca de Yucatán, y ahí rescató a Jerónimo de Aguilar, quien,
cautivo de los mayas durante ocho años, había aprendido su lengua. Después, la expedición desembarcó en tierra de los tabascos. Estos les
obsequiaron[15] veinte mujeres, entre las cuales estaba la famosa Malinche
(doña Marina),[16] conocedora de varios idiomas, incluyendo el náhuatl. El
sagaz Cortés fundó Veracruz y estableció un cabildo cuyo primer acuerdo
fue nombrarlo capitán de la expedición. Como los amigos de Velázquez
no aprobaron el acuerdo, Cortés hizo ahorcar a uno de ellos,[17] le cortó los
pies a otro, y se dice que ordenó destruir las naves para hacer imposible
toda retirada.

En Veracruz los españoles recibieron riquísimos regalos de Moctezuma,
emperador de los aztecas, cuyos embajadores les rogaron que abandonaran

---

[12] *se enteró*   learned
[13] *Animado. . . nuevas* Encouraged by the good news
[14] *precipitadamente* rápidamente
[15] *les obsequiaron* presented them
[16] A controversy has ensued regarding la Malinche's role in the conquest of Mexico between
those who considere her a traitor and speak of «malinchismo» and those who see her as a
noble woman belonging to one of the several Indian nations oppressed by the Aztecs.
[17] *hizo. . . ellos* ordered one of them to be hanged

el país a cambio de todo el oro que desearan. Entonces Cortés, gracias a su amante e intérprete Doña Marina, ya se había enterado de la leyenda que le atribuía al dios Quetzacóatl haber tenido piel blanca y haber prometido retornar. Cortés se propuso ayudar a difundir esa leyenda que beneficiaba a los conquistadores. Para impresionar a los embajadores, los españoles hicieron ejercicios militares y dispararon sus piezas de artillería. Después hicieron declaraciones pacíficas y le enviaron un mensaje al emperador azteca, pidiéndole permiso para visitarlo en su capital. Moctezuma les negó el permiso y les remitió nuevos obsequios por valor de unos 20,000 ducados.[18]

Cuando algunas tribus indias le solicitaron a Cortés ayuda para independizarse de los aztecas, el ejército español marchó hacia Tenochtitlán. Con los auxiliares indios los conquistadores vencieron toda resistencia y se apoderaron de cuantioso botín.[19] El 8 de noviembre de 1519, Cortés entró triunfante en Tenochtitlán, recibido magnánimemente por el débil monarca Moctezuma. Como temía un ataque sorpresivo de los aztecas, Cortés apresó a su emperador.

En estas circunstancias llegó la noticia del desembarco en Veracruz de la expedición de Pánfilo de Narváez enviada por Velázquez con orden de apresar a Cortés y continuar la conquista en nombre del gobernador de Cuba. Cortés salió apresuradamente de Tenochtitlán para enfrentarse a los recién llegados.

Después de derrotarlos fácilmente y de incorporarlos a sus filas, el capitán vencedor retornó inmediatamente a Tenochtitlán, donde la situación se había agravado a consecuencia de una matanza de nobles aztecas realizada por Pedro de Alvarado. En vez de castigar a su lugarteniente, Cortés obligó a Moctezuma a arengar[20] a sus indignados vasallos. La multitud furiosa apedreó[21] al monarca y lo hirió. El infeliz murió pocos días después. Le sucedió Cuitláhuac.

Los invasores decidieron abandonar la ciudad, y al batirse en retirada,[22] sufrieron cuantiosas pérdidas. Alvarado se salvó milagrosamente, saltando un canal de agua de Tenochtitlán apoyado en su lanza[23] en el lugar hoy conocido con el nombre de «Salto de Alvarado». La leyenda dice que Cortés lloró su desgracia y llamó a su derrota «La noche triste», porque esa batalla tan cara a los españoles tuvo lugar de noche.

Los españoles se reorganizaron al consolidar su alianza con los indios enemigos de los aztecas y al recibir refuerzos de Jamaica y de las Canarias.

---

[18] *Ducado* fue la moneda de oro usada en España hasta el siglo XVI, cuyo valor llegó a ser de unas siete pesetas. Su equivalente actual es difícil de calcularse. Probablemente el poder adquisitivo del ducado de entonces era semejante al de cincuenta dólares de 1990.
[19] *cuantioso botín* substantial booty
[20] *a arengar* to harangue
[21] *apedreó* stoned
[22] *al batirse en retirada* upon retreating
[23] *apoyado en su lanza* leaning on his lance

HERNAN CORTES.

Marqués del Valle, Capitán Gral. de N. España; na-
ció en Medellín año de 1485 y murió en 1547, aun-
que le hicieron inmortal sus hazañas asombrosas, y
su conquista del Imperio Mexicano.

Hernán Cortés (1485–1547), conquistador de México. La Corona española, deseosa de mantener control absoluto de las nuevas tierras conquistadas, primero minó la autoridad de Cortés y después creó el Virreinato de Nueva España y mandó nuevas autoridades.

Completamente recuperado, el ejército de 900 españoles, 150,000 indios auxiliares y 86 caballos sitió a Tenochtitlán, donde ahora gobernaba Cuauhtémoc (águila que cae), sucesor de Cuitláhuac, que había muerto de viruela.[24] Los aztecas no capitularon: lucharon de casa en casa hasta que fueron completamente derrotados. Apenas Cuauhtémoc cayó preso, se le torturó para que confesara dónde guardaba los tesoros. La leyenda cuenta que los españoles tendieron[25] al monarca azteca y a uno de sus ministros sobre un lecho de carbones encendidos.[26] Como el ministro había mirado

---

[24] *viruela*   smallpox
[25] *tendieron*   they stretched
[26] *lecho. . . encendidos*   bed of burning coals

adolorido al monarca, suplicándole que le permitiera hablar, Cuauhtémoc estoicamente le contestó: «¿Crees acaso[27] que estoy yo en un lecho de rosas?» Los heroicos aztecas murieron sin proferir una queja[28] y sin revelar el secreto que buscaban sus torturadores.

Con la ocupación de Tenochtitlán y la muerte heroica del último monarca, sucumbió el imperio azteca. Cortés reedificó Tenochtitlán y la llamó México. Más tarde fundó otras ciudades. En 1522, Carlos V le designó gobernador, capitán general y justicia mayor de Nueva España, nombre que ya comenzaba a dársele al nuevo territorio. Con la llegada del primer virrey, Antonio de Mendoza (1535), comienza la historia del Virreinato de Nueva España.

4.6 Conquista de América Central

La conquista de Centroamérica la realizaron principalmente los capitanes de Cortés, aunque las primeras exploraciones las llevaron a cabo conquistadores procedentes de Panamá. Cristóbal de Olid recibió órdenes de Cortés para explorar el territorio entre México y Panamá; pero Olid hizo algo parecido a lo que el mismo Cortés le hiciera a Velázquez: desembarcó en Honduras en 1524 y fundó una colonia sin poner en el documento de fundación el nombre del conquistador de México. Cuando éste se enteró de que Olid se había declarado independiente de su autoridad, despachó otra expedición punitiva. Para sorpresa de todos, los nuevos expedicionarios se unieron a su rival.

Al mismo tiempo de la salida de Olid para Honduras, Cortés despachó a Pedro de Alvarado con la orden de conquistar la región de Guatemala. En 1524, Alvarado, en el reino quiché, cometió muchas crueldades. Para 1527, había pacificado la región y recibido el titulo de Capitán General de Guatemala. Su hermano José sometió a los aborígenes de la parte de Centroamérica que hoy se llama Costa Rica.

4.7 Conquista del Perú

Dos hombres incultos y de modesto origen, Francisco Pizarro (¿1475?–1541) y Diego de Almagro (1475–1538) se asociaron con el clérigo Hernando de Luque (m. 1532) para emprender la conquista del Perú.

En una pequeña nave con cien hombres, Pizarro partió de Panamá en 1525. Almagro lo siguió después con setenta aventureros más. Luque se quedó en Panamá recolectando fondos, procedentes en su mayor parte de un juez no muy honrado.[29] Tras mil dificultades los expedicionarios llegaron

---

[27] *acaso*   perhaps
[28] *sin proferir una queja*   without uttering a word of complaint
[29] *juez no muy honrado*   not very honest judge

FRANCISCO PIZARRO:
Natural de Truxillo: Descubridor y Con-
quistador del Perú: fué asesinado en Li-
ma á los 73. años de su edad en 1541.

Francisco Pizarro (¿1475?–1541) capturó a Atahualpa en Cajamarca en 1532. Aunque por el rescate del inca recibió dos cuartos llenos de plata y uno de oro, rompió su palabra y lo hizo ejecutar. En 1535 fundó Lima, donde fue asesinado seis años más tarde.

primero a la costa occidental de la actual Colombia. De allí siguieron viaje al Perú. Garcilaso de la Vega Inca (1539–1616) en sus *Comentarios reales* (1ra parte, 1609; 2da parte, 1617) explica el origen de este nombre así. En una de sus exploraciones por las costas del Pacífico, un navío de Vasco Núñez de Balboa cruzó la línea equinoccial. Como navegaban muy cerca de la costa, pudieron capturar a un indio asombrado. Cuando le preguntaron cómo se llamaba esa tierra, él contestó que su nombre era Berú y que estaba en un río, Pelú. De la corrupción de ambos se derivó el nombre de la zona, Perú.

Después de meses de privaciones y sufrimientos sin fin, llegaron a la Isla del Gallo, pero allá recibieron órdenes del nuevo gobernador de Panamá de abandonar la empresa. Desesperado, Pizarro trazó con su espada una línea en la arena de la playa[30] y señalando al sur dijo: «Por aquí se va al Perú, a ser ricos.» Y luego señalando al norte gritó: «Por aquí se va a Panamá, a ser pobres.» Sólo trece valientes pasaron la línea sin vacilación alguna. La historia los conoce con el nombre de «Los trece del Gallo.» Estos aventureros arriesgados, con la ayuda de nuevos compañeros, llegaron a la bahía de Tumbes, donde descubrieron muestras de la gran civilización peruana. A fines de 1527, Pizarro retornó a Panamá, y como fuera mal recibido por el nuevo gobernador, se embarcó para España y allá obtuvo los títulos de adelantado, gobernador y capitán general, con autoridad casi absoluta y con independencia del gobernador de Panamá, en los países que descubriera. Para Luque obtuvo el nombramiento de obispo[31] de Tumbes y para Almagro el de gobernador de varias fortalezas que se construirían en el futuro. Al enterarse Almagro de la ambición y egoísmo de su compañero, se enojó[32] mucho, pero se contuvo y esperó mejor momento para hacer efectivo su reclamo.

En 1530, Pizarro salió de España con cuatro hermanos suyos y muchos amigos de su Trujillo natal,[33] y al año siguiente zarpó de Panamá con 180 hombres y veintisiete caballos en tres embarcaciones. Almagro se quedó otra vez en Panamá a reclutar[34] más hombres. Reforzado varias veces, Pizarro llegó nuevamente a Tumbes. Acompañado de Felipillo, su intérprete indio, prosiguió hacia el sur, y a orillas del río Piura fundó, en 1532, la primera ciudad española del Perú: San Miguel de Piura. Al enterarse de que Atahualpa estaba descansando en la ciudad andina de Cajamarca, al sudeste de Piura, Pizarro marchó con sus tropas para apoderarse del Inca. Con la complicidad de Fray Vicente Valverde, el ambicioso adelantado capturó a Atahualpa después de una sangrienta matanza. Atahualpa ofreció por su rescate[35] dos cuartos casi llenos de plata y uno casi repleto de oro.

---

[30] *trazó. . . playa*   traced a line on the sand of the beach
[31] *obipo*   bishop
[32] *se enojó*   became angry
[33] *natal*   native
[34] *reclutar*   to recruit
[35] *rescate*   ransom

Pizarro aceptó el ofrecimiento, pero una vez que repartió[36] los tesoros, ejecutó al Inca después de acusarle de haber matado a su hermano Huáscar y de conspirar contra los españoles. Con la muerte de Atahualpa, el imperio quedó a merced de[37] los invasores. En 1533, Pizarro se apoderó del Cuzco, acto que prácticamente lo hacía dueño del país. Entonces comenzó a buscar un lugar que estuviera en mejor comunicación con España y al mismo tiempo le sirviera de capital del Perú. El 18 de enero de 1535, fundó Lima, Ciudad de los Reyes.

Sofocada la resistencia india, el país no gozó de paz porque pronto la ambición y la codicia dividieron a los conquistadores y desencadenaron[38] las guerras civiles (1538–1548), en las cuales murieron violentamente Almagro, Pizarro y Blasco Núñez Vela, primer virrey del Perú. Pacificado el país por Pedro de la Gasca, llegó el nuevo virrey del Perú: Antonio de Mendoza, ex virrey de México. Con él comienza la larga historia del coloniaje peruano.

4.8 Conquista de Quito, Nueva Granada y Venezuela

Terminada la conquista del Perú, se enviaron otras expediciones a diferentes regiones. Un teniente de Pizarro, Sebastián de Benalcázar, conquistó el Reino de Quito y lo incorporó al Perú. En diciembre de 1533, entró en la ciudad de Quito, avanzó hacia el norte, penetró en territorio de la actual Colombia, fundó la ciudad de Popayán, recorrió el valle del Cauca, y llegó a la meseta de Bogotá. Cuál no sería su sorpresa al encontrar allí a Gonzalo Jiménez de Quesada y al alemán Nicolás de Federman.

El rey de España, también soberano de Alemania, había concedido la conquista de Venezuela a la compañía Welser (banqueros alemanes de Augsburgo) a la que debía fuertes sumas de dinero. Los Welser nombraron gobernador de Venezuela a Ambrosio Alfinger, su ex agente en España. Alfinger llegó a Venezuela en 1528, y cuando se convenció de que no encontraría muchas riquezas decidió apresar indios y venderlos como esclavos. En 1530, fundó Maracaibo. El cruel explorador alemán penetró en territorio que no le correspondía, llegó hasta el río Magdalena y después de asolar[39] los territorios recorridos, en un encuentro con los naturales cayó mortalmente herido. Hay quienes creen que lo hirió de muerte uno de sus propios soldados. En 1534, llegó a Venezuela otra expedición alemana dirigida por Jorge Spira y Nicolás de Federman. Después de tres años de exploraciones, Federman llegó a la meseta de Bogotá y quedó también sorprendido al encontrar allí a Quesada y a Benalcázar, pero como

---

[36] *repartió*   distribuyó
[37] *a merced de*   at the mercy of
[38] *desencadenaron*   unleashed
[39] *asolar*   destruir

Atahualpa, hijo del Inca Huayna Cápac, fue capturado por Francisco Pizarro en Cajamarca en 1532. Mientras se hallaba preso, Huáscar, su medio hermano y rival, fue asesinado en el Cuzco. El crimen le sirvió de pretexto a Pizarro para ejecutar a Atahualpa después de recibir su fabuloso rescate.

no quería volver a las órdenes de Spira, cedió su gente a Jiménez de Quesada por 10,000 pesos.

El abogado Jiménez de Quesada, por su parte, había salido del puerto de Santa Marta, en la costa atlántica de la actual Colombia, en 1536, con el propósito de internarse en el país siguiendo el curso del río Magdalena. El intrépido explorador había trepado[40] montañas y cruzado torrentes hasta llegar a las mesetas centrales donde encontró oro y esmeraldas. En 1537 fundó la ciudad de Santa Fe de Bogotá, y al siguiente año se sorprendió al recibir intempestivamente la visita de Federman y Benalcázar, a quienes fácilmente convenció de dejarle a él la empresa de completar la colonización de la futura Nueva Granada.

En 1546 Carlos V suspendió el privilegio de los Welser y nombró a Juan Pérez de Tolosa gobernador de Venezuela. Tolosa fundó varias colonias pero murió al poco tiempo. Otros le siguieron, y cuando en 1560 se fundó Caracas, Venezuela quedó asegurada al imperio colonial español.

4.9 Conquista de Chile

Completada la conquista del Perú, el rey de España nombró a Diego de Almagro gobernador del territorio que abarcaba el futuro Chile. El compañero de Pizarro partió del Cuzco en 1535, con 150 españoles y gran número de indios auxiliares, cruzó los Andes en dirección al sur, pero después de helársele[41] mucha gente y de experimentar innumerables penurias, retornó al Cuzco en 1537, atravesando el desierto de Atacama, dondo sufrió menos contratiempos.[42] Su regreso al Perú precipitó la guerra civil contra Pizarro, en la cual perdió la vida en 1538.

Creyéndose victorioso en la guerra civil, Pizarro autorizó la conquista de Chile, encargándole la misión a Pedro de Valdivia, uno de sus capitanes. Valdivia partió en 1540, entró en el desierto de Atacama y después de una penosísima[43] marcha de cinco meses, llegó al fértil valle de Mapocho, fundó Santiago (1541), Concepción (1552), la ciudad que lleva su nombre (1552) y luchó contra los aguerridos araucanos. Los españoles castigaban severamente a los indios, llegando hasta cortarles las orejas. Los araucanos, reorganizados y dirigidos esta vez por el valiente Lautaro, capturaron y dieron muerte a Valdivia y a muchos de sus soldados.

Cuando llegó a Lima la noticia del alzamiento de los araucanos y del sufrimiento de los españoles de Chile, el virrey Andrés Hurtado de Mendoza nombró gobenador de ese territorio a su hijo don García, joven de veintidós años. Este llegó a Chile, en 1557, en compañía del soldado-poeta Alonso de Ercilla y Zúñiga, quien más tarde cantaría el heroísmo de Caupolicán

---

[40] *trepado* climbed
[41] *helársele* congelársele
[42] *contratiempos* misfortunes
[43] *penosísima* very painful

y sus indios guerrilleros en su famoso poema épico *La Araucana*. Pacificada temporalmente la región, los españoles de Chile cruzaron los Andes y fundaron la ciudad de Mendoza en territorio que hoy pertenece a Argentina. Cuando Hurtado de Mendoza abandonó Chile, la región quedaba asegurada al imperio colonial español, pero a pesar de esto la resistencia araucana continuó. Como se verá más adelante, los aguerridos descendientes de Lautaro y Caupolicán continuaron la lucha contra los invasores y sólo durante la República fueron sometidos, irónicamente, por los vicios traídos por los propagadores de la civilización occidental.

4.10 Significado de la Conquista

El período de la Conquista, aunque el más corto de la historia latinoamericana, es uno de los más significativos. Durante esta etapa turbulenta las civilizaciones precolombinas demostraron su resistencia a la vez que su debilidad ante la pujante[44] civilización occidental. La famosa Leyenda Negra,[45] promovida principalmente por los enemigos de la España imperial, es en gran parte responsable de la evaluación exagerada del papel de los conquistadores. Es verdad que los españoles cometieron muchos errores serios al someter a los pueblos aborígenes del Nuevo Mundo, pero no debemos negarles su rico aporte[46] al carácter y a la cultura del hispanoamericano de hoy. Más adelante discutiremos el legado colonial positivo y negativo; aquí nos concretaremos a ofrecer una breve evaluación del impacto de la conquista propiamente dicha.

Los españoles dominaron a América con la espada y la cruz, pero el Nuevo Mundo conquistó a estos mismos conquistadores dándoles una nueva estética, una nueva manera de pensar, una nueva manera de obrar y por consiguiente una nueva manera de ser. Desde el primer momento en que los españoles llegan a América, el medio ambiente nuevo los transforma y les da otras características que los hace diferentes de sus compatriotas que quedan en Europa. La transformación social del conquistador en América es uno de los requisitos indispensables en cualquier estudio comprensivo del carácter del latinoamericano de hoy. Garcilaso de la Vega Inca en su historia de la conquista de la Florida publicada en 1605 nos cuenta, por ejemplo, cómo los nobles expedicionarios que en España jamás se hubieran atrevido a trabajar con sus propias manos, acá, frente a la necesidad de sobrevivir, aceptaron gustosos servir de carpinteros y practicar oficios humildes. Los estudiosos de la literatura se sorprenden al leer en los mismos escritos de Colón, Cortés y otros cronistas una diversa manera de expre-

---

[44] *ante la pujante* frente a la vigorosa
[45] La «Leyenda Negra» atribuye a los españoles extremada crueldad en la conquista y gobierno de las Indias.
[46] *aporte* contribution

García Hurtado de Mendoza (1535–1609), hijo de Andrés Hurtado de Mendoza, Virrey del Perú (1556–1561), dirigió la última expedición conquistadora de Chile en la que participó Alonso de Ercilla y Zúñiga, autor de *La Araucana*. Don García fue más tarde Virrey del Perú (1589–1596).

sarse, indudablemente suscitada tanto por sus intereses como por la influencia del medio.[47]

La indisciplina de descubridores y conquistadores, su desobediencia, su deslealtad a los superiores, sus rebeliones y guerras civiles, que tienen

---

[47] *suscitada. . . por el medio*   caused by. . . of the environment

su máxima expresión en las conspiraciones de Gonzalo Pizarro y del hijo de Cortés[48] provienen del individualismo ibérico que se arraiga[49] en América. El que la conquista la realizaran principalmente la espada y la cruz, y que la mayoría de los que vinieron antes de 1542 fueran soldados y sacerdotes,[50] son factores importantes en el estudio de la fuerte influencia del hombre armado y de la Iglesia en la vida republicana de Iberoamérica.

4.11 Sumario

I. Los cuatro viajes de Cristóbal Colón (1451–1506): 1492, 1493, 1498 y 1502:
   A. Primer viaje: San Salvador (Bahamas), Juana (Cuba) y Española
   B. Viajes siguientes: Puerto Rico, Jamaica, Vírgenes y Tierra Firme
   C. Primeras fundaciones: Isabela (1494) y Santo Domingo (1496)

II. Los cuatro viajes del italiano Américo Vespucio: 1497, 1499, 1501 y 1503:
   A. Exploraciones en nombre de España, primero, y de Portugal, después
   B. Sus relaciones con los cartógrafos perpetúan el falso nombre América

III. Magallanes y la primera circunnavegación del mundo (1519–22):
   A. Arribo europeo al Estrecho de Magallanes en 1520 y Filipinas en 1521
   B. Muerte de Magallanes en 1521 y retorno de Elcano a España en 1522

IV. Otros exploradores europeos del Hemisferio Occidental de 1499 a 1541:
   A. Juan Caboto (Cabot) «descubre» Labrador y Terranova para Inglaterra
   B. Vicente Yáñez Pinzón «descubre» Brasil (1499) y la boca del Amazonas
   C. En 1500 Pedro Alvarez Cabral «descubre» el Brasil para Portugal

---

[48] Gonzalo Pizarro, hermano del conquistador del Perú, combatió primero a los almagristas y después a las autoridades reales. Durante la rebelión algunos de sus amigos le aconsejaron que se proclamara rey del Perú. En México un grupo de sediciosos conspiró con las intenciones de proclamar a Martín Cortés soberano de una Nueva España independiente. Ambos esfuerzos fracasaron y llevaron a los conspiradores al patíbulo.

[49] *se arraiga*   se establece firmemente

[50] *sacerdotes*   priests

    C. Gonzalo Jiménez de Quesada funda Santa Fe de Bogotá en 1537

IX. Conquista de Chile:
    A. Diego de Almagro dirige desastrosa expedición a Chile en 1535
    B. Valdivia funda Santiago (1541) y muere luchando contra los araucanos
    C. García Hurtado de Mendoza completa la conquista y funda Mendoza

X. Significado de la Conquista:
    A. Transformación social del conquistador a pesar de su individualismo
    B. Herencia militar, eclesiástica y burocrática legada por los españoles

4.12 Recomendación bibliográfica

Céspedes, Guillermo. *La Conquista*. Madrid: Alianza Editorial, 1985.

Clendinnen, Inga, *Ambivalent Conquests: Maya and Spaniards in Yucatán, 1517–1570*. Cambridge Latin American Studies 61. Cambridge-New York: Cambridge University Press, 1987.

Cortés, Hernán. *Letters from Mexico*. Translated and edited by A. Pagden. New Haven: Yale University Press, 1986.

Granzotto, G. *Christopher Colombus: The Dream and the Obsession*. Glasgow-London: Collins, 1986.

Guillén Guillén, Edmundo. *Visión peruana de la conquista*. Lima: Milla Batres, 1979.

Innes, H. *The Conquistadors*. Glasgow-London: Collins, 1986.

Las Casas, Bartolomé de. *In Defense of the Indians*. Edited and translated by Stafford Poole. Dekalb: Northern Illinois University Press, 1974.

León Portilla, Miguel, ed. *El reverso de la conquista*. México: J. Mortiz, 1970.

Stern, Steve J. *Peru's Indian Peoples and the Challenge of Spanish Conquest*. Madison: University of Wisconsin Press, 1982.

Varner, John G., and Jeannette J. Varner. *Dogs in the Conquest*. Norman: University of Oklahoma Press, 1983.

Wachtel, Nathan. *The Vision of the Vanquished: The Spanish Conquest of Peru through Indian Eyes, 1530–1570*. Translated by B. & S. Reynolds. New York: Harper, 1977.

4.13 Cuestionario y temas

Cuestionario

1. ¿Qué tierras recorrió Colón en sus cuatro viajes?
2. ¿Por qué recibió el nombre de «América» el Hemisferio Occidental?

3. ¿Qué impulsaron a los españoles a realizar tan vastos descubrimientos?
4. ¿Cómo se realizó la primera circunnavegación del mundo?
5. ¿Por qué dijo el emperador azteca que no estaba en un «lecho de rosas»?
6. ¿Qué leyenda india difundió Cortés para facilitar su conquista?
7. ¿Qué sucedió durante «La noche triste» de Cortés?
8. ¿Qué causaron la muerte de tantos indios durante la Conquista?
9. ¿A quiénes se les conoce con el nombre de «Los trece del Gallo»?
10. ¿Qué significa para Ud. el rescate de Atahualpa?
11. ¿Quiénes se encontraron en Bogotá y qué sucedió allá?
12. ¿Por qué se produjo la guerra civil entre los conquistadores del Perú?

Temas para informes orales

1. Breve biografía de Colón.
2. El caballo en la conquista de América.
3. La leyenda de Quetzalcóatl en la conquista de México.
4. Doña Marina, ¿vengativa o traidora?
5. Evaluación crítica de Francisco Pizarro.
6. La leyenda negra.
7. La codicia, el honor y el fanatismo en la Conquista.
8. Significado histórico de las guerras civiles entre conquistadores.
9. La conquista como empresa privada.
10. Valor histórico y literario de *La Araucana*.

Temas para informes escritos opcionales

1. Las leyendas y los descubrimientos.
2. Comparación de los conquistadores Cortés y Pizarro.
3. Significado de la conquista de América.
4. Efectos en Europa de la Conquista de América.
5. La americanización de los conquistadores.

Capítulo
5

El régimen colonial
y su legado

5.1 Organización política

Como la misión oficial de los adelantados (gobernadores militares) era colonizar, los españoles, desde el principio de la Conquista, comenzaron a fundar poblaciones y establecer ayuntamientos.[1] El gobierno de España, en cuyos dominios «no se ponía el sol»,[2] administraba la metrópoli y sus provincias de ultramar[3] con riguroso absolutismo. En el Nuevo Mundo delegó su autoridad primero a los adelantados y gobernadores y después a los virreyes y capitanes generales. El adelantado a menudo pagaba los gastos de su expedición conquistadora a cambio de parte de la tierra y riquezas de la región que sometía en nombre del rey. Los gobernadores eran los administradores de las gobernaciones (provincias), cada una de las cuales se subdividía en distritos administrados por un corregidor. Medio siglo después del retorno de Colón a la península, ya se habían creado dos virreinatos: el de Nueva España (México), en 1535, y el de Nueva Castilla (Perú), en 1543. Este último tuvo jurisdicción sobre toda Sudamérica española hasta que, en el siglo XVIII, se establecieron dos nuevos virreinatos: el de Nueva Granada, en 1739, y el del Río de la Plata, en 1776. Como se observará, todos los actuales países hispanoamericanos de Sudamérica fueron gobernados por Lima por más tiempo del que hasta hoy llevan de vida independiente. Durante el período colonial sólo hubo cuatro capitanías generales: Cuba, Guatemala (técnicamente bajo la jurisdicción de México),

---

[1] *fundar... ayuntamientos*   to found towns and set up municipal governments
[2] *no se ponía el sol*   the sun did not set
[3] *de ultramar*   overseas

Virreinatos y Capitanías
Generales

FLORIDA
San Augustín

OCEANO

ATLANTICO

CUBA
LA ESPAÑOLA

México Veracruz
Acapulco

Panamá   Caracas
Cartagena
Santa Fe

Quito

Lima

BRASIL

OCEANO

PACIFICO

Cuzco
Tacna   La Paz
Chuquisaca
Potosí
Asunción
Salta

La Serena

Santiago   Buenos   Montevido
Aires

HISPANOAMERICA COLONIAL

**VIRREINATOS Y CAPITANIAS
GENERALES EN EL SIGLO XVIII**

- - - - LIMITES DE LOS ESTADOS ACTUALES

VIRREINATO DE NUEVA ESPAÑA Y
CAPITANIA GENERAL DE GUATEMALA

CAPITANIA GENERAL DE CUBA

CAPITANIA GENERAL DE VENEZUELA

VIRREINATO DE NUEVA GRANADA

VIRREINATO DEL PERU

VIRREINATO DE BUENOS AIRES

CAPITANIA GENERAL DE CHILE

OCEANO

ATLANTICO

Virreinatos y Capitanías Generales en América hispánica del siglo XVIII. El tamaño
pequeño del mapa no muestra los límites con precisión.

Venezuela (bajo la jurisdicción de Lima primero y de Bogotá después) y Chile (bajo la jurisdicción de Lima). Paralelamente a estas divisiones estrictamente políticas, se creó en América otra importante institución: la audiencia. Formaban este tribunal real unos ocho oidores y alcaldes de crimen que ayudaban, asesoraban[4] y controlaban a las autoridades políticas. La audiencia de la ciudad principal de un virreinato gobernaba interinamente[5] cuando moría el virrey en ejercicio de su cargo. La primera audiencia que se estableció fue la de Santo Domingo, en 1524. Más tarde se crearon trece más: México, Guadalajara, Guatemala, Panamá, Cuba, Bogotá, Quito, Caracas, Lima, Cuzco, Santiago de Chile, Charcas o Chuquisaca, y Buenos Aires.

Celosa de su poder y temerosa de que sus representantes algún día intentaran independizarse, la Corona enviaba visitadores generales, agentes especiales que aparentemente tenían la misión de velar por la mejor administración,[6] pero que en realidad eran verdaderos ojos y oídos del rey. Ellos inspeccionaban las diferentes regiones del imperio y dependían directamente del soberano español. Además se decretó[7] que, al fin de su período administrativo, los virreyes y demás autoridades se sometieran a un llamado «juicio de residencia,» durante el cual un juez especial examinaba la labor realizada por el virrey o funcionario y la legalidad de sus actos. Cristóbal Colón fue enviado en cadenas a España como resultado del juicio de residencia a que se le sometió.

5.2 Organización económica

Detrás de la fachada[8] espiritual e imperial (civilizar, cristianizar, ganar honra y gloria para la corona), la Conquista fue en gran parte una empresa económica muy lucrativa. Muchísimos españoles vinieron a América principalmente a extraer riquezas para beneficio personal y para el gobierno español empobrecido por las guerras imperialistas y el boato real.[9] Esto explica por qué una de las primeras instituciones establecidas para encargarse de los asuntos de la expansión en las Indias fue precisamente la Casa de Contratación,[10] creada en Sevilla, en 1503, y después trasladada a Cádiz. Tuvo ella funciones complejas: se encargaba de controlar el movimiento de cosas y gentes de España a las Indias, y de objetos, animales y seres humanos de las Indias a la metrópoli. Era una combinación de aduana,[11]

---

[4] *asesoraban*   aconsejaban
[5] *interinamente*   temporarily
[6] *velar. . . administración*   to encourage a better administration
[7] *se decretó*   it was decreed
[8] *fachada*   façade
[9] *boato real*   royal ostentation
[10] *Contratación*   Trade, Commerce
[11] *aduana*   customhouse

Convento de Santa Catalina, Arequipa, Perú. Allí cada monja tenía por celda (*cell*) de retiro una casita de varias habitaciones para ella y sus sirvientas.

Tiempo de labranza durante la Colonia, según un dibujo de Guamán Poma de Ayala en su famosa *Primer nueva corónica y buen gobierno* (1615).

oficina de inmigración, centro de estudios marítimos y cosmográficos, escuela de cartografía, cámara de comercio y hasta de corte de justicia.

Así como en el terreno político se implantó un régimen absolutista, en la esfera económica se impuso un riguroso monopolio. En teoría, dos flotas, en convoy y con protección de naves de guerra, deberían salir de España con rumbo a las Indias, una en la primavera y otra en el verano. Al llegar al Caribe debían dividirse en dos convoyes: uno para ir a Cartagena y a Portobelo (Panamá), y el otro para ir a Veracruz. En estos tres lugares se concentraban los mercaderes[12] a hacer sus transacciones comerciales en las famosas ferias llevadas a cabo con motivo de la llegada y partida de las naves. De Portobelo las mercaderías eran enviadas a Bogotá, Lima, Santiago,

---

[12] *mercaderes* merchants

Buenos Aires y a otras ciudades. Algunas de las mercaderías que llegaban a Veracruz eran transportadas por tierra hasta Acapulco, y de este puerto del Pacífico continuaban en el famoso Galeón de Manila hasta las Filipinas, islas que durante mucho tiempo las administraba México. Las flotas retornaban a España haciendo escala en[13] La Habana. En la práctica este sistema de navegación se cumplió esporádicamente hasta 1565. Como durante mucho tiempo las flotas salían con irregularidad, se abandonó el costoso sistema y se recurrió a los galeones individuales. La nueva política de navegación dio lugar al florecimiento del contrabando, que llegó a ser tan importante como el comercio legal, y a los constantes ataques de piratas, filibusteros y bucaneros ingleses, franceses y holandeses. Los filibusteros y bucaneros a menudo eran protegidos por sus gobiernos, que consideraban patrióticas sus acciones contra España y su imperio. Famosos fueron Sir Francis Drake, que entre 1572 y 1586 dio la vuelta al mundo, atacando naves españolas, ocupando sus ciudades y puertos y bombardeando sus costas; Thomas Cavendish, que en 1587 frente a California se apoderó de uno de los galeones de Manila; y Henry Morgan, que saqueó e incendió la ciudad de Nombre de Dios (Panamá). La mayoría, sin embargo, eran piratas que actuaban bajo su propio riesgo y responsabilidad. Tenían sus bases de operaciones en las islas del Caribe, sobre todo en Tortuga, cerca de la costa norte de La Española.

En la organización económica doméstica jugaron papel importantísimo la encomienda, la mita y el corregimiento. La esclavización formal de los indios comenzada por Colón en 1492 fue, en 1503, abolida y reemplazada con el sistema de la encomienda, cuyo propietario se llamaba encomendero. El encomendero español recibía en el Nuevo Mundo un número de indios para cristianizarlos a cambio de servicios personales y el pago de tributo. En la práctica, el indio que sobrevivía los innumerables abusos continuaba esclavizado por el resto de sus días y perdía sus tierras. Los abusos llegaron a tal extremo que la corona española abolió la encomienda a fines del siglo XVIII. La explotación continuó en nombre de otras instituciones desarrolladas paralelamente durante la Conquista y la Colonia: el corregimiento y la mita. Por la primera, los indios eran colocados en una zona específica bajo una autoridad española, el corregidor. Este los obligaba a trabajar para él y a comprar mercancías, a menudo innecesarias, que él vendía a precios elevadísimos. El sistema de trabajo forzoso, principalmente en las minas, se conocía en los Andes con el nombre de mita.

5.3 Organización judicial

El primer organismo creado por los Reyes Católicos con la especifica misión de encargarse de los asuntos judiciales y legislativos de América fue el Consejo de Indias en 1509. Llegó a ser un verdadero ministerio[14] de co-

---

[13] *haciendo escala en*   calling at
[14] *miniterio*   State ministry

Tiempo de sembrar papas, según otro dibujo en la crónica de Guamán Poma.

lonias encargado de atender los pedidos de las autoridades en América, fallar sobre juicios[15] civiles y criminales, y asesorar al rey. Ejercía su jurisdicción sobre todos los asuntos civiles, militares y religiosos de las Indias. Las audiencias, como se ha visto, también tuvieron funciones judiciales.

Lamentablemente, la administración de justicia tuvo sus deficiencias: el soborno[16] no era raro. La justicia y hasta el honor a veces tenían su mejor postor,[17] sobre todo durante el siglo XVII, cuando reinaban los Habsburgos. La riqueza, el favoritismo y la influencia, solían abrir las puertas que deberían estar cerradas y cerraban las que estaban abiertas. El

---

[15] *fallar sobre juicios* to pass sentence on suits (court cases)
[16] *soborno* bribe
[17] *postor* bidder

Paseo de Aguas construido en Lima por el Virrey Manuel de Amat (1704–1782) para su amante la actriz Micaela Villegas, a quien llamaba con acento catalán «La Perricholi». El escandoloso romance ha servido de tema a una ópera francesa y a la novela *The Bridge of San Luis Rey* (Premio Pulitzer, 1927) del norteamericanc Thornton Wilder.

nepotismo[18] y la corrupción minaron la salud administrativa de las Indias. Las leyes «se acataban pero no se cumplían»;[19] los códigos eran catálogos de aspiraciones legales, de metas distantes.

5.4 La pirámide social

La sociedad colonial en Hispanoamérica estuvo tan rígidamente estratificada que los mismos españoles admitieron que existía un «régimen de castas,» aunque básicamente difiriera del verdadero sistema de castas de la India. La estratificación social en América seguía muy de cerca las fronteras raciales a tal punto que llegó a crearse una especie de pigmentocracia, o jerarquía[20] social estructurada por el color de la piel. En las Indias, las razas llegaron a mezclarse bajo circunstancias especiales y finalmente edificaron la pirámide social americana. En la cúspide se encontraban los criollos (entonces, españoles nacidos en América). Estos aumentaron pro-

---

[18] *nepotimo*   nepotism (patronage by reason of family relationship rather than merit)
[19] *Las. . . cumplían*   Laws "were respected but not obeyed"
[20] *jeraquía*   hierarchy

gresivamente en número hasta llegar a sobrepasar a los peninsulares, a quienes desplazaron del poder en las llamadas guerras de independencia. Históricamente acostumbrados a aceptar la unión sexual con los invasores de la península ibérica (griegos, fenicios, romanos, germanos, árabes y judíos), los peninsulares en América tuvieron hijos con indias fuera o dentro del sacramento matrimonial. Los mestizos ilegítimos crecieron en número conforme aumentaba la llegada de españoles de las clases bajas, quienes fácilmente se casaban con indios y mestizos y contribuían a poblar el Nuevo Mundo con mestizos. Estos a fines del periodo colonial llegaron a constituir el grupo más numeroso de la pirámide social. Por debajo de ellos se encontraban los indios, que realizaban el trabajo físico en las minas, campos y ciudades. En la base de la pirámide estaban los descendientes de los esclavos negros mezclados con las otras razas: mulatos, cuarterones, zambos (hijos de negro e indio) y los negros libertos.[21] Hasta hace poco se daba como un hecho el que los esclavos negros ocupaban la parte más inferior de la sociedad colonial. Ultimamente, sin embargo, algunos historiadores sostienen que en realidad durante el período colonial, no obstante las leyes protectoras de los indios, éstos vivían peor y sufrían más que los negros y consecuentemente ocupaban la base de la pirámide social.[22] Los peninsulares ejercían la mayoría de los altos puestos[23] politicos, económicos, judiciales y eclesiásticos. Las demás posiciones de importancia las compartían con los criollos. Los cargos[24] inferiores y la mayoría de los oficios los ocupaban los mestizos. Esta injusta división del trabajo así como su obvia consecuencia económica produjeron, como es de suponerse, fuerte tensión y resentimiento, y finalmente contribuyeron al estallido de la lucha por la independencia.

5.5 Aporte cultural positivo de los ibéricos

No debiéramos dejar que la «Leyenda Negra» nos impida evaluar las contribuciones positivas que españoles y portugueses hicieron al Nuevo Mundo. Debido a los peninsulares, América se puso en contacto con la civilización occidental e incorporó buena parte de su pensamiento, cultura y manera de ser. Lo que trajeron ha llegado a servir de base de la actual cultura y civilización hispanoamericanas, cuyas características esenciales se irán analizando en el curso de los próximos capítulos. Se verá cómo el rayo de luz occidental, que se hace más luminoso a partir del siglo XVIII, al penetrar en el prisma americano se descompuso en sus colores básicos

---

[21] *cuarterones. . . libertos*   quadroons (25% Negro). . . freedmen
[22] Véase Magnus Mörner, *Race Mixture in the History of Latin America* (Boston: Little, Brown & Co., 1967), pp. 30–31, 60–62.
[23] *puestos*   posiciones
[24] *cargos*   puestos

y se mezcló con los haces[25] de luces indígenas para dar un espectro cultural nuevo, que con el tiempo deja de ser indio, peninsular y occidental para convertirse en indoamericano.

Además de introducir el uso del hierro y de la rueda, usada como medio de transporte, los ibéricos trajeron nuevos animales, especialmente el caballo, sin el cual, tal vez, la Conquista no se hubiera consumado. Trajeron también ganado bovino, lanar y porcino;[26] nuevas especies de perros y otros animales domésticos. La flora también se enriqueció con nuevas plantas. El trigo, la cebada, la vid,[27] el café, la caña de azúcar, la morera y numerosos árboles frutales, como el higo,[28] las plantas cítricas, transformaron la economía y enriquecieron la dieta americana. Gracias a los ibéricos, el hierro, así como los grandes inventos chinos (brújula, papel, imprenta, seda, pólvora),[29] ampliaron los horizontes de la civilización americana.

Hasta hace poco las ciudades han sido históricamente centros de civilización. En las grandes culturas amerindias la ciudad era el centro del poder civil, militar y eclesiástico; de ahí que, como veremos en el capítulo sobre la arquitectura, los esfuerzos técnicos se concentraban en templos y palacios. La gente del pueblo, sin embargo, vivía en chozas.

Los españoles, hasta cierto punto, continuaron la tradición de realzar los edificios de las autoridades eclesiásticas y civiles. Por otra parte, ellos introdujeron el concepto greco-romano de la ciudad con plano de tablero de ajedrez[30] alrededor de una plaza. En ésta se encuentran simbólicamente frente a frente la iglesia y el cabildo. Ahí se siente el pulso de la colonia: es el centro vital para las actividades cívicas, militares y religiosas, lectura de los bandos, desfiles, corridas de toros,[31] representaciones teatrales, procesiones religiosas. Ahí se reunían las familias y las autoridades luciendo su mejor ropa.

Entre las numerosas ciudades que fundaron los españoles en América están: Santo Domingo (1494), San Juan de Puerto Rico (1508), Santiago de Cuba (1514), La Habana (1515), Veracruz (1519), Panamá (1519), Guatemala (1524), Santa Marta (1525), Cartagena de Indias (1533), Guadalajara (1533), Quito (1534), Lima (1535). Guayaquil (1535), Buenos Aires (1536, 1580), Asunción (1537), Santa Fe de Bogotá (1538), Santiago de Chile (1541), Potosí (1545), La Paz (1549), Caracas (1562, 1567) y San Agustín de la Florida (1565). De todas ellas las tres principales fueron la ciudad de México, la más grande y bella de todo el continente hasta

---

[25] *haces*   beams
[26] *ganado. . . porcino*   bovine, wool-bearing and porcine livestock
[27] *El trigo. . . la vid*   Wheat, barley, grapevine
[28] *morera. . . higo*   white mulberry. . . fig (The Spaniards brought to Europe native American plants such as potato, corn, tomato, tobacco, quinine, coca, etc.)
[29] *brújula. . . seda, pólvora*   compass. . . silk, gunpowder
[30] *plano. . . ajedrez*   chessboard-like plan
[31] *lectura. . . toros*   public reading of the proclamations, parades, bullfights

comienzos del siglo XIX; Potosí, junto a la mina de plata más rica del mundo; y Lima, a unas 5 millas del Océano Pacífico.

A estos aportes materiales debemos añadir las contribuciones culturales. En varios capítulos siguientes las trataremos en detalle; aquí señalamos brevemente las más obvias: los expresivos idiomas castellano y portugués, la escritura con letras, el catolicismo, las nuevas filosofías frente a la vida y a la muerte (griega, estoica, escolástica, renacentista), y las nuevas concepciones estéticas en las artes plásticas, visuales y auditivas. Estos aportes culturales incorporan el Nuevo Mundo a la vida universal.

5.6 Aspectos polémicos de la herencia hispánica

Toda conquista imperialista, por el hecho de ser tal, deja un saldo[32] negativo en el pueblo sometido. La conquista hispano-lusitana en América no es la excepción. El Nuevo Mundo se transforma con el impacto de las viejas instituciones españolas con sus virtudes y vicios. Los defectos ibéricos se extienden a América y a veces se intensifican, se multiplican y engendran otros. En los barcos renacentistas españoles, también vinieron a América instituciones medievales. La herencia hispánica, polémica sobre todo durante el reinado de los Habsburgos, olvidada o ignorada por unos y alabada por otros, abarca, entre otras esferas, la política, la económica, la social y la cultural.

5.7 Herencia política

El individualismo ibérico, que determina la indisciplina de descubridores y conquistadores, se establece en América y guía el curso de su historia por caminos de violencia, revolución, anarquía y guerras civiles. La lucha tradicional en la península entre regionalismo y centralismo se convierte en América en el conflicto entre las fuerzas centrípetas y centrífugas[33] que le dan a veces cohesión y unidad, y otras veces la atomizan, dividen y separan. La antigua idea platónica de que unos nacen para gobernar y otros para ser gobernados sufre su más seria derrota cuando en América algunas autoridades degeneran en ineptos administradores, corrompidos por el nepotismo, por la influencia, por falsos conceptos del compadrazgo y del despotismo ilustrado. El compadrazgo es la serie de relaciones familiares, económicas, políticas y sociales provenientes del estado de ser compadres. Compadres se llaman entre sí los padres y padrinos[34] de un niño desde el momento que recibe el sacramento del bautismo. El padrino tiene la ob-

---

[32] *saldo* balance
[33] La fuerza centrípeta es la que atrae hacia el centro; la centrífuga la que repele y aleja del centro.
[34] *padrinos* godparents

ligación moral de cuidar, proteger y hacerse cargo del ahijado en caso de necesidad, especialmente si queda huérfano.[35] Tradicionalmente los compadres se deben ayuda mutua, especialmente en política.

Como la espada, secundada por la cruz, realiza la Conquista, y como durante el primer medio siglo de expediciones a América vienen principalmente soldados y frailes, la historia posterior de América llevará ese doble signo militar y clerical. El militarismo y el clericalismo unas veces se combaten, pero otras se unen para luchar contra las nuevas fuerzas políticas y para apoyar al rey, como cuando éste pide y consigue del Vaticano el patronato real, es decir, el control del nombramiento de las autoridades eclesiásticas en España y sus dominios.

5.8 Herencia económica

Aunque el llamado «descubrimiento» y las exploraciones fueron resultados directos del nuevo espíritu renacentista que se filtraba lentamente a España, irónicamente los conquistadores también trajeron remanentes del feudalismo español. Una de las instituciones implantadas en América fue el latifundio, es decir, la extensa propiedad agrícola que hasta hace poco sobrevivía disfrazada con nombres modernos: hacienda, estancia, rancho. Parte del conservatismo rural y del estilo de vida en las villas americanas tuvo herencia medieval. El sistema económico, el código del honor, la filosofía escolástica y el fanatismo religioso, celosamente resguardado por la Inquisición, recordaban al Medievo. Otras antiguas instituciones, como la encomienda, el adelantado, el servicio militar obligatorio y los privilegios de la nobleza en América, experimentaron transformaciones que alteraron su origen medieval. El apego virreinal a la idea fisiocrática (creencia que la tierra es origen de la riqueza), con el tiempo resultó perjudicial porque limitó la creación de nuevas industrias y la explotación de otras fuentes de ingreso. Por otra parte, la obsesión por la minería, quedó también como un mal que los hispanoamericanos más tarde tuvieron que vencer en algunos países, tras largos años de lucha con nuevas teorías económicas.

La excesiva dependencia de la empresa privada egoísta, desde la adopción del sistema de adelantados, ha obstaculizado el desarrollo económico a tal punto que muchos latinoamericanos de las ciudades encuentran bastante difícil colaborar y trabajar colectivamente para descargar la responsabilidad social del gobierno. Afortunadamente, frente a este aspecto negativo de la degeneración del individualismo en el campo económico, las empresas estatales bien administradas y sin excedentes burocráticos, con todas sus limitaciones e ineficiencias, han servido de telón de fondo[36] para experimentos positivos donde lo primordial ha sido el beneficio de la sociedad.

---

[35] *ahijado. . . si queda huérfano* godchild. . . should the child lose one or both parents
[36] *telón de fondo* background

El desprecio a la actividad manual, tan arraigado en Europa entre la nobleza, se establece fuertemente en América. Felizmente, el rechazo de la actividad mercantil, considerada en España como propia de judíos y moros, poco a poco se sintió menos en el Nuevo Mundo. Con el tiempo los hidalgos empobrecidos se valieron de la actividad comercial para mejorar su posición económica y su prestigio social.

5.9 Herencia social

En las primeras olas migratorias procedentes de España llegaron a Latinoamérica elementos diversos de la sociedad española. Había entre ellos nobles pobres que desesperadamente deseaban enriquecerse para vivir con la ostentación propia de la más alta aristocracia. También llegaron numerosos frailes, curas y monjes. A fines del siglo XVII ya funcionaban en México 180 conventos de frailes y 85 de monjas,[37] razón por la cual el ayuntamiento de México solicitó al rey que no se fundaran más. El número de soldados, prófugos de la justicia[38] y abogados era, asimismo, sumamente alto. Hubo tantos de estos últimos que Vasco Núñez de Balboa en una carta al rey de España le suplicó que no mandara más bachilleres en leyes porque ya había muchos en el Nuevo Mundo promoviendo pleitos y maldades para sacarles provecho.

Los conquistadores vivieron como grandes personajes, se hicieron tratar así y se rodearon de esplendor. El gusto por el boato lo han heredado sus descendientes de Hispanoamérica, donde hoy muchos viven con un tren de vida muy por encima de sus ingresos.

Rápidamente se extendieron en Hispanoamérica el donjuanismo y el doble *standard* tan famosos ya en literatura y durante la ocupación española de Italia y Flandes.[39] Recordemos los casos de Cortés, que tuvo un hijo en doña Marina; de Pizarro, que tuvo descendientes en una princesa peruana; y del capitán Sebastián Garcilaso, padre del Inca Garcilaso de la Vega. Después nacen, como producto de la violencia, numerosísimos mestizos. Lamentablemente la falta de mujeres españolas agrava la situación, causando una serie de irregularidades conyugales: amancebamiento,[40] matrimonios entre gente de diferentes edades, propósitos y conveniencias, y el concubinato encubierto, es decir, el engaño a los padres indios, a quienes se les pedían sus hijas por legítimas mujeres, cuando en realidad era para convivir con ellas sin beneficio del matrimonio. Raramente se llevó a cabo el matrimonio entre nobles españoles e indias. Se da por excusa a esta práctica el hecho de que ni en España el código nobiliario permitía el matrimonio con personas de clase social inferior. No es válida esta excusa

---

[37] *180 conventos. . . monjas*   180 monasteries and 85 convents
[38] *prófugos de la justicia*   fugitives from justice
[39] *Flandes*   Flanders
[40] *amancebamiento*   concubinato

para numerosos padres de mestizos, ni para Cortés ni para el capitán Sebastián Garcilaso, que no se casaron con las indias nobles con quienes convivieron. El impedimento, pues, no fue tanto la diferencia de rango como de razas.[41] Los plebeyos españoles sí contrajeron matrimonio con indias y mestizas, a veces porque las españolas no estaban a su alcance o escaseaban.[42] Según documentos oficiales, entre los años 1509 a 1533, por ejemplo, sólo 470 mujeres emigraron a América. De ellas 180 eran casadas que viajaban con 111 hijos; de las restantes, 176 eran solteras o viudas.[43] Después vinieron más, pero nunca en número suficiente para los españoles y criollos de América.

El lazo familiar y la lealtad a la familia engendran el patriarcado,[44] el nepotismo, el favoritismo, el compadrazgo y el servilismo, que tantos males han causado en la historia latinoamericana. La ausencia de responsabilidad cívica y sentido filantrópico debilitó fuertemente la estructura social del pueblo, y hoy, en la época republicana, se hace más obvia la escasez de estas virtudes cívicas. Tal vez por tender a favorecer al miembro del propio clan y para justificar su favoritismo, aparece el exagerado elogio a quienes no son los mejores.

La estructura cerrada piramidal, la intolerancia religiosa, la intensificación de la hipocresía y la propaganda en gran escala, contribuyen a crear, con los años, el mito de la ausencia de prejuicio y discriminación racial en América Latina. Algunos ingenuos bien intencionados todavía repiten monótonamente que el prejuicio en Hispanoamérica colonial fue social y no racial. No es difícil probar la falsedad de esta afirmación. Es cierto, en parte, que la tolerancia racial en el mundo hispánico es de larga tradición histórica. Pero no hay que confundir tolerancia con ausencia de prejuicios. La evidencia histórica prueba que sí hubo discriminación racial en Latinoamérica colonial, aunque esa discriminación no fue tan perniciosa como en otras partes del mundo. Eso que a nosotros se nos antoja llamar Leyenda Blanca,[45] o mito de la inexistencia de prejuicio racial en Latinoamérica, es ilusión o mentira piadosa fácil de refutar.[46]

---

[41] El Inca Garcilaso de la Vega documenta el hecho de que durante la colonia las uniones matrimoniales eran mucho menos frecuentes que los concubinatos. Ver sus *Comentarios reales de los Incas* (Buenos Aires, 1959; I: 2, cap. I).

[42] *no estaban. . . o escaseaban*   were not available or there were too few of them

[43] *solteras o viudas*   unmarried or widows

[44] La primacía del hombre en el mundo hispánico ha preserrvado la antigua organización social conocida como el patriarcado. El varón jefe de una familia ejerce su autoridad despótica en su familia y en sus parientes lejanos del mismo linaje. Los jefes políticos latinoamericanos tienden a ejercer una especie de patriarcado sobre sus correligionarios, como si todos le debieran el respeto y veneración que le rinden sus familiaries.

[45] *se nos antoja llamar «Leyenda Blanca»*   we would strongly like to call White Legend.

[46] Varios historiadores han ofrecido pruebas del prejuicio y discriminación racial en Iberoamérica Colonial. Véase, por ejemplo, L. Martín, pp. 135–136.

5.10 Balance de la herencia cultural

Como se verá en otro capítulo, España al extender su cultura al Nuevo Mundo ofreció lo que poseía entonces. Dio su propia versión del humanismo, su materialismo e idealismo, su educación aristocrática, especulativa en vez de democrática y experimental. Claro, la orientación educacional de la época antes de la difusión del método inductivo, la duda racional y ` las experimentaciones científicas, era literario-artística y más teológica y legal que tecnológica. Las cosas cambiaron más tarde, sobre todo después de Lutero. En Europa occidental se acelera el interés en los estudios científicos, aunque en España el desarrollo de las ciencias marcha más lentamente. España exportó al Nuevo Mundo su interés en la retórica y aunque los clásicos circularon con gran profusión, la censura, la Inquisición y la política oficial militaban en contra de la libre expresión del pensamiento.

La cultura en la Colonia tiene un carácter esotérico, para los selectos interesados en lo recóndito, sirve para entretener a la minoría gobernante en sus horas de ocio.[47] Se crea un estilo barroco recargado en adornos, en donde los temas son pretextos para divagar con frases refinadas y de poco contenido. La cultura se carga de superposiciones de noticias más que de síntesis o de interpretaciones originales. El método deductivo escolástico impide comprender lo particular y lo concreto más allá de la verbosidad hueca:[48] colorida, exótica, pero vacía e indigesta.

El oficialismo impone a la cultura colonial americana un molde escolástico y deliberadamente impide la aparición de la ciencia experimental y naturalista. En la metrópoli y en las colonias impera la voluntad teológica anticientífica, promovida por la campaña contrarreformista. Lo poco de contenido científico existente se subordina al ideal teológico y a la supuesta inmutabilidad del orden divino. Asimismo lo particular se sujeta a la norma general autoritaria y tradicional que no acepta desafíos.[49] Los apologistas de este escolasticismo congelado defienden apasionadamente la «doctrina revelada» y niegan que pueda haber una experiencia contraria o diferente a la revelación.

Los problemas fundamentales deben ser resueltos por la filosofía de entonces, y los resultados, las conclusiones, no deben jamás oponerse a la doctrina revelada. La fe impera sobre la razón; el alma, sobre el cuerpo. Los eruditos coloniales, como el mexicano Carlos Sigüenza y Góngora y el peruano Pedro Peralta Banuevo, se encuentran a veces prisioneros del laberinto de sus vastos conocimientos. Su sabiduría, inmensamente superior a la del promedio de sus compatriotas coloniales, es a menudo una mescolanza[50] de cosmología medieval y de conocimientos científicos mal

---

[47] *ocio*   idleness
[48] *hueca*   sin contenido
[49] *desafíos*   challenges
[50] *Su sabiduría. . . mescolanza*   His knowledge, far superior to that of the average compatriot of Colonial days, is often a confused mixture

organizados. Para muchos doctos ciudadanos coloniales, América más que un problema es motivo de exaltación religiosa. Manejan ellos un extenso repertorio de información de segunda mano y no se atreven a evaluar, criticar, ni siquiera a observar metódicamente el hecho social y los fenómenos naturales.

5.11 Fusión cultural

La suma de este legado hispánico, en sus aspectos positivos y negativos en el nuevo ambiente americano, se metamorfosea y unida a la herencia indígena y africana comienza a forjar la cultura hispanoamericana. La fusión de elementos hispánicos, indios y africanos crea una estética mestiza y un estilo nuevo de vida. El mestizaje americano va más allá de la simple miscegenación. En el Nuevo Mundo el mestizaje, iniciado desde los primeros años de la Conquista y aumentado durante la Colonia, fusiona diversas herencias culturales. Con el correr de los años la suma de ideas y sentimientos colectivos y normas éticas de los hispanoamericanos poco a poco echa las bases de la conciencia latinoamericana. Así durante la época colonial se forjan en Iberoamérica las primeras expresiones de la criollización.[51]

5.12 Sumario

    I. Organización política:
        A. Adelantados, gobernadores, virreyes y capitanes generales
        B. Ayuntamientos, gobernaciones y Virreinatos de Nueva España (1535), Perú (1543), Nueva Granada (1739) y Río de la Plata (1776)
   II. Organización económica:
        A. Casa de Contratación (1503): control monopólico de gentes y cosas
        B. Flotas y ferias de Cartagena, Portobelo, Veracruz y Acapulco
        C. Galeones, contrabando, piratas, filibusteros y bucaneros
        D. Encomiendas, mitas y corregimientos: trabajo gratuito del indio
  III. Organización judicial:
        A. El Consejo de Indias (1525), las audiencias y el juicio de residencia
        B. Las leyes se acatan pero no se cumplen: el soborno y la amistad
  IV. La pirámide social:

---

[51] *criollización* Spanish-Americanization

    A. Estratificación social parecida al «régimen de castas» (pigmentocracia)

    B. Españoles, criollos, mestizos, indios, negros, zambos y mulatos

V. Aporte cultural positivo de los ibéricos:

    A. Ganado caballar, bovino, lanar, porcino, perros y otros animales

    B. Cultivo del trigo, cebada, arroz, caña de azúcar, café, té, etc.

    C. Inventos chinos (brújula, papel, pólvora, imprenta), rueda y acero

    D. Nuevas concepciones filosóficas, artísticas y educacionales

VI. Aspectos polémicos de la herencia hispano-lusitana:

    A. En la esfera política:

        1. Militarismo, clericalismo, individualismo e indisciplina

        2. Regionalismo vs. centralismo y el despotismo ilustrado

        3. Compadrazgo, personalismo, nepotismo, influencia y corrupción

    B. En la esfera económica:

        1. El latifundio, la fisiocracia y la obsesión por la minería

        2. Individualismo egoísta vs. estatismo burocrático ineficiente

        3. Explotación de los obrajes indios y el mercantilismo

    C. En la esfera social:

        1. Inmigración de segundones (sin herencia), religiosos y soldados

        2. Exageración de la honra, el donjuanismo, el esplendor y la pompa

        3. Machismo, concubinato y exagerado elogio a la mediocridad

        4. El fuerte lazo familiar engendra el patriarcado y el nepotismo

        5. Débil responsabilidad cívica y sentido filantrópico en la mayoría

        6. La estructura piramidal cerrada y la «Leyenda Blanca»

VII. Balance de la herencia cultural:

    A. Humanismo, educación aristocrática, materialismo e idealismo

    B. La retórica, la verdad revelada y la divagación preciosista

    C. Anticientificismo, teología y verbosidad hueca

    D. La autoridad repudia la experimentación: el método deductivo

    E. La fe en el catolicismo por encima de la razón y la verdad revelada

    F. Los eruditos prisioneros de su sapiencia

VIII. La fusión cultural:
    A. Metamórfosis de la herencia indohispánica y el mestizaje
        cultural
    B. Con el tiempo aparece nuevo estilo de ser, sentir, pensar y
        actuar

5.13 Recomendación bibliográfica

Andrien, Kenneth, *Crisis and Decline: The Viceroyalty of Peru in the Seventeenth Century*. Albuquerque: University of New Mexico Press, 1986.

Bakewell, Peter. *Miners of the Red Mountain: Indian Labor in Potosí*. Albuquerque: University of New Mexico Press, 1984.

Barrett, Elinore M., *The Mexican Colonial Copper Industry*. Albuquerque: University of New Mexico Press, 1987.

Bethel, Leslie, ed. *Colonial Spanish America*. London-New York: Cambridge University Press, 1988.

Farriss, Nancy M., *Maya Society under Colonial Rule: The Collective Enterprise of Survival*. Princeton: Princeton University Press, 1984.

Hoberman, Louisa Schell, and Susan Migden Socolow, eds. *Cities and Societies in Colonial Latin America*. Albuquerque: University of New Mexico Press, 1986.

Kicza, John E. *Colonial Entrepreneurs: Families and Business in Bourbon Mexico City*. Albuquerque: University of New Mexico Press, 1983.

Kline, Herbert S., *African Slavery in Latin America and the Caribbean*. Oxford: Oxford University Press, 1986.

Lockhart, James, and Stuart B. Schwartz. *Early Latin America: A History of Colonial Spanish America and Brazil*. London-New York: Cambridge University Press, 1983.

Martin, Luis. *Daughters of the Conquistadores: Women in the Viceroyalty of Peru*. Albuquerque: University of New Mexico Press, 1983.

Ramírez, Susan E., *Provincial Patriarchs: Land Tenure and the Economics of Power in Colonial Peru*. Albuquerque: University of New Mexico Press, 1986.

Robles, Gregorio de. *América a fines del siglo XVII: noticia de los lugares de contrabando*. Valladolid: Casa Museo de Colón y Seminario Americanista de la Universidad de Valladolid, 1980.

Simpson, Leslie Byrd. *The Encomienda in New Mexico: The Beginning of Spanish Mexico*. Berkeley: University of California Press, 1982.

Spalding, Karen. *Huarochiri: An Andean Society under Inca and Spanish Rule*. Stanford: Stanford University Press, 1984.

Stern, S. J. *Peru's Indian Peoples and the Challenge of Spanish Conquest: Huamanga to 1640*. Madison: University of Wisconsin Press, 1986.

Tepaske, J., and Herbert S. Klein. *The Royal Treasuries of the Spanish Empire in America*. 3 vols. Durham, N.C.: Duke University Press, 1983.

Twinam, Ann. *Miners, Merchants, and Farmers in Colonial Colombia.* Austin: University of Texas Press, 1982.

Van Young, Eric. *Hacienda and Market in Eighteen-Century Mexico.* Berkeley and Los Angeles: University of California Press, 1981.

5.14 Cuestionario y temas

Cuestionario

1. ¿Qué efectos produjo el monopolio en el mercantilismo?
2. ¿Qué significa el fenómeno de la criollización?
3. ¿Por qué anticlericalismo no es sinónimo de anticatolicismo?
4. ¿Cuáles fueron los orígenes coloniales del militarismo?
5. ¿Qué desventajas ofrece el despotismo ilustrado?
6. ¿Por qué resulta perjudicial el excesivo interés en el honor?
7. ¿Cuál fue el papel de la mujer en la vida colonial?
8. ¿Cómo explica el desprecio a la actividad manual atribuido a los iberos?
9. ¿Qué peligros encierra la obsesión en la minería?
10. ¿Qué efecto histórico ha producido la indisciplina hispánica?

Temas para informes orales

1. La organización política de Hispanoamérica colonial.
2. El régimen económico de la Colonia.
3. El régimen judicial de la Colonia.
4. El feudalismo en la Colonia.
5. Aspectos positivos del legado hispánico.
6. La pirámide social.
7. La Leyenda Negra.
8. Las ciudades de Hispanoamérica colonial.
9. La corrupción administrativa durante la Colonia.
10. Piratas famosos.

Temas para informes escritos opcionales

1. Las Leyes de Indias.
2. La evangelización en el Nuevo Mundo.
3. La Leyenda Blanca.
4. La fusión cultural durante la Colonia.
5. El molde escolástico de la educación colonial.

Capítulo
6

Brasil colonial

6.1 El régimen de las capitanías

El Tratado de Tordesillas (1494), firmado por los reyes católicos de España
y Juan II de Portugal, estableció una línea imaginaria de polo norte a polo
sur, a 370 leguas (unas 1700 millas) al oeste de las Islas del Cabo Verde,
archipiélago portugués en el Atlántico, al oeste de Senegal. En virtud del
tratado, las nuevas tierras que se encontraban al oeste de la línea imaginaria
pertenecían a España y las situadas al este correspondían a Portugal. El
tratado, pues, concedía a este país la costa del Brasil aun antes de que
fuera descubierta. Cuando en 1500, accidental o intencionalmente, Pedro
Alvarez Cabral desembarcó en tierra americana, la proclamó posesión portuguesa. Fue un gesto simbólico porque Portugal, con apenas un millón
de habitantes, estaba sumamente ocupado en su empresa conquistadora y
mercantil del Asia. El rey Manoel I (1469–1521) envió algunas expediciones
a reconocer las nuevas tierras, explorar sus costas y establecer factorías.[1]
Las riquezas que pudieron encontrar provenían[2] principalmente del *pau
brasil* (palo brasil), madera tintórea del color de la brasa, utilizada por los
europeos para teñir de rojo los tejidos[3] y de donde se deriva el nombre
del país. El descuido portugués alentó a los franceses a establecer en la
costa norte del Brasil sus propias factorías para la explotación del *pau brasil,*
al mismo tiempo que los españoles recorrían la costa de estas tierras en

---

[1] *factorías*   trading post-fortresses
[2] *provenían*   came
[3] *madera. . . rojo los tejidos*   dye wood, the color of live coal, used by Europeans to dye their
textiles red

Mina Gerais, Brasil, experimentó la fiebre del oro poco más de un siglo antes que California. Decenas de miles de brasileños y extranjeros acudieron con sus esclavos negros e indios paraguayos a extraer el oro o a abastecer con mercancías las necesidades de los mineros.

busca del pasaje hacia el Pacífico, es decir, de un estrecho que uniera los dos grandes océanos.

Con el dinero que procedía de las inversiones[4] en el Oriente, la corona portuguesa envió la primera expedición colonizadora al Brasil al mando de Martín Alfonso de Sousa en 1530. Dos años más tarde Sousa fundó São Vicente (San Vicente), primer establecimiento portugués permanente en América, cerca de la actual ciudad de São Paulo. Unos dos años después se dividió la América lusitana en quince capitanías hereditarias, con una costa de unas 230 millas cada una, limitadas por líneas imaginarias paralelas que se prolongaban hacia el interior hasta tocar la demarcación del Tratado de Tordesillas. Las capitanías eran independientes entre sí y cada una de ellas estaba vinculada directamente con Lisboa. Los ilustres nobles portugueses favorecidos por el rey de Portugal con capitanías recibieron el nombre de *donatários*. Desafortunadamente, muchos de éstos nunca viajaron al Nuevo Mundo y los que lo hicieron recibieron poco apoyo de la corona. Afectados por el clima, la falta de minerales y riquezas fáciles que soñaron conseguir en breve tiempo, muchos de los colonos se convirtieron en entes improductivos. Pronto todas las capitanías, con la excepción de las de Bahía, São Vicente y Pernambuco, tuvieron serias dificultades administrativas que obligaron a muchos *donatários* a declararse en quiebra.[5]

6.2 Desarrollo del régimen colonial

En virtud del lento progreso del régimen de las capitanías y debido a los intentos colonizadores de otros europeos, sobre todo de franceses, el gobierno portugués nombró Capitán-General con autoridad de gobernador a Tomé de Sousa. Su expedición arribó en 1549 a un lugar casi a igual distancia de São Vicente y Pernambuco, los dos centros prósperos; ahí fundó la ciudad de Salvador que sirvió de capital de Bahía y de todo Brasil hasta 1763. Vinieron con él los seis primeros jesuitas que llegaron al nuevo mundo, entre los cuales estaban dos que se destacarían[6] en la historia y en la literatura brasileña: José de Anchieta (1530–1597) y Manoel de Nóbrega. El ganado que trajo el administrador general ayudó a la economía del país, hasta entonces principalmente agrícola.

En el Brasil los portugueses no encontraron indios de un nivel cultural parecido al de los conquistados por los españoles. Se cree que allá los portugueses hallaron menos aborígenes que Pizarro en el Perú: millón y medio, según un cálculo conservador. Este calculado número de naturales[7] era superior al número total de portugueses en el antiguo y nuevo mundo de entonces. De ellos los colonos consiguieron sus concubinas y almas que

---

[4] *inversiones*   investments
[5] *quiebra*   bankruptcy
[6] *que se destacarían*   who would distinguish themselves
[7] *naturales*   natives

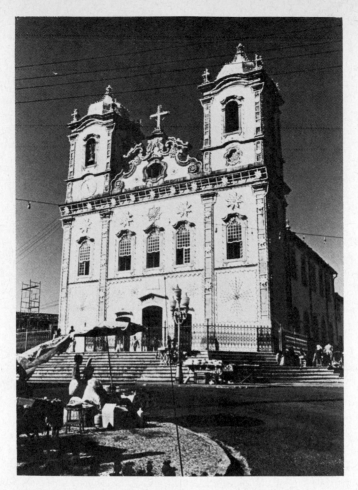

Iglesia de Bomfin en Salvador (Bahía), Brasil.

ganar a la civilización cristiana. De ellos también aprendieron el cultivo de la mandioca,[8] base de la alimentación de esa región, el tabaco, el camote, la calabaza, la castaña del Marañón, la piña,[9] la papaya y muchas otras frutas tropicales. La esclavitud, las diversas formas onerosas de explotación, el hambre y las enfermedades nuevas diezmaron la población aborigen. La escasez de mano de obra y la tradicional aversión ibérica al trabajo manual determinaron la importación de esclavos negros que con el correr del tiempo llegaría a un número que varía entre los cuatro y cinco millones, según se cree.

---

[8] *mandioca*   manioc, a staple native to Brazil from which tapioca is obtained
[9] *el camote. . . piña*   sweet potato, squash, Brazil nut, pineapple

La economía del Brasil recibió gran impulso con la introducción de la caña de azúcar, la cual pronto determinó el establecimiento de numerosos *engenhos*,[10] sobre todo en el Noreste. Mientras prosperaba lentamente la economía con la creación de ingenios azucareros, los franceses continuaban sus incursiones a tierras brasileñas. En 1555 una expedición calvinista desembarcó en la bahía donde hoy se encuentra Río de Janeiro y allí organizó la colonia de hugonotes que recibió el nombre de Francia Antártica. No duró mucho el experimento porque los portugueses consiguieron expulsar a los franceses y al poco tiempo fundaron la ciudad de Río de Janeiro. Los franceses volvieron después a otras regiones y establecieron colonias, algunas de las cuales se aliaron con los indios enemigos de los portugueses y tras muchos esfuerzos crearon la Guayana Francesa.

Las relaciones entre Portugal y Holanda habían sido cordiales hasta que, en 1580, Felipe II de España se hizo proclamar rey de Portugal, comenzando así el período histórico que dura hasta 1640, conocido por los portugueses como «Cautiverio Babilónico».[11] Para causar daño a sus acérrimos[12] enemigos españoles, los holandeses se empeñaron en atacar al Brasil durante la dominación española de Portugal. En 1624 se apoderaron de Bahía, pero pronto fueron expulsados; entonces ocuparon Pernambuco en 1630, y a los pocos años se extendieron al norte hasta lo que es el actual estado de Marañón. En este territorio establecieron la próspera colonia de Nueva Holanda, con su capital Recife. Los portugueses, ayudados por los negros y los indios, reaccionaron violentamente y hostilizaron a los invasores hasta lograr expulsarlos de su última fortificación en Recife en 1654.

La influencia de los hacendados creció progresivamente conforme aumentaban sus tierras explotadas por los numerosos esclavos traídos del Africa desde mediados del siglo XVI para reemplazar a los amerindios[13] que no resistían el fuerte régimen de trabajo ni las enfermedades de los blancos. La crueldad con los esclavos llegó a tal extremo que causó numerosas huelgas, motines y huidas a la jungla, donde se organizaron comunidades de negros libres, como la que se estableció cerca de Pernambuco con el nombre de República Palmares, la cual se mantuvo cerca de un siglo hasta que fue disuelta en 1697, tras varios años de sangrienta lucha.

Los grandes exploradores de la época fueron los paulistas, especialmente los mamelucos[14] ayudados por negros libertos. Los paulistas organizaron expediciones al interior para cazar indios y someterlos a la esclavitud. Invadieron el actual territorio del Paraguay, donde los jesuitas protegían a los aborígenes, y se remontaron selva[15] adentro hasta la actual frontera

---

[10] *Enghenos* fueron los ingenios (*mills*) de azúcar que funcionaban con fuerza animal o acuática, pero por extensión así también se llamaron las plantaciones azucareras.
[11] «*Cautiverio Babilónico*»   ''Babylonian Captivity''
[12] *acérrimos*   very bitter
[13] *amerindios*   Amerinds (aboriginal Indians of the Americas)
[14] *Los grandes. . . mamelucos*   The best explorers of that period were those from São Paulo, especially those of mixed blood.
[15] *selva*   jungle

con Bolivia, más allá del límite señalado por el Tratado de Tordesillas. Como las columnas expedicionarias llevaban unos banderines,[16] recibieron el nombre de *bandeirants*. Sus expediciones al interior extendieron el control portugués y contribuyeron al descubrimiento de minas de oro. En el Noreste los *bandeirantes* prepararon el terreno para el desarrollo de la industria ganadera, cuyo apogeo constituyó una verdadera «civilización del cuero». La expulsión de los jesuitas (1759) favoreció mucho a los hacendados, que aprovechándose del desamparo en que quedaban los indios al expulsarse a sus protectores, se dedicaron a cazarlos para esclavizarlos en las *fazendas* (haciendas) y ranchos ganaderos del país.

La expulsión de los holandeses del Noreste (1654) determinó, a los pocos años, el fin del apogeo de la industria azucarera brasileña, que durante un siglo había sido la principal abastecedora de este producto al mercado mundial. El monopolio brasileño sufrió la competencia de las plantaciones azucareras francesas, inglesas y holandesas del Caribe, aparentemente desarrolladas con una técnica más moderna. Para fines del siglo XVII las plantaciones del Noreste se encontraban en decadencia. Afortunadamente para el Brasil, la decadencia de los *enghenos* coincidió con el descubrimiento de oro en Minas Gerais, Mato Grosso y Goiás, que a principios del siglo siguiente recibió un nuevo impulso con el descubrimiento de diamantes en la misma región. Empujadas por la fiebre del oro, centenares de miles de personas llegaron a ese nuevo centro económico del país, procedentes de São Paulo, del Noreste, y directamente de Portugal. Debido a la falta de trabajadores, se importaron esclavos negros. Varios centros urbanos florecieron, sobre todo Vila Rica, más tarde conocida con el nombre de Ouro Prêto, que llegó a tener una población de unos 100,000 habitantes. Minas Gerais en esa época recordaba a los centros mineros mexicanos y peruanos de los dos siglos anteriores. Durante el siglo XVIII el Brasil llegó a producir el 44% de la producción del oro del mundo. El apogeo de este metal, sin embargo, duró sólo hasta fines de ese siglo. La importancia del diamante continuó cien años más, hasta que la producción de diamantes de Sudáfrica arrebató al Brasil el primer puesto en la producción mundial.

6.3 Organización social y política

Durante el período colonial los portugueses constituyeron en el Brasil una minoría que despreciaba a la mayoría negra, mulata, mestiza e india. La posición social dependía de la posesión de tierras y esclavos. Los más altos puestos políticos, económicos, militares y eclesiásticos se encontraban en manos de los blancos nacidos en Portugal. Los portugueses nacidos en el Brasil (*mozambos*), como los criollos de Hispanoamérica, con el correr del tiempo llegaron a sobrepasar numéricamente a los blancos nacidos al otro

---

[16] *banderines* pennants

Vista de la iglesia de San Francisco con una calle antigua de San Salvador, ciudad rica en joyas arquitectónicas coloniales.

lado del Atlántico. En el siglo XVIII la mayoría de los *fazendeiros* (hacendados) y mineros eran *mozambos*.

En la estratificación de la pirámide social los blancos se encontraban en la parte superior, aunque la inmensa mayoría de ellos tuvo una posición económica modesta. Después seguían en importancia los mamelucos y mulatos, algunos de los cuales—muy pocos en realidad—forjaron fortuna y ganaron posición social. Les seguían los brasileños descendientes de la mezcla de varias razas y sus combinaciones: mientras más oscura era su piel, más baja su condición social. Estaban después los negros libertos y finalmente los esclavos negros e indios.

El gobierno colonial portugués se parecía mucho al gobierno colonial hispanoamericano, no obstante que los *donatários* eran algo así como señores feudales que gozaban de poder casi absoluto en su capitanía. El rey de Portugal estableció en Lisboa un Consejo de Indias en 1604, y años después creó en Bahía una especie de audiencia que recibió el nombre de *relaçao*. La capital del Brasil fue Bahía hasta 1763, año en que se trasladó a Río de Janeiro en reconocimiento de la importancia creciente de este puerto exportador de las riquezas del sur del país. El gobierno local lo ejercía el *senado de câmara* o concejo municipal, el cual, controlado por los *fazendeiros*, tenía más poder que el cabildo de Hispanoamérica colonial.

El representante del gobernador en las subdivisiones de las capitanías era el capitán mayor, especie de corregidor, y como éste, tiránico y autoritario.

En 1789 la relativa tranquilidad política interna del Brasil se vio fuertemente conmovida con el frustrado movimiento revolucionario de intelectuales criollos liberales de Minas Gerais. Las autoridades portuguesas sofocaron la conspiración (*inconfidência mineira*) y ahorcaron como escarmiento al patriota brasileño Joaquim José de Silva Xavier, mejor conocido con el apodo de «Tiradentes» (sacamuelas).

6.4 La monarquía lusitana en el Brasil

Protegida por la marina británica, llegó a Río de Janeiro, en 1808, la corte portuguesa que huía de las fuerzas napoleónicas. La idea de establecer en Río de Janeiro la capital del imperio lusitano no era nueva; ya en 1761 la había propuesto el Marqués de Pombal, ministro de José I, responsable de la expulsión de los jesuitas. El regente Dom João (Don Juan), jefe del gobierno durante la locura de la Reina María, se sorprendió al hallar tan atrasada esa colonia. Entonces, presionado por los ingleses, abrió los puertos del Brasil al comercio mundial y abrogó las restricciones existentes. En 1815 estableció el Reino de Portugal, Brasil y Algarve,[17] y al año siguiente de la muerte de su madre, se proclamó rey con el nombre de Juan VI.

El reinado de Juan VI (1816–1821) fue bastante benéfico para el Brasil: el comercio y la agricultura prosperaron. El rey estableció la primera imprenta, inauguró dos escuelas de medicina, fundó la Escuela de Bellas Artes en Río de Janeiro. La vida social gradualmente cambió, afectando sobre todo a las mujeres que comenzaron a aparecer en público. Como se favorecía a los portugueses en la administración pública y el régimen autoritario empeoraba, muchos *mazombos* abrazaron la causa republicana. Estallaron algunas rebeliones, que, como la de Pernambuco (1817), fueron violentamente sofocadas.[18]

El gobierno de Río de Janeiro, que había declarado la guerra a Francia (1808) y conquistado la Guayana Francesa (1809), envió al ejército portugués a invadir el Uruguay en 1811 y 1816, a fin de satisfacer la tradicional aspiración portuguesa de llevar las fronteras del Brasil a la orilla boreal[19] del Río de la Plata. En 1821, el Uruguay fue anexado al Brasil con el nombre de Provincia Cisplatina.

João VI (Juan VI) gobernó de manera absoluta y autoritaria. La principal oposición la llevaron a cabo las logias masónicas[20] del Brasil y Portugal. Cuando en 1820 la revolución de Riego en España impuso la Constitución liberal de 1812, los liberales portugueses se alzaron en Oporto y en el

---

[17] *Algarve* o *Algarbe* es la región más meridional del Portugal
[18] *sofocadas*　suppressed
[19] *boreal*　del norte
[20] *logias masónicas*　Masonic lodges

resto del país; convocaron a la reunión de los Estados Generales y pidieron que se redactara una constitución portuguesa. Al año siguiente las tropas portuguesas de Río obligaron a Juan VI a que se adhiriera al movimento constitucionalista de Portugal y consiguieron que decretara para el Brasil su aprobación de la ley orgánica que estaba por redactarse en la metrópoli. Juan VI comprendió que había llegado el momento de retornar a Lisboa para defender sus intereses amenazados. Antes de salir, en 1821, nombró Regente del Reino del Brasil a su hijo Pedro, y le aconsejó que él mismo encabezara el movimiento independentista si resultaba imposible contenerlo. La partida de Juan VI marca en realidad el fin del período colonial del Brasil.

6.5 Sumario

I. Primeras expediciones, establecimientos y el régimen de las capitanías:
   A. Tratado de Tordesillas (1494) y desembarco de Pedro Alvares Cabral
   B. Martín de Sousa funda Sâo Vicente (1503) y establece 15 capitanías
   C. Portugueses, franceses y holandeses explotan el palo brasil para teñir
   D. Introducción del azúcar: las haciendas e ingenios
   E. Quiebra de *donatários* y fracaso del sistema de las capitanías
II. Régimen colonial:
   A. Tomé de Sousa, primer Capitán General en 1549:
      1. Funda Bahía (1549), que sirve de capital del Brasil hasta 1763
      2. Trae a los jesuitas José de Anchieta (1530–97) y Manoel de Nobrega
      3. Fomenta el cultivo de azúcar y la cría de ganado
   B. Expulsan a los hugonotes de Francia Antártica en el centro de la costa
   C. Fundación de Río de Janeiro (1567)
   D. Expulsión de los holandeses de Recife (1654), capital de Nueva Holanda
   E. Desarrollo de Minas Gerais y Mato Grosso en el siglo XVIII:
      1. *Bandeirantes* paulistas cazan indios del Paraguay para esclavizarlos
      2. Expulsión de los jesuitas (1759): triunfo de los anticlericales
      3. Primer productor mundial de oro (siglo XVIII) y diamantes (siglo XIX)
   F. Organización social y política:
      1. Predominio socioeconómico-militar de los blancos nacidos en Brasil

2. En el s. XVIII la mayoría de los hacendados y mineros son mozambos (blancos nacidos en Brasil) que dominan a negros, mulatos e indios

3. Apogeo económico sureño: Río de Janeiro, nueva capital en 1763

4. *Inconfidência mineira* (conspiración minera) de Tiradentes (Sacamuelas)

III. La monarquía lusitana en el Brasil:

A. La corte portuguesa huye de Napoléon y se establece en Río (1808)

B. Don Juan establece el Reino de Portugal, Brasil y Algarve (1815)

C. Durante la locura de María I es regente don Juan (1815–16)

D. Reinado de Juan VI:

1. Lujo y favoritismo portugués: reacción republicana brasileña

2. Sofoca violentamente rebeliones nacionalistas

3. Anexión de Uruguay con el nombre de Provincia Cisplatina (1821)

4. Oposición liberal de las logias masónicas de Brasil y Portugal

5. Alzamiento militar en Oporto: regencia de don Pedro (1821)

E. La Asamblea Constituyente de Lisboa: liberal con Portugal y reaccionaria con el Brasil

6.6 Recomendación bibliográfica

Bethel, Leslie, ed. *Colonial Brazil*. London-New York: Cambridge University Press, 1987.

Dutra, Francis A. *A Guide to the History of Brazil, 1500–1822*. Santa Barbara: ABC Clio Press, 1980.

Freyre, Gilberto. *The Masters and the Slaves*. Translated by S. Putnam. Los Angeles-Berkeley: California University Press, 1986.

Haberly, David T., *Three Sad Races: Racial Identity and National Consciousness in Brazilian Literature*. Cambridge: Cambridge University Press, 1983.

Lang, James. *Portuguese Brazil: The King's Plantation*. New York: Academic Press, 1979.

Lewin, Linda. *Politics and Parentela in Paraíba: A Case Study of Family-Based Oligarchy in Brazil*. Princeton, NJ: Princeton University Press, 1987.

Schwartz, Stuart. *Sovereignty and Society in Colonial Brazil: The High Court of Bahia and its Judges, 1600–1751*. Berkeley: University of California Press, 1973.

——. *Sugar Plantations in the Formation of Brazilian Society: Bahia, 1550–1835*. London-New York: Cambridge University Press, 1985.

Smith, T. Lynn. *Brazil: People and Institutions*. Baton Rouge: Louisiana State University Press, 1972.

Wagley, Charles. *An Introduction to Brazil.* New York: Columbia University Press, 1971.

6.7 Cuestionario y temas

Cuestionario

1. ¿Por qué tardaron los portugueses para colonizar el Brasil?
2. ¿Quiénes fueron los *donatários*?
3. ¿Qué productos nativos de América encontraron los portugueses?
4. ¿Por qué es importante Martín Alfonso de Silva en la historia brasileña?
5. ¿Por qué importaron a esclavos del Africa?
6. ¿A qué se debió la decadencia de la industria azucarera?
7. ¿Qué importancia tuvieron el oro y los diamantes?
8. ¿Quién fue Tiradentes?
9. ¿Cuál fue la labor de Juan VI en el Brasil?
10. ¿Por qué el Brasil anexó la Provincia Cisplatina?

Temas para informes orales

1. El Tratado de Tordesillas.
2. Las primeras factorías portuguesas en el Brasil.
3. El régimen de las capitanías.
4. Las capitales del Brasil colonial.
5. Los indios brasileños.
6. Las incursiones francesas y holandesas.
7. Los *bandeirantes* paulistas.
8. La organización social durante la Colonia.
9. Instituciones políticas portuguesas durante la Colonia.
10. La monarquía lusitana en Río de Janeiro.

Temas para informes escritos opcionales

1. La importancia del azúcar en el Noreste del Brasil.
2. El gobierno colonial del Brasil.
3. La labor de los jesuitas durante la Colonia.
4. El auge de la minería en el siglo XVIII.
5. El Reino de Portugal, Brasil y Algarve.

Sor Juana Inés de la Cruz (1651–1695), retrato por Juan de Miranda en la Rectoría de la Universidad Nacional Autónoma de México. Muestra a una bella mujer de unos 30 años de edad, cuyo elegante hábito cae hasta los pies. El rostro ovalado es realzado por la boca sensual, la nariz recta, las cejas gruesas y los ojos negros y grandes que miran con inteligencia. Su sensualidad se torna melancólica en compañía de los libros que le dan sapiencia y libertad imaginaria.

Capítulo
7

La vida intelectual durante la Colonia

7.1 La educación

Como la conquista española de América fue en parte una empresa religiosa, tan pronto se organizó la educación, ésta tuvo carácter parroquial. Durante el período colonial la Iglesia mantuvo una especie de monopolio educacional. Las órdenes religiosas, por medio de conventos y parroquias,[1] establecieron las primeras escuelas y en el curso de los siglos dirigieron la mayoría de los establecimientos educativos. La instrucción en las colonias, como en la metrópoli, era de orientación medieval, basada en la filosofía escolástica. El escolasticismo, doctrina filosófica dominante de la Edad Media, pone gran parte de las ideas aristotélicas al servicio del cristianismo. Se caracteriza por la ciega aceptación del supremo criterio de que la curiosidad humana debe satisfacerse con la única verdad posible: la revelación divina, manifestada directa o indirectamente en los libros sagrados y defendida por medio de silogismos. El mundo de la naturaleza lo explica Aristóteles; el mundo de la Gracia que conduce a la Gloria lo señala Jesucristo, tal como lo explican Santo Tomás de Aquino, Abelardo, Duns Escoto, Rogelio Bacon, Raimundo Lulio, Guillermo de Occam[2] y otros fi-

---

[1] *parroquias*   parishes
[2] Filósofos del escolasticismo fueron: Santo Tomás de Aquino (Thomas Aquinas, 1225–1274), teólogo italiano, considerado como el más importante filósofo del catolicismo medieval; Pedro Abelardo (Peter Abelard, 1079–1142), filósofo francés, de gran importancia en la escolástica de los siglos XI y XII; Duns Escoto (John Duns Scotus, c. 1266–1308), teólogo escocés educado en las universidades de Oxford y de París; Rogelio Bacon (Roger Bacon, ¿1214?–1292), franciscano inglés, destacado matemático; Raimundo Lulio (Raymond Lully, ¿1233?-1315), alquimista místico de Palma de Mallorca; Guillermo de Occam (William of Ockham, ¿1280?–1348), franciscano inglés que insistió en la primacía de la lógica en todas las disciplinas.

lósofos del escolasticismo. En Hispanoamérica colonial la educación religiosa, literaria y artística era uniforme, abstracta y retórica. Su fuerte sello aristocrático se basaba en la premisa aristotélica de la desigualdad entre los hombres, la cual, aplicada en el Nuevo Mundo, da por establecida la superioridad de los españoles. Al principio, la educación se estableció principalmente para instruir a los hijos de los peninsulares; después, las escuelas abrieron sus puertas a los mestizos obedientes. La instrucción se dirigía especialmente a los ricos y a los becados[3] pobres con vocación eclesiástica.

Como en España y Portugal, en las colonias tampoco hubo muchas escuelas. Buenos Aires, por ejemplo, en 1773 contaba con una población de más de 40,000 habitantes y sólo tenía cuatro escuelas con un total de 700 estudiantes.[4] Santiago de Chile, por su parte, al final del período colonial era una ciudad de unas 30,000 almas, pero apenas contaba con 500 estudiantes en sus pocas escuelas.

En Iberoamérica, el prestigio intelectual desde el siglo XVI se basa más en las conquistas realizadas por su minoría culta que en el grado de desarrollo de la instrucción pública. Durante la mayor parte del dominio español en América, la educación universitaria fue mucho mejor atendida que la educación preuniversitaria. La necesidad de entrenar a quienes iban a servir al gobierno y a la iglesia determinó la atención preferente dada a la educación superior.[5]

Desde muy temprano aparece la universidad como centro de estudios superiores, modelada a imagen de la de Salamanca en España. Algunos creen que la primera cédula[6] real de fundación universitaria se extendió en 1538 para establecer la Universidad de Santo Tomás de Aquino, en Santo Domingo. Todavía se discute la validez de esa famosa cédula.[7] De todas maneras, ese centro de estudios se llegó a establecer muchos años después y durante el período colonial tuvo una vida irregular. La más antigua, por consiguiente, es en realidad la Universidad de San Marcos, en Lima, cuya cédula de fundación es de unos meses antes que la de la Universidad de México, y a diferencia de ésta, ha tenido una vida ininterrumpida desde 1552. Otras casas de estudios superiores se crearon en diversas regiones del mundo hispanoamericano, algunas de las cuales todavía con-

---

[3] *becados*   scholarship holders
[4] Rafael Altamira, *Historia de España* (Barcelona, 1930), IV: 340
[5] *superior*   higher
[6] *cédula*   decree
[7] Fray Cipriano de Utrera en *Las Universidades de Santiago, de La Paz y de Santo Tomás Aquino* (Santo Domingo, 1932) y Carlos Daniel Valcárcel en *San Marcos, la más antigua universidad de América* (Lima, 1959) prueban con diferentes argumentos y documentos que no hubo universidad en Santo Domingo sino hasta 1558. Nos dicen que hasta un monarca español intervino en la controversia: en Real Cédula de 1758, el rey Fernando VI prohibió a la Universidad de Santo Tomás de Aquino autotitularse la más antigua universidad del continente. Véase C. D. Valcárcel, «Letras y Ciencias humanas: Facultad decana del continente», *Letras* (Universidad de San Marcos), XXXVIII (1966): 8.

La Universidad de Santo Tomás de Aquino en Santo Domingo es uno de los centros de estudios superiores más antiguos del Nuevo Mundo. Se ordenó fundarla en 1538 pero abrió sus puertas años después de establecidas las Universidades de México y San Marcos (Lima, Perú) en 1552.

servan gran prestigio, como las universidades de Córdoba (1613), Charcas (1624), San Carlos de Guatemala (1676), Cuzco (1692), Caracas (1721), La Habana (1728) y Quito (1787). A fines del siglo XVII ya se habían fundado veintiséis universidades, aunque algunas de ellas habían sido clausuradas por habérseles revocado las prerrogativas.

Aunque los catedráticos fueron principalmente clérigos durante el primer siglo de la Colonia, es exagerado afirmar que las universidades hispanoamericanas eran entonces sencillamente seminarios teológicos. Como las de Europa, ellas eran verdaderas universidades, que para mediados del siglo XVII ya contaban con muchos profesores laicos,[8] entre los cuales había un buen número de criollos. Se establecieron hasta cuatro facultades: Teología, Derecho,[9] Medicina y Artes. En la de artes el plan de estudios comprendía el *trivium* (gramática latina, retórica y lógica) y el *cuadrivium* (aritmética, geometría, música y astrología). Excepto en Medicina, las clases en todas las facultades se dictaban en latín.

Los estudios universitarios en sí no eran muy costosos, pero la graduación sí lo era. El grado doctoral exigía un fuerte desembolso[10] de dinero:

---

[8] *laicos* lay, not religious
[9] *facultades: teología, derecho* schools: theology, law
[10] *desembolso* disbursement

el graduado tenía entre otros gastos los de una corrida de toros, una proce-
sión y entretenimiento al público en general.[11] La pureza de sangre y la
legitimidad de nacimiento eran requisitos no siempre exigidos, sobre todo
cuando se trataba de estudiantes con aptitudes para la carrera eclesiástica.
En el Siglo de las Luces (siglo XVIII),[12] la universidad latinoamericana
aumentó su interés en el pensamiento no hispánico. Entonces la cultura
dejó de ser esotérica, la instrucción cesó de aspirar al entrenamiento de
las minorías ociosas. Se desafió el método inductivo y se criticó la verbosidad
hueca e indigesta. La llegada de las expediciones científicas permitió el
comienzo de la experimentación y la innovación. El estilo afectado, divagador y sin contenido perdió adeptos.[13]

El indio medio y el negro no tenían oportunidad para recibir ni siquiera
la educación básica. El indio de la misión y el negro liberto apenas recibían
instrucción en las primeras letras y en las artes manuales. Aunque se decretó
el establecimiento de escuelas para la nobleza indígena, en la práctica
pocas de ellas abrieron sus puertas en los virreinatos de México y Perú.
Sin embargo, dos pasos positivos se dieron en México al fundarse, en 1523,
el Colegio de San Francisco para los indios nobles y, en 1536, el Colegio
Imperial de Santa Cruz para caciques. El mejor experimento educacional,
sin embargo, lo realizó el obispo Vasco de Quiroga al establecer los famosos
hospitales, esto es los pueblos donde se adoctrinaba a los indios, se les
enseñaba un oficio y se les curaba, a menudo de enfermedades traídas de
Europa. Las misiones jesuitas del Paraguay y noreste de la actual Argentina
también se organizaron de manera semejante: cada pueblo se especializaba
en la producción de una clase de artículos que luego cambiaba con los de
otras misiones. Eran sociedades colectivistas inspiradas en la *Utopía* (1516)
de Sir Thomas More.

7.2 La censura de los medios de expresión

El celo católico contrarreformista es en gran parte responsable del control
oficial del pensamiento y de los medios de expresión en España y sus dominios. En teoría se castigaba con la pena de muerte y confiscación de
bienes a los poseedores de los libros incluidos en el *Index Librorum Pro-
hibitorum (Indice de libros prohibidos)* y a los que trataban de imprimir[14]
o imprimían obras no aprobadas. El mejor instrumento de censura y control
del pensamiento en América fue el Santo Oficio de la Inquisición. Se es-

---

[11] Sobre el costo de los estudios universitarios consúltese Jean Descola, *La vida cotidiana en
el Perú en tiempo de los españoles, 1710–1820*, pp. 214–220.
[12] En el Siglo de las Luces o Ilustración triunfó en Europa el movimiento cultural iniciado en
Francia y caracterizado por su fe en la razón, su crítica de las instituciones y su interés en la
difusión del saber.
[13] *divagador. . . adeptos*   rambling. . . followers
[14] *imprimir*   to print

Convento jesuita en el Cuzco ocupado hoy por la Universidad Nacional San Antonio Abad.

tableció primero en Lima (1570), luego en México (1571) y después en el resto del continente iberoamericano, excepto en el Brasil.

En el Nuevo Mundo la intención de aplicar la ley fue algo más rigurosa que en la Península, si se tiene en cuenta la prohibición de la exportación a América de novelas y otras obras de ficción. Se temía que ellas pudieran contribuir a desarrollar un espíritu imaginativo y renovador que amenazara el orden secular y religioso imperante. Afortunadamente esta prohibición no siempre se cumplió. En el siglo XVI se enviaron a América muchísimos libros de caballería. Se ha descubierto que el mismo año de la aparición de *El Quijote* (1605) llegaron a Cartagena (Colombia) dos cajones con ochenta ejemplares de esa obra cervantina,[15] y que en Lima, al año siguiente, se llevó a cabo un remate[16] de libros entre los cuales se encontraban ochenta ejemplares de la primera edición de *El Quijote*.[17]

La primera imprenta[18] en el Nuevo Mundo se estableció en la ciudad de México alrededor del año de 1535. La segunda se instaló en Lima en 1584. Después funcionaron muchas más. Al fin del período colonial había por lo menos veinticinco grandes imprentas en las principales ciudades del imperio colonial español en América. Al comienzo, este invento chino introducido a Europa por Gutenberg sirvió principalmente en la impresión de catecismos, doctrinas cristianas, sermones, vocabularios y libros empleados en la catequización.[19] Después se publicaron discursos, programas de fiestas y, clandestinamente, libros como el *Lazarillo de ciegos caminantes* de Concolorcorvo (1773),[20] que indicaban falsamente haber sido impresos en España. Cuando el espíritu reformista de la Casa de los Borbones reinante en España se extendió a América se imprimieron otras clases de obras, como la primera versión castellana de *Elementos de química* de Lavoisier, impresa en México a fines del siglo XVIII.

Las relaciones y noticiarios coloniales de los siglos XVI y XVII fueron precursoras de los periódicos de Latinoamérica. Estas relaciones y noticiarios eran hojas volantes[21] que anunciaban la llegada de las flotas o daban noticias sensacionales como la destrucción de Antigua, Guatemala, o la captura de un barco inglés. Los periódicos, propiamente hablando, aparecen en el siglo XVIII. Este Siglo de las Luces permitió su fundación en América para difundir mejor las noticias y ofrecer una tribuna a los escritores de la época. El primer periódico iberoamericano fue la *Gaceta de México y Noticias de Nueva España* (1722), que tuvo la suerte de sobrevivir,

---

[15] *cervantina*   de Cervantes

[16] *remate*   sale

[17] Cf. dos trabajos de Irving A. Leonard: su libro *Books of the Brave* (New York: Gordian Press, 1964), y su artículo «Don Quixote and the Book Trade in Lima, 1606,» *Hispanic Review*, VIII, No. 4 (1940): 285–304. Pedro Henríquez Ureña dice que la lista de obras remitidas era de gran variedad y volumen, y que, en 1785, en una sola remesa de libros recibida en el puerto del Callao, Perú, se encontraban 37, 612 volúmenes. Véase su *Historia de la cultura en la América hispánica* (México: Fondo de Cultura Económica, 1947), p. 45.

[18] La imprenta (*printing press*) no la inventó el alemán Gutenberg (c. 1398–1468), como equivocadamente algunos libros sostienen. El papel y la imprenta son inventos chinos. Según el conocido científico inglés Joseph Needham, la impresión china más antigua que se conoce es del año 770 de nuestra era. Los tipos movibles fueron inventados en China algo después. Véase el libro de Needham, *Science and Civilization in China* (London: Cambridge University Press, 1961), I: 126, 131. En España la prensa hizo su aparición en 1473.

[19] *catequización*   instrucción religiosa

[20] Concolorcorvo fue el seudónimo del visitador español autor de esta valiosa obra colonial. Con gran sentido de humor, el autor explica, para ocultar su identidad, que era mestizo, con color de cuervo, de ahí Concolorcorvo. Hasta mediados del siglo XX no se sabía el nombre del autor de esa obra clásica de la literatura colonial, hasta que un discípulo del hispanista francés Marcel Bataillon descubrió en el Archivo de Indias que el autor de ese *Lazarillo* americano fue el español Alonso Carrió de la Vandera.

[21] *hojas volantes*   handbills, random sheets, broadsides

con ciertas interrupciones, hasta 1742. Al año siguiente del establecimiento de este periódico, apareció la *Gaceta de Guatemala*. En 1744 se fundó la *Gaceta de Lima* y, en 1768, el *Diario Literario de México*, que sólo publicó ocho números. Después se fundaron otras publicaciones, como el *Diario de Lima Curioso, Erudito, Económico y Comercial* (1790), el *Papel Periódico de La Habana* (1790), el famoso *Mercurio Peruano* (1791), órgano oficial de la Sociedad Amantes del País, y el *Papel Periódico de Santa Fe de Bogotá* (1791).

7.3 La Ilustración en Hispanoamérica

A mediados del siglo XVIII la política liberal de los Borbones comenzó a producir sus efectos saludables en el Nuevo Mundo transformando poco a poco la manera de pensar. Se aceleró el proceso hasta tal punto que se hizo visible el interés en la experimentación, el método deductivo y la ciencia en general. Entonces se crearon sociedades de intelectuales, como la Asociación Filarmónica de Lima (1787), transformada poco después en la Sociedad Amantes del País, que, como ya se ha visto, publicó el *Mercurio Peruano*. En La Habana se organizó la Real Sociedad Económica y la Sociedad Patriótica de Investigaciones. En otras ciudades se establecieron, asimismo, importantes sociedades que congregaban a los más destacados científicos y letrados de la época.

Las expediciones científicas contribuyeron inmensamente a esta sed de nuevo saber y transformación. Son importantes por sus efectos en la difusión de la Ilustración las siguientes expediciones: la de Charles Marie de La Condamine (1701–1774), que en 1735 midió un grado del ecuador con la ayuda de los eruditos españoles Jorge Juan y Antonio de Ulloa; la de Luis Antonio de Bougainville (1729–1811), que exploró las Malvinas (Falkland Islands) y visitó Montevideo y Paraguay; la de José Celestino Mutis (1732–1808), de destacada labor científica en Bogotá, donde dejó sobresalientes discípulos, como Francisco José de Caldas (1771–1816), autor de *La influencia del clima sobre los seres humanos* y promotor del *Semanario de Nueva Granada*; las expediciones de Fausto de Elhúyar (1757–1833), descubridor del tungsteno, a México y al Perú (1785); y sobre todo las de Alejandro von Humboldt (1769–1859) y A. J. A. Bonpland (1773–1858), cuyos estudios naturalistas se llevaron a cabo entre 1799 y 1804.

La sed de saber determinó la fundación de instituciones científicas, como los jardines botánicos de México (1788) y Guatemala (1796), la Escuela de Minería (México, 1792), el Museo de Historia Natural (Guatemala, 1796), el Observatorio Astronómico (Bogotá, 1799), y la Escuela Náutica (Buenos Aires, 1799), establecida por Manuel Belgrano (1770–1820).

Contagiados de la fiebre reformista, investigatoria y estudiosa, muchos jóvenes latinoamericanos viajaron a Europa a estudiar en sus universidades, o simplemente a enriquecer su espíritu. Al retornar a la patria, también trajeron más ideas liberales y más conocimientos científicos de posible aplicación al medio americano. Asimismo, los marinos[22] norteamericanos, por su parte, contribuyeron a difundir las ideas revolucionarias políticas y científicas, divulgando la ideología de los padres de la primera república del hemisferio, las inquietudes de Benjamín Franklin y las actividades de sus instituciones culturales, como la Sociedad Filosófica Norteamericana (American Philosophical Society) de Filadelfia.

7.4 Los grandes escritores de la literatura latinoamericana nacidos en España

Las primeras obras literarias escritas en el Nuevo Mundo fueron por españoles. Eran ellas productos del asombro de los primeros exploradores frente a la magnificencia de la naturaleza americana. La educación de estos primeros escritores fue europea y por consiguiente, aunque se los estudie en la historia literaria de España, sus aportes pertenecen también a la historia colonial hispanoamericana. Su importancia en la historia de la cultura americana estriba, entre otras cosas, en haber incorporado indigenismos (palabras de origen indio) que desde entonces se usan en castellano, y porque el género histórico cultivado por estos cronistas fue también el género preferido por los primeros grandes escritores nacidos o educados en Iberoamérica.

En el Nuevo Mundo la crónica medieval española denota rasgos nuevos. Es acá más dinámica, emocional y algo anticonvencional. La escriben principalmente hombres burdos sin previos antecedentes literarios, aventureros en el campo de la acción y de las letras. El exceso de energía que España parece vaciar en América con la conquista se nota también en el campo literario. Desde que se escriben las primeras cuartillas, que más tarde van a convertirse en las primeras páginas de la historia literaria hispanoamericana, se nota la influencia del paisaje americano. Podría afirmarse que con la llegada de los primeros aventureros peninsulares a este lado del Atlántico, a fines del siglo XV y durante el XVI, se lleva a cabo una doble conquista. Los ibéricos dominan a América militar y políticamente, pero ésta a su vez conquista a sus conquistadores estéticamente. Las nuevas tierras, con sus nuevos hombres, flora, fauna, costumbres e instituciones, graban fuertes impresiones en la mente de los europeos. El cronista interpreta estas inusitadas impresiones y relata cómo en las Américas se hispanizan a la vez que se americanizan los europeos.

La urgencia a escribir sobre el Nuevo Mundo que pasma a los cronistas determina la aparición del primer gran tema de la literatura latinoamericana: el tema americano. Desde 1492 hasta hoy, en todos los géneros (crónica, novela, ensayo, poesía, teatro), el tema obsesionante de los es-

---

[22] *marinos*   seamen

critores iberoamericanos es frecuentemente el mismo: el hombre y el paisaje de este hemisferio.

La crónica escrita en el Nuevo Mundo es una mezcla de ficción y realidad. La presentación de la realidad histórica unas veces tiene objetivos narrativos; otras, didácticos. Por sus elementos ficticios, imaginados, que se desenvuelven como en los libros de caballería, se la considera precursora de la novela hispanoamericana. A menudo el cronista altera la realidad causando contradicciones y futuras refutaciones por otros escritores. Se destacan en este primer gran género literario algunos cronistas que por sus obras y su nueva concepción estética también pertenecen a la literatura iberoamericana aunque nacieron en España: Cristóbal Colón (c. 1451–1506), en su *Diario de viaje*, con un agudo ojo observador, hace un inventario de las riquezas y costumbres de los indios del Caribe; Hernán Cortés (1485–1547), en sus *Cartas de relación* (1519–1526), dirigidas al emperador Carlos V, da noticias valiosas sobre México en el preciso momento de ser conquistado; Bernal Díaz del Castillo (¿1492?–1581), simple soldado de Cortés, ofrece el punto de vista del soldado raso[23] en *Historia verdadera de la conquista de la Nueva España* (1632).

Hay otras crónicas que tienen también más valor histórico que literario, no obstante que encierran más ficción que realidad: Fray Toribio de Benavente (¿–1568), conocido por el nombre azteca de Motolinía (el pobre), dejó una *Historia de los indios de Nueva España* (1541), obra de importancia etnográfica por la información que da acerca de las costumbres y tradiciones indígenas existentes en México durante los primeros años de la Conquista; Alvar Núñez Cabeza de Vaca (¿1490–1559?) en *Naufragios* (1542), narra sus aventuras en los golfos de México y California y en la costa bañada por sus aguas; Pedro Cieza de León (1518–1560) describió en *Crónica del Perú* (1553), la guerra fratricida entre conquistadores; Fray Gaspar de Carvajal (1504–1584) en *Relación del nuevo descubrimiento del famoso Río Grande de las Amazonas* nos ofrece una vívida narración de sus experiencias personales al acompañar a Orellana, descubridor del Amazonas.

Se destaca entre todos los cronistas, por el impacto que produjo tanto en el mundo de habla castellana como en el de habla inglesa y francesa, Fray Bartolomé de las Casas (1474–1566), autor de una *Brevísima relación de la destrucción de las Indias* (1552), obra crítica de la conquista española.

Entre todos los autores nacidos en España es Alonso de Ercilla y Zúñiga (1533–1594), el primero en alcanzar prestigio universal con un poema épico escrito durante la primera etapa de la Conquista. Su poema *La Araucana*, publicado en tres partes (1569, 1578 y 1589), narra los diversos episodios de la conquista de Chile, resaltando el heroismo de los indios araucanos de esa región.

---

[23] *soldado raso*   private

Casa del Inca Garcilaso de la Vega (1539–1616) en el Cuzco hasta 1560, año en que viajó a España de donde no pudo retornar. El autor peruano publicó un libro sobre la expedición de Hernando de Soto al actual sur de los Estados Unidos (*La Florida del Inca*) y otro sobre el Tahuantinsuyo y su conquista por los españoles (*Comentarios reales*).

7.5 Los grandes escritores nacidos o educados en Hispanoamérica

El primer escritor de prestigio universal nacido en el Nuevo Mundo fue el Inca Garcilaso de la Vega (1539–1616), hijo de un capitán español y de una princesa incaica. Escribió los *Comentarios reales*, cuya primera parte, con ese título, apareció en 1609, y cuya segunda parte, con el título *Historia general del Perú*, se publicó póstumamente en 1617. La primera parte, todavía considerada por muchos fuente primaria en el estudio de la civilización incaica, hoy día se estima más por su valor literario que por su contenido histórico. Su libro *La Florida del Inca* (1605), sobre las aventuras de Hernando de Soto, es de importancia en la historia de las exploraciones del Sur de los Estados Unidos por la serie de datos y hechos confirmados después por otros investigadores que utilizaron otras fuentes. Guamán Poma de Ayala, cronista indígena del Perú, dejó un curioso manuscrito, *Primer nueva corónica y buen gobierno* (ca. 1615), con más de 400 ilustraciones. Aunque este manuscrito en forma de carta fue dirigido al Rey de España no se publicó hasta 1936 y desde entonces es una fuente imprescindible para el conocimiento del mundo tradicional andino.

CAMINA EL AVTOR

El autor indio Guamán Poma de Ayala se muestra en este grabado recorriendo el Perú para documentarse antes de escribir *Primer nueva corónica y buen gobierno,* enviada al rey de España en 1615. Su famosa carta-crónica fue descubierta en la Biblioteca Real de Copenhague en 1908 y publicada por primera vez en París por Paul Rivet en 1936.

El dramaturgo[24] hispanoamericano más destacado del período colonial se llamó Juan Ruiz de Alarcón (1580–1639). Es considerado como uno de los más importantes del Siglo de Oro español. Residió en España desde los veinte años de edad, pero el mexicanismo[25] en sus obras lo incorpora a la historia literaria latinoamericana. Entre sus más valiosas contribuciones se encuentra *La verdad sospechosa,* imitada por Corneille en *Le menteur.* Otras dos comedias suyas conocidas son *Las paredes oyen*[26] y *No hay mal que por bien no venga.*

---

[24] *dramaturgo*   playwright
[25] Se ha ocupado de este mexicanismo combatido por muchos, Pedro Henríquez Ureña en su conferencia «Juan Ruiz de Alarcón,» (México, 1914), incluida después en su libro *Seis ensayos en busca de nuestra expresión* (Buenos Aires: Editorial Raigal, 1952), pp. 91–103.
[26] *Las paredes oyen*   "The Walls Have Ears"

La escritora más famosa y probablemente uno de los cerebros más agudos[27] que hasta ahora ha dado el Nuevo Mundo, ha sido Sor Juana Inés de la Cruz (1651–1695), célebre por sus poemas barrocos, villancicos, autos, comedias, sainetes,[28] y su *Respuesta a Sor Filotea de la Cruz* (1691), en defensa de la educación de la mujer.

Otros escritores destacados de los primeros dos siglos de la Colonia son: Juan Rodríguez Freile (1566–1640), autor colombiano de *El Carnero*, obra acerca de Santa Fe de Bogotá, fundamental en el desarrollo de la prosa colonial hispanoamericana; el chileno Pedro de Oña (1570–1643), autor del poema épico *El Arauco domado* (1596), compuesto para complementar los datos que da *La Araucana*, de Alonso de Ercilla; Bernardo de Balbuena (1568–1627), español criado en América, autor del poema barroco *La grandeza mexicana* (1604), que describe la capital del Virreinato de Nueva España, entonces la ciudad más grande y hermosa del hemisferio occidental; y el cuzqueño Juan de Espinosa Medrano, (1632–1688), escritor en quechua y en castellano, autor de *Apologético en favor de Góngora* (1662), tardía defensa en verso del gongorismo.

Carlos de Sigüenza y Góngora (1645–1700), erudito mexicano, notable en las ciencias y en las letras, sobresalió especialmente en matemáticas, astronomía, historia y poesía. Su libro de narraciones, los *Infortunios de Alonso Ramírez* (1690), es considerado precursor de la novela hispanoamericana. Al mismo período pertenece el polígrafo peruano Pedro de Peralta Barnuevo (1663–1743), destacado tanto por sus obras sobre ingeniería, astronomía y metalurgia como por sus piezas teatrales y poemas. También conquistó prestigio en la Universidad de San Marcos, de la cual fue catedrático de matemáticas y, en tres oportunidades, rector. Entre las poetas sudamericanas sobresalientes se debe mencionar a la «Madre Castillo» (Sor Francisca Josefa de la Concepción, 1671–1742), abadesa del monasterio de Santa Clara, Tunja, Colombia, autora de *Sentimientos espirituales* y de *Mi vida*. De 1793 a 1797 Hipólito Unanue (1755–1833), sabio peruano de importante actuación en la lucha por la independencia, publicó una valiosa *Guía política, eclesiástica y militar del Virreinato del Perú*, y también un estudio sobre el clima de Lima, ambos serias contribuciones científicas, especialmente el último por ser trabajo pionero en el desarrollo del ensayo.

Durante el período colonial aparecieron en América algunos poetas satíricos, famosos por su crítica de la sociedad de su época. El más conocido de ellos, Juan del Valle y Caviedes (1645?–1697?), dejó en el Perú importante obra poética publicada después de su muerte con el nombre de *Diente del Parnaso*, en la que se mofa[29] de los médicos, las mujeres y los sacerdotes.

Resumiendo, la producción literaria de la Colonia se caracteriza pri-

---

[27] *los cerebros más agudos*   the sharpest minds
[28] *villancicos. . . sainetes*   carols, one-act religious plays, verse plays, and one-act farces
[29] *se mofa*   he mocks

mero por ser esencialmente narrrativa del acontecer en el Nuevo Mundo, de ahí que se destaquen los cronistas, historiadores y poetas épicos. Después sobresalen los escritores religiosos y seculares, muchos de quienes siguen el barroquismo de Luis de Góngora y Argote. A partir del siglo XVIII, cuando la Casa de los Borbones reina en España, se produce, como en la metrópoli, el afrancesamiento de las letras y el cultivo de la moda neoclásica. Con la llegada a Hispanoamérica de las expediciones científicas y con el retorno de Europa de los estudiantes latinoamericanos, crece el interés en las ciencias y el estudio metódico del mundo americano.

El neoclásico de mayor importancia literaria de fines del período colonial es el mexicano Joaquín Fernández de Lizardi (1776–1827), autor de la obra picaresca *El Periquillo Sarniento* (1816), hasta hace poco considerada como la primera novela de la literatura hispanoamericana. Ofrece allí el «Pensador Mexicano», como se conoce a Lizardi, la «autobiografía» de un pícaro[30] mexicano, cargada de aventuras estudiantiles y adultas ocurridas a principios del siglo XIX, es decir durante los últimos años de la Colonia.

7.6 El teatro hispanoamericano

En el primer siglo de colonización el teatro en América sirvió de arma evangélica principalmente. Después se lo utilizó como instrumento para educar y divertir al pueblo analfabeto. Se usaban los patios de los conventos, colegios y palacios así como las plazas públicas, para montar el tablado[31] donde se representaban los villancicos, entremeses,[32] autos sacramentales en castellano y en idiomas aborígenes, sobre todo en quechua, aymará, náhuatl y maya. Más tarde hizo su aparición el teatro culto para el placer de las clases pudientes;[33] entonces se representaron comedias españolas del Siglo de Oro y piezas breves escritas en el Nuevo Mundo. El desarrollo de la actividad teatral hispanoamericana siguió las pautas del teatro español sólo con breve retraso temporal. Tan pronto como este género consiguió su apogeo en la Metrópoli a fines del siglo XVI y durante el siglo siguiente, sus mejores piezas circularon por toda América y se representaron en las casas de comedias de México y Lima y en los tablados transitorios de las demás ciudades y villas coloniales. Gustaron mucho las comedias clásicas de Lope de Rueda (¿1510?–1565), Lope de Vega (1562–1653), Tirso de Molina (¿1584?–1645), Pedro Calderón de la Barca (1600–1681), Agustín Moreto (1618–1669) y, sobre todo, las piezas teatrales de los mexicanos Alarcón y Sor Juana ya mencionados.

En el siglo XVIII se erigieron nuevos lugares permanentes para poner

---

[30] *pícaro*   rogue
[31] *montar el tablado*   to set up the stage
[32] *entremés* is a short scene or farce inserted in an *auto* or between two acts of a *comedia*.
[33] *pudientes*   ricas

en escena obras españolas e hispanoamericanas. Se construyeron un corral de comedias en Puebla (1761), un teatro en La Habana (1776), otro en Guayaquil (c. 1780), el Teatro de la Ranchería de Buenos Aires (1783) y los coliseos de Caracas (1784), Montevideo (1793), Bogotá (1793), Guatemala (1794), La Paz (1796), Santiago de Chile (1802) y otras urbes. Merece especial mención el tablado transitorio cercano al Cuzco donde se representó el drama quechua *Ollantay* en 1780 durante la revolución de Túpac Amaru II. Desde entonces este drama ha sido traducido al castellano, italiano, francés, inglés, checo, alemán y latín.

7.7 La literatura brasileña colonial

La historia de la literatura brasileña colonial se confunde con la portuguesa. Las crónicas, historias y poesía épica del primer siglo de colonización las compusieron principalmente los portugueses. Las contribuciones de los jesuitas José de Anchieta y Manuel de Nóbrega, como la poesía de Benito Teixeira Pinto (1540–1616), son más bien trabajos portugueses que brasileños.

La *Historia do Brasil*, escrita por Frei Viçente do Salvador en 1627, pero publicada en el siglo XIX, es probablemente uno de los primeros trabajos de valor compuestos por hombres de letras nacidos en el Brasil. El padre jesuita António Vieira (1608–1697) es el exponente máximo del gongorismo brasileño caracterizado por el abuso de hipérboles, antítesis, repeticiones y latinismos. Otro cultivador de este barroquismo literario fue Nuno Marqués Pereira (1652–1728), autor del *Compêndio narrativo do peregrino da América* (1728), considerada como la primera novela brasileña. Gregório de Mattos (1633–1696), crítico de la sociedad de Bahía, sobresalió por sus poemas satíricos que le trajeron dificultades y el destierro a Angola.

El descubrimiento del oro en Minas Gerais (1692) abrió el interior del país a la colonización intensiva. Surgieron entonces ricas poblaciones pequeñas, orgullosas de sus sociedades literarias.

En el Brasil las primeras sociedades literarias tuvieron una fuerte orientación barroca: la *Acadêmia dos Esquecidos* (Academia de los Olvidados), de Bahía (1724), y la *Acadêmia dos Felizes* (Academia de los Felices) de Río de Janeiro (1736). Pertenecían a ellas autores de poemas y discursos muy elogiosos de los gobernantes y poderosos. A mediados del siglo XVIII se fundaron otras con diferente estructura y orientación. *La Acadêmia dos Renascidos*, de Bahía (1759), la *Arcadia Mineira* o *Arcadia Ultramarina*, de Villa Rica (1780) y la *Sociedade Literária*, de Río de Janeiro (1794), se empeñaron en difundir[34] el pensamiento enciclopédico y los principios democráticos de la Revolución Francesa. A la *Arcadia Ultramarina* per-

---

[34] *se empeñaron en difundir*   were engaged in disseminating

tenecían los poetas de la llamada Escuela Minera, como Fray José de Santa Rita Durâo (1722–1784) y José Basílio da Gama (1741–1794). El primero publicó en Lisboa su largo poema épico *Caramurú* (1781), imitando *Os Lusiadas* de Camóes. Canta en él la historia del descubrimiento y la primera etapa de la colonización. El segundo es probablemente el más grande poeta del siglo XVIII brasileño. Su obra maestra, *O Uruguay* (1769), describe, con *saudade* (tristeza nostálgica), el paisaje americano y, con amor a la raza indígena, narra la guerra contra los indios del Paraguay.

La vida intelectual de la colonia portuguesa en Sudamérica se vio limitada por la escasa población letrada, la falta de universidad, de imprenta y de grandes centros urbanos. Las ciudades brasileñas, sobre todo hasta el siglo XVIII, se desarrollaron muy poco. La vida en el Brasil colonial giró principalmente en torno de la *fazenda* (hacienda), del *engenho* (ingenio) y de las minas. La civilización en esa parte del mundo americano era esencialmente rural.

El establecimiento de la corte portuguesa en Río de Janeiro, en 1808, inaugura una era de prosperidad intelectual y renovación artística. Al poco tiempo de la llegada de la corte lusitana se establece la primera imprenta y se funda el primer periódico. Inmediatamente después se inauguraron las principales instituciones culturales brasileñas: la Biblioteca Nacional, el Museo Nacional y el Jardín Botánico.

7.8 Sumario

   I. La educación:
     A. Monopolio educacional de la Iglesia con orientación escolástica (las ideas de Aristóteles puestas al servicio del cristianismo)
     B. Aristocrática, abstracta, retórica y principalmente religiosa
     C. Atención preferente al nivel universitario modelado por Salamanca
       1. Primeras universidades: San Marcos (Lima), México y Santo Domingo
       2. Facultades (Escuelas): Teología, Derecho, Medicina y Artes
  II. La censura de los medios de expresión:
     A. La Contrarreforma impone control del pensamiento y censura
     B. La Inquisición y el Indice de libros prohibidos
     C. Prohibida la importación de libros de ficción
     D. A las primeras imprentas en México (1535) y Lima (1584) le siguen 23
     E. Relaciones y noticiarios: hojas volantes precursoras de los periódicos
 III. La Ilustración en Hispanoamérica:

    A. Interés en la experimentación, el método deductivo y la ciencia

    B. Expediciones científicas:
       1. Ch. M. La Condamine (1701–74) mide un grado del ecuador (1735)
       2. L. A. de Bougainville (1729–1811) explora las Malvinas (Falkland)
       3. J. C. Mutis (1732–1811) en Bogotá con F. J. de Caldas (1771–1816)
       4. F. de Elhúyar (1757–1833), descubridor del tungsteno, va a México
       5. Alejandro von Humboldt (1769–1859) y J. A. Bompland (1773–1858)

    D. Latinoamericanos en Europa y contrabando de ideas por marinos yanquis

  IV. Famosos escritores de la literatura latinoamericana nacidos en España:
    A. Relaciones de Colón, Cortés, Bernal Díaz del Castillo y Cabeza de Vaca
    B. Historias de Motolinía, Cieza de León y Bartolomé de las Casas
    C. Alonso de Ercilla y Zúñiga (1533–94) y su poema épico *La Araucana*

  V. Famosos escritores nacidos o educados en Hispanoamérica:
    A. El Inca Garcilaso de la Vega: *La Florida del Inca* y *Comentarios reales*
    B. El mexicanismo de Juan Ruiz de Alarcón, dramaturgo del Siglo de Oro
    C. Sor Juana Inés de la Cruz, la mejor escritora del período colonial
    D. El colombiano Juan Rodríguez Freile, autor de la protonovela *El Carnero*
    E. El chileno Pedro de Oña (1570–1643) y *El Arauco domado* (1596)
    F. Bernardo de Balbuena y el poema barroco *La grandeza mexicana* (1604)
    G. El mexicano Sigüenza y Góngora y *Los infortunios de Alonso Ramírez*
    H. El polígrafo Pedro de Peralta (1663–1743), rector de San Marcos
    I. Juan de Espinosa y Medrano (1632–88), escritor en quechua y castellano
    J. *Mi vida*, por la Madre Castillo (1671–1742), abadesa de Tunja, Colombia
    K. Hipólito Unanue: «El clima de Lima» y otros ensayos científicos
    L. Juan del Valle y Caviedes (1645?–97?) y su *Diente del Parnaso*
    M. José Joaquín Fernández de Lizardi y *El Periquillo Sarniento*

VI. El teatro hispanoamericano:
   A. De arma evangélica a instrumento de educación y diversión del pueblo
   B. Autos sacramentales en castellano y lenguas amerindias
   C. Villancicos y sainetes en iglesias, conventos, escuelas y plazas
   D. Corrales, coliseos y teatros para las comedias del Siglo de Oro
   E. En 1780 se representa el drama quechua *Ollantay* en un tablado de Cuzco
VII. Literatura brasileña colonial:
   A. Portugueses escriben las primeras crónicas, historias y poemas épicos
   B. El brasileño Viçente do Salvador escribe una *Historia do Brasil* (1627)
   C. El barroco Antônio Vieira (1608–97): abuso de hipérboles y antítesis
   D. Primera novela: *Compêndio narrativo* (1728) de Nuno Marquês Pereira
   E. Gregorio de Mattos es exiliado a Angola por sus poemas satíricos
   F. Academias literarias:
      1. Barrocas: Academia de los Olvidados y Academia de los Felices
      2. Neoclásicas:
         a. Academia de los Renacidos (Bahía) y la Sociedad Literaria de Río
         b. Arcadia Ultramarina: poetas de la Escuela Minera (Fray José de Santa Rita Durão, *Caramurú* (1781) y José Basílio da Gama, *O Uruguay* (1769)

7.9 Recomendación bibliográfica

Adorno, Rolena, ed. *From Oral to Written Expression: Native Andean Chronicles of the Early Colonial Period*. Syracuse: Syracuse University, 1982.

Aldrich, A. Owen, ed. *The Ibero-American Enlightenment*. Urbana: University of Illinois Press, 1971.

Andrien, Kenneth. *Crisis and Decline: The Viceroyalty of Peru in the Seventeenth Century*. Albuquerque: University of New Mexico Press, 1986.

Arrom, José Juan. *Historia del teatro hispanoamericano (Epoca colonial)*. México: Ediciones de Andrea, 1967.

Barbier, Jacques A. *Reform and Politics in Bourbon Chile, 1755–1796*. Ottawa: University of Ottawa Press, 1980.

Barreda Laos, Felipe. *Vida intelectual del Virreinato del Perú*. Lima: Universidad Nacional Mayor de San Marcos, 1966.

Benassy-Berling, Marié-Cécile. *Humanismo y religión en sor Juana Inés de la Cruz*. México: UNAM, 1983.

Burkholder, Mark A. *Politics of a Colonial Career: José Baquíjano and the Audiencia of Lima*. Albuquerque: University of New Mexico Press, 1981.

Carilla, Emilio. *Manierismo y barroco en las literaturas hispánicas*. Madrid: Gredos, 1983.

Chang-Rodríguez, Raquel. *La apropiación del signo: tres cronistas indígenas del Perú*. Tempe: Center for Latin American Studies, Arizona State University, 1988.

Descola, Jean. *La vida cotidiana en el Perú en tiempo de los españoles, 1710–1820*. Buenos Aires: Hachette, 1964.

Durand, José. *El Inca Garcilaso, clásico de América*. México: Sep Setentas, 1976.

Engstrand, Iris H. W. *Spanish Scientists in the New World. The Eighteenth Century Expeditions*. Seattle: University of Washington Press, 1981.

Goic, Cedomil. *Historia y crítica de la literatura hispanoamericana: I, Epoca colonial*. Barcelona: Editorial Crítica, 1988.

Greenleaf, Richard E., and Lewis Hanke, eds. *The Roman Catholic Church in Colonial Latin America*. New York: Alfred A. Knopf, 1971.

Iñigo Madrigal, Luis, ed. *Historia de la literatura hispanoamericana: Epoca colonial*. Tomo I. Madrid: Ediciones Cátedra, 1982.

Johnson, Julie Greer. *Women in Colonial Spanish American Literature*. Westport, Ct.: Greenwood Press, 1983.

Leonard, Irving A. *Baroque Times in Old Mexico: Seventeenth-Century Persons, Places and Practices*. Ann Arbor, Michigan: University of Michigan Press, 1966.

——. *Books of the Brave*. New York: Gordian Press, 1964.

Paz, Octavio. *Sor Juana Inés de la Cruz o Las trampas de la fe*. México: Fondo de Cultura Económica, 1982.

MacLachlan, Colin M., and Jaime E. Rodríguez. *The Forging of the Cosmic Race: A Reinterpretation of Colonial Mexico*. Berkeley and Los Angeles: University of California Press, 1980.

Pupo-Walker, Enrique. *Historia, creación y profecía en los textos del Inca Garcilaso*. Madrid: Porrúa Turanzas, 1982.

Reedy, Daniel R., ed. *Juan del Valle y Caviedes*. Caracas: Biblioteca Ayacucho, 1984.

Sabat de Rivers, Georgina. *El «Sueño» de Sor Juana Inés de la Cruz. Tradiciones literarias y originalidad*. London: Tamesis, 1976.

7.10 Cuestionario y temas

Cuestionario

1. ¿Cuáles fueron las características de la educación en la América colonial?
2. ¿Por qué en Hispanoamérica imperó tanto tiempo la filosofía escolástica?
3. ¿Quiénes fueron los grandes prosistas nacidos en Hispanoamérica colonial?
4. ¿Cómo se destacaron los grandes poetas nacidos en Hispanoamérica colonial?
5. ¿Cuáles son las universidades latinoamericanas más antiguas?

6. ¿Qué desarrollo tuvo el teatro en Hispanoamérica colonial?
7. ¿Cómo se filtran a Hispanoamérica las ideas de la Ilustración?
8. ¿Qué importancia tienen las expediciones científicas en la Colonia?
9. ¿Cuáles fueron los principales periódicos durante la Colonia?
10. ¿Qué instituciones científicas se crearon durante la Ilustración?

Temas para informes orales

1. La educación preuniversitaria durante la Colonia.
2. El papel de la Inquisición.
3. Las universidades hispanoamericanas.
4. Los historiadores nacidos en América.
5. Los cronistas indios y mestizos.
6. Las grandes escritoras.
7. El teatro en la Colonia.
8. Las expediciones científicas.
9. La fundación de periódicos.
10. La literatura brasileña colonial.

Temas para informes escritos opcionales

1. La censura en la época colonial.
2. El Inca Garcilaso de la Vega.
3. El desarrollo de las ciencias en la época colonial.
4. Las academias del Brasil.
5. La escuela minera en la literatura colonial brasileña.

Miguel Hidalgo (1753–1811), sacerdote de Dolores (Guanajuato), inició la guerra por la independencia de su patria. Marchó sobre la ciudad de México con un numeroso ejército de indios que llevaban por emblema la Virgen de Guadalupe. Derrotado por los realistas (españoles y criollos mexicanos) fue sumariamente ejecutado.

Capítulo
8

Las guerras por la independencia hispanoamericana

No se puede afirmar con certeza cuándo por primera vez los habitantes de las posesiones españolas en el Nuevo Mundo conspiraron para independizarse de la metrópoli. Después de la Conquista, en diferentes ocasiones y circunstancias, aztecas, incas y araucanos se alzaron para expulsar de sus tierras al europeo. Como se ha visto, los araucanos nunca fueron sometidos en la época colonial. En lo que se refiere a los conquistadores mismos, recordemos que Gonzalo Pizarro, de 1542 a 1544, y Martín Cortés, en 1566, se rebelaron contra el orden político español con partidarios secesionistas.[1] Los criollos no conspiraron seriamente antes del siglo XVIII. Sólo durante este siglo, contagiados de la filosofía progresista de los enciclopedistas[2] y considerando también sus propios intereses, meditaron y razonaron en favor de la liberalización del régimen político imperante en Hispanoamérica. En las primeras décadas del siglo XIX, al afirmarse la conciencia americana de mestizos y criollos en favor de la independencia, se produjo el estallido[3] revolucionario que consiguió la liberación de la mayor parte de Iberoamérica. Generalmente se acostumbra a dividir las causas de la independencia americana en externas e internas.

---

[1] *secesionistas*   separatistas
[2] *Enciclopedistas* fueron los partidarios de las ideas de Diderot y D'Alambert, autores de la Enciclopedia francesa del siglo XVIII.
[3] *estallido*   outbreak (from estallar to break out)

8.1 Causas externas

Una de las razones poderosas que ayudan a los americanos a buscar su independencia se encuentra en la decadencia general de la monarquía española, que para el siglo XVIII ya había perdido sus dominios europeos y había dejado de ser la gran potencia[4] de Occidente hasta el extremo de ceder territorios americanos a sus enemigos del viejo mundo. El desafío inglés, francés y holandés, a veces en abierta guerra y casi siempre por medio de sus piratas y filibusteros, puso en peligro la integridad territorial, la paz y la seguridad de las posesiones españolas en América.

Las ideas del Siglo de las Luces se filtraron a España y de ahí pasaron a las colonias de ultramar. Los iberoamericanos que retornaban de Europa y los contrabandistas ayudaron a difundir la Ilustración en Latinoamérica tanto entre liberales como en los círculos conservadores. La expulsión de los jesuitas (1767) de España y América fue una manifestación de esta inquietud liberalizante, deseosa de conseguir la supremacía del poder secular.

El Siglo de las Luces se desarrolla gracias principalmente a las ideas revolucionarias del filósofo Descartes y de los enciclopedistas Diderot, D'Alambert, Montesquieu, Rousseau y Voltaire. Las contribuciones inglesas también son indispensables. Hobbes, Locke y Hume añaden substancia filosófica a la Ilustración, mientras que su compatriota Newton revoluciona los conocimientos científicos. En el mundo hispánico, Benito Jerónimo Feijóo (1675–1764) popularizó las nuevas ideas, unas veces defendiéndolas y otras criticándolas. De todas maneras, cuando estalla la revolución norteamericana, en Hispanoamérica ya se conocía la doctrina de la soberanía popular, la idea de la división de los poderes expuesta por Rousseau y la oposición al poder absoluto de los reyes. La declaración de la independencia norteamericana (1776) conmovió profundamente al continente. Las ideas de Jefferson y la popularidad de Franklin alentaron[5] a los pensadores liberales hispanoamericanos, y cuando triunfa la Revolución francesa (1789) y se llegan a conocer los artículos de la Declaración de los Derechos del Hombre, criollos y mestizos ilustres anhelan[6] para su América las mismas libertades.

La invasión napoleónica de la Península Ibérica (1807) ofrece el momento oportuno para la iniciación de la lucha por la independencia. La reina y el regente de Portugal se trasladan con su corte al Brasil el mismo año de la invasión y llegan a Río de Janeiro al año siguiente. En Bayona, Francia, cerca de la frontera con España, Napoleón obliga a los dos contendores por la Corona española, Carlos IV y su hijo Fernando VII, a abdicar a favor de su hermano José Bonaparte. El reinado de José I produce consternación e indignación en el mundo hispánico. Conociendo el pueblo la

---

[4] *potencia*   power
[5] *alentaron*   encouraged
[6] *anhelan*   desear con vehemencia

inhabilidad de sus dirigentes para defenderse de las armas francesas, inicia la Guerra por la Independencia de España con el espontáneo alzamiento popular en Madrid, el 2 de mayo de 1808. Parte del pueblo apoya al absolutista Carlos IV, pero la mayoría prefiere a su hijo Fenando VII. Los americanos creyeron oportuno expresar su adhesión al hijo de Carlos IV, reuniéndose en cabildo abierto en México (1808), La Paz (1809), Quito (1809), Caracas (1810), Bogotá (1810), Santiago de Chile (1810). En España misma la oposición fue intensa. En el Sur, donde no llegaron los franceses, se reunieron las Cortes,[7] a cuyas sesiones también asistieron representantes hispanoamericanos. En Cádiz, españoles y americanos redactaron la Constitución de España que establecía por primera vez la monarquía constitucional y la promulgaron en marzo de 1812.

8.2 Causas internas

En el siglo XVIII, el interés científico despertado por la Ilustración, unido al deseo de estudiar las posibilidades comerciales futuras, determina el envío al Nuevo Mundo de expediciones para rectificar la cartografía, fijar astronómicamente las latitudes y estudiar la fauna y la flora. España, animada entonces por un afrancesamiento[8] cultural, coopera en estas expediciones y luego envía sus propios hombres de ciencia.

Varias de estas expediciones científicas son importantes por sus repercusiones políticas. Tal es el caso, por ejemplo, de la expedición dirigida por Charles de La Condamine, que en 1753 mide un grado del ecuador cerca de Quito. Participaron en ésta los eruditos españoles Jorge Juan y Antonio de Ulloa, que reúnen sus múltiples observaciones náuticas, geográficas y sociales en dos célebres libros: *Relación histórica del viaje a la América Meridional* y *Noticias secretas*. En éste, que permaneció inédito hasta 1825, se hace una crítica muy severa del régimen colonial, del cruel tratamiento a los indios y de diversas injusticias sociales. Otras expediciones significativas fueron las de Elhúyar. En 1785, el español Fausto de Elhúyar, antiguo estudiante de ciencias puras y aplicadas en Alemania, organizó dos misiones de científicos alemanes para servir en América. Elhúyar mismo dirigió la enviada a México y permaneció ahí durante veinticinco años, promoviendo los estudios científicos y mejorando los métodos mineros. La otra expedición, integrada totalmente de alemanes, se quedó en el Perú por veinte años impulsando los estudios científicos y ayudando a la Sociedad Amantes del País. En ella se destacó el médico peruano José Hipólito Unanue (1758–1833), autor de «El clima de Lima», uno de los primeros ensayos científico-sociales de la literatura latinoamericana.

Cuando a fines del siglo XVIII el sabio alemán Alejandro von Humboldt

----

[7] *Cortes*   Congreso
[8] *afrancesamiento*   Gallicizing, conformance to French standards

(1769–1835) llega a América a realizar estudios naturalistas, encuentra científicos americanos de prestigio internacional, humanistas brillantes, admiradores del enciclopedismo y revistas divulgadoras de sus ideas como el *Papel Periódico de La Habana* (1790–1804) y el *Mercurio Peruano* (1791–1795). Siguiendo el ejemplo de la España de la Ilustración, los hispanoamericanos habían fundado sociedades y asociaciones literarias y científicas de «amigos de la patria», en las cuales también se discutía la posibilidad de la emancipación hispanoamericana.

La inquietud intelectual puede apreciarse en lo que hacen, dicen y escriben algunos de sus eruditos. El Dr. Agustín Gorrichátegui del Cuzco pide, en 1771, que las ideas se conformen con la naturaleza y no se haga lo opuesto. En Caracas, ese mismo año, el padre Valverde critica la física de Aristóteles y llama a este filósofo griego «Marqués de Accidentes y Capitán General de lo Oculto.» Por esa misma época, José Baquíjano tuvo el valor de censurar públicamente en el Perú el atraso cultural, no obstante que el clima político no era propicio todavía, como lo prueba el hecho de que la Inquisición lo persiguiera por poseer libros prohibidos. Pocos años más tarde, su compatriota peruano Toribio Rodríguez de Mendoza tuvo dificultades con la misma Inquisición por establecer cursos de física y derecho natural en el programa de estudios del Convictorio de San Carlos de Lima.

Los jesuitas expulsados en 1767 realizaron en el exilio una labor de franca oposición al absolutismo español. Se destacaron algunos jesuitas mexicanos, pero sobre todo el peruano Juan Mariano Viscardo Guzmán (1746–1798), quien, conmemorando el tercer centenario del todavía llamado «descubrimiento de América», escribió su revolucionaria *Carta a los españoles americanos por uno de sus compatriotas*. Después de publicarse en Londres se volvió a imprimir en Filadelfia y se difundió rápidamente por todo el continente. Su más entusiasta propagandista fue el venezolano Francisco de Miranda (1750–1816). Por considerar la *Carta* de Viscardo como la primera proclama de la revolución por la independencia, los simpatizantes de esta causa en Francia e Inglaterra la habían traducido al inglés y al francés. En ella, Viscardo sintetiza la dialéctica del criollo en la lucha contra la opresión española y resume las ideas políticas y económicas en favor de la futura América libre. En esta tierra libre con soberanía popular, el indio sería bien tratado. El mensaje del exiliado peruano sirvió de poderoso órgano de propaganda y fue citado[9] y glosado en las proclamas revolucionarias iniciales de Hispanoamérica. Tiene especial valor porque da carácter político-religioso a la lucha por la independencia al insistir en la obligación de los hispanoamericanos de reivindicar[10] los derechos naturales otorgados al hombre por Dios.

La labor de los precursores de la independencia es de considerable

---

[9] *citado*   quoted
[10] *reivindicar*   to claim, to recover

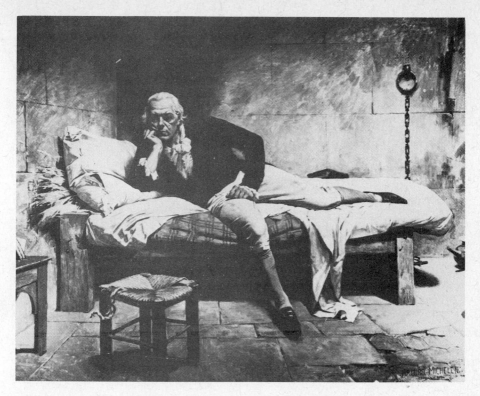

Francisco de Miranda (1750–1816), precursor de la independencia hispanoamericana, peleó por la emancipación de los Estados Unidos y por la Revolución Francesa.
El gobierno de París le otorgó el rango de mariscal de campo. Siendo generalísimo
de los patriotas venezolanos, los españoles lo capturaron en la Guaira y lo encar-
celaron en Cádiz, como lo muestra esta pintura. Allá murió tras cuatro años de
cautiverio.

servicio a la causa revolucionaria. El más importante es probablemente el
ya mencionado venezolano Francisco de Miranda, colaborador con otros
hispanoamericanos en la guerra de la independencia de los Estados Unidos.
Este entusiasta patriota tuvo una vida muy activa como general de la Revolución francesa, en la cual ganó el respeto de Napoleón y la admiración
del pueblo francés como lo demuestra su nombre inscrito en el Arco de
Triunfo de París. Viajero incansable, Miranda recorrió Europa: en Rusia,
Catalina la Grande quedó prendada de los encantos[11] del venezolano; en
Londres, Miranda fundó la logia masónica Lautaro e influyó directamente
en jóvenes hispanoamericanos como Bolívar, San Martín y O'Higgins,
quienes después de visitar Europa se convirtieron en jefes de la Revolución.
Miranda proponía la restauración del imperio incaico en Hispanoamérica

---

[11] *quedó . . . encanto* was captivated by the charms

independizada. Gracias a su amistad con los padres de la nación norteamericana, organiza en Nueva York una expedición libertadora a Venezuela
en 1806, pero fracasa porque aparentemente todavía era prematura la
acción armada. Este místico de la libertad colabora después con Bolívar y
en 1810 vuelve a participar en la revolución de su patria, pero cae prisionero de los españoles dos años más tarde. Lo conducen a Cádiz, donde
muere cargado de cadenas.

En 1794, el bogotano Antonio Nariño (1765–1823), poseedor de una
de las bibliotecas privadas más grandes de las Américas, traduce y distribuye
secretamente la *Declaración de los derechos del hombre y del ciudadano*.
Descubierto, es encarcelado, se le confiscan sus bienes y se le lleva prisionero a España. El patriota colombiano Camilo Torres (1766–1816) difunde
la *Carta a los españoles americanos*, conspira contra las autoridades españolas y muere por la causa independentista. El argentino Mariano Moreno
(1778–1811) aboga por la libertad económica en nombre de los
estancieros[12] del Río de la Plata, les lee a sus amigos su disertación *Sobre
el servicio personal de los indios* y funda en 1810 la *Gaceta de Buenos Aires*,
primer periódico del Río de la Plata, en el cual publicó artículos sobre
sufragio universal, libertades civiles, educación popular y problemas económicos americanos. En ese mismo año de 1810 tradujo el *Contrato social*
de Rousseau, libro fundamental sobre cómo el individuo se compromete
a someterse a la voluntad general para el bien de la sociedad.

8.3 Las rebeliones

Una serie de revueltas en favor de la independencia se produjeron periódicamente durante el siglo XVIII. De ellas tres tuvieron especial importancia: la del Paraguay, la de Túpac Amaru y la de los comuneros de
Zipaquirá.

El cabildo de Asunción del Paraguay se alzó en defensa de las instituciones comunales contra la tendencia centralizadora de la monarquía,
pero luego el alzamiento adquirió tono independentista gracias al oidor
José de Antequera. Este rebelde organizó milicias y combatió a las fuerzas
realistas españolas. Vencido, fue llevado a Lima y fusilado en 1731, ante
la indignación de muchos peruanos que exteriorizaron su simpatía por el
mártir. Los partidarios de Antequera siguieron luchando por algunos meses
más, defendiendo la idea revolucionaria que considera el poder del pueblo
como superior al del rey.

En 1780 el indio José Gabriel Condorcanqui se sublevó y se proclamó
inca del Perú con el nombre de Túpac Amaru II. Reunió un ejército de
60,000 indios para ocupar el Cuzco y extendió su acción rebelde por el
sur del Perú, Bolivia y el norte de la Argentina. Los virreyes de Buenos

---

[12] *estancieros*   hacendados

Túpac Amaru I continuó la rebelión de su hermano, el Inca Titu Cusi Yupanqui, hasta que fue decapitado en la plaza mayor del Cuzco por orden del Virrey Toledo en 1572. En 1780 José Gabriel Condorcanqui se proclamó Inca con el nombre de Túpac Amaru II para continuar las luchas de sus antepasados.

Aires y Lima enviaron millares de tropas a sofocar el movimiento. En 1781 Túpac Amaru cayó prisionero y fue descuartizado.[13] A él, a su esposa, un sobrino y varios parientes, se les cortó la lengua antes de ser sometidos a la pena capital. La lucha de los rebeldes continuó bajo la dirección de Diego Túpac Amaru, hermano de José Gabriel. Sólo se consiguió desarmarlos cuando se les ofreció un indulto[14] en 1782. Una vez pacificada la región, los vencedores ahorcaron a Diego en 1783.

Por estos mismos años de la rebelión armada en el Perú, los comuneros de Zipaquirá, cerca de Bogotá, se alzaron contra los injustos impuestos.[15]

---

[13] *descuartizado*   quartered, cut to pieces
[14] *indulto*   perdón
[15] *impuestos*   taxes

El grito de protesta se extendió por diversas regiones de los Andes de Nueva Granada. En algunos pueblos distantes, cerca de la frontera de Venezuela, se juró por Túpac Amaru[16] y por la reconstitución del imperio incaico. La mano severa del virrey se hizo sentir al pacificar a los comuneros.

8.4   Bolívar, libertador de cinco repúblicas

Los primeros éxitos revolucionarios a favor de la Independencia se consiguieron lejos de los centros del poderío español en América (Lima y México). La junta de defensa constituida en Caracas para mantener la autoridad de Fernando VII le entregó al general Miranda el mando de las tropas rebeldes. Este precursor de la emancipación luchó contra las fuerzas españolas durante dos años hasta caer prisionero en 1812. Le sucedió uno de sus oficiales: Simón Bolívar (1783–1830). En esa guerra cruenta,[17] los patriotas prisioneros eran fusilados y sus orejas remitidas a diferentes regiones del país para que los comerciantes españoles las clavaran en sus puertas y las lucieran como escarapelas.[18] Enterándose de tan indigna actitud, Bolívar declaró guerra a muerte[19] al enemigo. Ambas partes cometieron excesos. Después de una sangrienta lucha, Bolívar logra desalojar a los españoles de Venezuela y entra en Caracas en 1813. Aquí lo proclaman «Libertador». Después pasa a Nueva Granada a tomar la dirección de las fuerzas rebeldes, pero descorazonado[20] por las guerras civiles, emigra a Jamaica en 1815. En esa isla británica recibe apoyo, y mientras descansa y se repone,[21] escribe su famosa *Carta de Jamaica* en la que profetiza con bastante exactitud el futuro de las nuevas repúblicas americanas.

En 1816, con la ayuda recibida del presidente haitiano Petión, Bolívar retorna a Venezuela a continuar la lucha por la independencia. Se le unen las fuerzas del llanero[22] José Antonio Páez y 6,000 soldados de Irlanda con más de 200 oficiales irlandeses e ingleses. Tras una serie de combates en su mayoría desfavorables a los patriotas, da al fin las batallas de Boyacá (1819), Carabobo (1821) y Pichincha (1821), asegurando así la independencia del Virreinato de Nueva Granada y la Capitanía General de Venezuela. Los dos países libres unificados han recibido el nombre de Gran Colombia para distinguirla de Colombia, nombre oficial dado a Nueva Granada independiente después de 1830, cuando se crearon las repúblicas

---

[16] La importancia simbólica de la Revolución de Túpac Amaru ha ganado actualidad con el uso de su nombre simplificado (Tupamaros) por los guerrilleros urbanos del Uruguay en las décadas de 1960 y 1970.

[17] *cruenta*   sangrienta

[18] *escarapelas*   badges

[19] *guerra a muerte*   war without quarter

[20] *descorazonado*   discouraged

[21] *se repone*   recovers

[22] *llanero*   cowboy of Venezuela. The American cowboy is the equivalent of the llanero, the gaucho, and the Mexican charro, all of whom made their appearance earlier in history.

SÍMON   BOLÍVAR.

Simón Bolívar (1783–1830), Libertador de Venezuela, Colombia, Ecuador, Perú y Bolivia. En su famosa *Carta de Jamaica* profetizó el futuro de las nuevas repúblicas. Decepcionado por «haber arado en el mar,» murió en Santa Marta, Colombia.

independientes de Venezuela y Ecuador, como se verá en el capítulo 12 (12.1 y 12.5).

En 1822 Bolívar se entrevista con el general argentino José de San Martín en el puerto de Guayaquil. No se sabe qué discutieron los dos libertadores, mas por lo sucedido después se puede colegir[23] la condición impuesta por Bolívar para ir a luchar al Perú: el retiro de San Martín del escenario político americano, probablemente porque el general argentino deseaba el establecimiento de un gobierno monárquico en los nuevos estados. Una vez que San Martín viajó a la Argentina, el general venezolano marchó al Perú con parte de sus fuerzas. Tras una serie de maniobras, el ejército aliado libertador libró las batallas de Junín (6 de agosto de 1824) y de Ayacucho (9 de diciembre de 1824), que sellaron la independencia de Sudamérica española.

---

[23] *colegir*   deducir

El ejército bolivariano dirigido por Antonio José de Sucre (1795–1830) ingresó al Alto Perú, derrotó fácilmente a los españoles y proclamó la República de Bolivia. Elegido primer presidente, Bolívar redactó la Constitución Bolivariana, pero pronto abandonó el país debido a las disensiones en la Gran Colombia, en trance de desintegración. Destruido su sueño político, el «Libertador» muere pobre en Santa Marta a los cuarenta y siete años de edad, en 1830.

8.5 San Martín, el «Santo de la Espada»

El 25 de mayo de 1810 el cabildo de Buenos Aires proclamó la independencia del Virreinato del Río de la Plata. Manuel Belgrano (1770–1820), miembro de la junta revolucionaria, deseaba el restablecimiento del imperio de los incas pese a que era muy temprano para este proyecto o cualquier otro. Para consolidar el triunfo patriota en Buenos Aires era necesario derrotar las fuerzas españolas en el Perú y en el resto de Sudamérica. Con tal propósito, Belgrano salió con un ejército para ayudar a los patriotas revolucionarios del Paraguay. La expedición de auxilio fracasó. Después Belgrano fue enviado a combatir las fuerzas españolas en Charcas (Bolivia) despachadas a esa región por el virrey del Perú. Las fuerzas virreinales vencieron a las tropas patriotas. Entonces el gobierno revolucionario de Buenos Aires confió el mando del ejército argentino al general José de San Martín (1778–1850), veterano de las guerras contra Napoleón en España. Conociendo la imposibilidad de invadir el Perú por vía de Charcas, el general San Martín se preparó para libertar Chile con una fuerza expedicionaria que usaría la ruta de Mendoza. En 1817 cruzó la cordillera con el Ejército de los Andes, de 4,000 hombres en una proeza[24] militar superior al paso de los Alpes por Aníbal y Napoleón.

El ejército español, vencedor del primer movimiento revolucionario chileno, es derrotado por San Martín en la batalla de Chacabuco (1817). Este triunfo permitió al Ejército de los Andes ocupar la capital chilena. Elegido jefe supremo, el general argentino renunció en favor de Bernardo O'Higgins. En 1818, en las lomas[25] de Maipú, a unas cuantas millas de Santiago de Chile, las fuerzas armadas españolas sufrieron la derrota definitiva. Quedaba así completada la primera fase del plan de San Martín.

Asegurada la independencia de Chile, San Martín ordenó a la escuadra libertadora dirigirse al Perú para combatir a las fuerzas virreinales. La escuadra patriota partió en 1820 de Valparaíso con 4,000 hombres y 15,000 fusiles[26] bajo el mando del almirante inglés Tomás A. Cochrane (1775–1860). Las tropas aliadas desembarcaron al sur de Lima, en la bahía de

---

[24] *proeza*   feat
[25] *lomas*   hills
[26] *fusiles*   rifles

José de San Martín (1778–1850) luchó en España contra Napoleón y en Chile y el Perú contra el ejército realista español. Proclamó la independencia del Perú el 28 de julio de 1821 y asumió el mando supremo con el título de Protector. Después de un año de gobierno, renunció a todas sus posiciones para dejar que Bolívar continuara la guerra por la primera independencia. San Martín, el «Santo de la Espada», murió en Francia, pobre y decepcionado.

Paracas, hoy de la Independencia, y pronto ocuparon sin dificultad la vecina ciudad de Pisco.

Bloqueada la costa del Perú, el virrey La Serna salió con 4,000 hombres en dirección a la Sierra y San Martín se apresuró a libertar Lima. Allá proclamó la independencia del Perú, el 28 de julio de 1821, con las famosas palabras: «El Perú es, desde este momento, libre e independiente por la voluntad general de sus pueblos y por la justicia de su causa que Dios defiende.» Como la lucha en el Perú siguiera indecisa y los patriotas no se consideraban lo suficientemente fuertes para derrotar a los españoles, San Martín se embarcó a entrevistarse con Bolívar en Guayaquil para pedirle ayuda. Ya hemos discutido los resultados de esa entrevista.

De vuelta en Lima, San Martín reunió el Congreso, y el 20 de septiembre de 1822 renunció a todos los poderes y se embarcó para la Argentina. Más tarde abandonó su patria y se exilió en Francia. Allá, en 1850, sumido[27] en la pobreza, murió, casi olvidado por quienes se había sacrificado para darles libertad. Por ser uno de los espíritus más nobles y menos ambiciosos de los padres de la independencia hispanoamericana, se le ha llamado, con razón, «Santo de la Espada».[28]

8.6 La independencia de México

El 15 de septiembre de 1810, el cura párroco del pequeño pueblo de Dolores, Miguel Hidalgo y Costilla (1753–1811), se sublevó con el grito de guerra «¡Viva Fernando VII y mueran los gachupines!»[29] Con un ejército de 50,000 hombres, bajo el estandarte de la Virgen de Guadalupe, Hidalgo ocupó la ciudad de Guanajuato. En la ciudad de México la Iglesia lo excomulgó[30] y lo declaró hereje.[31] Después de ocupar Valladolid (hoy llamada Morelia), con 80,000 hombres marchó rumbo a la capital. Llegó a sus cercanías, vaciló y se abstuvo de ingresar en ella. Pronto emprendió la retirada, error táctico que causó descontento entre los indios y deserciones en masa. El ejército rebelde comenzó a decrecer tan rápido como se había formado. Felizmente cayó en su poder Guadalajara, donde reorganizó su ejército hasta completar los 100,000 hombres. Lamentablemente la guerra pronto tomó mal giro.[32] El generalísimo Hidalgo y varios de sus generales cayeron prisioneros y fueron fusilados.[33] Sus cabezas fueron exhibidas hasta 1821.

Aunque en el norte perdía la revolución con la muerte del anciano patriota, en el sur el cura José María Morelos y Pavón (1765–1815) continuó la lucha. En 1813, tomó el castillo de Acapulco y cerca de ese lugar reunió el primer congreso revolucionario. Este cuerpo legislativo proclamó la independencia de México y nombró a Morelos generalísimo de sus tropas. Este sucesor de Hidalgo marchó sobre Valladolid (Morelia), pero las fuerzas del Virrey lo derrotaron completamente. En 1815 fue apresado y pasado por las armas.[34] La muerte de Morelos no terminó la acción revolucionaria mexicana. Otros caudillos continuaron la lucha. A principios de 1816 los insurgentes tenían 26,000 soldados y contaban con jefes tan valientes como Vicente Guerrero, Guadalupe Victoria y Manuel Mier y Terán. Con todo, el año de 1816 resultó desastroso para los patriotas.

En 1817 desembarcó en la costa mexicana una expedición de idealistas internacionales capitaneada por Francisco Javier Mina (1789–1817), joven

---

[27] *sumido*   hundido
[28] *Espada*   Sword
[29] *gachupines*   Spaniards (derogatory)
[30] *excomulgó*   excommunicated
[31] *hereje*   heretic
[32] *giro*   turn
[33] *fusilados*   shot by a firing squad
[34] *pasado por las armas*   fusilado

guerrillero español, famoso durante las guerras contra Napoleón y ahora resuelto a luchar por la libertad de México. Venían con él treinta y seis oficiales españoles, franceses, ingleses, italianos y norteamericanos. Su expedición, organizada en Londres en 1816, había aumentado de efectivos en Estados Unidos y Santo Domingo ya liberado de España. Una vez en tierras mexicanas el joven idealista aumentó su contingente militar hasta contar con 1,000 patriotas. Luchó heroicamente hasta caer prisionero. Los defensores de la Corona española ejecutaron a Mina. Cuando fusilaron a este héroe de veintiocho años, los realistas pusieron fin a uno de los capítulos más extraordinarios de la independencia mexicana.

A fines de 1819 los rebeldes mexicanos se encontraban casi completamente derrotados y sólo Vicente Guerrero se mantenía en el sur. Al año siguiente se restableció en España la Constitución liberal de 1812, gracias a la rebelión del general Rafael del Riego (1785–1823). La victoria de los liberales españoles consternó[35] a los absolutistas de México, y por eso, cuando el Virrey proclamó la Constitución liberal, los aristócratas criollos mexicanos abrazaron la causa independentista que no habían sentido antes y comenzaron a conspirar. El criollo Agustín Iturbide (1783–1824), coronel del ejército español, que se había distinguido en la lucha contra los patriotas, se unió a los rebeldes conservadores y el 24 de febrero de 1821 se pronunció[36] en Iguala y lanzó una proclama. Su famoso Plan de Iguala proponía tres garantías: (1) transformación de Nueva España en una monarquía independiente bajo Fernando VII u otro príncipe europeo; (2) mantenimiento de los privilegios de la Iglesia Católica; y (3) igualdad racial.

Después de esperar en vano la llegada de Fenando VII, quien había prometido huir de los liberales de España e instalarse en México, Iturbide se coronó en 1822 emperador, con el nombre de Agustín I. Su gobierno no duró mucho porque el joven coronel mexicano Antonio López de Santa Anna, gobernador de Veracruz, se sublevó con su guarnición[37] y consiguió la adhesión del general Guadalupe Victoria, enemigo del sistema monárquico. El Congreso entonces disolvió el imperio, convocó a una Asamblea Constituyente y proclamó la República en 1823. Iturbide partió para exiliarse en Italia pero cometió el desatino[38] de retornar a México en 1824. Tan pronto desembarcó, cayó preso y pronto se lo ejecutó: así terminó el primer experimento monárquico en la patria de Hidalgo.

8.7 Significado de la independencia

Las sangrientas luchas por la independencia hispanoamericana probaron una vez más la capacidad física de los españoles puesta a prueba desde el siglo XV en suelo americano. Sus descendientes criollos y mestizos también

---

[35] *consternó* causó terror
[36] *se pronunció* se rebeló
[37] *guarnición* garrison
[38] *desatino* foolishness

demostraron ser capaces de las proezas de sus antepasados. Lo mismo hicieron los indios al desplegar[39] un heroísmo recordatorio de los antepasados suyos que murieron combatiendo a los invasores de su tierra. Las guerras por la independencia no pusieron a los americanos completamente en campo opuesto a los españoles peninsulares. Como se ha visto, la guerra de la independencia resultó ser casi una guerra civil, en la cual se obligó a muchísimos americanos, sobre todo indios, a luchar por la causa realista.[40] Por otra parte, algunos españoles se batieron heroicamente por la libertad de las colonias. Muchísimos mestizos estuvieron al lado de la causa libertadora. Indios, negros, mulatos y zambos combatieron en ambos ejércitos, a menudo obligados por las circunstancias. Por ejemplo, un ejército de afroperuanos debeló[41] la revolución de los patriotas ecuatorianos de Quito; otro ejército de indios peruanos sofocó el movimiento independentista inicial en Chile; y generales peruanos criollos participaron en las batallas contra los patriotas de Buenos Aires en Bolivia y en el noroeste argentino. Ocurrió esto probablemente por las diferentes interpretaciones dadas a la Revolución por la independencia americana y sus ideales separatistas. Así, unos simpatizaban con el gobierno absolutista español mientras otros favorecían la causa liberal española, primero erróneamente percibida como representada por Fernando VII y después por la Constitución de Cádiz de 1812. Esto dividió a los españoles a tal punto que algunos, como el héroe Francisco Javier Mina, resolvieron luchar contra toda forma tiránica aunque la personificaran sus compatriotas.

La mayoría de los dirigentes de la causa patriótica resultaron ser criollos, representantes de la clase emergente, deseosos de mayor libertad para sus propias empresas económicas. Muchísimos mestizos contagiados de los ideales revolucionarios abrazaron la causa independentista. Los indios y los negros familiarizados con la opresión, sin embargo, no comprendían del todo el ideario emancipador. Millares de ellos fueron obligados por sus amos a combatir en bandos opuestos. La independencia, como sospechaban algunos, no les iba a afectar mucho porque, como se verá más adelante, la rebelión separatista de comienzos del siglo XIX resultó ser una revolución inconclusa[42] que dio nuevos amos a las masas indias, mestizas y negras. Los españoles dominaron América durante tres siglos. Con el grito de independencia de las nuevas repúblicas, la mayoría de la población obtuvo pocos cambios; seguramente ganaron muchísimo menos que los criollos, herederos del poder del español peninsular. Latinoamérica se ha esforzado en diversas formas durante el período republicano por concluir la lucha de los libertadores. Como se verá en los capítulos siguientes dedicados a los diferentes nuevos estados, a veces el proceso evolutivo es lento y desalentador; otras veces el ritmo de la transformación se acelera.

---

[39] *desplegar*   to display
[40] *realista*   royalist
[41] *debeló*   subdued
[42] *inconclusa*   unfinished

8.8 Sumario

I. Causas externas:
   A. Decadencia general de la monarquía española
   B. Desafíos inglés, francés, holandés y portugués
   C. La Ilustración:
      1. Independencia de los EE.UU. en 1776 y el contrabando de ideas
      2. Revolución Francesa de 1789, su ejemplo y los derechos del hombre
      3. Napoleón primero obliga a Carlos IV y su hijo Fernando a ceder la corona española a José I y luego invade la Península Ibérica (1807):
         a. La reina Carlota y su corte portuguesa se trasladan al Brasil
         b. Guerra contra Napoleón (1808–1813) y las Cortes de Cádiz (1812)

II. Causas internas:
   A. Expediciones científicas a Hispanoamérica en el siglo XVIII:
      1. La Condamine mide un grado del ecuador en 1753
      2. Expediciones de F. de Elhúyar a México (1785) y Perú
      3. Estudios de Alejandro von Humboldt en México, Cuba y Sudamérica
   B. Expulsión de los jesuitas en 1767 y la propaganda revolucionaria
   C. Labor revolucionaria de los precursores de la independencia:
      1. Francisco de Miranda (1750–1816), «Místico de la Libertad» venezolano
      2. Antonio de Nariño traduce la Declaración de los Derechos del Hombre
      3. Camilo Torres difunde la *Carta* del jesuita Viscardo y Guzmán
      4. Mariano Moreno traduce el *Contrato social* de Rousseau en 1810

III. Primeras grandes rebeliones:
   A. José de Antequera, alzado en Paraguay, es fusilado en Lima en 1762
   B. La rebelion de Túpac Amaru (1780–84) es sofocada sangrientamente
   C. Los comuneros de Zipaquirá, Colombia, se alzan contra los impuestos

IV. Simón Bolívar (1783–1830), «Libertador» de cinco repúblicas:
   A. Oficial de Miranda, se destaca por su heroísmo y desinterés materialista
   B. Guerra a muerte, exilio y *Carta de Jamaica*

C. Batallas de Boyacá (1819), Carabobo (1821) y Pichincha (1822)
D. Conferencia de Guayaquil (1822) con San Martín sobre ayuda al Perú
E. Batallas de Junín y de Ayacucho en 1824 sellan la independencia
F. Sucre proclama la República de Bolivia y nombra presidente a Bolívar
G. Desintegración de la Gran Colombia y muerte de Bolívar en 1830

V. San Martín (1778–1850), el «Santo de la Espada»:
A. Sus granaderos atraviesan los Andes para libertar Chile en 1817
B. Batallas de Chacabuco (1817) y Maipú (1818) independizan Chile
C. La Expedición Libertadora al Perú, la proclamación de la independencia en Lima (1821) y la retirada española hacia el sur andino
D. Conferencia con Bolívar en Guayaquil: su retiro y muerte en Europa

VI. La independencia de México:
A. El «Grito de Dolores» (1810) del padre Miguel Hidalgo (1753–1811)
B. El padre José María Morelos (1765–1815) continúa la lucha hasta morir
C. Brigada internacional del español Francisco Javier Mina (1789–1817)
D. Agustín Iturbide lanza su Plan de Iguala en 1821
E. Iturbide, autoproclamado emperador en 1822, es fusilado en 1824

VII. Significado de la proclamación de la Independencia en el siglo XIX:
A. Revolución inconclusa dirigida por y para los criollos
B. El pueblo de mestizos, indios, negros y mulatos cambia de amos.

8.9 Recomendación bibliográfica

Anna, Timothy E. *The Fall of the Royal Government in Peru*. Lincoln: University of Nebraska Press, 1980.

Bethel, Leslie, ed. *The Independence of Latin America*. London-New York: Cambridge University Press, 1987.

Bonilla, Heraclio, and Karen Spading, eds. *La independencia en el Perú: las palabras y los hechos*. Lima: Instituto de Estudios Peruanos, 1971.

Domínguez, Jorge. *Insurrection or Loyalty: The Breakdown of the Spanish American Empire*. Cambridge: Harvard University Press, 1980.

Golte, Jürgen. *Repartos y rebeliones: Túpac Amaru y las contradicciones del sistema colonial*. Lima: Instituto de Estudios Peruanos, 1980.

Halperín Donghi, Tulio. *Reforma y disolución de los imperios ibéricos, 1750–1850*. Madrid: Alianza Editorial, 1985.

Johnson, John J. *Simón Bolívar and Spanish American Independence, 1783–1830*. New York: Van Nostrand, 1969.

Kinsbruner, Jay. *The Spanish American Independence Movement*. Hinsdale, Illinois: The Dryden Press, 1973.

Ladd, Doris M. *The Mexican Nobility at Independence, 1773–1808*. Gainesville: University Presses of Florida, 1978.

Lynch, John. *The Spanish American Revolution, 1808–1826*. London: Weidenfeld and Nicholson, 1973.

McKinley, P. Michael. *Pre-Revolutionary Caracas: Politics, Economy and Society 1777–1811*. London-New York: Cambridge University Press, 1986.

Phelan, John L. *The People and the King: The Comunero Revolution in Colombia, 1781*. Madison: University of Wisconsin Press, 1978.

Picón Salas, Mariano. *De la Conquista a la Independencia*. México: Fondo de Cultura Económica, 1969.

Whitaker, Arthur P., ed. *Latin America and the Enlightenment*. 2nd ed. Ithaca, N.Y.: Cornell University Press, 1961.

Zea, Leopoldo. *Simón Bolívar, integración en la libertad*. México: Ediciones Edicol, 1980.

8.10 Cuestionario y temas

Cuestionario

1. ¿Cuáles fueron las más importantes causas internas de la primera independencia?
2. ¿Cómo reaccionaron los españoles y los hispanoamericanos ante la ocupación napoleónica de la Península Ibérica?
3. ¿Qué papel desempeñaron los jesuitas en la Revolución hispanomericana?
4. ¿Cuáles fueron las expediciones científicas más importantes?
5. ¿Por qué llaman a Miranda «Místico de la Libertad»?
6. ¿Qué efectos tuvo la Revolución de Túpac Amaru?
7. ¿Qué observaciones proféticas hizo Bolívar en su *Carta de Jamaica*?
8. ¿Qué cree Ud. que sucedería en la Conferencia de Guayaquil entre Bolívar y San Martín?
9. ¿Por qué son famosas las batallas de Junín y de Ayacucho?
10. ¿Qué opina Ud. sobre la independencia hispanoamericana del poder español?

Temas para informes orales

1. Causas de la expulsión de los jesuitas del Nuevo Mundo.
2. Los hispanoamericanos en las Cortes de Cádiz.
3. La corrupción de la monarquía española a principios del siglo XIX.

4. Significado del grito «¡Viva Fernando VII!».
5. Las expediciones científicas francesas.
6. Labor de Alejandro von Humboldt.
7. Los precursores de la independencia.
8. Las primeras grandes rebeliones.
9. La *Carta de Jamaica*.
10. Significado de la primera independencia política hispanoamericana.

Temas para informes escritos opcionales

1. Causas externas de la independencia hispanoamericana.
2. Los planes de Francisco de Miranda y Mariano Moreno para Hispanoamérica.
3. La Revolución de Túpac Amaru.
4. Contraste entre la personalidad de Bolívar y la de San Martín.
5. El «Grito de Dolores» y los criollos mexicanos.

Capítulo
9

Brasil monárquico y republicano

9.1 El reinado de Pedro I

La Asamblea Constituyente de Lisboa, aunque deseaba un gobierno liberal para Portugal, adoptó una actitud reaccionaria con el Brasil y tomó una serie de medidas tendientes a restablecer el régimen colonial. Incluso ordenó al príncipe Don Pedro que regresara a Portugal, valiéndose del pretexto de la necesidad de terminar su educación. Sus instrucciones incluían entregar el gobierno a una comisión manipulada por la Asamblea de Lisboa. Los liberales brasileños, dirigidos por José Bonifacio de Andrada e Silva (1765–1838), Gran Maestro de los masones del Brasil, reaccionaron y consiguieron que en ceremonia pública, el presidente del Concejo Municipal de Río le pidiera a don Pedro que desobedeciera las órdenes de Portugal para evitar la declaración de independencia del Brasil. Don Pedro aceptó la petición y anunció la decisión de no viajar. Ese día ha pasado a la historia con el nombre de «Día do Fico,» por la respuesta del regente: «Fico» (Me quedo). Por su labor patriótica, muchos brasileños llaman a José Bonifacio: «padre de la patria.»

El 7 de septiembre de 1822, encontrándose a orillas del río Ipiranga, cerca de Santos, en el actual Estado de São Paulo, el regente proclamó la separación de Brasil y Portugal, con el grito de «¡Independencia o muerte!» Pocas semanas después el príncipe fue proclamado y coronado emperador del Brasil con el título de Pedro I. El cambio político se produjo casi sin derramamiento de sangre. Los oficiales portugueses de Bahía declararon rebelde al príncipe y se aprestaron[1] a luchar. Contra los insurrectos de

---

[1] *se aprestaron*   se prepararon

Sudamérica

OCEANO ATLANTICO

MAR CARIBE

Caracas ✳

VENEZUELA

Georgetown
Paramaribo
Cayenne

GUAYANA
SURINAM
GUAYANA FRANCESA

✳ Bogotá

COLOMBIA

GALAPAGOS

ECUADOR ✳ Quito

Guayaquil ●

PERU

BRASIL

Recife ●

Trujillo ●

✳ Lima

Cuzco ●

Arequipa ●

BOLIVIA

Lago Titicaca

✳ Brasilia

● La Paz

✳ Sucre

Potosí ●

Río de Janeiro ●

PARAGUAY

São Paulo ●

OCEANO PACIFICO

CHILE

Asunción ✳

ARGENTINA

● Córdoba

URUGUAY

Valparaíso ●

✳ Santiago

Buenos Aires ✳

✳ Montevideo

Bahía Blanca ●

OCEANO ATLANTICO

MALVINAS

TIERRA DEL FUEGO

0   500   1000 Km

Sudamérica con sus límites actuales, las capitales de los países y algunas ciudades importantes.

Bahía el emperador envió la escuadra[2] nacional al mando de Lord Thomas Cochrane, el mismo almirante que había servido a la independencia de Chile y del Perú. En 1823 se consiguió debelar completamente toda resistencia portuguesa y el Brasil se preparó a vivir su vida independiente.

Pacificado el país, el emperador persiguió a los republicanos y disolvió la Asamblea Constituyente.[3] Su consejo de estado,[4] sometido a la voluntad imperial, redactó la Constitución de 1824. Ella, entre otras cosas, impuso la monarquía constitucional hereditaria, declaró religión oficial al catolicismo, y reservó para el emperador el veto sobre los actos del Parlamento, otorgándole un supuesto «poder moderativo,» superior al poder legislativo y al poder judicial. Basándose en esta carta fundamental «ad hoc,» don Pedro gobernó arbitrariamente sin considerar la mayoría parlamentaria. La oposición resistió unas veces pasivamente y otras con la ayuda de las armas. Entre las rebeliones contra el absolutismo de Don Pedro se encuentra la llevada a cabo en el norte, donde varias provincias se organizaron en una república federal independiente con el nombre de Confederación del Ecuador, con un gobierno como el establecido por la Constitución de Colombia. Después de seis meses de lucha, el régimen gubernamental de Río sofocó la rebelión federalista y responsabilizó a los «agentes masónicos extranjeros»[5] por este sangriento episodio.

El emperador no sólo se enfrentó a problemas internos. En 1825 los patriotas uruguayos se alzaron contra la ocupación brasileña y declararon a su patria, conocida entonces como la Banda Oriental, parte integrante de las Provincias Unidas del Río de la Plata. Cuando Buenos Aires aceptó la integración, el Brasil le declaró la guerra. Los brasileños, sin embargo, resultaron derrotados en tierra y mar por los uruguayos y argentinos. Brasil y Argentina, presionados por Inglaterra, en 1828 firmaron un tratado de paz que reconocía la independencia del Uruguay, convertido desde entonces en una especie de estado-tapón.[6]

Los desastres militares en el sur le trajeron a Pedro I mucha pérdida de prestigio y más dificultades internas. Cuando se dio cuenta que la oposición a su gobierno se extendía al ejército, el emperador abdicó en favor de su hijo Pedro, niño de cinco años, nacido en el Brasil. Pedro I partió para Lisboa a defender el derecho de su hija a la corona portuguesa. El príncipe Pedro quedó bajó la tutela de José Bonifacio, el patriarca de la independencia brasileña.

---

[2] *escuadra*   fleet
[3] *constituyente*   constitutional
[4] *consejo de estado*   State council
[5] *agentes masónicos. . . extranjeros*   «foreign masonic agents» were blamed for this bloody episode
[6] *estado-tapón*   buffer state

9.2 El gobierno de Pedro II

La partida de Pedro I dejó al país en desorden y confusión. Estallaron varias rebeliones que pronto fueron debeladas. Ellas, sin embargo, revelaron el peligro de la posible desintegración del país. Para conservar la unidad, en 1834 se adoptó una enmienda constitucional que estableció el sistema federal, creó asambleas legislativas provinciales y otorgó cierta autonomía local. No obstante estas importantes concesiones, las rebeliones separatistas continuaron. La más seria de todas, la revolución republicana de Río Grande do Sul, conocida como *Guerra dos Farrapos* (Guerra de los harapientos), duró diez años (1835–1845).

Durante parte de la minoría de edad del príncipe Pedro se destacó el regente Diego António Feijó (1784–1843), sacerdote de São Paulo, famoso por haber propuesto la abolición del celibato del clero y por haber llegado a ser Ministro de Justicia. Con exceso de confianza, Feijó creó la guardia nacional y gobernó con mano de hierro de 1835 a 1837.

En 1841 el príncipe Pedro, de dieciséis años de edad, fue proclamado emperador con el nombre de Pedro II. Su reinado (1841–1889), relativamente progresista para la época, impulsó el comercio, la industria, las letras y las ciencias; en 1852 estableció el primer telégrafo para el uso exclusivo del gobierno; en 1854 inauguró el primer ferrocarril: unía Río de Janeiro a Petrópolis, donde estaba su residencia de verano; impulsó la inmigración, inició la explotación del caucho;[7] y en 1874 inauguró las comunicaciones cablegráficas con Europa.

En virtud de la triple alianza de Brasil, Argentina y Uruguay, en 1865 don Pedro II envió tropas al Paraguay a combatir al dictador Francisco Solano López. Durante el largo conflicto que duró hasta 1870, el poder político del ejército aumentó. Cuando terminó la guerra, el rey, temeroso de la excesiva influencia castrense,[8] redujo los efectivos militares. Este acto le ganó muchos enemigos en el ejército. Hasta entonces el gobierno había descansado en el apoyo de los hacendados, pero pronto la situación cambió y el emperador comenzó a simpatizar con los abolicionistas. Cuando en su ausencia su hija Isabel firmó la ley de la abolición de la esclavitud aprobada por el congreso en 1888, el monarca perdió el último respaldo[9] de los hacendados. Hasta ese año, Pedro II había sido, según Gilberto Freyre, una especie de «Reina Victoria en pantalones.» En 1889 nombró presidente del consejo de ministros a un liberal. En estas circunstancias, los hacendados y el mariscal Manuel Deodoro da Fonseca conspiraron para derrocar el gabinete liberal. Gracias a la hábil maniobra política de Ben-

---

[7] *caucho*   rubber
[8] *castrense*   militar
[9] *respaldo*   apoyo

jamín Constant, catedrático[10] de matemáticas en la escuela militar de Río, la revolución inesperadamente se tornó más radical, derrocó al emperador y proclamó la República.

9.3 La Antigua República

Para su mejor comprensión, el período republicano puede dividirse en dos etapas: la Antigua República (1889–1930) y la Nueva República (1930–).

Derrocado el monarca y expulsada la familia real a París en 1889, asumió el gobierno provisional el mariscal Deodoro da Fonseca. El primer gobernante republicano adoptó una serie de reformas, como la separación de la iglesia y el estado, democratización del sufragio y el aumento de los efectivos de las fuerzas armadas. En 1891 se promulgó la primera constitución republicana cuya redacción se parece a la de los Estados Unidos. La constitución creó el estado federal con el nombre de Estados Unidos del Brasil y puso en la bandera nacional la frase del positivista francés Augusto Comte: «Ordem e Progresso.»

Elegido primer presidente constitucional, Fonseca inmediatamente asumió poderes dictatoriales. Su actitud desencadenó una serie de rebeliones que impusieron en 1891 otro jefe de estado militar, Floriano Peixoto, y en 1894 permitieron la elección del primer presidente civil. Después se alternaron en el gobierno civiles y militares, todos ellos incapaces de realizar una obra constructiva a tono con[11] las necesidades del país. En lo que respecta a la política exterior, el gobierno imitó a Portugal al estrechar las relaciones con Inglaterra e iniciar un período de franca colaboración con los Estados Unidos, principal comprador de su producción de café.

Durante la primera etapa republicana, el café llegó a ser la principal fuente de divisas.[12] El país se convirtió en el más importante productor de café del mundo, sujeto a las cotizaciones extranjeras.[13] A comienzos del presente siglo, cuando se expandió el mercado mundial de bicicletas y automóviles, el gobierno brasileño desarrolló el cultivo del caucho. La prosperidad de la vasta zona del Amazonas determinó el apogeo y crecimiento de la ciudad de Manaus, orgullosa[14] de su magnífica sala de ópera que atrajo a las compañías y artistas más notables del mundo. El auge[15] no duró mucho tiempo, porque pronto los ingleses llevaron plantas de caucho

---

[10] El catedrático (profesor) Benjamín Constant desempeñó papel importante en la revolución republicana gracias a su posición en la escuela militar de Río, en la cual divulgó sus ideas republicanas y positivistas. Proclamada la República, llegó a ser Ministro de Educación.
[11] *a tono con*   in harmony with
[12] *fuente de divisas*   source of foreign exchange
[13] *sujeto a las cotizaciones extranjeras*   subject to foreign prices
[14] *orgullosa*   proud
[15] *auge*   boom

y las cultivaron extensamente en Malaya. La situación se agravó cuando los alemanes y norteamericanos intensificaron la producción del caucho artificial. Entonces Manaus entró en completa decadencia.

Como la corrupción administrativa aumentara hasta llegar casi a institucionalizarse, se produjo una reacción nacional dirigida principalmente por la clase media de São Paulo y por los jóvenes militares de Río de Janeiro, São Paulo y Río Grande do Sul. Los *tenentes*[16] desencadenaron en 1922 y en 1924 rebeliones armadas debeladas con dificultad. Los intelectuales y artistas de São Paulo organizaron en 1922 la famosa Semana de Arte Moderno, que como veremos en otro capítulo, fue un acontecimiento coincidente con el *tenentismo*, e importantísimo en el desarrollo cultural del Brasil. Uno de los rebeldes de entonces, Luis Carlos Prestes (1898–1990), organizó después una columna que se hizo famosa durante tres años de combates en el interior remoto del país. La Columna Prestes recorrió unas 14 mil millas del interior de Brasil para exigir al gobierno reformas, respeto a las libertades civiles e independencia municipal. Prestes fracasó, pero su movimiento bélico irónicamente preparó el terreno al golpe de estado de 1930 que inauguró la era de Vargas e inició la Nueva República, la cual Prestes tampoco aceptó.

9.4 La Nueva República

En octubre de 1930, Getúlio Vargas (1883–1954), gobernador de Río Grande do Sul, candidato derrotado a la presidencia el año anterior, gracias a su triunfo revolucionario, asumió el poder ejecutivo del Brasil en calidad de dictador, apoyado por los grandes propietarios de Minas Gérais, casi todo el ejército, los *tenentes* exiliados y la clase media urbana. Su coalición popular desalojó a la oligarquía latifundista que había gobernado al país hasta entonces. Vargas se apresuró a adoptar medidas tendientes a mejorar la situación económica del país, gravemente afectada por la depresión económica mundial. En 1932 la oligarquía agrícola aliada con los industriales[17] y barones del café de São Paulo promovió un levantamiento para recuperar el poder. En la guerra civil desencadenada perdieron la vida millares de personas. Los bombardeos aéreos ordenados por el gobierno conmovieron profundamente al pionero de la aviación Alberto Santos-Dumont (1873–1932) y lo llevaron a suicidarse en protesta. La rebelión de São Paulo precipitó una serie de acontecimientos preparatorios para el establecimiento de un gobierno federal fuertemente centralizado y resuelto a proteger los derechos laborales.

Admirador de la obra totalitaria europea en beneficio de las clases populares, en 1937, Vargas impuso en el Brasil un gobireno parecido al

---

[16] *tenentes*   lieutenants
[17] *industriales*   industrialists

de Antonio de Oliveira Salazar, dictador de Portugal. Llamó «Estado Novo» (Estado Nuevo) a su régimen nacionalista y autoritario, adoptó la nueva Constitución en 1938, aprobó medidas favorables a la clase trabajadora, creó industrias, como la del acero, e impulsó la educación.

Cuando en 1945 las potencias totalitarias de la Segunda Guerra Mundial resultaron derrotadas por los aliados,[18] Vargas fue obligado a renunciar. Le sucedió su ex-ministro de guerra, el general Eurico Gaspar Dutra, durante cuyo gobierno (1945–1950), la crisis económica continuó, pese a las fuertes inversiones norteamericanas.

Vargas retornó al poder con facilidad en las elecciones de 1950. Inició entonces su segunda etapa gubernamental, esta vez constitucional. Durante este período trató de combatir a la oligarquía y la influencia económica extranjera. También aceleró la industrialización del país creando algunas empresas nacionales como la corporación Petrobras para explotar el petróleo. No obstante su honradez personal, se produjeron algunos peculados[19] por parte de sus partidarios. Estos fueron denunciados por Carlos Lacerda, director del conocido diario *Tribuna da Imprensa* de Río, y por los hacendados que temían una proyectada reforma agraria. Sintiéndose frustrado, Vargas se suicidó en 1954, dejando un documento en el que denunciaba a los intereses oligárquicos nacionales y extranjeros.

En las elecciones de 1956 venció el candidato Juscelino Kubitschek de Oliveira, de origen polaco y de religión protestante. La labor administrativa de este primer mandatario no católico del Brasil se concentró principalmente en la construcción de Brasilia, la nueva capital situada en el centro del país que aceleraría la apertura del interior. En 1961 le sucedió Jânio Quadros, antiguo profesor de portugués que se había destacado como alcalde de la ciudad de São Paulo y como gobernador del estado del mismo nombre. Quadros, político profesional, adoptó por símbolo la escoba para indicar su intención de limpiar la corrupción administrativa. Su gobierno austero trató de imponer más impuestos[20] a las corporaciones, detener la inflación y combatir a la oligarquía y la influencia de las potencias capitalistas. Quadros siguió un curso independiente en las relaciones internacionales. Nuevamente Carlos Lacerda y otros enemigos políticos atacaron al presidente, lo acusaron de excéntrico y conspiraron contra él. Sorpresivamente Quadros dimitió[21] y partió para Inglaterra, culpando de la crisis a los reaccionarios e intereses extranjeros. Su vice-presidente, João Goulart, le sucedió después de un frustrado intento militar para impedir que constitucionalmente asumiera el poder. En 1964 la política interna progresista de Goulart y su política independiente en relaciones internacionales le crearon problemas dentro y fuera del país. Fue severamente atacado por una poderosa oposición en la que se destacó otra vez Carlos Lacerda. Tras

---

[18] *aliado*   allies
[19] *peculados*   embezzlements
[20] *impuestos*   taxes
[21] *dimitió*   resigned

Vista aérea de Río de Janeiro, sus edificios y una de sus famosas playas.

una serie de maniobras, el ejército depuso a Goulart e implantó la dictadura militar pro-oligárquica del mariscal Humberto Castelo Branco en 1964. Tres años más tarde ascendió al poder su ministro de guerra: el general Artur da Costa e Silva. Las fuerzas militares desarrollistas continuaron gobernando directamente con cambios periódicos de otros hombres fuertes que promovieron el llamado «milagro» económico brasileño, gracias a miles de millones de dólares en inversiones extranjeras.

Los militares gobernaron arbitrariamente sin contener la inflación económica ni restablecer las garantías constitucionales. Su política represiva tuvo por principales oponentes a universitarios, intelectuales y parte del clero. La creciente oposición civil al bien promovido «milagro» del desarrollo económico nacional, reenforzado por la censura dentro y fuera del país por la aplicación sistemática de torturas y el terror policial para silenciar a los críticos obligó al militarismo a una gradual incorporación de políticos civiles en la administración gubernamental. En 1984 Tancredo Neves fue elegido presidente por el voto del congreso, pero falleció antes de asumir el cargo, y la presidencia la asumió el vicepresidente. En marzo de 1985 José Sarney, dirigente político del Movimiento Democrático Brasileño, fue inaugrado presidente con la bendición de las fuerzas armadas. De ese año hasta las elecciones presidenciales de fines de 1989 el país experimentó una hiperinflación de 170,719%. La polarización de las fuerzas políticas más que de partidos es de clases económicas. El 60% de los brasileños más

pobres recibe sólo el 16.4% de los ingresos nacionales, mientras que el
10% de los brasileños más ricos percibe el 66.6%. Mientras que una pequeña minoría se benefició enormemente del desarrollo desequilibrado de
posguerra, la vasta mayoría tiene una existencia precaria con un ingreso
de unos 500 dólares por año. Este panorama económico explica la gran
fuerza electoral de Luis Inâcio da Silva (Lula), dirigente laboral izquierdista
de 44 años de edad, dirigente del Partido de los Trabajadores y candidato
del Frente Popular del Brasil en las elecciones presidenciales de 1989.
Explica también el triunfo de Fernando Collor de Mello en esas elecciones
presidenciales, en las cuales la ciudadanía creyó en las promesas de ese
joven conservador de 40 años que en su campaña prometió poner término
a la inflación (1,765% en 1989), aumentar el crecimiento económico tan
afectado negativamente por la explosión demográfica y encarar positiva-
mente la deuda externa de 110 millones de dólares. El triunfo de Collor
satisfizo la obsesión de los militares de impedir un gobierno izquierdista y
demostró el perenne anhelo brasileño de evitar soluciones extremas de
carácter conflictivo. Las primeras medidas económicas del joven presidente
fueron bien recibidas por la mayoría del pueblo, incluso de los izquierdistas,
pero decepcionó a muchos de sus partidarios ricos.

9.5 El desarrollo de la tolerancia étnica

El Brasil es el país más extenso y más poblado de Latinoamérica. Tiene un
área mayor que los Estados Unidos aunque su población apenas excede la
mitad de la de este país. Su ingreso per capita es de 272 dólares al año y
su deuda externa de 110 mil millones de dólares es la más grande del
mundo. Aunque todavía no está tan industrializado como la Argentina, por
mucho tiempo ha sido el más avanzado en el área de las relaciones interraciales. Es probablemente exagerado afirmar que no hay prejuicio racial
en el Brasil y que su abigarrada[22] población vive en armonía paradisíaca.
Lo que sí puede decirse sin faltar a la verdad es que en este gran país vive
uno de los pueblos menos prejuiciosos del Hemisferio y que en cuestiones
interraciales se encuentra más avanzado que en materia política, económica
y educacional.

La tolerancia racial brasileña no es accidental: tiene una larga historia
con raíces portuguesas. En la península los lusitanos convivieron pacíficamente con los moros por mayor tiempo que los españoles debido a que
consiguieron independizarse del poder árabe mucho antes que España.
Con el tiempo se desarrolló la leyenda de la belleza de la morena.[23] Cuando
los portugueses exploraron el Africa a partir del siglo XV y trajeron a sus
habitantes a Portugal, la convivencia con ellos, aunque en planos muy dis-

---

[22] *abigarrada*   motley
[23] *morena*   girl of dark complexion

tintos, se llevó a cabo con más humanidad que en otras partes de Europa. Esclavos, libertos y criados negros tuvieron ciertos privilegios. La tradición reconocía derechos al esclavo, incluyendo la manumisión. Probablemente la suavidad del carácter portugués tuvo mucho que ver en esta política que, llevada al Brasil, se amplió y se generalizó más.

Las relaciones interraciales en las posesiones portuguesas de América desde el principio fueron mejores que en cualquier otra posesión europea en el Nuevo Mundo. Como consecuencia, desde muy temprano se inició el proceso de miscegenación, ejemplificado en el siglo XVI por los náufragos portugueses Caramurú (hacedor de fuego) y João Ramalho. El primero fue encontrado en la costa norteña del Brasil con unos sesenta hijos mestizos; el segundo fue descubierto en el sur con más hijos americanos que el anterior.[24]

En la primera ola de portugueses vinieron al Nuevo Mundo nobles arruinados económicamente, ansiosos de recuperar su fortuna en las nuevas tierras y portadores de conceptos medievales. La mayoría de los inmigrantes, sin embargo, eran aventureros de la más baja calaña[25] porque los de mejores cualidades cívicas preferían emigrar a las colonias en el Asia que eran mucho más ricas. En el Nuevo Mundo encontraron tribus indígenas nómadas, con cultura incipiente, pertenecientes en su mayoría al grupo tupí-guaraní. El choque cultural fue intenso. Los grados de cultura y civilización eran demasiado dispares[26] y consecuentemente era difícil convencer a los indios a que colaboraran en el sistema semifeudal de los lusitanos. Los pobres indios cazados y obligados a trabajar en las haciendas obviamente no se adaptaban y se enfermaban fácilmente. Muchísimos morían víctimas del mal trato y de las enfermedades de los blancos, a las cuales todavía no habían desarrollado inmunidad.

Para suplir la mano de obra[27] necesitada urgentemente, trajeron africanos, en parte porque los lusitanos, como sus primos los españoles, tenían prejuicio contra el trabajo físico. Millones de negros fueron importados. Se calcula que 3.6 millones llegaron durante el período colonial.[28] El negro importado era aparentemente algo más desarrollado culturalmente que el indio brasileño pues algunos hasta hablaban y escribían el árabe. El clima y su familiarización con las condiciones de explotación económica que muchos ya habían sufrido en Africa, permitieron su rápida adaptación en la

---

[24] Cuando el Capitán-General Tomé de Sousa le escribió al rey de Portugal informándole de la ayuda que había recibido de Caramurú y Ramalho en las fundaciones de Bahía y São Vicente, le contó también que Ramalho tenía tantos hijos que no se atrevía a poner en el papel el número de ellos.
[25] *calaña*   tipo
[26] *dispares*   different
[27] *para. . . obra*   to supplement the labor force
[28] Según estudios recientes, el número total de esclavos llevados a Estados Unidos antes de 1870 fue de 400,000, mientras que al Brasil se importaron 3.6 millones. El número de esclavos importados al Brasil en la década de 1830 fue de unos 125,594 y en los siguientes diez años llegó a 333,989.

mayoría de los casos. Abusos definitivamente los hubo y éstos causaron rebeliones como la que creó Palmares en el siglo XVII, como ya se vio en un capítulo anterior. A las colonias portuguesas tampoco llegó el suficiente número de mujeres europeas, razón que añadida a la propensidad lusitana a la miscegenación produjo con el correr de los años millones de hijos de varias razas: *mulatos, mamelucos* (portugués + indio), *cafusos* (negro + indio), y *pardos* (de varias sangres).

La fraternización condujo a los amos a convivir con los esclavos. La existencia aparentemente apacible en la casa grande de la hacienda y la *senzala*[29] dio al mundo la creencia de que en el Brasil la vida interracial era de voluptuosidad rústica.

Con el correr del tiempo las prácticas y costumbres adquirieron fuerza de ley, respetadas y cumplidas por la sociedad. Los hijos mulatos de los hacendados nacían libres y tanto estos hijos naturales del amo como sus hermanos blancos de igual condición, recibían mejor instrucción. Claro que la sociedad brasileña también era piramidal. En la cúspide se encontraban los *senhores de enghenos* (señores propietarios de ingenios), los supervisores de las plantaciones, los descendientes de los *fidalgos* (hidalgos), y los altos empleados portugueses. El centro de la pirámide lo ocupaban los mercaderes: en su mayoría eran judíos portugueses que vivían en las afueras de los centros agrarios y realizaban el comercio entre el campo y la ciudad. Después venían los bajos empleados y artesanos portugueses, mulatos, mestizos y negros libertos. En la base de la pirámide se encontraban los millones de negros y docenas de miles de indios esclavos.

Cuando en 1888 se completó el largo proceso de la abolición de la esclavitud, las últimas barreras raciales quedaron fuertemente debilitadas y desde entonces el prejuicio, la discriminación, la separación, son más sociales y económicas que étnicas. Muy diferente que en otras partes de la América colonial, en el Brasil, desde muy temprano hombres de color (negros, mestizos, mulatos) se distinguieron como escritores, militares, marinos, empleados del gobierno y miembros del clero. Gran parte del respeto que en el Brasil ha habido por el indio y lo indio se debió a la excelente labor indigenista de los jesuitas, especialmente de los padres Anchieta y Nóbrega.

La fuerte inmigración extranjera, que ha ayudado al rápido aumento de la población en menos de un siglo, ha modificado mucho la estructura social brasileña. En 1825 Alejandro von Humboldt le calculaba al Brasil una población total de cuatro millones, de los cuales casi la mitad eran esclavos; un poco más de un millón eran mulatos, mamelucos, pardos, indios y el resto blancos. Para 1888, aproximadamente, el sesenta por ciento de la población no era blanca. Con la llegada de las olas migratorias, el arco iris étnico se complicó aún más, numéricamente y en variedad racial. De

---

[29] *La existencia. . . senzala*   The peaceful existence in the manor and in the slave quarters

1864 a 1935 llegaron 4,172,438 inmigrantes italianos, portugueses, españoles, alemanes, austriacos y japoneses, en ese orden.

Examinando las cifras se llega a la conclusión que la presente población del Brasil, que sobrepasa ya los 144 millones, es más producto de la reproducción que de la inmigración, reproducción que a menudo es miscegenación. La amplia convivencia socio-política y coexistencia económica ha hecho a muchos afirmar que en el Brasil de hoy no hay prejuicio racial. Es fácil descartar esta especie de[30] «Leyenda Blanca» examinando la legislación antidiscriminatoria. Esta legislación especial, muy avanzada por cierto, en vez de probar la armonía racial, revela las lagunas que todavía quedan, porque a nadie se le ocurre legislar contra algo que no existe. De todas maneras, concluimos reconociendo que en el Brasil es donde el desarrollo de la tolerancia étnica ha obtenido sus mejores conquistas.

9.6 Sumario

    I. Reino del Brasil (1822–89):
      A. Gobierno de Pedro I, Defensor Perpetuo del Brasil (1822–31):
        1. El príncipe Pedro rehusa retornar al Brasil: «Día do Fico» (Me quedo)
        2. «Grito de Ipiranga» (Independencia, 7 de septiembre de 1822) y coronación de Pedro I
        3. Constitución de 1824, el absolutismo de Pedro I y las rebeliones
        4. Guerra con Argentina (1825–28) e independencia del Uruguay en 1828
        5. La oposición extendida al ejército obliga a Pedro I a abdicar en 1831
      B. Gobierno de Don Pedro II (1841–89):
        1. Rebeliones separatistas y republicanas en Rio Grande do Sul
        2. Desarrollo del comercio, la industria, las letras y las ciencias
        3. La Triple Alianza y la Guerra del Paraguay (1865–72)
        4. Abolición de la esclavitud (1888) y conspiración de los hacendados
        5. Benjamín Constant maniobra para proclamar la República en 1889
   II. Os Estados Unidos do Brasil (1889–hasta el presente):
      A. La Antigua República (1889–1930):
        1. Sucesión de presidencias, dictaduras, golpes y juntas militares

---

[30] *especie de* kind of

8. Millones de inmigrantes blancos aceptan la «Leyenda Blanca»
9. Legislación antidiscriminatoria amplía convivencia socio-económica

9.7 Recomendación bibliográfica

Baer, Werner. *The Brazilian Economy: Growth and Development*. New York: Praeger, 1983.

Bethel, Leslie, ed. *Brazil: Empire and First Republic, 1822–1930*. London-New York: Cambridge University Press, 1989.

Coniff, Michael L. *Urban Politics in Brazil: The Rise of Populism, 1925–1945*. Pittsburgh: University of Pittsburgh Press, 1981.

Coniff, Michael L., and Frank D. McCann, eds. *Modern Brazil: Elites and Masses in Historical Perspective*. Lincoln: University of Nebraska Press, 1989.

Da Costa, E. V. *The Brazilian Empire: Myths and Histories*. Chicago: Chicago University Press, 1986.

Dean, Warren. *Brazil and the Struggle for Rubber: A Study in Environmental History*. London-New York: Cambridge University Press, 1987.

Dulles, John W. F. *Brazilian Communism, 1935–1945. Repression During World Upheaval*. Austin: University of Texas Press, 1983.

Fontaine, Pierre-Michelle, ed. *Race, Class, and Power in Brazil*. Los Angeles: Center for Afro-American Studies, University of California, Los Angeles, 1985.

Foweraker, Joe. *The Struggle for Land: A Political Economy of the Pioneer Frontier in Brazil from 1930 to the Present Day*. Cambridge: Cambridge University Press, 1981.

Freyre, Gilberto. *Order and Progress: Brazil from Monarchy to Republic*. Translated by R. D. Horton. Los Angeles-Berkeley: University of California Press, 1986.

Hayes, Robert A. *The Armed Nation: The Brazilian Corporate Mystique*. Tempe: Center for Latin American Studies, Arizona State University, 1988.

Leff, Nathaniel H. *Underdevelopment and Development in Brazil*. 2 vols. Winchester, Mass.: Allen & Unwin, 1982.

Mainwaring, Scott. *The Catholic Church and Politics in Brazil, 1916–1985*. Stanford: Stanford University Press, 1986.

McDonough, Peter. *Power and Ideology in Brazil*. Princeton: Princeton University Press, 1981.

Moran, Emilio F. *Developing the Amazon*. Bloomington: University of Indiana Press, 1981.

Needell, Jeffrey D. *A Tropical Belle Epoque: Elite Culture and Society in Turn-of-the-Century Rio de Janeiro*. London-New York: Cambridge University Press, 1987.

Roett, Riordan. *Brazil: Politics in a Patrimonial Society*. New York: Praeger, 1984.

Stepan, Alfred, ed. *Democratizing Brazil: Problems of Transition and Consolidation*. London, New York: Oxford University Press, 1989.

Stepan, Alfred. *Rethinking Military Politics: Brazil and the Southern Cone*. Princeton, NJ: Princeton University Press, 1988.

Topik, S. *The Political Economy of the Brazilian State, 1889–1936*. Austin: University of Texas Press, 1987.

Weinstein, Barbara. *The Amazon Rubber Boom, 1850–1920*. Stanford: Stanford University Press, 1983.

9.8 Cuestionario y temas

Cuestionario

1. ¿Qué papel tuvieron los masones en la independencia del Brasil?
2. ¿Quién fue José Bonifacio y cómo juzga su labor pública?
3. ¿Qué importancia política tuvo Diego Antônio Feijó?
4. ¿Por qué el Brasil le declaró la guerra a Buenos Aires en el siglo XIX?
5. ¿Por qué perdió Pedro II el respaldo de los hacendados brasileños?
6. ¿Quién fue el primer presidente de Brasil republicano y qué hizo?

Cataratas del Iguazú situadas en la frontera entre Brasil (izquierda) y Argentina (derecha).

7. ¿Por qué se suicidó Alberto Santos Dumont?
8. ¿Por qué se suicidó Vargas y a quiénes culpó en su carta de despedida?
9. ¿Cuál ha sido el papel político de Carlos Lacerda?
10. ¿Por qué depusieron al presidente Goulart?

Temas para informes orales

1. Significado del «Día do Fico».
2. Importancia del Grito de Ipiranga.
3. Provisiones de la Constitución de 1824.
4. Labor administrativa de Pedro I.
5. El lema positivista en la bandera brasileña.
6. Su majestad el café.
7. Carlos Prestes en la política brasileña.
8. La era de Getúlio Vargas.
9. Importancia de Brasilia como nueva capital nacional.
10. Evaluación crítica de la supuesta tolerancia étnica en el Brasil.

Temas para informes escritos

1. Crítica del gobierno de Pedro II.
2. El auge del caucho y la competencia inglesa.
3. Importancia de la abolición de la esclavitud.
4. Evaluación del Estado Novo y el populismo latinoamericano.
5. El «milagro» económico brasileño y su consecuente hiperinflación.

Capítulo
10

Los países del Plata

10.1 Exploraciones y fundaciones

En busca del paso hacia el Pacífico, en 1515, Juan Díaz de Solís llega a la desembocadura de una gran arteria fluvial[1] que nombra Mar Dulce antes de morir en mano de los guaraníes. Después, Fernando de Magallanes llega a la Patagonia antes de pasar al Pacífico, y Sebastián Caboto nombra Mar del Plata al Mar Dulce por haber recibido de los indios regalos de ese metal. En 1536 el adelantado Pedro de Mendoza funda Buenos Aires, la destruye y se interna río arriba en camino hacia el Perú[2] pero sólo llega a Asunción. Esa fue la primera fuerza histórica que impulsó a los españoles hacia el interior: establecer una ruta entre el Río de la Plata y el Perú. Asunción se fundó en 1537 y Córdoba en 1573. El centro de la actividad exploradora es Asunción, gracias sobre todo al dinámico espíritu de empresa y aventura de Domingo Martínez de Irala, a quien, por su numerosa prole[3] y su obra civilizadora se le considera como uno de los padres del Paraguay.

Frustrados los intentos de los asunceños[4] de establecer la ruta al Perú, se concentra entonces la atención de los españoles en la desembocadura del Plata, donde en 1580 Juan de Garay lleva a cabo la segunda y definitiva fundación de Buenos Aires. Sucede que mientras Asunción declina, Buenos Aires acelera su crecimiento, gracias al clima menos riguroso, la menor distancia a España y su vecindad a las llanuras ricas en pastos y en ganado

---

[1] *desembocadura. . . fluvial* mouth of that great river
[2] *río arriba. . . Perú* upstream en route to Peru
[3] *numerosa prole* many children, numerous offspring
[4] *asunceños* de Asunción

Gaucho, por Tito Saubidet.

cimarrón,[5] descendiente del que se escapó durante la destrucción de la primera colonia en Buenos Aires.

10.2 El período colonial: la región del Plata en el siglo XVII

La provincia del Río de la Plata, bajo la jurisdicción del Virreinato del Perú, fue dividida en 1617 en dos regiones: Paraguay y Río de la Plata. Un siglo más tarde, dos focos[6] civilizadores se destacaban en la provincia: Buenos Aires y las reducciones[7] jesuitas del Paraguay. Buenos Aires, que exportaba directamente al exterior lana, sebo y cueros,[8] por mucho tiempo, se ve obligada, oficialmente, a comerciar principalmente por Portobelo (Panamá), en virtud del sistema de flotas establecido por la política monopolista española. Gran parte del comercio oficial se lleva a cabo cruzando el continente, vía Cuzco, Lima y Callao, tal como lo describe el *Lazarillo de ciegos caminantes*, de Concolorcorvo, alrededor de 1775.[9] La mayor parte del comercio no sigue esa ruta, sin embargo. Como en otros lugares de América virreinal, no obstante la adhesión verbal a las leyes, el contrabando florece protegido por las mismas autoridades españolas. Muchas funcionarios, teniendo en cuenta el carácter transitorio de su estada[10] en el lugar, se beneficiaron al proteger a ganaderos y mercaderes. El progreso económico ilegítimo de los funcionarios se enmascaraba con un solemne respeto verbal a la autoridad absoluta del monarca.

Buenos Aires, que en 1658 contaba con poco más de 4,000 habitantes, tenía a fines del siglo XVII una población superior a los 10,000. En 1744 ella sobrepasaba los 40,000, mientras que la de su rival, Montevideo, alcanzaba a 15,000 y la de diez ciudades del interior oscilaba entre los 4,000 y 5,000 cada una.[11] La riqueza agropecuaria[12] progresó lenta pero significativamente, ayudada primero por el contrabando de productos cambiados por cueros de reses, y después por la política liberal de los Borbones reinantes en España desde 1700.

En la región del Paraguay, desde 1608 hasta 1767, los jesuitas establecieron treinta reducciones prósperas que seguían el modelo de los hos-

---

[5] *cimarrón*   salvaje
[6] *focos*   centers
[7] *reducciones*   settlements
[8] *lana, sebo y cueros*   wool, tallow and hides
[9] Véase el cap. 7 de este libro.
[10] *estada*   stay, visit
[11] Las cifras se aprecian mejor si se tienen en cuenta estos datos: el censo de 1792 otorgó al Perú millón y medio de habitantes; México, la ciudad más poblada del continente, tenía 135,000 habitantes en 1793; entre 1740 y 1800 la población del Virreinato de Nueva España aumentó 100% a seis millones; en la segunda década del siglo XIX toda Hispanoamérica tenía diecisiete millones de habitantes.
[12] *agropecuaria*   agrícola y ganadera

pitales de Michoacán, México. Estos miembros de la Compañía de Jesús realizaban una verdadera obra civilizadora entre los indios guaraníes además de defenderlos de la esclavitud y la muerte en manos de los *bandeirantes* del Brasil. El absolutismo jesuita dejó su marca indeleble en el carácter del pueblo paraguayo.

10.3 La región del Plata en el siglo XVIII

El espíritu autoritario, afirmado en el Plata del siglo XVII, es la constante histórica que determina las diversas etapas políticas de estos países. La familia Habsburgo, reinante en España con poder arbitrario desde la muerte de los Reyes Católicos, es reemplazada en 1700 por los Borbones franceses, promotores del absolutismo ilustrado. El nuevo orden político introduce reformas económicas y educacionales en España y su imperio colonial. La distante región del Plata se benefició mucho con la nueva dinastía gobernante.

A partir del siglo XVIII las colonias rioplatenses prosperan con mayor rapidez. El pastoreo[13] sigue siendo la principal actividad, gracias a los veintitrés millones de cabezas de ganado vacuno, caballar y lanar. La exportación de cueros y sebo enriquece a la clase comerciante y a los funcionarios que habían convertido el monopolio en una ficción. En medio de la prosperidad regional, en 1762 el gobernador Francisco de Paula Bucareli recupera las islas Malvinas que habían sido ocupadas por los ingleses.

Para organizar la defensa contra las incursiones inglesas y lusitanas a esta vasta región tan distante de Lima, en 1776 el rey de España decide fragmentar nuevamente el Virreinato del Perú y crea el Virreinato del Río de la Plata, incluyendo en éste a los actuales territorios de Argentina, Uruguay, Paraguay y Bolivia. Dos años después, para favorecer aun más el desarrollo de la nueva entidad administrativa, el monarca español dicta leyes que permiten el comercio libre. Irónicamente el reformismo liberal Borbón contribuye a la gestación de la conciencia emancipadora.

Cuando en 1806 y 1807 los ingleses invaden Montevideo y Buenos Aires y el virrey español huye a Córdoba, los criollos y mestizos del Plata organizan la defensa y consiguen desalojarlos[14] con la ayuda de los gauchos. Desde entonces los criollos, ahora conscientes de su poder, reafirman su sentimiento de nacionalidad y sagazmente favorecen su secesión de[15] España, esperanzados en beneficiarse económicamente.

Hasta entonces la sociedad todavía era heterogénea. Los españoles se encontraban sumamente divididos. Primero se destacaban los peninsulares que estaban de paso y ocupaban generalmente las funciones públicas. Como ya se vio, vivían esforzándose en escalar mejores posiciones políticas y

---

[13] *pastoreo*   pasturing
[14] *desalojarlos*   expulsarlos
[15] *sagazmente. . . secesión de*   shrewdly favor independence from

económicas mediante la arbitraria interpretación de la maraña de leyes, siempre haciendo alarde[16] de su adhesión incondicional al régimen. Los demás españoles eran los afincados,[17] los que definitivamente habían abandonando Europa y buscaban mejor vida económica y social en Hispanoamérica.

Cuando estalla la gesta emancipadora, la escisión se intensifica.[18] Además de las divisiones de clases, como las existentes en España, ahora los peninsulares se encuentran divididos políticamente entre absolutistas (defensores de la dictadura arbitraria) y liberales (simpatizantes de las reformas económicas). Los criollos, disminuidos por[19] la secular discriminación política, social y económica, generalmente se radican en el campo. Quienes se quedan en la ciudad tratan de superar su estado socioeconómico, entregándose al estudio o ejerciendo profesiones liberales. La mayoría de los criollos urbanos y rurales abraza la causa liberal y se inclina por la emancipación o una independencia lucrativa.

El pueblo mestizo bonaerense[20] hace causa común con los criollos, quienes, el 25 de mayo de 1810, se reúnen en cabildo abierto en Buenos Aires para dar el primer paso independentista. En la mente de los revolucionarios todavía no estaban claramente definidos los ideales separatistas ni los límites geográficos del nuevo estado, de ahí el nombre de Provincias Unidas del Río de la Plata. Los mestizos y criollos de la importantísima región de la Pampa, cuyos intereses eran diferentes de los porteños,[21] llevan a cabo algo así como una segunda proclamación de independencia nacional, en Tucumán, el 9 de septiembre de 1816. La intransigencia bonaerense, empeñada en crear un estado centralista, sumiso[22] a sus intereses económicos, políticos y culturales, es parcialmente culpable de la guerra civil y del fraccionamiento del antiguo Virreinato del Río de la Plata en tres estados independientes: Argentina, Uruguay y Paraguay.

10.4 Las Provincias Unidas del Río de la Plata

Este es el vago[23] nombre que recibe la mayor parte del nuevo estado independiente, sucesor del antiguo Virreinato de Buenos Aires. Es vago porque la unidad que implica el nombre la disputan varias regiones importantes. José Gervasio Artigas, por ejemplo, dirigió la lucha por la independencia del Uruguay, popularmente conocido entonces con el

---

[16] *maraña. . . haciendo alarde de*   tangle of laws, always boasting of
[17] *afincados*   residentes
[18] *Cuando. . . intensifica.* When the epic struggle for independence breaks out, the division of society increases.
[19] *disminuidos por*   belittled by
[20] *bonaerense*   de Buenos Aires
[21] *porteños*   del puerto de Buenos Aires
[22] *empeñada. . . sumiso*   insisting on creating a centralist state, submissive
[23] *vago*   vague

nombre de Banda Oriental, por encontrarse al este del río Uruguay. El patriota uruguayo luchó contra los españoles realistas, contra los portugueses creadores de la Provincia Cisplatina, y contra los revolucionarios porteños deseosos de incorporar Uruguay a las Provincias Unidas del Río de la Plata gobernada por Buenos Aires. Otro criollo, José Gaspar Rodríguez Francia (1766–1840), impuso su dictadura en el Paraguay. Por su parte, mestizos de las provincias del interior combatieron la hegemonía de Buenos Aires hasta llegar a imponerle el gobierno del gaucho Juan Manuel de Rosas (1793–1877) durante un cuarto de siglo.

Juan Manuel, primogénito de una familia criolla rica con veinte hijos, desde temprano mostró su rebeldía al abandonar el hogar y cambiar el deletreo de su apellido,[24] de Rozas a Rosas. Con arduo trabajo y sagacidad comercial llegó a poseer grandes extensiones de tierras e innumerables cabezas de ganado vacuno y caballar. Pronto se convirtió en el héroe de los gauchos. En dos oportunidades fue invitado a ocupar la gobernación de la Provincia de Buenos Aires. De ahí le fue fácil convertirse en el amo del país (1835–1852). Charles Darwin en su *Voyage of the Beagle* (1839) alaba a Rosas, a quien conoció a su paso por la Argentina. Hombre de ojos azules, buen mozo, atlético y simpático, Rosas ha sido elogiado por muchos, especialmente por los nacionalistas argentinos. Gobernó ayudado por la policía secreta, la Mazorca, más conocida como «más horca»[25] por su numerosos crímenes.

Como la historia generalmente la escriben los vencedores, todavía no se ha hecho la evaluación objetiva del papel de Rosas. Sus detractores, los más, hacen eco[26] a las acusaciones de la brillante generación de intelectuales románticos y europeizados, como Esteban Echeverría (1805–1851), Domingo Faustino Sarmiento (1811–1888) y José Mármol (1818–1871), autores de valiosos libros sobre la violencia y la arbitrariedad de la dictadura. Los apologistas de Rosas, en cambio, lo consideran como el primer defensor del pueblo argentino, del gaucho y de su patrimonio cultural, frente a los intereses de exportadores voraces, burgueses europeizados e intelectuales extranjerizantes.

Rosas impuso un gobierno autocrático, a tono con el absolutismo autoritario de la Colonia. Contra él lucharon unitarios (defensores del gobierno centralizado bajo la dirección de los porteños) y sus aliados uruguayos y brasileños. Rosas es al fin derrotado por el general Justo José Urquiza (1801– 1870), su ex-aliado, en la batalla de Monte Caseros (1852). Subsecuentemente el caudillo se autodesterró a Inglaterra, donde permaneció hasta morir a los ochenta y cuatro años de edad, pobre, distante de la fortuna que había tenido en la Argentina.

---

[24] *deletreo de su apellido*   spelling of his surname
[25] *Mazorca* (ear of corn) and *«más horca»* (more hanging) have identical pronunciation in Spanish America. The mazorca was the nationalist symbol of Rosas' secret police while the nickname *«más horca»* was an allusion to its crimes.
[26] *hacen eco a*   attract attention to

En 1853 se aprueba la Constitución aun vigente en el país. Urquiza, que había escogido Paraná, en el interior, como capital de la república, no llegó a controlar la provincia de Buenos Aires, reacia a dejar de actuar con autonomía. En 1862 un ejército porteño dirigido por el general Bartolomé Mitre (1821–1906), gobernador de la Provincia de Buenos Aires, derrotó a Urquiza y consolidó la República Argentina al lograr la incorporación de la provincia bonaerense al resto del país.

10.5 La República Argentina

El autor de la unificación nacional de 1862, Bartolomé Mitre, fue elegido primer presidente de la República Argentina (1864–1868) después de haber gobernado el país provisionalmente por dos años. Durante su gobierno promovió el comercio, la inmigración y la educación del país e inició la construcción de ferrocarriles con la ayuda de capital inglés. Le sucedió Domingo Faustino Sarmiento. Durante su activísima presidencia (1868–1874) se llevaron a cabo fundamentales reformas educacionales que pusieron al país, sobre todo en la esfera de la enseñanza primaria, a la vanguardia del Hemisferio Occidental. Fiel a su lema[27] «Gobernar es educar,» la mayor parte de su tarea administrativa se concentró en el campo educacional.

Los gobiernos siguientes continuaron la labor progresista de los primeros presidentes. Mantuvieron abiertas las puertas a la inmigración europea, siguieron construyendo ferrocarriles, fomentaron la agricultura y la cría de ganado, apoyaron a los exportadores, edificaron grandes frigoríficos[28] y gigantescos elevadores para acelerar la exportación de carne, cueros y cereales.

Durante este período de transformación emergió una poderosa burguesía aliada con las minorías ilustradas.[29] La política colonizadora, expresada en la frase «Gobernar es poblar» del estadista Juan Bautista Alberdi (1810–1884), había ayudado a desarrollar el país económicamente. La Argentina experimentó una transformación demográfica con las sucesivas olas migratorias, principalmente de italianos y españoles. La población total del país, que en 1810 llegaba a 405,000 habitantes, en su mayoría nacidos allá, en 1914 alcanzaba a 7,885,237 habitantes, de los cuales más del 30% había nacido en el extranjero. En 1930 la población total ascendió a 11,425,374 y en 1989 sobrepasó los 30 millones.

El aumento demográfico se concentró principalmente en los centros urbanos del litoral. Buenos Aires, con 85,400 habitantes en 1852, cuando Rosas fue derrotado en la batalla de Monte Caseros, en 1880 tenía 300,000 habitantes, y nueve años más tarde sobrepasaba el medio millón. En 1909 era ya una de las ciudades más grandes del continente: tenía 1,244,000

---

[27] *Fiel a su lema*   Faithful to his motto
[28] *edificaron grandes frigoríficos*   built large cold-storage plants
[29] *minorías ilustradas*   educated minorities

almas.[30] El aumento demográfico vertiginoso de Buenos Aires la convirtió, en 1989, en una de las ciudades más pobladas del mundo, porque el número total de habitantes de su área metropolitana superó los diez millones. Su crecimiento en casi todas las áreas ha sido siempre con ritmo desproporcionado con respecto al resto del país. Además, su poder económico también ha aumentado especialmente gracias a las exportaciones y a la actividad industrial.

El gran desarrollo económico de la Argentina se debe principalmente a la inmigración, el ferrocarril, el telégrafo y el alambre de púas[31] usado para dividir las pampas en estancias. Los más beneficiados del país fueron los terratenientes. Poseyendo los bienes de producción, los grandes estancieros y los burgueses ricos pertenecían a la oligarquía. Como en el resto de la América Latina, importantes fuentes de riqueza fueron el porcentaje por la concesión de contratos públicos, la cesión de derechos de explotación a empresas extranjeras, la enajenación[32] de la riqueza nacional, los pingües negociados.[33] Muchos millonarios acumularon su fortuna a la luz de componendas.[34] Toda esta masa heterogénea de privilegiados creía firmemente que el poder público les correspondía por derecho y que era «deber patriótico» impedir que el conglomerado de inmigrantes, descendientes de recién llegados y «pueblo bárbaro» del interior, alcanzara el poder. Fue así como del autoritarismo caudillesco[35] se pasó al despotismo ilustrado «para bien de la patria.» La oligarquía se creía más representativa del país que los advenedizos[36]. El egoísmo de clase les hizo razonar así: lo que es bueno para las familias patricias también es bueno para toda la nación.

Irónicamente la historia trocaba[37] papeles: la élite intelectual y los conservadores, para mantenerse en el poder, ejerció el mando con un absolutismo parecido al de Rosas, su enemigo de ayer. Se arroparon, eso sí, con un formulismo constitucional, no obstante la sistemática violación de la ley fundamental por medio del fraude y la violencia. Los presidentes de la República impuestos por la oligarquía en las últimas décadas del siglo XIX y primeros quince años del siglo XX tenían la suma del poder público: eran dictadores vestidos con levita[38] de demócratas.

La principal oposición a la oligarquía gobernante la llevó a cabo la Unión Cívica organizada como partido en 1889 y cuyos ideales los resume su «proclama»[39] de constitución. Su presidente, Leandro N. Alem, intentó sin éxito capturar el poder en 1890. Al año siguiente, la Unión Cívica (UC)

---

[30] *almas*   inhabitants
[31] *alambre de púas*   barbed wire
[32] *enajenación*   alienation; transfer of the title
[33] *pingües negociados*   lucrative under-the-table deals
[34] *componendas*   shady deals
[35] *autoritarismo caudillesco*   caudillo's authoritarian rule
[36] *advenedizos*   extranjeros
[37] *trocaba*   cambiaba
[38] *levita*   frock coat
[39] *proclama*   proclamación

se dividió en dos partidos: la UC Nacional y la UC Radical. La primera, encabezada por Mitre, aceptó la posibilidad de llegar a un entendimiento con la oligarquía. La segunda, dirigida por Alem, se preparó a la «lucha intransigente»: quería el triunfo total y rechazaba la convivencia política con la oligarquía. De 1891 en adelante la revolución y la abstención del proceso electoral fraudulento fueron los principios fundamentales del radicalismo hasta 1912, cuando el Congreso aprobó la ley del sufragio secreto y obligatorio.

El Partido Socialista, por su parte, fundado en 1896, en 1904 consiguió el primer triunfo electoral: Alfredo L. Palacios, uno de los argentinos de mayor integridad, fue elegido diputado al Congreso. Upton Sinclair en *The Jungle* (1906) describe el entusiasmo de los socialistas en Chicago al enterarse del triunfo electoral de Palacios.

La Unión Cívica Radical gobernó el país de 1916 a 1930. La depresión económica y el descontento causado por el «personalismo» del presidente radical ayudaron a los oligarcas a recapturar el poder con la ayuda del ejército. En 1943 el coronel Juan Domingo Perón (1895–1974) fue designado Ministro de Trabajo. Después de consolidar su posición política y obtener el apoyo de las clases trabajadoras, Perón fue elegido por el pueblo en las elecciones presidenciales de 1946.

El primer régimen peronista (1946–1955), como el de Rosas, ha sido subjetivamente evaluado. Para algunos fue una dictadura fascista con características gauchas. Para otros, fue un esfuerzo frustrado del pueblo para hacer respetar sus derechos. Lo cierto es que el peronismo levantó el nivel económico de los trabajadores y empleados públicos. Su programa de cambio social consiguió muchas reformas beneficiosas a la mayoría laboral. Lo respaldaron «descamisados»,[40] militares nacionalistas y algunos comerciantes beneficiados por la neutralidad argentina durante la guerra mundial. La esposa del caudillo, Eva Duarte de Perón (1919–1952), luchó por el pueblo pobre hasta el año de su muerte. Gracias al apoyo del Ejército, de los trabajadores y de la Iglesia, Juan Perón pudo combatir a la clase media alta, a la oligarquía y a los intelectuales enemigos. Movilizó las fuerzas obreras para amedrentar[41] a los militares disidentes y se apoyó en las fuerzas armadas para mantener en jaque[42] a la oposición. Después de una época de relativo apogeo económico y de un derroche[43] financiero en favor de sus allegados[44] políticos, el peronismo empezó a perder respaldo, primero del alto clero y después de las fuerzas armadas. La oligarquía y los intelectuales disidentes consolidaron las fuerzas antiperonistas y precipitaron la caída del caudillo. Para sorpresa de muchos, las fuerzas laborales y el

---

[40] *descamisados*   sin camisa (el proletariado en la retórica peronista)
[41] *amedrentar*   asustar
[42] *jaque*   check
[43] *derroche*   squandering
[44] *allegados*   aliados

electorado peronista fueron incapaces de organizar la resistencia, permitiendo el rápido fin del primer régimen populista argentino.

Después de la acostumbrada persecución, exilio e inhabilitación[45] política de los caídos, el gobierno militar permitió que Arturo Frondizi (n. 1908), candidato del Radicalismo Intransigente, vencedor en las elecciones, asumiera el poder en 1960. Como el gobierno de Frondizi, para mantenerse en el poder, jugara diferentes cartas[46] políticas, incluyendo la peronista, el militarismo lo derrocó en 1962. A partir de esa fecha las fuerzas armadas gobernaron unos años con un civil obediente, otros con diferentes generales conocidos por el pueblo como «gorilas.» Mas, en 1973 el peronismo retornó al poder con Héctor Campora, sucedido por Perón a los pocos meses. Al morir en 1974 el fundador del justicialismo, le sucedió su viuda, la vicepresidenta María Estela Martínez. Dos años más tarde, ella fue violentamente reemplazada por una junta militar.

La nueva dictadura clausuró el Congreso y prohibió el funcionamiento de los partidos políticos y las organizaciones sindicales. La violación de los derechos humanos se intensificó a tal punto que los organismos internacionales por los derechos humanos acusaron al gobierno militar de institucionalizar el sistema de los «desaparecidos.» En efecto, la policía hizo desaparecer más de 23,000 opositores reales o imaginarios del gobierno sin dejar rastro alguno. Dos mil madres y familiares de las víctimas se concentraban periódicamente en la Plaza de Mayo para reclamar información sobre el destino de sus hijos y parientes. El desgobierno y el continuo crecimiento de la deuda externa generaron una hiperinflación que arruinó la economía y causó la emigración de miles de profesionales. La Argentina, antes el país económicamente más dinámico de Latinoamérica, en las décadas de los años setenta y ochenta cedió esta supremacía a Brasil y México.

En 1982 el gobierno militar ocupó las Malvinas (Falkland Islands) y desencadenó un sangriento conflicto con la Gran Bretaña. Casi todos los países latinoamericanos respaldaron la causa del pueblo argentino.El conflicto armado con la Gran Bretaña fue traumático porque reveló a los dirigentes argentinos, tan orgullosos de su herencia europea, que la Argentina, en hora de crisis, recibe más respaldo de los países hispanoamericanos mestizos que de los Estados Unidos, España y las demás naciones europeas. Argentina invocó el Tratado Interamericano de Ayuda Mutua, sin embargo, el gobierno de Washington se identificó más con la Gran Bretaña que con la Argentina, su compañera en la Organización de Estados Americanos. En medio de la decepción y el desencanto, el general Leopoldo F. Galtieri, presidente militar de turno, agradeció por televisión a «los hermanos indoamericanos» la ayuda que le extendían a la Argentina, reconociendo así, aunque sea retóricamente, su identidad indoamericana.

---

[45] *inhabilitación*   disqualification
[46] *cartas*   cards

El conflicto bélico anglo-argentino de 1982, por otra parte, puso en evidencia la unidad nacional, pese al fuerte rechazo mayoritario civil del gobierno militar despótico y violador de los derechos humanos. Tras el rendimiento de las tropas argentinas en Puerto Argentino (Port Stanley), el presidente Galtieri fue sustituido por el general Reynaldo Bignone. El nuevo régimen restableció el derecho a la actividad partidaria y adoptó una serie de medidas para hacer frente a la crisis económica. En las elecciones generales del 30 de octubre de 1983 resultó vencedor Raúl Alfonsín (n. 1927), candidato de la Unión Cívica Radical del Pueblo, quien tomó posición de la presidencia el 10 de diciembre siguiente en medio de la euforia civil.

La principal preocupación del régimen civil fue renegociar el pago de la deuda externa contraída por los gobiernos anteriores, especialmente en la adquisición de armamentos que no pudieron ser usados eficientemente en la guerra de las Malvinas. Otra seria preocupación del régimen fue el juicio público a los acusados de homicidios, secuestros y torturas durante la represión antisubversiva del régimen militar y la condena de varios de ellos, incluso algunos ex-presidentes y jefes de las fuerzas armadas, a varios años de prisión. La exoneración de algunos de ellos y la suspensión disfrazada de estos juicios, en vista de la presión militar y las rebeliones castrenses frustradas, desencadenó en 1987 una ola de protestas de los civiles, especialmente de las Madres de la Plaza de Mayo.

Imitando al Brasil, y con interés en eliminar de una vez por todas la relación parasítica de Buenos Aires con las provincias a la vez que se reconoce la importancia económica de la Patagonia, Alfonsín obtuvo del Congreso la aprobación del futuro traslado de la capital federal de la Argentina a Viedma, ciudad situada a 966 kilómetros al sur de Buenos Aires, en el norte de la mitad meridional del país, rica en petróleo y gas natural, más próxima a las islas Malvinas, consideradas por los argentinos como parte del país. La proyectada capital, según explicación gubernamental, no involucrará los gastos de Brasilia, porque ya existe Viedma, aunque ahora sea una ciudad de 35,000 habitantes. En este sentido el paralelo debe hacerse más con Bonn, capital de la República Federal de Alemania, que con la nueva capital del Brasil.

Carlos Saúl Menem, de origen árabe y perteneciente al Partido Justicialista (Peronista), vencedor en las elecciones generales, asumió la presidencia en 1989, en circunstancias en que el país sufría la más grave crisis económica de su historia, causada por la inflación galopante de varias décadas (3,700% en 1989), la recesión y la deuda externa de 65 mil millones de dólares, la tercera deuda externa más grande del mundo, después de las de Brasil y México. Según algunos economistas, la crisis no podrá resolverse, a menos que se lleve a cabo una reforma fiscal y financiera que incluya un eficiente sistema de cobranza de los impuestos a la renta, la privatización de la empresas estatales largamente deficitarias y la revisión de los subsidios estatales.

10.6 Perfil de Argentina y su gente

La Argentina, con una población que sobrepasa los 30 millones de habitantes, es el tercer país más poblado de hispanohablantes del mundo. Después de Venezuela, tiene el más alto ingreso por habitante de Latinoamérica. Su índice de alfabetismo (94.9%) es el más alto de Latinoamérica, después del de Uruguay (96.3%). La cordillera de los Andes la separa de Chile y en su frontera con este país se alzan varios de los picos más elevados del continente, incluyendo el Aconcagua (22,835 pies de altura), el más alto. Aunque casi todo el país está dentro de la zona templada, experimenta casi todos los climas, desde el tropical del norte y noreste hasta el frío de Tierra del Fuego, Patagonia y las alturas andinas. En la región central ocupada principalmente por las Pampas, el clima es más seco que en el litoral, pero está sujeto a fuertes vientos, granizadas y variaciones súbitas. El litoral central es caluroso en enero mientras que en invierno la temperatura rara vez baja de 32° F.

La población argentina es un 83% urbana, con cerca del 50% de la población total del país radicada en la Provincia de Buenos Aires. La gran mayoría de la población es blanca, con predominio de descendientes de españoles e italianos, y quizá un 22% procedente de Europa Central. Se calcula en unas 700,000 las personas de origen árabe, y en unos 650,000 los indios y mestizos, en su mayoría residentes en las provincias del norte, noroeste y sur.

A pesar de la crisis económica y política, en la Argentina todavía se publican gran número de diarios (más de 400), periódicos (más de 1,700) y semanarios culturales (más de 250). Los diarios *La Prensa* y *La Nación* (fundado por Bartolomé Mitre) siguen siendo dos de los mejores periódicos del mundo hispanohablante.

Las grandes ciudades del país, después de Buenos Aires, son Rosario, centro de la industria petrolera y del acero y puerto exportador de granos; Santa Fe, importante por su comercio e industria; Córdoba, la ciudad más antigua del país, de rica tradición histórica; La Plata, capital de la provincia de Buenos Aires, reconocida por sus refinerías de petróleo y su industria de la carne; Mar del Plata, centro pesquero a orillas del Atlántico, poseedora de una playa conocida; Mendoza, la gran ciudad en las laderas de los Andes; y Bahía Blanca, el puerto más grande del país, situado directamente frente al Atlántico. La economía argentina depende en gran parte en los granos y carnes que exporta. Afortunadamente, su industria manufacturera de artículos de consumo casi abastece las necesidades domésticas y ayuda a la balanza de pagos, tan afectada por los gastos internacionales de las fuerzas armadas.

10.7 República Oriental del Uruguay

El Uruguay es el estado-tapón situado entre el Brasil y la Argentina. El gaucho José Gervasio Artigas (1764–1850) es considerado por los uruguayos como el padre de la patria. El Uruguay nace como república in-

José Gervasio Artigas (1764–1850), héroe de la independencia del Uruguay en un cuadro pintado por su compatriota Juan M. Blanes (1830–1901).

dependiente a consecuencia de la tendencia dominadora de Buenos Aires y de las ambiciones expansionistas del Brasil, heredera de los sueños imperialistas lusitanos de extender sus límites a las márgenes del Río de la Plata. La lucha por la independencia comienza en 1811 bajo la dirección del gaucho Artigas, que por unos años llegó a crear una especie de «democracia gaucha» hasta que se refugió en el Paraguay en 1817. Los brasileños se apoderaron de Montevideo en 1817, pero diez años más tarde uruguayos y argentinos logran derrotarlos y obligarlos a firmar el tratado de paz de 1828, por el cual tanto Argentina como Brasil renuncian a sus pretensiones sobre el territorio uruguayo y reconocen su independencia. El 18 de julio de 1830 se promulgó la Constitución de la República Oriental del Uruguay.

Los acontecimientos de las décadas siguientes se asemejan a los de la mayoría de los países hispanoamericanos: conducen a las luchas intestinas, la dictadura, la revolución y la disputa por el poder entre los partidos Blanco (conservador) y Colorado (liberal). De 1865 a 1870 el país se vio envuelto en la guerra de la Triple Alianza contra el caudillo paraguayo Francisco Solano López. Durante el resto del siglo XIX hubo intentos de participación copartidaria para administrar pacíficamente el país. El Uruguay, sin embargo, tuvo la suerte de terminar su etapa histórica de organización antes que la mayor parte de Latinoamérica. En el siglo XX el país experimentó cambios muy significativos, gracias a la elección en 1903 de José Batlle y Ordóñez (1856–1929), iniciándose entonces una era de gobiernos constitucionales y progreso económico y social. Batlle y Ordóñez gobernó en dos períodos presidenciales, de 1903 a 1907 y de 1911 a 1915. Pacificó el país y consiguió sentar las bases de una estable democracia progresista, autora de la Constitución de 1951 que instituyó el Consejo Nacional de Gobierno, especie de ejecutivo colegiado[47] compuesto de nueve miembros para sustituir al presidente tradicional.

Durante varias décadas el Uruguay se mantuvo a la cabeza de los países progresistas de Iberoamérica, donde el estado controló la banca y los seguros, se nacionalizaron los servicios de energía eléctrica, se aprobó avanzada legislación laboral, se respetó la libertad de pensamiento y se amparó a los perseguidos políticos de otros países hermanos. Fue un ejemplo de orden, paz, prosperidad y mínima influencia militarista. La educación uruguaya, sobre todo universitaria, sirvió de modelo a gran parte de Latinoamérica. En 1958 el Partido Colorado, que había gobernado el país durante noventa y tres años, fue derrotado en las elecciones generales de ese año. El Partido Blanco inauguró un período de reformas conservadoras para hacer frente a la burocratización y a la excesiva dependencia en la economía capitalista extranjera, manipuladora de los precios internacionales de la lana y la carne. La crisis económica empeoró y el «chivo expiatorio»[48] fue el Colegiado, que resultó abolido para retornar al sistema presidencial en 1966. Aunque el Partido Colorado volvió al poder en 1967, la situación se tornó cada vez más crítica, agravada por la aparición de los «tupamaros,» guerrilleros izquierdistas urbanos, autodenominados así en memoria del Inca revolucionario de 1780. Los tupamaros deseaban transformar radicalmente el país. Creía que la crisis económica se debía principalmente: (1) a la incapacidad gubernamental para diversificar la economía como medio de independizarla de las fluctuaciones del precio internacional de sus productos de exportación; (2) al desequilibrado desarrollo económico

---

[47] *El ejecutivo colegiado* (*collegiate executive*) es un sistema político de origen suizo. Consiste en otorgar la máxima autoridad del país a varias personas, cada una de las cuales se rota en la presidencia. Sus decisiones, sin embargo, son colectivas, con el voto de la mayoría de los miembros que componen el ejecutivo colegiado.

[48] *chivo expiatorio*   scapegoat

favorable a Montevideo, en detrimento de las provincias; y (3) a estructuras económicas, sociales y políticas caducas.[49]

La crisis económica continuó en medio de un clima de violencia, ley marcial, suspensión de las garantías constitucionales, secuestros[50], asaltos a bancos y desorden político en general. El Uruguay, por décadas modelo democrático, perdió su privilegiada posición. El 27 de junio de 1973 el presidente Juan María Bordaberry, triunfante en las elecciones, con el apoyo de los militares asumió plenos poderes; disolvió el Parlamento y lo suplantó por un Consejo de Estado. Insatisfechas de su labor gubernamental, las fuerzas armadas derrocaron al presidente Bordaberry e instalaron a otro político más fácil de manejar. Tras una serie de experimentos dictatoriales, los militares abandonaron toda pretensión de constitucionalidad y asumieron directamente el gobierno. El espíritu democrático del pueblo, sin embargo, se mantuvo vigoroso, como lo probó el rechazo del proyecto de constitución propuesto por el régimen militar en el plebiscito del 30 de noviembre de 1980. Al fin, el 3 de agosto de 1984 el Gobierno acuerda con la oposición el retorno al régimen constitucional civil y así, después de once años de dictadura militar, el pueblo elige a Julio María Sanguinetti, candidato del Partido Colorado, quien asume la presidencia en 1985 para gobernar hasta marzo de 1990, cuando le sucede Luis Alberto Lacalle de 48 años de edad, del Partido Nacional, vencedor en las elecciones de noviembre de 1989. Lacalle propuso un gobierno de coalición con el Partido Colorado, cuyo candidato presidencial, Jorge Batlle, quedó en segundo lugar. El Dr. Tabaré Vázquez, cancerólogo socialista, candidato del Frente Amplio, coalición izquierdista que incluye a los tupamaristas ahora legalizados, fue elegido alcalde de Montevideo por abrumadora mayoría.

10.8 Perfil del Uruguay y su gente

Es el país hispanoamericano más pequeño de Sudamérica y el de menos terreno accidentado. En realidad, en el Uruguay no hay montañas grandes: su suelo ondulado apenas alcanza 1,500 pies de altura, cortado por unas 450 millas de ríos navegables. El clima es templado y saludable y la riqueza agropecuaria es fundamental en la economía nacional. El ganado lanar y vacuno, tan importante en la economía, tiene derecho preferente de tránsito en las vías públicas. Los principales productos agrícolas son trigo, arroz, avena, cebada, betarraga[51] y caña de azúcar. Pese a la dependencia de la importación de materias primas y de petróleo, la industrialización de productos de consumo interno está bastante desarrollada. Con todo, la exportación de carnes, lana, cueros y pieles[52], provenientes de 10 millones

---

[49] *caducas*   outdated
[50] *de supensión. . . secuestros*   of suspension of constitutional right, of kidnappings
[51] *avena, cebada, betarraga*   oats, barley, beets
[52] *cueros y pieles*   hides and skins

de cabezas de ganado vacuno y 20 millones de ovejas, constituye el 80% del total de exportaciones. Sus playas magníficas, como la de Punta del Este, frecuentada por turistas extranjeros, especialmente argentinos, rinden a la economía nacional un buen ingreso anual.

La mayor parte de sus tres millones de habitantes viven en el sur del país: casi la mitad en Montevideo. La tasa de crecimiento[53] de 1.1% es la más baja de Latinoamérica, probablemente por el alto nivel cultural de la población. La mayoría de los uruguayos es de origen español e italiano. La población india es numéricamente insignificante. Los mestizos (10%) están concentrados en el norte del país principalmente. Por las excelentes condiciones de salud pública, el uruguayo tiene la esperanza de vivir hasta los 68 años de edad, más que en cualquier otro lugar de América Latina. Según el último censo, el 62.9% de los uruguayos son cristianos (59.5% católicos y 1.9% protestantes), 35.1% no son religiosos, 1.7% son judíos y 0.1 practican religiones orientales.

10.9 República del Paraguay

Este país inicia su vida política independiente en 1811 también a conscuencia de las disenciones internas entre los partidarios de la autonomía política del Virreinato del Río de la Plata.

La tradición jesuita, el aislamiento y su condición de región fronteriza condicionan el país al régimen absolutista del primer gran dictador hispanoamericano: el Dr. José Gaspar Rodríguez Francia (1766–1844), quien tomó este último apellido por admiración a ese país. «El Supremo,» como se hizo conocer el Dr. Francia, dominó el país como gobernante absoluto desde 1814 hasta su muerte en 1840. Fue un solterón[54] neurótico y frugal que aisló al Paraguay del resto del mundo y prohibió a la minoría blanca del país casarse entre sí.

Le sucedió Carlos Antonio López, quien también impuso una dictadura absoluta hasta 1862, cuando heredó la presidencia su hijo Francisco Solano López. Con la ayuda de su amante[55] irlandesa, Madame Elisa Lynch, el nuevo caudillo cometió una serie de arbitrariedades que usaron de pretexto Argentina, Brasil y Uruguay para hacerle la guerra. La Guerra de la Triple Alianza (1865–1870)[56] acabó con Solano López y medio millón de paraguayos (la mitad de su población total y nueve décimas partes de su población masculina) que luchó heroicamente al lado de su mandatario.[57] Esta guerra también le costó al Paraguay parte de su territorio, que se

---

[53] *tasa de crecimiento* growth rate
[54] *solterón* inveterate bachelor
[55] *amante* mistress
[56] Cf. H. G. Warren, *Paraguay and The Triple Alliance* (Austin: University of Texas Press, 1978).
[57] *mandatario* chief executive

repartieron Brasil y Argentina. Madame Lynch huyó a Francia llevando consigo cuantiosa fortuna. Después de esta infeliz contienda[58], se repiten los golpes militares y los presidentes dictatoriales hasta la otra gran tragedia nacional: la costosa guerra con Bolivia por la posesión de la región selvática del Chaco. En la Guerra del Chaco (1932–1935) se enfrentaron políticos oportunistas y compañías extranjeras interesadas en la explotación del petróleo de esa región. El tratado de paz delimitó las fronteras: Paraguay conservó las tres cuartas partes del territorio disputado y Bolivia obtuvo acceso al río Paraguay.

El período posbélico tuvo un momento lúcido: el gobierno de Rafael Franco (1936–1937), uno de los héroes paraguayos de la Guerra del Chaco. Franco quiso establecer reformas con su partido democrático febrerista,[59] pero los reaccionarios y los intereses extranjeros lograron desalojarlo del poder. Después continuaron las dictaduras de otros hombres a caballo hasta que en 1948 fue elegido presidente del país el intelectual Juan Natalicio González, cuya administración terminó después de unos cuantos meses al ser derrocado por el ejército. Gracias a la influencia del general Perón, Alfredo Stroessner (n. 1912) llegó al poder en 1954. El nuevo caudillo militar estableció una dictadura tan represiva que centenares de miles de paraguayos prefirieron exiliarse en los países vecinos, sobre todo en la Argentina, como lo hizo Augusto Roa Bastos (n. 1917), destacado escritor paraguayo, autor de la novela *Yo, el Supremo* (1974), basada en la biografía del Dr. Francia.

Pocos sucesos dignos de recordarse ocurrieron en los 35 años de dictadura de Stroessner, durante los cuales se acogió en el país y protegió a fugitivos de la justicia de otras latitudes: destacados criminales de guerra nazis, terroristas de diversas nacionalidades, desfalcadores de bancos europeos, narcotraficantes y al general Anastasio Somoza Debayle, ex-dictador de Nicaragua, misteriosamente asesinado en Asunción en 1981. En 1984 se inauguró en la frontera con el Brasil la represa de Itaipú, la mayor represa eléctrica del mundo, construida por el estado brasileño, cerca del Puerto Presidente Stroessner, centro importante en el lucrativo contrabando realizado por militares allegados al caudillo. Como no hay mal eterno, por fin el 3 de febrero de 1989, Stroessner fue derrocado por el general Andrés Rodríguez, cuya hija es esposa del hijo del dictador, designado a heredar el poder. Por supuesto, en las elecciones presidenciales realizadas pocos meses después triunfó el general Rodríguez.

10.10 Perfil del Paraguay y su gente

El Paraguay, con un área parecida a la de California, es el país latinoamericano menos poblado de Sudamérica. Sus cuatro millones de habitantes son en su mayoría descendientes de españoles con diverso porcentaje de sangre

---

[58] *contienda* lucha
[59] *febrerista* de febrero (mes de su revolución)

india. Al este del río Paraguay reside el 96% de la población y en la región del Chaco alrededor del 3%, incluyendo unos 20,000 indios. Sus tres grandes ríos navegables son: el Paraguay que corta el país en dos zonas muy distintas: la oriental, ligeramente ondulada y muy fértil, y la occidental, ocupada por la gran llanura del Chaco Boreal ya mencionada; el Paraná que viniendo del Brasil desemboca en el Paraguay; y el Pilcomayo que nace en Bolivia, señala en parte la frontera con la Argentina y desemboca en el río Paraguay, cerca de Asunción, la capital del país.

Los cultivos comerciales más importantes son haba de soya,[60] algodón, trigo y tabaco. La selvicultura de caoba, cedro, nogal y quebracho[61] emplea el 10% de la fuerza laboral y contribuye el 11% del valor total de las exportaciones. Asunción tiene alrededor de 400,000 habitantes. Las demás ciudades paraguayas son pequeñas: Puerto Presidente Stroessner, la segunda, tiene 50,000 habitantes, y Encarnación, la tercera, apenas 25,000.

10.11 El legado cultural de los países del Plata

La Argentina y el Uruguay actuales, en general, se sienten más identificados con la cultura occidental que el Paraguay. Los primeros son principalmente blancos y el último es mestizo. Argentinos y uruguayos, sobre todo los que viven en los grandes centros urbanos, se encuentran más allegados[62] a Europa que el resto de la América indohispánica. Irónicamente, sin embargo, las raíces coloniales y el legado cultural hispánico se reafirman a pesar del fuerte nacionalismo de muchos argentinos, sobre todo de los porteños, como se llama a los residentes de Buenos Aires. Quizás el individualismo hispánico sea una de las causas del chauvinismo platense y del pertinaz[63] militarismo argentino.

La mediterraneidad[64] del Paraguay, la fuerte tradición guaraní-jesuita y los gobiernos despóticos han sido las causas de su subdesarrollo y regionalismo. El paraguayo tiende a ser beligerante y apasionado por razones históricas más fuertes que las de sus hermanos hispanoamericanos. La guerra, el exilio, el bajo porcentaje de población masculina, han impedido que el Paraguay supere[65] su etapa de reorganización política y de economía incipiente, basada en el mate, el tabaco, el algodón y las maderas.

La crisis político-económica de los países del Plata, aunque aparentemente tan disímil en cada uno de los tres estados, es básicamente la misma. Descansa en la imposibilidad de liberarse de los factores negativos del

---

[60] *haba de soya*   soya bean
[61] *caoba, cedro, nogal y quebracho*   mahogany, cedar, walnut tree, Paraguayan hard wood tree
[62] *allegados*   attached
[63] *pertinaz*   obstinate
[64] *mediterraneidad*   lack of seacoast
[65] *han perdido. . . supere*   have prevented Paraguay from surpassing

pasado sin caer en el fácil rechazo de lo hispánico y de lo indoamericano.
Hay quienes creen que la respuesta a la problemática platense[66] no se
encontrará en Europa y sus sistemas económicos o políticos. Será fácil
imitar a los europeos culturalmente en el campo de las letras y de las artes,
pero las conquistas intelectuales de su élite, difícilmente resuelven las condiciones económicas de su población. La búsqueda de lo argentino, de lo
uruguayo y de lo paraguayo, que en último análisis son facetas de la gran
búsqueda de la personalidad latinoamericana, llevará, en un futuro muy
cercano, al hallazgo de un estilo nacional que se identifique con el modelo
latinoamericano continental. El mismo deseo de alcanzar la universalidad,
que ya denotan[67] artistas y escritores, es el primer paso hacia el encuentro
de una personalidad iberoamericana que conjugue todos los diversos
aportes culturales.

10.12 Sumario

   I. Exploraciones y fundaciones en el siglo XVI:
      A. Sebastián Caboto nombra Río de la Plata al Mar Dulce de Díaz
          de Solís
      B. P. de Mendoza funda Buenos Aires (1535), la destruye y viaja
          a Asunción
      C. Domingo Martínez de Irala (¿1500?–1556), padre del Para-
          guay
      D. Juan de Garay lleva a cabo la segunda fundación de Buenos
          Aires (1580)
  II. Período colonial:
      A. El absolutismo Habsburgo (siglos XVI y XVII) limita el de-
          sarrollo, excepto en las reducciones de los jesuitas en el Para-
          guay (1608–1767)
      B. El despotismo ilustrado de los borbones en los siglos XVIII y
          XIX:
         1. Reformas económicas y educacionales y prosperidad del
            pastoreo
         2. Creación del Virreinato del Río de la Plata en 1776
         3. Bucareli desaloja a los ingleses de las Malvinas en 1762
         4. Comerciantes se enriquecen con la exportación de carnes
            y sebo
         5. Los gauchos ayudan a expulsar a los ingleses en 1806 y
            1807
         6. Desintegración virreinal:
            a. Buenos Aires unitaria y prepotente vs. provincias fede-
               ralistas

---

[66] *problemática platense*   serie de problemas del río de la plata
[67] *denotan*   muestran

      b. El gaucho Artigas y las guerras de independencia del Uruguay

      c. El Dr. Francia independiza (1811) y aisla al Paraguay (1814–40)

II. Las Provincias Unidas del Río de la Plata (1810–53):

  A. En cabildo abierto (1810), renuncia el virrey y los criollos eligen una junta de gobierno presidida por Mariano Moreno y Manuel Belgrano

  B. En Tucumán, mestizos y criollos proclaman la independencia en 1816

  C. Guerra civil entre Buenos Aires unitaria y las provincias federales

  D. Guerra con el Brasil y la independencia del Uruguay en 1828

  E. El gaucho Rosas, gobernador de Buenos Aires, domina el país (1835–52)

  F. El general Urquiza derrota a Rosa en 1852 y promulga la Constitución de 1853

III. La República Argentina (1861–hasta el presente):

  A. Bartolomé Mitre, presidente provisional y nacional (1861–68)

  B. Domingo Faustino Sarmiento, segundo presidente nacional (1868–74)

  C. Inmigración, ferrocarriles, alambre de púas, frigoríficos y elevadores

  D. Gobiernos oligarcas absolutistas con maquillaje democrático

  E. Fundación de partidos: Unión Cívica Radical (1891) y Socialista (1896)

  F. Aburguesamiento de los radicales en el poder (1916–30)

  G. Retorno de la oligarquía y militarismo (1930–43)

  H. La era de Perón (1943–55 y 1973–76)

  I. Juntas de Gobierno Militar: despotismo, terrorismo y desaparecidos

  J. La derrota en las Malvinas (1982) conduce a elecciones generales

  K. El gobierno de Raúl Alfonsín (1983–89) y la crisis económica

  L. El reformismo pragmático del presidente Carlos Saúl Menem (1989–95)

IV. La República Oriental del Uruguay (1928–hasta el presente):

  A. Luchas fratricidas entre los partidos Blanco (conservador) y Colorado (liberal)

  B. Presidencia progresista de José Batlle y Ordóñez (1903–07 y 1911–15)

  C. La Constitución de 1951 establece el Consejo Nacional de Gobierno

  D. La crisis económica restablece el poder ejecutivo personal

  E. Guerra a muerte entre «tupamaros» y autoritarismo militarista

  F. Constitución militarista es rechazada en el plebiscito de 1980

G. Tras 11 años de dictadura militar, se retorna al régimen constitucional civil: presidencia de Julio María Sanguinetti (1985–1990)

V. República del Paraguay (1811–hasta el presente):

    A. G. Rodríguez (Dr. Francia) y otros proclaman la independencia (1811)

    B. Dictadura de Gaspar Rodríguez Francia, «El Supremo» (1814–40)

    C. El gobierno absolutista del caudillo Carlos Antonio López (1842–62)

    D. Dictadura de Francisco Solano López (1862–70)

        1. Colaboración íntima de Madame Elisa Lynch

        2. Guerra contra la Triple Alianza (1865–70) y muerte del caudillo

    E. Anarquía, golpes, dictaduras y la Guerra del Chaco (1932–35)

    F. Al gobierno febrerista le suceden regímenes provisionales despóticos

    G. Dictadura del general Alfredo Stroessner (1954–89)

    H. El general Andrés Rodríguez es elegido presidente en 1989.

10.13 Recomendación bibliográfica

Argentina

Bullrich, Silvina. *La Argentina contradictoria*. Buenos Aires: Emecé, 1986.

Deutsch, Sandra McGee. *Counterrevolution in Argentina, 1900–1932: The Argentine Patriotic League*. Lincoln: University of Nebraska Press, 1986.

Floria, Carlos A., y César A. García B. *Historia política de la Argentina contemporánea 1880–1983*. Madrid: Alianza, 1988.

Foster, David William. *The Redemocratization of Argentine Culture, 1983 and Beyond*. Tempe: Center for Latin American Studies, Arizona State University, 1989.

James, Daniel. *Resistance and Integration: Peronism and the Argentine Working Class, 1946–1976*. London-New York: Cambridge University Press, 1988.

Lynch, John. *Argentine Dictator: Juan Manuel de Rosas*. Oxford: Oxford University Press, 1981.

O'Donnelll, Guillermo. *Bureaucratic Authorianism: Argentina, 1966–1973*. Translated by J. McGuire. Berkeley and Los Angeles: University of California Press, 1988.

Rock, David. *Argentina 1516–1982: From Spanish Colonization to the Falkland War*. Berkeley: University of California Press, 1985.

Tella, Guido di, and Rudinger Dornbusch, eds. *The Political Economy of Argentina, 1946–83*. Pittsburg, PA: University of Pittsburg Press, 1988.

Tella, Torcuato S. di. *Latin American Politics*. Austin: University of Texas Press, 1990.

Waisman, Carlos H. *Reversal of Development in Argentina: Postwar Counterrevolutionary Policies and Their Structural Consequences.* Princeton, N.J.: Princeton University Press, 1987.

Uruguay

CINVE (Centro de Investigaciones Económicas). *La crisis uruguaya y el problema nacional.* Montevideo: Ediciones de la Banda Oriental, 1984.

Filgueira, Carlos. *Movimientos sociales en el Uruguay.* Montevideo: Ediciones de la Banda Oriental, 1985.

Finch, Henry. *A Political Economy of Uruguay since 1780.* New York: Saint Martin's Press, 1981.

International League for Human Rights. *Uruguay's Human Rights Record.* New York: ILHR, 1982.

Klaczko, Jaime, and Juan Rial. *Uruguay , el país urbano.* Montevideo: Ediciones de la Banda Oriental, 1981.

Kaufman, Edy. *Uruguay in Transition.* New Brunswick: Rutgers University Press, 1979.

Pendle, G. *Uruguay.* Westport, CT: Greenwood, 1986.

Vanger, Milton I. *The Model Country: José Batlle y Ordóñez of Uruguay, 1905–1915.* Hanover, N.H.: University Press of New England, 1980.

Wilson, Carlos. *The Tupamaros.* Boston: Branden Press, 1974.

Paraguay

Brodsky, Alyn. *Madame Lynch and Friends: The Paraguayan War, 1865–1870.* New York: Harper & Row, 1975.

Herken, Juan C., and María I. Jiménez de Herken, *Gran Bretaña y la Guerra de la Triple Alianza.* Asunción: Arte Nuevo, 1983.

Lewis, Paul H. *Paraguay under Stroessner.* Chapel Hill: University of North Carolina Press, 1980.

Sosnowsky, Saúl, Comp. *Represión, exilio y democracia: la cultura uruguaya.* Montevideo: Banda Oriental, 1987.

Massare de Kostianovsky, Olinda. *La mujer paraguaya: su participación en la guerra grande.* Asunción: Talleres Gráficos de la Escuela Técnica Salesiana, 1970.

Warren, Harris G. *Paraguay and the Triple Alliance: The Postwar Decade, 1869–1978.* Austin: University of Texas Press, 1978.

Williams, John H. *The Rise and Fall of the Paraguayan Republic, 1800–1870.* Austin: University of Texas Press, 1979.

10.14 Cuestionario y temas

Cuestionario

1. ¿Qué importancia tienen las primeras fundaciones en el estuario del Plata?
2. ¿Cuál es la principal ocupación en el Plata durante la Colonia?

3. ¿Qué área abarcó el Virreinato de Buenos Aires y por qué se creó?
4. ¿Cuál fue la labor histórica del gaucho José Gervasio Artigas?
5. ¿Por qué se le llama «El Supremo» a Gaspar Rodríguez Francia?
6. ¿Cuál es el papel histórico del gaucho Juan Manuel Rosas?
7. ¿Por qué se dice que el Uruguay es un estado-tapón?
8. ¿Qué es el ejecutivo colegiado?
9. ¿Cuáles fueron los resultados de la Guerra de la Triple Alianza?
10. ¿Quiénes lucharon en la Guerra del Chaco y por qué?

Temas para informes

1. Las fundaciones de Buenos Aires.
2. El absolutismo de los Habsburgos.
3. El despotismo ilustrado de los Borbones.
4. La expulsión de los ingleses de territorio argentino.
5. La pampa vs. Buenos Aires.
6. La dictadura de Rosas.
7. Los derechos humanos en la Argentina.
8. El peronismo.
9. Importancia de José Batlle y Ordóñez.
10. El despotismo en Paraguay.

Temas para informes escritos opcionales

1. El papel del gaucho en la historia argentina.
2. La herencia histórica de los jesuitas del Paraguay.
3. La desintegración del Virreinato del Río de la Plata.
4. Evaluación del ejecutivo colegiado del Uruguay.
5. La crisis político-económica en los países del Plata.

Un amauta rodeado de sus discípulos en un cuadro pintado por el boliviano Félix Rojas Ulloa.

Capítulo
11

Los países andinos meridionales

11.1 Chile en sus primeras décadas de vida republicana

Consolidada la independencia de Chile con la intervención del Ejército Libertador de San Martín, el primer jefe de estado electo (1818) fue el héroe chileno Bernardo O'Higgins. Para implementar un programa gubernamental progresista, O'Higgins se proclamó Director Supremo y gobernó con mano fuerte al medio millón de chilenos de entonces. Como modificó la ley de la herencia de propiedades agrarias, salió a su encuentro la oligarquía criolla. La campaña opositora obligó al Director Supremo a renunciar (1823) y exiliarse en el Perú hasta su muerte (1840). En el desorden político de los siguientes siete años se disputaron el poder los conservadores y los liberales. En 1830 la fuerza de las armas impuso en el gobierno a Diego Portales (1793–1837), el político chileno que más contribuyó al establecimiento de una era de tranquilidad y progreso cauteloso, que duró, como la Constitución conservadora de 1833, hasta 1925, respetada y observada aun por los gobiernos liberales de 1876 a 1891.

La vida política relativamente sosegada y disciplinada le permitió a Chile conseguir poderío militar superior al de sus vecinos. Cuando en 1836 se estableció la Confederación Perú-Boliviana para reunir lo desunido temporalmente por los bolivaristas,[1] el gobierno de Chile consideró al nuevo estado como una amenaza potencial a sus aspiraciones geopolíticas e intervino militarmente hasta disolverlo. Los años siguientes, la reorganización de las fuerzas políticas conservadoras gobernantes continuó en Chile con

---

[1] *bolivaristas*   followers of Bolivar

la ayuda substantiva del humanista venezolano Andrés Bello (1781–1865),
renovador de la enseñanza y reorganizador de la Universidad Nacional
(1842). El ritmo histórico chileno del siglo XIX lo marca la lucha enconada
entre «pelucones» (conservadores) y «pipiolos» (liberales). Dominaban ambas fuerzas políticas principalmente criollos y mestizos de las altas esferas
sociales. Los pelucones[2], defensores de los intereses de los grandes propietarios de tierras, auspiciaban[3] el gobierno centralizado, capaz de imponer el orden y la organización social heredados de la Colonia. Los pipiolos, en cambio, influidos por los liberales ingleses y franceses,
pregonaban reformas sociales, anticlericalismo y la participación popular
en la administración pública. El socialismo saintsimoniano[4] ganó adeptos
brillantes, sobre todo con Francisco Bilbao (1823–1865), quien, tras una
dinámica labor propagandista, fue excomulgado y exiliado al Perú, Ecuador,
Francia y Argentina hasta su muerte. No obstante el predominio de los
pelucones, el país abrió sus puertas a los refugiados políticos extranjeros,
muchos de los cuales no comulgaban con las ideas conservadoras, tal como
sucedió con los románticos argentinos enemigos de Rosas, participantes
en el famoso debate literario con Bello y los pelucones (1842), defensores
del neoclasicismo.

Bajo la mano dura y disciplinada de los conservadores, el país continuó
progresando, industrializándose e invirtiendo capital suyo y británico en
las salitreras[5] de la costa boliviana.

11.2 La Guerra del Pacífico (1879–1883)

La estabilidad política que Chile había conseguido antes que sus vecinos
le permitió aplicar a su programa nacional las ideas positivistas[6] difundidas
en el mundo occidental. Con ejército y marina mejor adiestrados, el país
declaró la guerra a Bolivia por la posesión del territorio vecino, rico en
nitrato en gran parte explotado por capital operado desde Chile. En cumplimiento de un pacto secreto de ayuda mutua con Bolivia, el Perú intervino
en el conflicto y así los tres países se vieron combatiendo en la más sangrienta guerra internacional sudamericana. Militarmente mejor preparado
y equipado, Chile derrotó con facilidad primero a los bolivianos y después
a los peruanos. La guerra le costó a Bolivia sus provincias del Pacífico

---

[2] During the nineteenth century the Chilean conservative politicians were known as «pelucones» (wig-wearers), while the liberals received the name of «pipiolos» (novices).
[3] *auspiciaban*   promoted
[4] *Socialismo* saintsimoniano es el nombre que se le de a la ideología política que predicó
Claudio Enrique Saint Simón (1760–1815), pensador francés que deseaba organizar la sociedad
siguiendo el principio «A cada cual según su capacidad, a cada capacidad según sus obras.»
[5] *salitreras*   nitrate beds
[6] *Positivismo* es la filosofía establecida por el pensador francés August Comte (1798–1857),
que admite únicamente el método experimental, hace de la razón una diosa y desprecia las
llamadas «dictaduras republicanas.»

limítrofes con el norte chileno y el sur peruano, quedando desde entonces sin salida al mar. El Perú también perdió permanentemente un extenso territorio además de dejar en poder del vencedor la ocupación de las provincias de Tacna y Arica hasta 1929, año en que, con la mediación norteamericana, terminó el conflicto fronterizo. La Guerra del Pacífico le permitió a Chile extender su territorio nacional en un 33% y limitar al norte con el Perú. El salitre de las tierras anexadas le sufragó a Chile, por mucho tiempo, la mayor parte del presupuesto nacional.[7]

11.3 Chile después del Tratado de Ancón (1883)

La guerra con el Perú terminó oficialmente con la firma del Tratado de Ancón, que reconoció la anexión de los territorios salitreros peruanos a Chile y dispuso el retiro de sus fuerzas de ocupación. El vencedor entonces se dedicó a consolidar su progreso, gobernado por la oligarquía responsable de la estabilidad política sólo interrumpida durante los meses de guerra civil de 1891. Con el correr de los años, las fuerzas laborales más inquietas, azuzadas[8] por dinámicos predicadores marxistas, como Luis Emilio Recabarren (1876–1924), fundador del Partido Comunista de Chile (1921), y por los narradores de las injusticias sociales, obligaron al gobierno y a los patrones a reconocerles muchos derechos.

Desde 1920 la política chilena ha despertado el interés internacional. En ese año fue elegido presidente Arturo Alessandri (1868–1955), rico político popular que sí cumplió algunas de sus promesas electorales: impuesto moderado a la renta,[9] nacionalización de la industria salitrera y leyes sociales a favor de los obreros. Lo más positivo de su administración fue probablemente la promulgación de la Constitución de 1925, la cual, además de declarar que la propiedad privada está limitada por el bien social, determinó la elección popular directa del presidente del país, a quien le otorgó mucho más poder ejecutivo. La intensa resistencia conservadora a las reformas sociales perturbó la tranquilidad nacional al generar la lucha enconada que culminó en 1932 con el establecimiento de una república socialista, la primera de las Américas. La intervención del ejército puso fin a los cien días de gobierno socialista y desencadenó un breve período de anarquía. Con posterioridad, en el mismo año, Arturo Alessandri fue reelegido presidente, esta vez el reformador de ayer se reconcilió con los oligarcas y recalcó más el orden que el bienestar del pueblo. Por esta política, los izquierdistas le retiraron su apoyo y organizaron el Frente Popular,[10] cuyo candidato presidencial, Pedro Aguirre Cerda, triunfó en

---

[7] *le sufagó. . . nacional*   for a long time supplied Chile with funds for most of its national budget
[8] *azuzadas*   stirred up
[9] *impuesto moderado a la renta*   moderate income tax
[10] *El Frente Popular*, coalición política de izquierdistas, propuesta por los comunistas, gobernó Francia (1936–1939), España (1936) y Chile (1938–1941, 1946–1948).

1938, dándole a las Américas el primer régimen de ese frente. El primer presidente frentista concentró su atención en el programa de recuperación del país de los daños causados por el violento terremoto de 1939, ocurrido a poco tiempo de la toma de posesión del mando. Subsecuentemente se esforzó en industrializar el país, modernizar las minas y el sistema de transporte, estimular la pesca y la ganadería, y continuar el programa social a favor de los obreros, incluyendo seguro médico y fondos para accidentados y ancianos.

En 1941 el Frente Popular se desintegró debido a la lucha entre los comunistas, nuevos aliados de los nazis, y los izquierdistas opuestos al fascismo. El presidente Aguirre Cerda murió en ese año, siendo sucedido por Juan Antonio Ríos, quien también murió antes de terminar su mandato. Gabriel González Videla, el nuevo presidente, reactivó el Frente Popular completando su gabinete[11] ministerial con tres comunistas. Pero antes de los dos años de la nueva convivencia entre derechistas e izquierdistas, González Videla rompió con sus aliados stalinistas, los despidió de su gabinete y declaró al Partido Comunista fuera de la ley.

Después, Chile tuvo una serie de presidentes conservadores, cuya principal preocupación fue detener la desenfrenada inflación. En medio de esta crisis económico-social aparece como fenómeno nuevo la Democracia Cristiana, que en 1964 lleva al poder a Eduardo Frei (1911–1982). Este primer régimen demócrata cristiano del Hemisferio puso en marcha un programa socialista cristiano, cuyos objetivos incluían la «chileanización» del cobre, la reforma agraria y la reestructuración evolutiva de la nación para disminuir los efectos de la desproporción económica entre la mayoría pobre y la minoría privilegiada.

Al terminar su período presidencial, Frei se encontró con la fuerte oposición de los descontentos con la inflación económica y los serios problemas domésticos. En las elecciones nacionales de 1970 triunfó el socialista Salvador Allende (1908–1973), candidato de Unidad Popular, alianza política de socialistas, comunistas y disidentes del partido Demócrata Cristiano. Este primer presidente marxista del Hemisferio Occidental elegido en elecciones libres nacionalizó las industrias básicas y los bancos, reconoció a Cuba, la República Popular China y otros regímenes comunistas, y se enfrentó a poderosos intereses económicos nacionales y extranjeros. Esto contribuyó a crear un ambiente de desasosiego político[12] y crisis económica, agravada por la galopante inflación, negación de crédito en el extranjero, escasez de artículos de primera necesidad, frecuentes huelgas y sabotajes. En setiembre de 1973 este presidente constitucional fue derrocado por un golpe militar organizado en parte por la CIA, según *The New Columbia Encyclopedia* (1975), y por la ITT, conforme a las declaraciones de testigos importantes ante el Congreso de los Estados Unidos. Allende murió de-

---

[11] *gabinete*   cabinet
[12] *desasosiego político*   political unrest

fendiendo el palacio presidencial La Moneda. Observadores extranjeros y comisiones de juristas de organizaciones internacionales acusan a la junta militar presidida por el general Augusto Pinochet de haber dado muerte a más de 20,000 chilenos y encarcelado y torturado a decenas de miles de ciudadanos, cuyo delito fue defender el régimen constitucional de su patria.

Uno de los casos más sonados de violencia contra un miembro del gabinete de Allende tuvo lugar en Washington, D.C. En él perdieron la vida Orlando Letelier, ex-ministro de defensa del gobierno de Unidad Popular, y su ayudante estadounidense. Investigaciones posteriores realizadas por autoridades norteamericanas revelaron cómo el asesinato fue planeado y llevado a cabo por oficiales del gobierno militar chileno. Como el general Pinochet rehusó cooperar en la aclaración de este acto terrorista, el presidente Jimmy Carter suspendió la ayuda militar a Chile. Debido en parte a la asistencia militar y económica reiniciada por el presidente Ronald Reagan y a la eficiente labor de Hernán Büchi, ministro de hacienda y economía, Chile mejoró la economía nacional, pese a la oposición democrática de la mayoría y de las acciones revolucionarias del Frente Patriótico Manuel Rodríguez.

El triunfo del pueblo chileno en el plebiscito conducido en 1988 por la dictadura para prolongarse en el poder, obligó al régimen limitada actividad política y a convocar elecciones generales en diciembre de 1990 en las cuales el demócrata cristiano Patricio Alwyn, de 71 años de edad, candidato de una alianza que incluía a los socialistas obtuvo el triunfo por mayoría absoluta, derrotando a Hernán Büchi, candidato conservador de los partidos Renovación Nacional y Unión Democrática Independiente.

11.4 Perfil de Chile y su gente

Chile no es uno de los países más grandes de Sudamérica, pero sí es uno de los más desarrollados económicamente, no obstante la pobreza de la gente de las barriadas urbanas y del campesinado.[13] Con una superficie algo mayor que la de Texas, se extiende entre los Andes y el Pacífico, a lo largo de 2,900 millas, con un ancho aproximadamente treinta veces menor que su largo. Tiene tres zonas principales: (1) el norte, donde se encuentran los desiertos más secos del mundo, ricos en salitre y cobre; (2) el centro, donde viven dos tercios de la población, zona eminentemente agrícola, rica en el cultivo de cereales y vid; y (3) el sur, donde están los numerosos lagos y los bellos paisajes meridionales, famosos por sus florestas, pastos,[14] minas de hierro y yacimientos petrolíferos. A Chile le pertenecen algunas islas del Pacífico, como Rapa Nui,[15] a unas 2,000 millas al oeste de sus costas, conocida por sus gigantescas estatuas de piedra, y Juan Fernández,

---

[13] *gente. . . campesinado*   slum wellers and peasants
[14] *pastos*   pastures
[15] *Rapa Nui* es conocida en inglés con el nombre de «Easter Island».

escenario[16] de *Robinson Crusoe* (1719) de Daniel Defoe. Otras islas suyas son las de los archipiélagos de Chiloé y la isla de Tierra del Fuego, que comparte con la Argentina.

Una de las principales fuentes de divisas del país proviene de la exportación del cobre, en la producción del cual el país ocupa el tercer puesto en el mundo, después de los Estados Unidos y Zambia. La importancia económica del nitrato chileno disminuyó desde que los alemanes durante la Primera Guerra Mundial descubrieron la manera de hacer nitratos sintéticos para la manufactura de pólvora y fertilizantes. Uno de los derivados del salitre que sigue teniendo importancia es el yodo.[17] Chile todavía produce el 47 por ciento del yodo del mundo. Son también importantes en la economía nacional la exportación del hierro, frutas frescas y envasadas[18] y vinos. Lo más valioso de Chile no es su «loca geografía,» como la ha llamado uno de sus escritores, sino el espíritu industrioso del pueblo, heredado, según se dice, principalmente de vascos,[19] catalanes y alemanes. El espíritu belicoso, manifestado en conflictos internacionales tanto como en luchas intestinas, probablemente proviene en gran parte de los araucanos, quienes hasta 1882 combatieron a los invasores de sus tierras.

Lamentablemente el desarrollo del país se ha visto obstaculizado por la distribución desigual de las tierras agrícolas. Todavía la mayor parte de los fundos[20] del país pertenecen a una reducida minoría que explota a sus inquilinos.[21] Hay un marcado contraste económico entre el rico propietario, industrial, comerciante o político y los millones de guasos y rotos[22] que viven en la miseria; éste es el ingrediente más explosivo para una violenta transformación política del país. Conforme pasan los años, la población, de más de trece millones, en su mayoría blanca y mestiza, se va urbanizando y concentrando en las grandes ciudades. La zona metropolitana de Santiago, la capital, tiene alrededor de cuatro millones de habitantes. Otros centros urbanos importantes son: Concepción-Talcahuano, con más de 500,000 habitantes; Valparaíso, el puerto principal, unido al balneario de Viña del Mar; Antofagasta, puerto industrial del norte; Temuco, centro agropecuario; Valdivia, urbe[23] sureña donde viven decenas de millares de chilenos de origen alemán; y Punta Arenas, la ciudad más meridional del globo. Muchos de los exiliados acogidos[24] en el país han contribuido al desarrollo cultural. Sirven de ejemplo el venezolano Andrés Bello, ciudadano chileno por decisión del Congreso; los románticos argentinos, desterrados por el régimen de Rosas; los peruanos, expulsados de su patria por las dictaduras;

---

[16] *escenario*   setting
[17] *yodo*   iodine
[18] *envasadas*   canned
[19] *vascos*   Basques
[20] *fundos*   farms
[21] *inquilinos*   tenant farmers
[22] *guasos y rotos*   peasants and members of the lower classes
[23] *urbe*   urban center
[24] *acogidos*   recibidos

los republicanos españoles y los bolivianos y centroamericanos de diferentes matices[25] políticos.

11.5 Bolivia durante su primer siglo de independencia

El país nace como creación artificial. Bolívar aspiraba a la unidad latino-americana, y, sin embargo, permitió al general Antonio José de Sucre fraccionar el Perú, país donde la oligarquía conspiraba contra el Libertador venezolano. El Congreso de Chuquisaca le dio nacimiento legal a Bolivia, adoptó la Constitución Bolivariana en 1826 y declaró presidente perpetuo al Libertador y vicepresidente a Sucre. El gran caraqueño pronto abandonó el país para hacer frente a las disensiones ya en marcha en la Gran Colombia y dejó a Sucre a cargo de la presidencia. Aunque sagaz militar, este general venezolano no fue lo suficientemente diplomático para apaciguar[26] las ambiciones de los caudillos bolivianos. Así, en 1828 un alzamiento militar lo depuso y lo expulsó del país. Asumió el mando el general Andrés de Santa Cruz, quien más tarde, en 1836, logró establecer la Confederación Perú-Boliviana, disuelta poco tiempo después por la intervención chilena.

La agitada historia republicana de Bolivia se caracteriza por los cambios bruscos de gobierno y constituciones, los numerosos golpes militares y los frecuentes asesinatos políticos. Muchos citan a Bolivia como ejemplo típico de la inestabilidad política latinoamericana.

En el siglo XIX en Bolivia la tempestad política la desencadenaron hombres ambiciosos, incumplidores de sus prometidos programas y rehacios a efectuar los cambios básicos en la estructura económica dominada por la aristocracia criolla, heredera del poder español. Alcides Arguedas (1879–1946), importante escritor boliviano, es autor de una extensa historia del país, en la cual llama «caudillos bárbaros» a los gobernantes ignorantes y egoístas ejemplificados por Mariano Melgarejo (presidente de 1864 hasta 1871), acerca de quien se ha tejido una serie de leyendas y anécdotas. Una de ellas le atribuye haber preferido a Napoleón más que a Bonaparte y otra afirma que al estallar la guerra francoprusiana, sus simpatías por los franceses lo llevaron a ordenar a su ejército marchar en ayuda de Francia, olvidándose o desconociendo la geografía y la distancia. Se cuenta también que cuando la reina Victoria se enteró de la humillación impuesta a su Ministro en La Paz, quien amarrado a un burro fue paseado por la ciudad, la imperiosa inglesa, enfurecida, se lanzó sobre el mapa de Sudamérica y literalmente borró la patria de Melgarejo exclamando «¡Bolivia ya no existe!»

Durante esta agitada época de la historia boliviana, el período presidencial lo determinaba la habilidad de los caudillos para sobrevivir frente a tantas tempestades políticas. Aunque esta existencia precaria también la

---

[25] *matices* nuances, colors
[26] *apaciguar* pacificar

Mujeres bolivianas de ascendencia india tejen e hilan cerca del Lago Titicaca.

viven los políticos de los otros países latinoamericanos, en Bolivia la violencia parece haberse arraigado con mayor facilidad. La Guerra del Pacífico
o del salitre (1879–1883) le costó a Bolivia la pérdida de su costa oceánica.
Desde entonces ese país sufre su mediterraneidad y sus gobiernos de vez
en cuando reviven el tema de la salida al mar en sus esfuerzos para recuperar
parte del territorio cedido a Chile. El descubrimiento del petróleo en el
Chaco, inmensa región selvática reclamada por Bolivia y Paraguay, produjo
la guerra entre estos dos países (1932–1935). En el parecer de algunos
historiadores, esta guerra tan perjudicial fue promovida por la rivalidad
entre dos compañías de petróleo extranjeras: una norteamericana y otra
europea.

Después de la Guerra del Chaco se hicieron intentos por transformar
la economía del país, controlada principalmente por los barones del estaño:
[27] Simón Patiño, Mauricio Hochschild y Carlos Víctor Aramayo, cuyos ingresos anuales superaban el presupuesto nacional boliviano. Ilustra la calidad de gobernantes bolivianos de este período el general Enrique Peña-
randa (1892–1969), a cuya madre una leyenda probablemente apócrifa
hace decir: «Si hubiera sabido que mi hijo iba a ser presidente, le hubiera
enseñado a leer y escribir». De todas maneras, estos caudillos poco hicieron

---

[27] *barones del estaño*   tin barons

en beneficio del país antes del triunfo de la llamada Revolución boliviana en 1952.

11.6 La Revolución boliviana y su majestad, la coca

La transformación populista boliviana iniciada por Víctor Paz Estenssoro (n. 1907) fue cronológicamente el segundo gran alzamiento popular latinoamericano después de la Revolución mexicana de 1910. Comenzó en 1952 y terminó en 1964.

El régimen populista nacionalizó las minas, estableció la reforma agraria y disolvió el ejército reemplazándolo con milicias. La situación económica nacional, lamentablemente, empeoró. Las minas nacionalizadas comenzaron a dejar un déficit financiero por el alto costo de producción y la guerra internacional al estaño efectuada por refinerías y consorcios extranjeros. Entretanto la reforma agraria, insuficientemente planificada y sin la ayuda técnica y financiera necesaria, produjo una baja en la producción agrícola. Ambas situaciones contraproducentes[28] afectaron mucho la economía del país.

En medio de la crisis económica con su galopante inflación, Paz Estenssoro se encaprichó en modificar la Constitución para ser reelegido presidente después de reorganizar las fuerzas armadas. En efecto, el caudillo resultó vencedor por tercera vez en mayo de 1964, pero a fines de ese mismo año su propio compadre, protegido y vicepresidente, René Barrientos, conspiró para derrocarlo. La Revolución boliviana se había consolidado con la destrucción del ejército tradicional, requisito indispensable en Latinoamérica para llevar a cabo el cambio de estructuras. Mientras no existía, el Movimiento Nacionalista Revolucionario (MNR) pudo mantenerse en el poder, pero una vez que sus dirigentes cometieron el error de reconstituir las fuerzas armadas para contrarrestar el poderío de los sindicatos dirigidos por Juan Lechín Oquendo, el general de aviación René Barrientos y el general del Ejército Alfredo Ovando derrocaron a Paz Estenssoro e impusieron una junta de gobierno dirigida por ambos. Para muchos, la Revolución Boliviana terminó en 1964, y Barrientos fue el iniciador del período de reajuste conservador, durante el cual se asesinó a Ernesto «Che» Guevara (1928–1967).

Irónicamente, Barrientos, responsable de represiones sangrientas, murió en abril de 1969 en un accidente de su helicóptero. El ejército boliviano siguió gobernando, primero con un civil, y después con generales nacionalistas de derecha, de izquierda moderada, o francamente oportunistas. Tras una crisis electoral y para evitar la guerra civil, el ejército permitió que asumiera el gobierno provisional la primera mujer presidenta de la historia del país, Lidia Gueyler. Después de un corto período gubernamental, la

---

[28] *contraproducentes*   self-defeating

Gueyler convocó a elecciones generales (1980), en las cuales resultó elegido por mayoría absoluta Hernán Siles Zuazo, dirigente de las fuerzas de izquierda unidas. Cuando se supo los resultados electorales, los militares reasumieron el poder tras un baño de sangre que generó muchas protestas y obligó a varios países, incluyendo Estados Unidos, a suspender las relaciones diplomáticas con el gobierno represivo. La nueva junta militar (1980–1983) se caracterizó por violar los derechos humanos y permitir el tráfico de drogas. Cuando la crisis económica se tornó incontrolable, el ejército se retiró del gobierno y el Congreso inmediatamente reeligió presidente a Hernán Siles Zuazo.

Como ningún candidato presidencial obtuvo el 50% más uno de los votos en las elecciones generales del 14 de julio de 1985, el Parlamento Nacional eligió presidente constitucional a Víctor Paz Estenssoro, entonces de 77 años de edad. Por cuarta vez asumió la presidencia el 6 de agosto siguiente: por primera vez un gobierno entregó pacíficamente el poder a un partido de oposición.

Los principales problemas del nuevo régimen fueron: (a) la lucha contra el poder de los narcotraficantes y (b) la crisis económica agravada por la deuda internacional de cuatro mil millones de dólares. El 13 de julio de 1987 el gobierno de La Paz firmó un acuerdo con la Conservation International —organización norteamericana sin fines lucrativos—, mediante el cual ésta compraba US$650.000 de la deuda boliviana, con un 85% de descuento, a cambio de la protección ecológica de 3.7 millones de acres adyacentes a la existente Reserva Beni de la zona amazónica del norte del país. Siguiendo este concepto conocido en inglés como *«debt for nature»* (deuda por natura) se propuso una ley en el Congreso de los Estados Unidos que alienta a instituciones como el Banco Mundial a iniciar programas pilotos en esa dirección. En el Senado estadounidense se sometieron proyectos de ley para otorgar exoneración de impuestos a los bancos que cancelen parte de la deuda a los países que conservan zonas para la defensa ecológica. El acuerdo firmado por Bolivia estableció un importante precedente para resolver simultáneamente dos problemas críticos globales: la gigantesca deuda internacional y la rápida destrucción de las florestas tropicales, los animales que ahí viven y los ríos que las surcan.

Jaime Paz Zamora, elegido por el Congreso para gobernar el país de 1989 a 1993 ha tenido que hacer frente a la seria crisis económica, agravada por la deuda internacional, las huelgas y el creciente poder de los narcotraficantes.

11.7 Perfil de Bolivia y su gente

Bolivia, unas ocho veces más extensa que el Estado de Nueva York, se divide en tres regiones: (1) la meseta andina donde se encuentra el lago Titicaca; (2) la región de las yungas o valles interandinos; y (3) el oriente semitropical, región plana entre los Andes y la meseta del Mato Grosso brasileño. La tercera región abarca el 70% del territorio nacional y es la menos poblada. De los nueve millones de bolivianos, 54% son indios, 32% mestizos y 14% blancos. Cálculos optimistas hacen llegar al 60% el número de analfabetos adultos. Los datos para Bolivia, como para muchos otros países latinoamericanos, no son precisos ni exactos. Sí se sabe con certeza que en Bolivia el ingreso per capita y el promedio de vida de los habitantes se encuentran entre los más bajos de Latinoamérica.

Varias son las ciudades mundialmente conocidas. La Paz, capital de facto del país, donde funcionan el poder ejecutivo y el Congreso, tiene cerca de un millón de habitantes y se encuentra a 11,098 pies sobre el nivel del mar, muy cerca del lago Titicaca. Le sigue en importancia Sucre, todavía capital oficial del país a lo largo de cuya historia ha tenido tres nombres: La Plata (por encontrarse cerca de la famosa mina de Potosí), Charcas y Chuquisaca. Allí funcionan el tribunal supremo, el archivo nacional y la universidad más antigua del país. Destacan también Cochabamba, situada en un hermoso valle de excelente clima, y Santa Cruz, capital de la región selvática, al sureste del país.

Históricamente la tragedia boliviana ha girado en torno a dos metales: la plata durante el periodo colonial y el estaño durante la república. La explotación de aquél, sobre todo en las universalmente conocidas Minas de Potosí, dio motivo a[29] la frase «¡Vale un Potosí!» como sinónimo de gran valor monetario. Las minas de plata, así como las de plomo y azogue[30] rindieron mucho durante la Colonia, pero fueron la causa de la muerte de centenares de miles de indios y mestizos. En este siglo el estaño ha traído paradójicamente más miserias al país, al mismo tiempo que ha enriquecido a varias familias y compañías extranjeras. Con todo, la minería hasta hace poco era básica en la economía de Bolivia; rendía el 95 por ciento de las exportaciones, dos tercios de ellas de estaño. En la década de los años ochenta, sin embargo, la exportación ilegal de coca devino en la principal fuente de ingresos del país. El país también es rico en plomo, antimonio, bismuto y tungsteno,[31] así como en caucho, maderas y petróleo.

No obstante la importancia de la minería, la mayor parte de la población es agrícola, aunque los métodos de cultivo no han cambiado mucho desde la época colonial. Mas, porque el país produce únicamente el 20% de los granos que necesita para consumir, se ve obligado a dedicar un tercio de las importaciones a productos alimenticios.

---

[29] *dio motivo a*   gave birth to
[30] *plomo y azogue*   lead and mercury
[31] El antimonio, el bismuto y el tungsteno son elementos metálicos usados en aleaciones (*alloys*) principalmente. El antimonio y el bismuto también son usados en medicina; en cambio el tungsteno se emplea en la producción de los filamentos para las bombillas (*bulbs*) eléctricas.

11.8 La República del Perú hasta la Guerra del Pacífico

El primer gobernante del Perú independiente fue un argentino: el general José de San Martín, jefe de la expedición libertadora argentino-chilena. Si se descuentan los gobiernos fugaces que le sucedieron después de su dimisión, en realidad los tres primeros gobernantes no fueron oriundos[32] del Perú actual: Bolívar nació en Venezuela y el general José de la Mar en Ecuador. Tras varios presidentes castrenses[33] peruanos, el país nuevamente fue gobernado, de 1836 a 1837, por otro militar no nacido en el Perú: el general Andrés de Santa Cruz, creador de la Confederación Perú-Boliviana disuelta por la intervención armada de Chile.

Los años siguientes son testigos de nuevos golpes revolucionarios y del establecimiento de regímenes castrenses efímeros. El único caudillo militar de labor positiva fue Ramón Castilla, presidente de 1845 a 1851 y de 1855 a 1862. Frente a los desmanes[34] de los militares ambiciosos, ilusionados en que la presidencia era el grado militar más alto, conquistable por la fuerza, se estableció el Partido Civil, defensor de los intereses de los señores feudales y de la incipiente burguesía surgida al amparo de la espada.[35] En 1872 comienza el período «civilista», durante el cual sus presidentes, civiles y militares, gobernaron principalmente para beneficio suyo y de la oligarquía. Los golpes de estado periódicos se producían a consecuencia de mezquinas diferencias entre el centenar de familias poderosas del país. Así continúa la monótona historia peruana hasta el estallido de la Guerra del Pacífico (1879–1883). La derrota del Perú pone de manifiesto el grave estado de su descomposición cívica.

11.9 El Perú desde 1884

Aunque la conciencia nacional comienza a despertarse a raíz de la derrota y de los discursos fogosos[36] de Manuel González Prada (1844–1918), la historia peruana de posguerra se caracteriza por la lucha sangrienta entre los diversos grupos de oligarcas, apoyados algunos por masas de gente inculta. Don Manuel, como popularmente llamaban a González Prada, escribe discursos y ensayos radicales en favor del indio, del obrero, del explotado peruano, al mismo tiempo que critica el orden socioeconómico nacional.

Poco a poco, conforme se construían ferrocarriles, se establecían algunas industrias, llegaba más capital extranjero y nuevas familias se en-

---

[32] *oriundos*   natives
[33] *castrenses*   military
[34] *desmanes*   excesses
[35] *al amparo de la espada*   had prospered under the protection of the armed forces
[36] *discursos fogosos*   fiery speeches

riquecían con jugosos contratos, la rama[37] burguesa del civilismo tomó las
riendas del gobierno. Los discípulos de González Prada, especialmente
Víctor Raúl Haya de la Torre (1895–1979) y José Carlos Mariátegui (1894–
1930), continuaron criticando el desgobierno y la situación del indio en la
sociedad peruana. Con Mariátegui como director, los intelectuales de vanguardia fundaron la revista *Amauta* (1926–1930), pronto de renombre
internacional. Esta revista y los numerosos artículos de su fundador apa-
recidos en publicaciones limeñas contribuyeron a resaltar la urgencia de
los problemas nacionales. El temprano fallecimiento de Mariátegui dejó
un vacío en la vida del país.

En Augusto B. Leguía, civilista disidente, gobernó despóticamente 11 años,
hasta 1930, cuando una rebelión castrense lo arroja del poder y restaura
el militarismo. A partir de ese año la historia del país está íntimamente
ligada a la participación del APRA (Alianza Popular Revolucionaria Americana) en la vida política nacional. Para impedir el triunfo electoral de Víctor
Raúl Haya de la Torre, carismático jefe del Partido Aprista Peruano, se
establecen dictaduras militares o gobiernos civiles fantoches,[38] hasta 1945,
cuando, debido en parte a la euforia del triunfo aliado en la Segunda Guerra
Mundial, gana las elecciones de ese año el Frente Democrático civil de
apristas y algunas agrupaciones conservadoras. Como aquéllos obtuvieron
mayoría de votos en la Cámara de Diputados, la oligarquía se las arregló
en 1948 para persuadir al presidente frentista la proscripción del PAP,
sigla[39] del Partido Aprista Peruano. Eliminado el más poderoso defensor
del gobierno civil de transición, el militarismo retornó al poder y se mantuvo
en él hasta 1956, cuando nuevamente se instaló el gobierno conservador
de Manuel Prado, quien al fin devolvió al PAP el derecho a participar en
la vida nacional.

En las elecciones presidenciales de 1962 la mayoría de votos obtenidos
por Haya de la Torre no bastaron para reconocerle el triunfo oficial. Para
impedir que el Congreso eligiera presidente al jefe aprista, un golpe de
estado impuso una junta militar de gobierno. Esta convocó a elecciones al
año siguiente y proclamó vencedor a Fernando Belaúnde Terry (n. 1912),
candidato de Acción Popular, partido nuevo con organización y parte del
programa aprista, apoyado por la rama progresista de la oligarquía. Durante
la nueva administración se estableció e inició un programa de cautelosas
reformas económicas. Ellas no satisficieron a los pequeños partidos radicales
que organizaron alzamientos guerrilleros. Cuando el país se preparaba para
las elecciones presidenciales en las que el APRA se perfilaba como posible
ganador, en octubre de 1968 un golpe militar impuso un gobierno de facto
nacionalista dirigido por el general Juan Velasco Alvarado. Iniciador de un
programa revolucionario, el gobierno militar, para sorpresa de muchos,
decretó una reforma agraria, estatizó las refinerías de la International Pe-

---

[37] *rama*   branch
[38] *fantoches*   puppets
[39] *sigla*   acronym (set of initials pronounced as a word)

Monumento a San Martín en el centro de Lima.

troleum, la minería y la compañía de teléfonos de la ITT, expropió el Banco Popular, controló las divisas e inició la reforma de la educación, la industria, el comercio y la prensa.

En 1975 un golpe de estado de la facción conservadora del ejército impuso en la presidencia al general Francisco Morales Bermúdez para llevar a cabo una supuesta «segunda fase» revolucionaria. Entonces se adoptaron medidas conservadoras en respuesta a una seria crisis económica desencadenada por la fuerte deuda internacional de más de ocho mil millones de dólares, contraída mayormente para adquirir armamentos en gran parte procedentes de países del bloque comunista. Morales Bermúdez convocó a un congreso constituyente en 1978. Al siguiente año se aprobó la nueva constitución peruana que entró en vigencia al inaugurarse nuevamente el nuevo período presidencial del arquitecto Belaúnde Terry, triunfador en las elecciones de 1980.

De julio de 1985 a julio de 1990 gobernó Alan García (n.1949), del Partido Aprista. No obstante el relativo éxito gubernamental de los dos primeros años de su administración, ella concluyó con una popularidad tan baja como la tenida por su antecesor al final de su segundo período presidencial. Durante el régimen de Alan García, el Perú experimentó la peor crisis económica de su historia, sumido en la hiperinflación, el desempleo, el subempleo, la recesión, el narcotráfico, el deterioro de los servicios públicos y, sobre todo, el terrorismo desarrollado por la rama del Partido Comunista del Perú conocido como Sendero Luminoso y por el Movimiento Revolucionario Tupac Amaru.

Alan García heredó una seria crisis económica, una deuda internacional de más de ocho mil millones de dólares y la lucha contra las fuerzas subversivas, problemas que se agravaron, especialmente durante los últimos tres años de su período presidencial. Por otra parte, el joven presidente, algo distanciado de su propio partido, fue más efectivo en lo siguiente: limitar los gastos públicos —incluyendo los de las fuerzas armadas—, moralizar las fuerzas policiales, luchar contra el narcotráfico y comenzar un programa de descentralización y de ayuda a las clases pobres.

En las elecciones generales del 8 de abril de 1990, Mario Vargas Llosa, candidato de Fredemo (coalición de partidos derechistas) obtuvo menos del tercio del total de votos, mucho menos del 50% más uno requerido constitucionalmente para ganar la presidencia. Alberto Fujimori, candidato del nuevo partido Cambio 90, obtuvo alrededor de 2% de votos menos que Vargas Llosa. Luis Alva Castro, candidato aprista, ocupó el tercer lugar. El resultado de la primera vuelta indicaba claramente que el pueblo había votado contra los partidos tradicionales. Como la estrategia de los opositores de Vargas Llosa es cerrar filas en favor de Fujimori, su triunfo electoral en las elecciones de junio de 1990 llevó a la presidencia del Perú al primer peruano de ascendencia japonesa, para gobernar hasta 1995.

11.10 Perfil del Perú y su gente

Con una costa de 1,410 millas, el Perú es de un área parecida al territorio combinado de los estados de Arizona, Nuevo México y Texas. Se divide en tres zonas geográficas muy distintas: (1) la costa angosta, en realidad un largo desierto, interrumpido por pequeños valles regados por los ríos que bajan de los Andes; (2) la sierra con elevadas cadenas de montañas; y (3) la jungla, conocida en el Perú como «montaña,» situada al este de los Andes.

La población total, de alrededor de 20 millones de habitantes, es 10% blanca, establecida principalmente en la costa; 55% mestiza, esparcida en la costa y la sierra; 30% india, radicada mayoritariamente en la sierra; y 5% de descendientes de negros y orientales concentrados sobre todo en la costa.

Hasta 1980 en que comienza la lucha armada en el país, el peruano era considerado relativamente pacífico, indiferente a los cambios políticos, cuyo conservatismo lo rezagó para conseguir la independencia de España y para reaccionar contra la minoría oligárquica por tanto tiempo hegemónica en el país. El gobierno tradicionalmente había estado en manos de los herederos de la Colonia o de los descendientes de inmigrantes que

Alcalde de Pisac, Perú, con su báculo (*staff*) de autoridad.

usufructuaron el erario[40] y se mantuvieron en el poder valiéndose de las fuerzas armadas y de una propaganda inescrupulosa respaldada por la adulteración de datos estadísticos. El mismo general Velasco Alvarado

---

[40] *usufructuaron el erario*   enjoyed the state treasury

admitió que el ejército había sido «el perro guardián de la oligarquía.» La violencia, que durante la década de los años 80 causó 18,000 muertos y daños materiales equivalentes a los de la deuda internacional, obliga a un reexamen de la sicología del peruano y de las condiciones económicas, políticas y sociales del Perú.

El mar ha sido el gran proveedor del país. En el siglo pasado, el guano, formado de los excrementos de las aves marinas en las islas de la costa, fue la principal fuente de riqueza. Después de la Segunda Guerra Mundial, cuando se desarrolló la industria pesquera, el Perú ocupó por casi tres décadas el primer puesto en el mundo en la exportación de la harina de pescado.[41] Actualmente son importantes productos de exportación legal los minerales, el petróleo, el algodón y la harina de pescado. La exportación ilegal de la coca es sumamente significativa.

La ciudad más poblada del Perú es Lima, la capital, situada a cinco millas del Callao, primer puerto del país. La zona metropolitana de Lima, que abarca al Callao, tiene alrededor de 4 millones de habitantes. Le siguen en importancia en la costa, Trujillo, Chimbote y Huacho, y en la sierra, Arequipa, Huancayo y Cuzco, cada una con una población de alrededor de medio millón de habitantes. La ciudad principal de la selva es Iquitos, situada en el Amazonas, con unos 100,000 habitantes. A sus muelles[42] llegan barcos grandes provenientes del Atlántico por la boca del Amazonas, a 2,300 millas de distancia.

El Perú es un país sumamente importante por sus ruinas arqueológicas. Las asombrosas ciudades de Machu Picchu, cerca del Cuzco, y de Chan Chan, cerca de Trujillo, y Pachacamac, cerca de Lima, son muy visitadas por los extranjeros. Hay también restos de fortalezas famosas como las de Sacsahuamán y Ollantaytambo, cerca de Cuzco, y Paramonga, al norte de Lima. Los ejemplos de arquitectura incaica y colonial son muy numerosos en todo el país. Machu Picchu, edificada de piedra, una de las maravillas del Mundo, permaneció en lo alto de los Andes, junto al río Urubamba, aislada y desconocida desde la derrota de los incas, hasta que en 1911 Hiram Bingham la descubrió ayudado por indios lugareños en un viaje de estudios arqueológicos patrocinado por la Universidad de Yale. Chan Chan es una maravilla en adobes. La inmensa área que ocupan sus ruinas nos lleva a la conclusión de que fue una de las ciudades precolombinas más grandes. Sus paredes continúan erectas desafiando el tiempo, el clima y los movimientos sísmicos. El terremoto del 31 de junio de 1970 que afectó la región, derrumbó las obras de reconstrucción y reparación realizadas con la ayuda de la técnica moderna, pero dejó en pie sin mayores daños las paredes antiguas construidas por los indios de la civilización Chimú. De estas ciudades y de las fortalezas mencionadas nos ocupamos en el capítulo dedicado a la arquitectura.

---

[41] *harina de pescado*   fishmeal
[42] *muelles*   docks

11.11 Sumario

   I. La República de Chile hasta la Guera del Pacífico, de 1818 a
      1884:
      A. Bernardo O'Higgins, Director Supremo (1818–23)
      B. Guerra para disolver la Confederación Perú-Boliviana (1836–
         38)
      C. Andrés Bello (1781–1865) asesora a los conservadores, reor-
         ganiza la Universidad y debate con los románticos chilenos y
         argentinos (1842)
      D. Los «pelucones» (conservadores) vencen a los «pipiolos» (li-
         berales)
      E. La Guerra del Pacífico (1879–83) añade el 33% al territorio
         chileno
  II. Chile después de derrotar a Perú y Bolivia, de 1884 hasta el pre-
      sente:
      A. Regímenes de consolidación conservadora y progreso liberal
      B. La era de Arturo Alessandri (1920–38):
         1. Se instituye el impuesto a la renta y se nacionaliza el salitre
         2. Constitución de 1925: el bien social limita la propiedad
            privada
         3. Cuartelazos y los 100 días de la República Socialista (1932)
         4. Aproximación a la oligarquía y distanciamiento de la iz-
            quierda
      C. Pedro Aguirre Cerda, primer presidente del Frente Popular
         (1938–41)
      D. El presidente Gabriel González Videla (1946–52) nombra 3
         ministros comunistas, los despide y proscribe a su partido en
         1948
      E. Gobierno demócrata-cristiano de Eduardo Frei (1964–70)
      F. El Presidente socialista Salvador Allende asesinado en palacio
         (1973)
      G. Dictadura del general Augusto Pinochet (1973–90) vs. de-
         mocracia civil
 III. Perfil de Chile y su gente:
      A. Norte desértico, valles andinos fértiles y «loca geografía» su-
         reña
      B. Belicosidad y laboriosidad heredada de múltiples ancestros
      C. En los fundos, los terratenientes explotan a inquilinos y guasos
      D. En las urbes, la oligarquía prospera con el sudor de los rotos
      E. Antes de la autocracia, generosa hospitalidad a los exiliados
      F. Aportes de historiadores, poetas, narradores y críticos lite-
         rarios
  IV. Bolivia
      A. Caudillos organizadores, bárbaros y la rosca oligarca:

A. Costa industrializada, sierra andina agrícola y selva narco-traficante
B. Importancia arqueológica de las ruinas precolombinas
C. Pugnas interraciales y conflictos clasistas agravados por la economía.

11.12 Recomendación bibliográfica

Chile

Arellano, José Pablo. *La situación social en Chile*. Technical Notes No. 94. Santiago: CIEPLAN, 1987.

Arriagada, Genaro. *Pinochet: The Politics of Power*. Translated by Nancy Morris. Winchester, Ma.: Unwin Hyman, 1989.

Bitar, Sergio. *Chile: Experiment in Democracy*. Philadelphia: Institute for the Studies of Human Issues, 1986.

Faundez, Julio. *Marxism and Democracy in Chile: 1932 to the Fall of Allende*. New Haven: Yale University Press, 1988.

French-Davis, Ricardo, and Dagmar Raczynski. *The Impact of Global Recession on Living Standards: Chile*. CIEPLAN Technical Notes No. 97. Santiago: CIEPLAN, 1987.

Garretón, Manuel Antonio. *The Chilean Political Process*. Translated by Sharon Kellum. Winchester, Ma.: Unwin Hyman, 1989.

Gatica Barros, Jaime. *Deindustrialization in Chile*. Boulder, Co.: Westview Press, 1987.

Israel, Ricardo. *Politics and Ideology in Allende's Chile*. Tempe: Center for Latin American Studies, Arizona State University, 1989.

Monteon, Michael, *Chile in the Nitrate Era: The Evolution of Economic Dependence, 1880–1930*. Madison: University of Wisconsin Press, 1982.

Pollack, Benny, and H. Rosenkranz. *Revolutionary Social Democracy: The Chilean Socialist Party*. London: Frances Printer, 1986.

Zeitlin, Maurice. *The Civil Wars in Chile (Or the Bourqeois Revolutions that Never Were)*. Princeton: Princeton University Press, 1984.

Bolivia

Bakewell, Peter. *Miners of the Red Mountain: Indian Labor in Potosí*. Albuquerque: University of New Mexico Press, 1984.

Devlin, Robert, and Michael Mortimore. *External Debt in Bolivia*. Boulder, Co.: Westview Press, 1987.

Francovich, Guillermo. *Los mitos profundos de Bolivia*. La Paz: Editorial Los Amigos del Libro, 1980.

Gill, Lesley. *Peasants, Entrepreneurs, and Social Change: Frontier Development in Lowland Bolivia*. Boulder, Co.: Westview Press, 1987.

Klein, Herbert S. *Bolivia: The Evolution of a Multi-Ethnic Society*. New York: Oxford University Press, 1982.

Larson, Brooke. *Colonialism and Agrarian Transformation in Bolivia: Cochabamba, 1550–1900*. Princeton: Princeton University Press, 1988.

Long, Norman, and Bryan Roberts. *Miners, Peasantas and Entrepreneurs*. Cambridge: Cambridge University Press, 1984.

Nash, June. *We Eat the Mines and the Mines Eat Us: Dependency and Exploitation in Bolivian Tin Mines*. New York: Columbia University Press, 1979.

Queiser Morales, Waltraud. *Bolivia: Land of Struggle*. Boulder, Co.: Westview Press, 1987.

Yeager, Gertrud M., comp. *Bolivia*. Oxford, England: Clio Press, 1988.

Perú

Babb, Florence E. *Between Field and Cooking Pot: The Political Economy of Market Women in Peru*. Austin: University of Texas Press: 1989.

Chang-Rodríguez, Eugenio, and Ronald G. Hellman, eds. *APRA and the Democratic Challenge in Peru*. New York: Bildner Center for Western Hemisphere Studies, CUNY, 1988.

Cotler, Julio. *Clases, Estado y Nación en el Perú*. Lima: Instituto de Estudios Peruanos, 1978.

Davies, Jr., Thomas M. *Indian Integration in Peru: A Half Century of Experience*. Lincoln: University of Nebraska Press, 1980.

Dore, Elizabeth W. *The Peruvian Mining Industry: Growth, Stagnation, and Crisis*. Boulder, Co.: Westview Press, 1987.

Figueroa, Adolfo. *Capitalist Development and the Peasant Economy in Peru*. Cambridge: Cambridge University Press, 1984.

Gilbert, Dennis L. *La oligarquía peruana: historia de tres familias*. Translated by Mariana Mould de Pease. Lima: Horizonte, 1982.

González, M. J. *Plantation Agriculture and Social Control in Northern Peru, 1875–1933*. Austin: University of Texas Press, 1985.

Gootenberg, Paul. *Commercial Policy and the State in Postindependence Peru*. Princeton: Princeton University Press, 1989.

Masuda, Shozo, ed. *Estudios etnográficos del Perú meridional*. Tokio: Universidad de Tokio, 1981.

McClintock, Cynthia, and Abraham F. Lowenthal, eds. *The Peruvian Experiment Reconsidered*. Princeton: Princeton University Press, 1983.

Pike, Fredrick B. *The Politics of the Miraculous in Peru: Haya de la Torre and the Spiritualist Tradition*. Lincoln: University of Nebraska Press, 1986.

Saba, Raúl P. *Political Development and Democracy in Peru: Continuity and Change in Crisis*. Boulder, Co.: Westview Press, 1987.

Scheetz, Thomas. *Peru and the International Monetary Fund*. Pittsburgh: University of Pittsburgh Press, 1986.

Stein, Steve. *Populism in Peru: The Emergence of the Masses and the Politics of Social Control*. Madison: University of Wisconsin Press, 1980.

11.13 Cuestionario y temas

Cuestionario

1. ¿Cuál es el papel histórico de Bernardo O'Higgins?
2. ¿Qué labor cultural realizó Andrés Bello en Chile?
3. ¿Por qué lucharon los chilenos contra los peruanos y bolivianos?
4. ¿Cómo se desarrolló el Frente Popular en Chile?
5. ¿Por qué se trató de reunificar al Perú y Bolivia?
6. ¿A quiénes llamó Alcides Arguedas «caudillos bárbaros»?
7. ¿Qué importancia histórica ha tenido la llamada Revolución boliviana?
8. ¿Cuáles fueron las contribuciones de González Prada?
9. ¿Quiénes son José Carlos Mariátegui y Víctor Raúl Haya de la Torre?
10. ¿Qué representa el aprismo en la historia del Perú?

Temas para informes orales

1. Chile y los conflictos armados con sus vecinos.
2. El Frente Popular en Chile.
3. Eduardo Frei y su democracia cristiana.
4. Papel histórico de Salvador Allende.
5. El Tiahuanaco en la historia precolombina boliviana.
6. Los caudillos bárbaros bolivianos.
7. Balance positivo de la Revolución boliviana.
8. El civilismo oligárquico peruano.
9. El Perú desde la aparición del aprismo.
10. La importancia del mar en la historia peruana.

Temas para informes escritos opcionales

1. Salvador Allende y su período presidencial.
2. La loca geografía chilena.
3. Paz Estenssoro y el MNR.
4. José Carlos Mariátegui en la década del veinte.
5. Crítica de la actuación presidencial de Alan García.

Capítulo
12
Los países andinos septentrionales

12.1 El Ecuador independiente

El Ecuador nace como país independiente en 1830 al separarse de la Gran Colombia, creada en 1821 cuando Bolívar libertó el Virreinato de Nueva Granada. Antes, con el nombre de Audiencia de Quito, formaba parte del Virreinato del Perú desde 1563 hasta 1739, cuando pasó a integrar el reconstituido Virreinato de Nueva Granada: hechos históricos necesarios al estudiar los conflictos territoriales fratricidas ocurridos desde los albores de la independencia. Fue responsable de la secesión, Juan José Flores (1801–1864), ex-general venezolano del ejército de Bolívar, mostrando así cómo, a veces, los libertadores de ayer devienen[1] dictadores. La Convención Constitucional del Ecuador le concedió a Flores la «ciudadanía de nacimiento» y lo proclamó primer «presidente constitucional». Sus tres períodos administrativos fueron autocráticos, alternados por golpes, conspiraciones y administraciones inestables hasta que en 1861 Gabriel García Moreno (1821–1875) llegó al poder con la ayuda de conservadores clericales. Durante su gobierno despótico consagró el Ecuador al Sagrado Corazón de Jesús y organizó un ejército para defender al Papa del gobierno de Roma. En 1875, cuando se preparaba para «aceptar la reelección» fue asesinado por estudiantes universitarios, admiradores de Juan Montalvo (1832–1889), el gran escritor combatiente de su dictadura. Le sucedieron gobernantes improvisados enfermos de poder.

Afortunadamente para el país, desde fines del siglo XIX y primera dé-

---

[1] *devienen* llegan a ser

La Calle de la Ronda en Quito todavía conserva su aspecto colonial con balcones y techados de tejas.

cada del siglo XX fue presidente en dos oportunidades Flavio Eloy Alfaro (1867–1912), quien introdujo reformas económicas y puso freno[2] a los privilegios clericales otorgados durante los gobiernos conservadores. Este período liberal iniciado por él terminó cuando la depresión económica llegó al Ecuador en la década de 1930. Entonces se sucedieron otros presidentes personalistas, entre los cuales destacó José María Velasco Ibarra, que gobernó esporádicamente de 1934 a 1972. Durante la ausencia de un hombre fuerte o después de la caída de un dictador, solía imponerse una junta militar que a veces gobernaba directamente o por medio de presidentes civiles títeres.[3] No sucedió esto durante la presidencia de Galo Plaza, que de 1948 a 1952 instituyó muchas reformas sociales. Tampoco destacó la preeminencia del ejército durante los períodos presidenciales del carismático José María Velasco Ibarra, el último de los cuales concluyó en 1972 con un golpe de estado que impuso a una junta militar nacionalista, presidida primero por un general y después por un vicealmirante.

En 1979 el joven populista Jaime Roldós fue elegido presidente por mayoría abrumadora. Gobernó con eficiencia hasta su muerte en 1981 en un inexplicable accidente aéreo. Terminó su período gubernamental su vicepresidente Osvaldo Hurtado, a quien le sucedió, en 1984, el guayaquileño León Febres Cordero, del Frente de Reconstrucción Nacional, partido conservador. Le tocó recibir la visita del Papa Juan Pablo II, quien en su visita a Latacunga, donde lo esperaba una vistosa fiesta popular y tradicionales bailes indígenas, pronunció un discurso en quechua. Desde 1988 gobierna el país Rodrigo Borja Cevallos, perteneciente al partido Izquierda Democrática. Fue elegido para el período presidencial que termina en 1992.

12.2 Perfil del Ecuador y su gente

El Ecuador es un país principalmente selvático (50%) y montañoso (33%); el resto lo forman la costa fértil y las Islas Galápagos, a 580 millas mar afuera. Con un área de unas 110,000 millas cuadradas, el país se extiende entre Colombia y Perú alrededor de 400 millas, siguiendo las dos cadenas de montañas que forman los Andes. Los mestizos constituyen el 41% de la población de unos diez millones de habitantes. Los indios puros representan el 39%, los blancos sólo el 10% y los negros también el 10%. Casi toda la población ecuatoriana reside en la costa y en la sierra del país y sólo 1% en la selva. En el Ecuador le llaman Oriente al territorio selvático situado al este de los Andes, donde nacen varios afluentes del Amazonas y viven algunas tribus de indios, como los jíbaros y los aucas. El país ha sido tradicionalmente agrícola, no obstante que sólo se cultiva el 5% de su

---

[2] *puso freno*   refrained, checked
[3] *civiles títeres*   puppet civilian

territorio. Los principales productos de exportación son el plátano, el cacao, la tagua (marfil[4] vegetal), el azúcar, el café y el tabaco. El arroz es también importante por ser la base de la dieta nacional, como lo atestigua la expresión ecuatoriana «Sin arroz no hay Dios.» El sombrero de Jipijapa, manufacturado por los indios del norte, es famoso en el exterior con el nombre de sombrero de Panamá. La explotación de petróleo en la selva ha permitido que el Ecuador se convierta en uno de los principales productores de ese oro negro en el Hemisferio. Desde hace pocos años el petróleo es la más importante fuente de divisas del país.

El Ecuador sufre las consecuencias de la rivalidad entre las dos grandes ciudades: Quito y Guayaquil. Los limitados medios de comunicación y transporte complican esta situación. Quito, la capital, situada en los Andes a más de 9,000 pies de altura, casi en la línea ecuatorial, fue, durante la Colonia, uno de los grandes centros artísticos del hemisferio, donde florecieron, sobre todo, las artes plásticas. A esta ciudad llegaron numerosos cuadros de pintores destacados de la España y la Italia de los siglos XVI, XVII y XVIII (Murillo, Zurbarán, Velázquez, Rafael y Ticiano), adquiridos por quiteños de buen gusto y amor al arte. Con clima primaveral y cerca de millón y medio de habitantes, es una de las ciudades más hermosas y pintorescas de Sudamérica. Sus iglesias coloniales, tan ricas en oro, joyas y cuadros, se encuentran entre las mejores del continente. Guayaquil, con una población de cerca de un millón de habitantes, es su principal puerto, cuya ubicación geográfica la ha puesto en contacto con las nuevas ideas del exterior y ha orientado a sus intelectuales a desarrollar una literatura con fuerte inclinación sociopolítica.

Las cumbres serranas, algunas cubiertas de nieve perpetua, forman a lo largo del valle interandino, una especie de «avenida de volcanes», entre los que se destacan el Chimborazo, de 20,577 pies y el Cotopaxi, de 19,347 pies, ambos conocidos universalmente por su belleza. También Riobamba y Cuenca son ciudades importantes situadas en los valles andinos. Las Islas Galápagos, declarada por la UNESCO como Patrimonio Natural de la Humanidad, son famosas por las numerosas especies de animales estudiadas por Darwin en su viaje de investigación a Sudamérica.

12.3 Colombia independiente

El sueño de Bolívar fue unificar a Hispanoamérica en una gran entidad política, y con ese fin dio el primer paso cuando creó la llamada «Gran Colombia» en 1821. La desconfianza, la envidia y la traición produjeron disensiones intestinas en el nuevo Estado. Arrastrado por el torrente de los acontecimientos, el Libertador, decepcionado y enfermo, como ya vimos, murió en Santa Marta, previendo lo que ocurriría después de su partida

---

[4] *marfil* ivory

final. En 1830 dos generales venezolanos fragmentaron la «Gran Colombia»: José Antonio Páez separó Venezuela y Flores, el Ecuador. Colombia, propiamente hablando, siguió por largo tiempo el ritmo azaroso[5] de las usuales luchas internas y agitaciones políticas del continente. Militares ambiciosos la gobernaron para provecho personal o en nombre de los terratenientes, opuestos por los pocos oficiales que respaldaban a los intelectuales del liberalismo décimonono.[6]

En 1858 se crea la Confederación Granadina para disolverse tres años más tarde. Después, el país se baña en sangre con las luchas fratricidas que culminan en la famosa Guerra de los Mil Días (1899–1902), responsable de la muerte de más de 100,000 colombianos. Los liberales y conservadores se alternaban en el poder y en la persecusión mutua. Durante una de las guerras civiles, la de 1903, ocurrió la independencia de la provincia de Panamá, ingeniada por la política del garrote (*big stick policy*) de Theodore Roosevelt. Los conservadores, en el poder hasta 1930, se dividieron antes del proceso electoral de ese año. Entonces las riendas del gobierno pasaron a manos de los liberales hasta 1946, cuando la historia vuelve a repetirse: los liberales participan divididos en las elecciones presidenciales y los conservadores resultan triunfantes.

La división del liberalismo se debió en gran parte a la decepción de quienes se opusieron a la política de los últimos ministros millonarios de ese régimen. En 1948, mientras se celebraba la Conferencia Panamericana, el líder de la rama izquierda del liberalismo, Jorge Eliécer Gaitán, cayó asesinado. El pueblo se amotinó, destruyó gran parte del centro de la ciudad y dio muerte a mucha gente. El «bogotazo,» como se le conoce a esta conmoción cívica, inicia un nuevo capítulo de la historia de Colombia: «La violencia.» Se hicieron intentos para poner fin al caos por medio de un gobierno conservador inspirado en el falangismo[7] de Franco. Ese gobierno fracasó y fue depuesto por el general Gustavo Rojas Pinilla. Para mantener su dictadura con el asentimiento de los Estados Unidos, su gobierno envió un ejército colombiano a luchar al lado de los norteamericanos en Corea. Ninguno de estos regímenes despóticos tuvo éxito. Al hacerse difícil la situación, tanto para los liberales como para los conservadores, se concertó un pacto para poner fin a la dictadura militar. Mediante este convenio se inauguró el período de regímenes del Frente Nacional. En virtud de este acuerdo de convivencia, cada cuatro años, de 1958 a 1974, se alternaron en la presidencia liberales y conservadores, compartiendo el poder en las otras ramas del gobierno en proporción al número de votos obtenido por cada partido

La oposición a esta transacción tildada[8] de «conveniencia entre burgueses», prolongó la violencia armada en el interior. Combatieron el orden

---

[5] *azaroso*   arriesgado
[6] *décimonono*   del siglo XIX
[7] *falangismo*   fascismo español
[8] *tildada*   branded

establecido, las fuerzas de extrema izquierda, interesadas en organizar un gobierno revolucionario semejante al de Cuba. En los meses más críticos de la violencia aparecieron zonas de guerrilleros autodenominadas «repúblicas socialistas», las cuales poseían sus propias fuerzas armadas, su propia moneda y hasta sus propios sellos de correo.[9] En estas luchas murieron decenas de miles de colombianos. Entre ellos, el padre Camilo Torres, de distinguida familia y catedrático universitario. Convencido de la inutilidad de la reforma pacífica, el padre Torres se unió a las guerrillas del interior y cayó muerto en 1966, en uno de los encuentros armados con el ejército. La década del 80 ha visto recrudecer las actividades guerrilleras tanto en el campo como en los centros urbanos. Secuestros, asaltos a bancos y hasta a sedes diplomáticas extranjeras muestran las tácticas de los guerrilleros empeñados en combatir al gobierno, entre los que destacan las Fuerzas Armadas Revolucionarias de Colombia (FARC), el M–19 y el Ejército de Liberación Nacional (ELN).

De 1982 a 1986 gobernó el país el ingeniero Belisario Betancur (n. 1923), del Partido Conservador. Entre los acontecimientos más importantes ocurridos durante su período presidencial fueron: (a) la destrucción de gran parte de la ciudad de Popayán por un terremoto el 31 de marzo de 1983; (b) el acuerdo de una tregua por un año entre el gobierno y FARC firmado en 1984, pero rechazado por el M–19 y el ELN; (c) el ataque del 7 de noviembre de 1985, por parte de fuerzas de la policía y del ejército, al Palacio de Justicia en Bogotá, ocupado el día anterior por sesenta guerrilleros del M–19, y la consecuente muerte de cien personas, incluyendo once jueces de la Corte Suprema y los sesenta guerrilleros; y (d) las dos erupciones seguidas del volcán Nevado de Ruiz que causan varias avalanchas de agua y fango sobre Armero y trece aldeas y pueblos donde mueren 25,000 colombianos el 13 de noviembre de 1985.

En 1986 el ingeniero Virgilio Barco Vargas (n. 1921), graduado del Instituto Tecnológico de Massachusetts (MIT) y miembro del partido liberal, asumió la presidencia del país por un período de cuatro años.

El tráfico ilícito de drogas de Colombia al exterior, principalmente Estados Unidos, ha afectado la economía y, sobre todo, la moralidad tanto de Colombia como de Miami, puerto de ingreso de la mayor parte de la cocaína sudamericana. En respuesta a la serie de medidas gubernamentales para frenar este creciente mal, los grandes carteles de la droga en Colombia, particularmente de Medellín y Cali, aceleraron sus ataques a las instituciones gubernamentales en 1984, al asesinar al ministro de justicia. Desde entonces la nueva violencia desencadenada por los narcotraficantes ha sido puntualizada con el asesinato del ministro de justicia, de más de cincuenta jueces, 170 empleados judiciales y decenas de otros ciudadanos distinguidos, como Guillermo Cano, director de *El Espectador*, el diario más importante del país, después de *El Tiempo*. Cuando en agosto de 1989

---

[9] *sellos de correo*   postage stamps

cayó asesinado Luis Carlos Galán, precandidato presidencial del Partido Liberal, el Presidente Virgilio Barco, decidió enfrentar con mayor vigor el problema de la droga. En pocos días se detuvieron miles de sospechosos, se destruyeron laboratorios dedicados a convertir la pasta básica en cocaína y se incautaron 150 aviones y más de dos cientos vehículos de toda clase, a la vez que se allanaban decenas de mansiones, haciendas, hoteles, edificios, discotecas, aeropuertos clandestinos y otros negocios de presuntos narcotraficantes. En desesperación, los jefes del narcotráfico, ante la pérdida de más de dos cientos millones de dólares causada por el gobierno en pocos días, respondieron con ataques dinamiteros a bancos, radiodifusoras y haciendas de recreo de prominentes hombres de negocios y dirigentes políticos, como parte de su anunciada «guerra total» al gobierno decidido a extraditar a los narcotraficantes reclamados por la justicia norteamericana.

En Estados Unidos, principal consumidor de droga del mundo, la guerra contra el narcotráfico en Colombia recibió gran publicidad y movió al presidente George Bush a otorgar inmediatamente 65 millones de dólares de ayuda a esa campaña. Europa Occidental, consumidora de cincuenta toneladas de cocaína al año proveniente principalmente de Colombia, siguió el ejemplo norteamericano y extendió ayuda en la lucha contra el narcotráfico.

El senador Ernesto Samper, aspirante a la candidatura presidencial por el partido del gobierno, y víctima él mismo de un atentado que lo envió al hospital por tres meses, apoyó la reacción gubernamental, aunque criticó el tipo de equipo militar remitido del extranjero. Lo mismo hicieron los ex-presidentes conservadores Belisario Betancur y Misael Pastrana Borrero, preocupados por la posibilidad del envío de tropas norteamericanas a combatir el narcotráfico. Todo esto exacerbó más a los «extraditables» y los llevó desde noviembre de 1989 a intensificar su respuesta terrorista con actos desesperados, como la destrucción de un avión de Avianca y su centenar de pasajeros y la explosión, al mes siguiente, de un camión-bomba con media tonelada de dinamita que destruyó el edificio de la policía secreta, dañó severamente a una veintena de edificios vecinos y mató a noventa e hirió a varios centenares de bogotanos.

12.4 Perfil de Colombia y su gente

Colombia, el único país nombrado en honor a Cristóbal Colón, ocupa 440,000 millas cuadradas del noroeste de Sudamérica, un área semejante a la de los Estados de Texas y California juntos o de Francia y España unidos. Por su situación estratégica en las costas del Pacífico y del Atlántico, por su tamaño, porque en una de sus antiguas provincias se construyó el Canal de Panamá, y por ser sede de importantes carteles de narcotraficantes, Colombia recibe especial consideración del gobierno de los Estados Unidos.

Las tres ramas de la cordillera andina y la dos costas marítimas dividen al país en seis regiones geográficas: (1) la norteña, bañada por el Atlántico,

(2) la costeña del Pacífico; (3) la andina occidental; (4) la andina central; (5) la de los llanos orientales, y (6) la de la selva amazónica, que abarca casi la mitad del país. La tercera y la cuarta, económicamente más importantes, se extienden a lo largo de dos grandes ríos: el Magdalena y el Cauca. Aquél, uno de los ríos más largos del mundo, recorre unas 1,000 millas del territorio nacional y sirve de principal medio de comunicación y transporte entre Barranquilla, puerto del Caribe, y Bogotá, la capital del país. El viaje en barco fluvial tarda nueve días. Por la naturaleza montañosa del territorio, el transporte aéreo se ha desarrollado mucho. Colombia, como el Brasil, es uno de los países latinoamericanos que más utiliza la aviación.

La población de Colombia pasa de los 28 millones. De ellos se calcula que la mitad es mestiza, el 22% blanca, el 21% mulata y zamba, el 5% negra y el 2% india. La mayoría de la población vive en la sierra andina; los afrocolombianos, principalmente en la costa. Las principales ciudades de la región andina occidental son Medellín y Cali, cuyas áreas metropolitanas tienen una población de dos millones y medio y dos millones de habitantes, respectivamente. En la región central se encuentran Bogotá, Bucaramanga y Tunja, cuyas áreas metropolitanas cuentan con cuatro millones y medio, seiscientos mil y un cuarto de millón de habitantes, respectivamente. En la región caribeña también hay importantes centros urbanos: Barranquilla, Cartagena y Santa Marta, cada una con un millón, medio millón y un cuarto de millón de habitantes.

Desde el punto de vista cultural e industrial, la meseta bogotana, Antioquia y el Valle de Cauca, son más importantes que la costa. Bogotá, ciudad con unos cuatro millones de habitantes, es el centro político e intelectual del país. Por su actividad cultural algunos escritores bogotanos la han llamado «Atenas[10] de Sudamérica.» Sus filólogos, gramáticos y literatos se enorgullecen de hablar lo que muchos llaman «el castellano más correcto de las Américas.» En la actualidad, el Instituto Caro y Cuevo, con sede en Yerba Buena, cerca de Bogotá, es un influyente centro de estudios lingüísticos del mundo de habla castellana. Su nombre honra a[11] dos distinguidos filólogos: Rufino José Cuervo (1844–1911), autor del famoso *Diccionario de construcción y régimen*, y a Miguel Antonio Caro (1843–1909), poeta traductor de la *Eneida* y autor de una *Gramática latina*.

Medellín, capital de la rica región de Antioquia y pujante[12] ciudad industrial, compite en poder económico con Bogotá. Cali, la ciudad principal del Valle del Cauca, es otro de los centros laboriosos del país. Barranquilla y Cartagena siguen en dinamismo comercial. Esta última fue famosa durante la Colonia por sus fortificaciones y mercado de esclavos. En el Pacífico, Buenaventura, con una fuerte población de origen negro, es un puerto de creciente actividad.

No obstante los grandes esfuerzos por industrializarse, la agricultura en Colombia todavía pesa en la economía nacional: la pobreza extrema del

---

[10] *Atenas*   Athens
[11] *honra a*   honors
[12] *pujante*   vigorous

campesino[13] constituye un grave problema nacional. Como en otras partes de Latinoamérica, en las últimas tres décadas, la sociedad colombiana es ahora más alfabetizada (88%) y urbana (70%) que rural (30%). Si se descuentan los ingresos de miles de millones de dólares obtenidos por el narcotráfico, los principales productos de exportación son: café, petróleo, tejidos, bananas, flores frescas, esmeraldas y algodón. Colombia es, después del Brasil, el país que más café exporta. El café colombiano es de superior calidad y recibe mejor precio en el mercado internacional. Un cuarto de millón de colombianos trabajan en los cafetales.[14] Buen número de los productos de exportación del país se encuentran en manos de compañías extranjeras. La United Brand, por ejemplo, controla la producción de bananas o plátanos. En 1982 se exportaron plátanos por más de 110 millones de dólares. La ganadería, con más de 17 millones de cabezas de ganado, es la segunda industria legal del país.

La influencia de la religión en la población colombiana, sobre todo en las clases populares, es mayor que en casi todo el resto de Latinoamérica. Hasta los políticos se ven obligados a mostrar su adhesión pública[15] a la Iglesia. Los colombianos, tan amantes de los chistes y las bromas,[16] aseguran que la única diferencia existente entre liberales y conservadores radica en que éstos van a misa[17] a la seis de la mañana y aquéllos a las once. Los liberales asisten tan temprano para que no los vean; los conservadores van a media mañana para ser vistos por todos.

El antioqueño es probablemente el mejor hombre de negocios del país. Sobresale por su dinamismo, espíritu de empresa y habilidad financiera. Medellín, la ciudad más industrializada del país, tiene más de cien millonarios. Decenas de millares de antioqueños han emigrado a otras provincias, sobre todo a Caldas y Tolima, gozando en ellas de privilegiada posición económica, gracias a sus propios esfuerzos y no al azar[18] de la política. El industrioso antioqueño contrasta con el bogotano, ciudadano más interesado en el quehacer[19] literario, en la política, en la vida social y en el buen hablar. El antioqueño es también orgulloso, frugal y prolífico. En efecto, el elevado número de hijos de los padres antioqueños y no la inmigración ha sido la causa principal del crecimiento de la población de esa región.

12.5 La República de Venezuela

Venezuela nace como país independiente con el llanero José Antonio Páez, general de las guerras de independencia, famoso por castigar a los soldados que no le mostraban sangre enemiga en la punta de las lanzas. Ya prácti-

---

[13] *campesino*   peasant
[14] *cafetales*   coffee plantations
[15] *adhesión pública*   public support
[16] *los chistes y las bromas*   puns and practical jokes
[17] *misa*   mass
[18] *azar*   hazard, fate
[19] *quehacer*   work

En los llanos de Colombia y Venezuela viven los llaneros, cuya vida ganadera (*cattle raising*) se asemeja a la de los gauchos (brasileños, uruguayos y argentinos), huasos chilenos, chalanes peruanos, charros mexicanos y vaqueros (*U.S. cowboys*). El hombre a caballo es un personaje histórico de Norte y Sudamérica.

camente había gobernado Venezuela en nombre de Bolívar durante su ausencia de 1819 a 1829. Cuando separó a Venezuela de la «Gran Colombia», Páez tomó las riendas del gobierno de la nueva república y dominó la política nacional hasta 1846. Gobernó con tino y mano fuerte, separándose cada vez más de las masas para identificarse con los intereses de la oligarquía. El conservatismo centralista con los años encontró mayor oposición de parte de los liberales federalistas hasta que se desencadenó la llamada «Guerra Federal» (1858–1863) que ayudó a romper muchas barreras raciales. Páez, más reaccionario que antes, volvió a gobernar dictatorialmente de 1861 a 1863.

El caos y la prepotencia militar culminan con los gobiernos tiránicos de Antonio Guzmán Blanco, de 1872 a 1888, Cipriano Castro, de 1899 a 1908, y Juan Vicente Gómez, de 1908 a 1935. Este último fue uno de los más funestos gobernantes latinoamericanos: asesinó, desterró, aprisionó y torturó a sus oponentes. Cuando en 1920 se descubrió petróleo en el lago Maracaibo, el tirano concedió su explotación a compañías extranjeras que le pagaron fuertes sumas de dinero, ayudándolo a convertirse en uno de los hombres más ricos del mundo. Durante su dictadura aparecieron teóricos del régimen despótico. José Gil Fortoul (1862–1943), escribió *El hombre y su historia*, obra representativa del positivismo venezolano y en favor de las «dictaduras republicanas», y la *Historia constitucional de Venezuela*, apasionada defensa legal y sofística[20] de la autocracia. Laureano Vallenilla Lanz (1870–1936), fue el autor de la más elocuente defensa del despotismo latinoamericano: *Cesarismo democrático* (1919), traducida al italiano por orden de Mussolini para mostrar una feliz anticipación del sistema fascista.

Cuando murió Gómez, a los 78 ocho años de edad, se produjo un alborozo[21] general algo prematuro pues le sucedieron dos generales que gobernaron uno tras otro con mano fuerte hasta 1945, cuando un grupo de militares jóvenes convertidos a la causa constitucional se alzó con la ayuda y dirección de Acción Democrática (AD), partido fundado por Rómulo Betancourt (1908–1981). El movimiento triunfante estableció un régimen de transición presidido por Betancourt, que convocó a elecciones libres y por primera vez en la historia del país el jefe de estado fue elegido por voto popular directo. En 1947 el pueblo eligió al escritor Rómulo Gallegos (1884–1969), autor de la novela *Doña Bárbara*, ataque simbólico a la tiranía de Gómez. A los pocos meses, su gobierno constitucional fue derrocado por el ejército. Tras un período de confusión inicial, emergió triunfante el general Marcos Pérez Jiménez, quien gobernó con mano de hierro hasta 1958, cuando una insurrección general lo destituyó. Durante su dictadura, el tirano y sus lacayos[22] se enriquecieron vertiginosamente.[23]

Acción Democrática, en el poder se ha esforzado por hallar una solución pacífica a los problemas nacionales, especialmente los presidentes Rómulo Betancourt de 1959 a 1964, Raúl Leoni, de 1964 a 1969, Carlos Andrés Pérez de 1974 a 1979 y Jaime Lusinchi, de 1984 a 1989. Durante esta etapa Venezuela ha gozado de relativa prosperidad económica gracias a los impuestos de exportación al petróleo. En 1960, por iniciativa de Ve-

---

[20] *sofística*   fallacious
[21] *alborozo*   mucha alegría
[22] *lacayos*   lackeys
[23] *vertiginosamente*   very rapidly

nezuela, un grupo de países exportadores del oro negro formaron la Organización de Países Exportadores de Petróleo (OPEP).

Durante las décadas de los años 50 y 60 la mala distribución de la riqueza, el analfabetismo y el aumento de la población causaron insurrecciones armadas y la aparición de focos[24] guerrilleros. No obstante la construcción de la ciudad universitaria y las grandes obras públicas emprendidas por Acción Democrática, Caracas no votó por los dos primeros candidatos de ese partido. Los campesinos del interior, favorecidos por la reforma agraria de AD, sí votaron por sus candidatos en las elecciones locales y nacionales. Este partido perdió su ala izquierdista antes de las elecciones de 1968. El candidato demócrata cristiano, Rafael Caldera, resultó elegido para el período presidencial 1969–1974. Caldera indultó a la mayoría de los guerrilleros y su política de conciliación con los comunistas menos radicales consiguió la disminución de la beligerancia guerrillera y lo llevó a apoyar la reincorporación de Cuba al seno de la Organización de Estados Americanos. Le sucedió Carlos Andrés Pérez, de Acción Democrática. Este continuó una dinámica política reformista y nacionalista cuyas principales medidas fueron la nacionalización del hierro y del petróleo (1976). En 1979 el poder ejecutivo pasó nuevamente a un mandatario demócrata-cristiano, Luis Herrera Campíns, quien a su vez, fue sucedido en 1984 por el adeco (de AD) Jaime Lusinchi, al final de cuyo período, en 1989, fue reelegido Carlos Andrés Pérez para gobernar hasta 1994.

12.6 Perfil de Venezuela y su gente

La patria de Bolívar es el único país sudamericano cuyas costas se encuentran totalmente en el Caribe. Es dos veces más grande que California, es decir, del área de Texas y Oklahoma juntos. Tiene jurisdicción sobre setenta y dos islas, incluyendo Margarita, que tiene una extensión de unas cuarenta millas de largo por veinte millas de ancho. El río Orinoco y sus tributarios forman el segundo sistema fluvial más importante de Sudamérica. El Orinoco tiene una extensión de 1,500 millas, de las cuales 700 son navegables. El río divide el país en dos mitades. En la del norte se encuentran las grandes sabanas (llanos) y más al norte la región andina, con sus ciudades y minas. En la mitad del sur se encuentra la sierra de la Guayana, con su floresta tropical.

La población actual es el doble de la de hace veinte años: unos diez y nueve millones de habitantes, de los cuales 70% son mestizos, 15% negros y mulatos, 10% blancos, y 5% indios. La mayoría india vive en las llanuras y selvas; la mayoría negra y mulata en la costa; y la mayoría blanca en el área de Caracas, Maracaibo y Valencia. El 68% de la población es urbana.

---

[24] *focos*   centros

Vista parcial de Caracas mostrando algunos de los altos edificios construidos durante el auge (*boom*) del petróleo.

Los productos venezolanos más importantes son: petróleo, hierro, oro, diamantes, cobre y carbón. Venezuela es uno de los más importantes productores de petróleo del mundo. Este oro negro provee al país con el 90% de sus divisas y el 63% de su presupuesto. Desde la Segunda Guerra Mundial, el gobierno está tratando de desarrollar la explotación del hierro, especialmente del Cerro Bolívar, en el noreste del país, cerca del río Orinoco y del Salto Angel, la catarata más alta del mundo (3,298 pies). Los principales productos agrícolas son: café, azúcar, arroz, tabaco y algodón.

Venezuela ha sido, desde principios del siglo pasado, mucho más importante de lo que pudiera sugerir su población. Cuando Miranda, Bello y Bolívar nacieron, la Capitanía General de Venezuela tenía menos de un millón de habitantes, sin embargo, su contingente de combatientes y de generales fue fundamental en la lucha por la independencia de Colombia, Ecuador, Perú y Bolivia, todos los cuales fueron gobernados por generales venezolanos durante los primeros años de vida independiente. Se cree que en las guerras de la independencia, Venezuela perdió alrededor de la tercera parte de sus hombres. Hoy día Venezuela ocupa un importante lugar en la historia y en el desarrollo de Latinoamérica tanto por el espíritu aguerrido de sus habitantes como por ser uno de los países más ricos e influyentes de la región.

La moderna Caracas tiene una población de más de dos millones y medio de habitantes, incluyendo los centenares de miles de gente muy pobre que vive en los cinturones[25] de miseria urbana en las afueras de la ciudad. Maracaibo, en la zona petrolera del lago del mismo nombre, tiene más de medio millón de habitantes. Barquisimeto, Valencia y Maracay, ciudades situadas al oeste de Caracas, son también de creciente importancia.

12.7 Sumario

I. Ecuador:
  A. La Audiencia de Quito, parte del Virreinato del Perú (1563–1739)
  B. Virreinato de Nueva Granada (1739–1822) y «Gran Colombia» (1822–30)
  C. Períodos autocráticos del general Juan José Flores de 1830 a 1845
  D. El despotismo conservador de Gabriel García Moreno (1861–75)
  E. Gobierno progresista de Eloy Alfaro (1895–1901 y 1905–06)
  F. Labor constructiva de los gobiernos de José María Velasco Ibarra
  G. Juntas militares y regímenes constitucionales de 1976 al presente
  H. Perfil del Ecuador y del pueblo:
    1. Riquezas naturales de la costa, valles interandinos y selva
    2. 10 millones de cholos (41%), indios (39%), blancos (10%) y negros (9%) gobernados por blancos y mestizos
    3. Petróleo, plátanos, cacao, arroz, café, mariscos, tagua

II. Colombia:
  A. La «Gran Colombia» (1821–30) y la Confederación Granadina (1858–61)
  B. Conservadores contra liberales: la Guerra de los Mil Días (1900–02)
  C. Independencia de Panamá (1903) auspiciada por Theodore Roosevelt
  D. El predominio liberal (1930–46) y los ministros millonarios
  E. Apogeo conservador (1946–57), el «bogotazo» (1948) y la «violencia»
  F. La convivencia en el Frente Nacional (1958–74)
  G. Las guerrillas, el narcotráfico y el terrorismo de los «extraditables»
  H. Perfil de Colombia y su gente:
    1. Importancia estratégica del país y la presión del aumento de población

---

[25] *cinturones* belts

    2. El tercer país más poblado de hispanohablantes: 30 millones de mestizos (50%), negros (25%), blancos (22%) e indios (2%)

    3. Importancia de Bogotá, Medellín, Cali, Barranquilla y Cartagena

    4. Cocaína, café, esmeraldas, ganado, oro, plata y platino

III. Venezuela:

    A. La era autocrática del llanero José Antonio Páez (1830–63)

    B. «Cesarismo democrático» y pseudodemocracia castrense:

        1. Tiranías de Guzmán Blanco (1872–88), Cipriano Castro (1899–1908), Juan Vicente Gómez (1908–35) y sus sucesores menos autócratas

        2. Intermezzo democrático (1945–48) interrumpido por juntas militares y la dictadura del general Marcos Pérez Jiménez (1948–58)

        3. Acción Democrática y Democracia Cristiana alternan en el poder

    C. Perfil de Venezuela y su gente:

        1. Bellas islas, costa, Andes, sabanas (llanos), selva y el río Orinoco

        2. Diecinueve millones de mestizos (70%), negros (15%), blancos (10%) e indios (5%): minoría rica, clase media creciente y mayoría pobre

        3. Auge del petróleo y creación de la OPEP

        4. Importancia de Caracas, Maracaibo, Barquisimeto, Valencia y Maracay

12.8 Recomendación bibliográfica

Ecuador

Cueva, Agustín. *The Process of Political Domination in Ecuador*. Translated by D. Salti. New Brunswick: Rutgers University Press, 1981.

Ehrenreich, Jeffrey, ed. *Political Anthropology of Ecuador: Perspectives from Indigenous Cultures*. Albany: Center for the Caribbean and Latin America, State University of New York, Albany, 1985.

Hurtado, Osvaldo. *Political Power in Ecuador*. Translated by Nick D. Mills, Jr. 2nd. ed. Boulder, Co.: Westview Press, 1985.

Martz, John D. *Regime, Politics and Petroleum: Ecuador Nationalist Struggle*. New Brunswick, N.J.: Transaction Books, 1986.

Quintero, Rafael. *El mito del populismo en el Ecuador: Análisis de los fundamentos socioeconómicos del surgimiento del «velasquismo», 1895–1934*. Quito: FLACSO, 1980.

Schodt, David W. *Ecuador: An Andean Enigma*. Boulder, Co.: Westview Press, 1987.

Whitten, Jr., Norman, ed. *Siguanga Runa: The Other Side of Development in Amazonian Ecuador*. Champaign: University of Illinois Press, 1985.

Colombia

Bagley, Bruce M., Francisco E. Thoumi, and Juan G. Tokatian, eds. *State and Society in Contemporary Colombia*. Boulder, Co.: Westview Press, 1987.

Berry, Albert, ed. *Essays on Industrialization in Colombia*. Tempe: Center for Latin American Studies, Arizona State University, 1983.

Berry, Albert R., Ronald G. Hellman, and Mauricio Solaún. *Politics of Compromise: Coalition Government in Colombia*. New Brunswick: Rutgers University Press, 1980.

Delpar, Helen. *Red Against Blue: The Liberal Party and Colombian Politics, 1863–1899*. University: University of Alabama Press, 1981.

Dix, Robert H. *The Politics of Colombia*. Madison: University of Wisconsin Press, 1986.

Hartlyn, Jonathan. *The Politics of Coalition Rule in Colombia*. London-New York: Cambridge University Press, 1988.

Oquist, Paul. *Violence, Conflict, and Politics in Colombia*. New York: Academic Press, 1980.

Palacios, Marco. *Coffee in Colombia, 1850–1970: An Economic, Social, and Political History*. New York: Cambridge University Press, 1980.

Urrutia, Miguel. *Winners and Losers in Colombia's Economic Growth in the 1970's*. Oxford: Oxford University Press for the World Bank, 1985.

Zamosc, Leon. *The Agraria Question and the Peasant Movement in Colombia*. Cambridge: Cambridge University Press, 1986.

Venezuela

Alexander, Robert J. *Rómulo Betancourt and the Transformation of Venezuela*. New Brunswick, N.J.: Transaction Books, 1982.

Avendaño Lugo, José Ramón. *El militarismo en Venezuela: La dictadura de Pérez Jiménez*. Caracas: Ediciones Centauro, 1982.

Betancourt, Rómulo. *Venezuela: Oil and Politics*. Translated by E. Bauman. Boston: Houghton Mifflin Co., 1979.

Blank, David B. *Venezuela: Politics in a Petroleum Republic*. New York: Praeger, 1984.

Ellner, Steve. *Venezuela's Movimiento al Socialismo: From Guerrilla Defeat to Innovative Politics*. Durham, N.C.: Duke University Press, 1988.

Ewell, Judith. *Venezuela: A Century of Change*. Stanford: Stanford University Press, 1984.

Gil Yepes, José Antonio. *The Challenge of Venezuelan Democracy*. New Brunswick: Rutgers University Press, 1981.

Herwig, H. H. *Germany's Vision of Empire in Venezuela, 1871–1914*. Princeton: Princeton University Press, 1986.

Lombardi, John V. *Venezuela: The Search for Order, the Dream of Progress.* New York: Oxford University Press, 1982.

McBeth, B. S. *Juan Vicente Gómez and the Oil Companies in Venezuela, 1908– 1935.* Cambridge: Cambridge University Press, 1983.

Peeler, John A. *Latin American Democracies: Colombia, Costa Rica, Venezuela.* Chapel Hill and London: University of North Carolina Press, 1985.

12.9 Cuestionario y temas

Cuestionario

1. ¿Qué países sudamericanos formaban la «Gran Colombia»?
2. ¿Cuáles son las diferentes regiones del Ecuador?
3. ¿A qué se debe la rivalidad entre Guayaquil y Quito?
4. ¿Quiénes fueron los dos Camilo Torres?
5. ¿Por qué se ha llamado a Bogotá la «Atenas de Sudamérica»?
6. ¿Cuáles son las regiones más importantes de Colombia?
7. ¿Quiénes son los filólogos y escritores colombianos más conocidos?
8. ¿A qué se le ha dado el nombre de «cesarismo democrático»?
9. ¿Cuál ha sido el papel histórico de Acción Democrática?
10. ¿Quién fue Rómulo Gallegos?

Temas para informes orales

1. La desintegración de la «Gran Colombia».
2. El autócrata Gabriel García Moreno.
3. Semblanza del ecuatoriano.
4. Conservadores y liberales en la historia de Colombia.
5. Consecuencias del «bogotazo».
6. El antioqueño en la sociedad colombiana.
7. La apología del cesarismo democrático.
8. Semblanza de Venezuela.
9. El partido Acción Democrática.
10. Importancia del petróleo en Venezuela.

Temas para informes escritos opcionales

1. El arte en Quito.
2. El Instituto Caro y Cuervo.
3. La violencia en Colombia.
4. *Doña Bárbara* y la tiranía de Gómez.
5. La influencia de Venezuela en la historia latinoamericana.

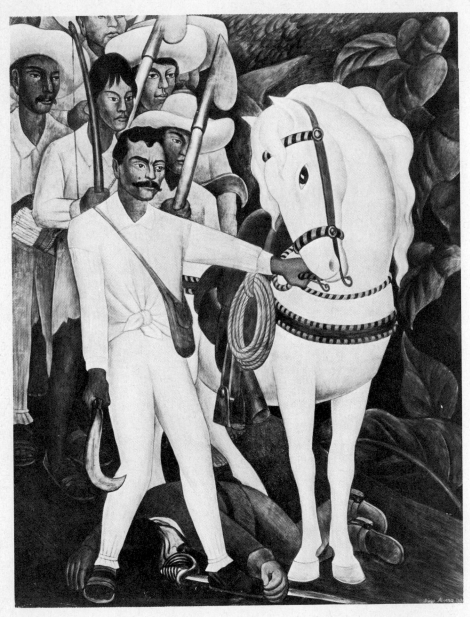

Emiliano Zapata, héroe de la Revolución mexicana, combatió con el grito «Tierra y libertad».

Capítulo 13

México y su revolución

13.1 El caos inicial y la era de Santa Anna (1821–1855)

Fusilado el ex-emperador Agustín Iturbide en 1824, Guadalupe Victoria asumió la presidencia de México. Durante sus cuatro años de gobierno las dos ramas masónicas influyentes en la política nacional se combatieron violentamente. Lo más significativo de este período turbulento fue la abolición de la esclavitud, proclamada antes que en la mayor parte de las Américas.

España intentó reconquistar el país en 1829, pero las fuerzas mexicanas dirigidas por el general Antonio López de Santa Anna (1791–1876) frustraron estos planes. Desde entonces hasta 1855, domina la política nacional este militar más afortunado en la guerra que en la administración pública. Gobernó con mano dura y luchó contra los anticlericales una vez que se sintió seguro en el poder. Comandó la expedición para impedir la secesión de Texas, donde inmigrantes norteamericanos rebelados proclamaron su independencia con la ayuda de los Estados Unidos. En la intervención armada de Francia conocida como la Guerra de los Pasteles (1838–1839), causada por una exagerada reclamación de pasteleros franceses, Santa Anna se distinguió como héroe patriota, pero esto no le ayudó a mejorar su imagen política negativa. Aprovechándose de la situación interna de México, los políticos expansionistas norteamericanos consiguieron que su gobierno le declarara la guerra a México, lo venciera y le impusiera el Tratado de Guadalupe-Hidalgo (1848) que anexó a Estados Unidos la mitad del país derrotado. Después de esa injusta contienda, en 1853, Santa Anna hizo nombrarse presidente permanente. Se encuentran entre sus desatinos

la venta a Washington de la región de la Mesilla (*Gadsden Purchase*, 1853).
En 1854 derrotó y fusiló al organizador francés de la secesión del Estado
de Baja California. Al año siguiente, una rebelión puso fin a este gobierno
centralista y exilió al déspota.

13.2 La Reforma (1855–1872)

Cuando México se independizó, el más rico terrateniente era la Iglesia:
poseía un tercio de las tierras agrícolas. Como las guerras civiles y extranjeras habían causado una crisis económica, los liberales mexicanos, en cuya
vanguardia se encontraban los masones influyentes, iniciaron una campaña
tendiente a limitar el poder económico y político de la Iglesia, aliada de
las fuerzas conservadoras. Apenas los liberales llegaron al poder en 1855,
aprobaron la Ley Juárez para limitar la jurisdicción de las cortes militares
y eclesiásticas. En 1856 promulgaron la Ley Lerdo que disponía la venta
de las tierras de la Iglesia. Al año siguiente, la Constitución de 1857 estableció la supremacía del Estado. En el mismo año asumió la presidencia
Benito Juárez (1806–1872), orgulloso de ser indio zapoteca. El promulgó
las llamadas Leyes de Reforma que establecían la supresión de la órdenes
religiosas, la confiscación de las propiedades eclesiásticas y la obligatorie-
dad del registro civil de nacimiento, matrimonio y muerte. La reacción
conservadora apeló a las armas y desencadenó una guerra fratricida de
varios años.

Aprovechándose de la guerra civil norteamericana, que dificultaba la
intervención estadounidense en el exterior, Napoleón III de Francia, *manu
militari*[1] impuso a Maximiliano de Habsburgo como emperador de México
(1862–1867). Carlota, su ambiciosa esposa, fue responsable de muchas
arbitrariedades gubernamentales, apoyada por la aristrocracia conservadora. El pueblo, en cambio, acudió al llamado a las armas de Benito Juárez.
Tras una lucha sangrienta, el ejército francés fue derrotado y obligado a
retornar a su país. Aunque abandonado por el ejército galo, Maximiliano
continuó la lucha con endebles fuerzas mexicanas dirigidas por generales
felones,[2] pero la suerte ya estaba echada: sufrió serios reveses[3] militares y
al fin fue capturado, sumariamente condenado a muerte y ejecutado en
Querétaro. Benito Juárez continuó la labor de reconstrucción nacional hasta
que un ataque cardíaco le quitó la vida en 1872.

---

[1] *manu militari*   por la fuerza de las armas
[2] *galo. . . felones*   French. . . traitors
[3] *reveses*   defeats

13.3 La Pax[4] Porfiriana (1876–1910)

A los tres años de la muerte de Juárez, Porfirio Díaz (1830–1915), destacado general en la lucha contra Maximiliano, llegó a asumir la jefatura suprema de la nación, usando el grito de «Sufragio efectivo; no reelección», lema irónico si se tiene en cuenta que gobernó por treinta y cuatro años. Díaz era un conservador vanidoso, acostumbrado a usar polvo de arroz para emblanquecerse[5] la cara. A él se le atribuye la frase: «Pobre México, tan lejos de Dios y tan cerca de los Estados Unidos.» Su gobierno autocrático benefició a sus partidarios y a los poderosos inversionistas[6] extranjeros. Deseoso de transformar el país «científicamente,» en conformidad con la filosofía positivista, organizó un gabinete ministerial con expertos «científicos».

Durante el porfiriato, como se conoce la era de Díaz, se construyeron ferrocarriles, se comenzó la industrialización, se creó la policía federal, (montada y rural) y se abrieron las puertas de par en par[7] a las inversiones extranjeras. Con artimañas[8] legales, se despojó a los indios de sus tierras privadas y comunales, y se entregó a varios extranjeros grandes extensiones del territorio nacional. La pobreza general, contrastada con el enriquecimiento de los inversionistas del exterior, permite parafrasear[9] al Inca Garcilaso de la Vega: «La presidencia de Díaz es madre de los extranjeros y madrastra de los mexicanos». Aunque Díaz era mestizo, lo indio le avergonzaba[10]. Cuando se reunió en México la Conferencia Panamericana (1901–1902), se prohibió a los indígenas servir en los grandes hoteles «para no dar a los extranjeros la impresión que México era un país de indios».

La tiranía, el pauperismo, la corrupción y la ignorancia impulsaron a muchos ciudadanos a oponerse a la reelección presidencial, resucitando el grito de «¡sufragio efectivo; no reelección!»[11] Poco después de haber gastado millones de dólares para celebrar su cumpleaños, en 1910, el octogenario Díaz se declaró vencedor de las elecciones presidenciales. Ante este acto fraudulento, Francisco Madero, el candidato de la oposición, lanzó el famoso Plan de San Luis de Potosí, propuesta política considerada como un llamado a la rebelión.

---

[4] *Pax* Paz
[5] *polvos. . . emblanquecerse* rice powder to whiten
[6] *inversionistas* investors
[7] *de par en par* ampliamente
[8] *artimañas* engaños
[9] *parafrasear* paraphrase
[10] *lo indio avergonzaba* everthing Indian was shameful
[11] *¡Sufragio. . . reelección!* Clean elections; no reelection!

13.4 La Revolución mexicana: la lucha armada (1911–1920)

El alzamiento revolucionario iniciado por Madero en 1911 pronto se extendió por todo el país y obligó al dictador a huir a Europa. Madero fue proclamado presidente provisional. Aunque el entusiasmo era general y el apoyo popular inusitado,[12] el nuevo jefe de estado, un hacendado adinerado, idealista, vegetariano y espiritista, enfocó su atención principalmente en asuntos puramente políticos. Hombre inexperto en administración pública, varias veces postergó la prometida reforma agraria y, ciegamente se confió en algunos generales del ejército para hacer frente al descontento de enemigos y amigos. El general Victoriano Huerta, ministro de guerra, aprovechó la decepción popular para traicionar a Madero. Después de asesinar al mandatario provisional, el general felón se proclamó jefe supremo (1913), pero al año en el poder estallaron varias rebeliones. En el norte, los caudillos revolucionarios principales fueron Francisco (Pancho) Villa, Venustiano Carranza y Alvaro Obregón. En el sur, el revolucionario más popular fue el noble indio analfabeto Emiliano Zapata. El choque entre federales y revolucionarios bañó en sangre a México.

Al fin Huerta huyó del país, pero los caudillos triunfantes no se pusieron de acuerdo sobre quién debería gobernar México. Sus representantes se reunieron en la Convención de Aguascalientes en 1915 para dictar una nueva Constitución y resolver el impasse. La mayoría votó en favor de Carranza. Villa y Zapata no acataron la decisión y continuaron la guerra civil, logrando ocupar brevemente la capital mexicana. Se cuenta que el legendario Villa apenas ingresó al Palacio de Gobierno se apresuró a sentarse en la silla presidencial e inmediatamente se puso de pie y riéndose dijo en alta voz: «¡Y cómo es que dicen que la silla se pega al trasero!»[13]

Poco a poco Carranza consolidó su poder. Entre los hechos más importantes ocurridos durante su gobierno (1915–1920), se encuentran la expedición punitiva norteamericana contra Pancho Villa y la aprobación de la Constitución de 1917. Villa, interesado en crearle dificultades a Carranza, atacó un pueblo norteamericano fronterizo, matando a varios estadounidenses. El gobierno de Washington despachó un ejército a las órdenes del general John J. Pershing para castigar al caudillo mexicano.

La histórica Constitución de 1917 señala las pautas legales de la Revolución. Los artículos más importantes declaran que (a) la Iglesia no puede adquirir, poseer, ni administrar bienes inmuebles; (b) la tierra y el subsuelo pertenecen al Estado; (c) es derecho laboral el organizar gremios;[14] (d) el estado protegerá la educación secular.

Tras arduos combates, Carranza logró dominar la oposición y obligó a

---

[12] *inusitado*   unusual
[13] *cómo. . . trasero*   why do they say the presidential chair sticks to the buttocks
[14] *derecho laboral. . . gremios*   the workers have the right to organize labor unions

Villa a retirarse de la política. En el sur, Zapata continuó la lucha por «Tierra y Libertad»," convencido de que «es preferible morir de pie que vivir de rodillas», lema adoptado después como consigna[15] republicana en la Guerra Civil de España (1936–1939). Continuó luchando hasta que cayó acribillado[16] a balazos en una emboscada tendida por Carranza. El proverbio «Quien a hierro mata a hierro muere» se cumplió: en una de las rebeliones, Carranza también cayó asesinado cuando huía cargado de oro en un tren. Con él termina en 1920 la etapa bélica de la Revolución.

13.5 La etapa organizadora de la Revolución mexicana (1920–1940)

En 1920 triunfó en las elecciones el candidato oficial: el general Alvaro Obregón. Durante sus cuatro años de gobierno se realizaron importantes obras de construcción nacional, sobre todo en el campo cultural. El ministro de educación, el escritor José Vasconcelos, reorganizó la universidad y protegió las artes. Estimuló a los muralistas Diego Rivera, José Clemente Orozco, David Alfaro Siqueiros. Estableció mil escuelas rurales y distribuyó, con fervor idealista, ejemplares de los clásicos europeos. Colaboraron con él, distinguidos intelectuales de otras partes de Hispanoamérica: Gabriela Mistral, Pedro Henríquez Ureña y Víctor Raúl Haya de la Torre, entre otros latinoamericanos que se distinguiría con los años. El dinamismo constructor normalizó las relaciones internacionales, sobre todo después que el gobierno revolucionario recibiera el reconocimiento diplomático norteamericano en 1923.

Creyendo erróneamente que la Revolución sólo podría continuar si gobernaban únicamente hombres escogidos, en 1924 Obregón entregó el mando al candidato oficial triunfante: Plutarco Elías Calles (1877–1945). En el curso de sus cuatro años de administración, las relaciones con los Estados Unidos volvieron a deteriorarse. Empeoraron la situación: (a) la rebelión de los cristeros, esto es, de los católicos conservadores opuestos al anticlericalismo de Calles; y (b) la controversia agraria con los Estados Unidos causada por la expropiación de tierras pertenecientes a compañías norteamericanas. Para sorpresa general, en las elecciones presidenciales de 1928, el ex-presidente Obregón fue designado anticonstitucionalmente candidato oficial. Obregón triunfó pero al poco tiempo un fanático religioso lo asesinó. De 1928 a 1934 se sucedieron otros gobiernos interinos hasta la presidencia del general Lázaro Cárdenas (1934–1940).

Cárdenas realizó más en pro de las clases desposeídas que sus predecesores revolucionarios. Implementó la Constitución de 1917, expropió tierras y distribuyó cuarenta y cinco millones de hectáreas,[17] sobre todo a los

---

[15] *consigna* watchword
[16] *acribillado* perforado
[17] *hectáreas* hectares (1 hectare = 10,000 m = 2.471 acres)

«ejidos» o comunidades indígenas. Con el apoyo oficial, Lombardo Toledano organizó la Confederación de Trabajadores Mexicanos, llamada a tener mucha influencia en la vida política nacional. Aprovechando la crítica situación internacional motivada por la crisis europea, Cárdenas nacionalizó el petróleo y los ferrocarriles, desencadenando otro conflicto diplomático con Washington, que la Segunda Guerra Mundial ayudó a resolver. El pueblo, entusiasmado, apoyó a su presidente y, orgulloso de él, le llevaba pollos y huevos para ayudar a pagar la deuda que imponía el arreglo del conflicto por el petróleo. La integridad administrativa y el dinamismo de Cárdenas le conquistaron mucha popularidad. Las masas mexicanas veían en él la conciencia de la Revolución. Aun sus enemigos admiten que su período gubernamental fue el más fructífero de la historia de México. Con Cárdenas termina la etapa organizadora encaminada a sentar[18] las bases permanentes de la Revolución Mexicana.

13.6 La etapa conservadora de la Revolución mexicana (1940–   )

La etapa conservadora se inicia con el general Manuel Avila Camacho en 1940, con quien recrudece la corrupción administrativa y la llamada Revolución comienza a perder su ímpetu. En 1946 le sucedió el licenciado Miguel Alemán (1902–1983), primer mandatario civil de la Revolución. Los historiadores señalan como hechos significativos de su administración: (a) el cambio de nombre del partido oficial a Partido Revolucionario Institucional (PRI); (b) el establecimiento de 50,000 firmas industriales; y (c) la construcción de la famosa ciudad universitaria en las afueras de la ciudad de México. Su sucesor, Adolfo Ruiz Cortínez, de 1952 a 1958, continuó el programa de industrialización que permitió la consolidación de la clase media y la multiplicación de los revolucionarios millonarios. La tranquilidad interna se alteró cuando los estudiantes y fuerzas de extrema izquierda combatieron al conservatismo gubernamental en las calles de la capital.

Durante el gobierno de Adolfo López Mateos (1958–1964), se siguió la política conservadora de sus tres predecesores y se intensificó la oposición a los extremismos de izquierda y de derecha. La tranquilidad general aceleró el proceso de inversiones y facilitó la llegada de más capital norteamericano hasta alcanzar los 700 millones de dólares. Al concluir su período administrativo, se recrudeció la exigencia al conformismo político y el control del país por el partido único. El estancamiento de la reforma democrática llevó a muchos jóvenes mexicanos a gritar: «La Revolución ha muerto: ¡Viva la Revolución!»

Durante la presidencia de Gustavo Díaz Ordaz (1964–1970) ocurrió la tarde triste del universitario, es decir, el ataque a los estudiantes por la

---

[18] *encaminada a sentar*   set out to establish

Mural del edificio de la Biblioteca de la Universidad Nacional de México en la Ciudad Universitaria.

policía y por la guardia política de choque con el siniestro nombre de «halcones», en la Plaza de las Tres Culturas, en Tlatelolco, en 1968, casi 448 años después de «la noche triste» de Cortés. Este encuentro dejó a varias decenas de estudiantes muertos y muchos heridos muy cerca del lugar donde la leyenda dice que Cortés lloró la expulsión de los españoles de Tenochtitlán. El ataque oficial ocurrió cuando los estudiantes desfilaban en apoyo de la autonomía universitaria y los derechos estudiantiles. El conflicto entre fuerzas gubernamentales y estudiantiles mostró el continuo distanciamiento entre gobierno y juventud. La oposición antigubernamental se basaba en el desequilibrio de la política económica oficial, favorable a un sector minoritario de la nación.

El triunfo electoral de Luis Echeverría en 1970 probó una vez más que el partido oficial siempre gana por abrumadora mayoría. El gobierno de José López Portillo (1976–1982) se inclinó a mejorar las relaciones con los Estados Unidos a la vez que aceleró la explotación del petróleo para conseguir así divisas necesarias para el desarrollo de la economía. La industria del petróleo es vista como fuente de empleo que ocupará a miles de mexicanos. En política internacional México ha mantenido siempre una actitud independiente. Fue el único país del hemisferio que no rompió sus relaciones diplomáticas con Cuba en 1961, cuando la Organización de Estados Americanos (OEA), presionada por los Estados Unidos, condenó a esta nación. La conferencia Norte-Sur realizada en Cancún (1981), muestra que México puede ser mediador eficaz entre los países desarrollados y en vías de desarrollo.

El presidente Miguel de la Madrid Hurtado (1982–1988) continuó esta etapa contradictoria de la Revolución de 1910. El peso de la deuda externa, la baja del precio internacional del petróleo, el traslado de centenares de millones de dólares del capital privado a bancos situados fuera de México y la corrupción administrativa obligaron al gobierno en 1982 a devaluar el peso en un 555 por ciento, nacionalizar la banca privada y establecer un estricto control sobre la moneda. A pesar de estas medidas, la inflación continuó con el consecuente deterioro del valor internacional del peso. Para empeorar las cosas el 19 y el 20 de setiembre de 1985, un terremoto de 7.8 grados y otro de 7.3 grados en la escala de Richter causaron en la ciudad de México más de seis mil muertos y graves daños materiales y dejaron sin hogar a 30,000 personas.

Tras un fuerte movimiento de oposición a la corrupción de la cúpula gubernamental del PRI y de las irregularidades gubernamentales y electorales en la mayoría de los Estados, en 1988 se impuso la elección del candidato oficial, Carlos Salinas de Gortari, economista doctorado en la Universidad de Harvard, y se rechazó la acusación de fraude electoral hecha por el candidato perdedor, Cuauhtémoc Cárdenas, hijo de Lázaro Cárdenas. Con un gabinete ministerial compuesto en su mayoría de graduados de universidades norteamericanas, el nuevo mandatario asumió la presidencia para tratar de gobernar eficientemente hasta 1994 y hacer frente a una de las peores crisis económicas de la historia mexicana.

13.7 Perfil del país y su gente

México ocupa la parte sur de Norteamérica y la parte norte de Centroamérica. Aunque todavía muchos lo consideran país norteamericano, en realidad dejó de serlo en 1848 al perder la mitad de su territorio norteño. En la actualidad es más un puente entre América del Norte y América Central. México es el único país latinoamericano que limita con los Estados Unidos.

Monumento de la Independencia en el Paseo de la Reforma de México, la ciudad más poblada del mundo. Si mantiene su ritmo de crecimiento, llegará a tener 30 millones de habitantes a principios del próximo milenio.

Por su área, ocupa el tercer lugar en Latinoamérica y el séptimo en el mundo, y por sus 82 millones de habitantes, es el país más poblado de habla castellana.

Casi el 85% del país es abrupto, formado por cadenas de montañas, mesetas y valles. Las regiones más importantes son: la meseta central, que goza de un clima templado agradable, las costas tropicales y el desierto del norte del país. El 90% de su población es india y mestiza; el resto es blanca. El 40% de los mexicanos son analfabetos. Se calcula que un millón de mexicanos no habla el castellano sino uno o más idiomas indios de las treinta y tres familias lingüísticas existentes en el territorio nacional.

La ciudad de México, capital del país, es una de las urbes más grandes del mundo: tiene más de 17 millones de habitantes en su área metropolitana; esto es, casi la quinta parte de la población total del país. Otras ciudades principales son Guadalajara (con dos millones y medio de habitantes), Monterrey (2 millones), Puebla (800,000), Ciudad Juárez (700,000), Acapulco (650,000), León (600,000), Tijuana (550,000) y Mérida (250,000). La primera de las nombradas es la capital del pintoresco estado de Jalisco, cuyas plazas, palacios, iglesias y casonas muestran mucho de su pasado colonial. Monterrey, en cambio, es una ciudad industrial con pocos atractivos. Puebla y Mérida, por su parte, también lucen su arquitectura colonial. La primera es famosa por el vestido típico del país, el de la china poblana, atribuido por la leyenda a una princesa china traída en el famoso Galeón de Manila. Veracruz, en el Atlántico, y Acapulco en el Pacífico, son los puertos más activos y más visitados por los extranjeros.

Desde la época colonial, México ha sido el principal productor de plata del mundo. Además tiene minas de oro, cobre, plomo y zinc. México ocupa el primer lugar del mundo en la producción de plomo y antimonio y es un importante exportador de petróleo. Las cosechas más lucrativas son las de algodón, café, caña de azúcar, garbanzo, cacao, tabaco y cáñamo.[19] Yucatán solamente abastece al mundo la mitad de sus necesidades de cáñamo. El país poco a poco se va industrializando y ahora manufactura muchos de los artículos importados antes: productos químicos y eléctricos, tejidos de algodón, lanas y telas sintéticas. No obstante el progreso notable hasta hoy realizado, México todavía depende en gran parte de su agricultura. El petróleo y el turismo son los grandes proveedores de divisas.

El mexicano medio se caracteriza por su fuerte nacionalismo y gran amor a la patria, como lo expresan los frecuentes gritos de «¡Viva México!» «¡Como México no hay dos!» y «¡Soy puro mexicano!» En realidad su carácter tiene mucho en común con el de los demás indoamericanos según sea su condición social y composición étnica. Samuel Ramos y Octavio Paz son autores de los mejores estudios del alma de su pueblo. Ambos recalcan la importancia de la experiencia histórica como condicionadora de la personalidad y la influencia en el comportamiento del pasado y presente indios, la herencia colonial hispánica, las revoluciones republicanas y la omnipresencia de la civilización yanqui. No parece cierto, sin embargo, el supuesto complejo de inferioridad frente al conflicto cultural, excepto quizá en la pequeñísima minoría de la alta burguesía, como se verá después. Tampoco convence la difundida creencia de que el mexicano vive enmascarado en el laberinto de su soledad. Como otras generalizaciones, ésta parece ser una semiverdad sospechosa que las paredes oyen. La cortesía mexicana no es un mecanismo defensivo para enfrentarse al mundo circundante como en otras latitudes. Ella se ha desarrollado en el curso de los milenios de experiencia histórica de sus antepasados, como ha ocurrido con su hospitalidad, cariño a la familia, imaginación y amor por las fiestas religiosas y cívicas. Su fuerte fervor religioso se manifiesta a menudo y se puso en evidencia durante la visita papal de 1979.

En resumidas cuentas, el verdadero perfil de la cultura y el hombre mexicanos se confunde con el del indoamericano medio, salvo ciertos trazos característicos menores. El de la clase media piensa, siente y reacciona como sus hermanos del Sur. El «pelao» (pelado), como se conoce al hijo del pueblo pobre, tiene mucho en común con los ladinos guatemaltecos y mestizos andinos de igual nivel económico y cultural, aunque es menos triste y resignado al abuso. Después de todo, la cultura de la pobreza con-

---

[19] *garbanzo. . . cáñamo*   chickpea. . . hemp

diciona la personalidad y el pensamiento de muchos mexicanos indoamericanos.

13.8 Sumario

   I. El caos inicial y la era del general Antonio López de Santa Anna (1821–55):
      A. Fusilado Iturbide, Guadalupe Victoria asume la presidencia (1824–28)
      B. Santa Anna derrota la expedición española de reconquista (1829)
      C. La anexión de Texas (1836) y la Guerra de los Pasteles (1838–39)
      D. Guerra con EE. UU. (1846–48) y Tratado de Guadalupe-Hidalgo (1848)
      E. Venta de la Mesilla para cubrir deudas personales de Santa Anna (1853)
      F. La rebelión de 1855 obliga a Santa Anna a abandonar México
  II. La Reforma anticlerical y antimilitarista (1855–72):
      A. La Ley Juárez (1855) limita a las cortes militares y eclesiásticas
      B. La Ley Lerdo (1856) ordena la venta de las tierra de la Iglesia
      C. El Presidente Benito Juárez (1857–72) proclama las Leyes de Reforma
      D. Derrotados los franceses, el emperador Maximiliano es fusilado en 1867
 III. La Pax Porfiriana (1875–1910):
      A. «¡Pobre México: tan lejos de Dios y tan cerca de los Estados Unidos!»
      B. Los científicos y el imperio de los positivistas: orden y progreso
      C. Agrimensores, registro y despojo de las tierras de los indígenas
      D. La presidencia: «madre de los extranjeros y madrastra de los mexicanos»
 IV. La Revolución Mexicana (1910–hasta el presente):
      A. Etapa bélica (1910–20):
         1. «Sufragio efectivo, no reelección» y el Plan de San Luis de Potosí
         2. Gobierno provisional de Francisco Madero (1911–13)
         3. Traición y dictadura del general Victoriano Huerta (1913–14)
         4. Gobierno del general Venustiano Carranza (1915–20):
            a. Convención de Aguas Calientes (1915–17) y guerra civil
            b. Ataque de Pancho Villa a EE. UU y expedición punitiva del general John Pershing

    c. La Constitución de 1917 prohibe a la Iglesia poseer bienes inmuebles, establece la educación secular, estatiza la tierra y el subsuelo y reconoce las organizaciones laborales y la huelga

    d. Emiliano Zapata lucha por «Tierra y Libertad»

B. Etapa organizadora (1920–40):

    1. Presidencia del general Alvaro Obregón (1920–24):

        a. Dinamismo y honradez de José Vasconcelos, ministro de educación

        b. Estatización de tierras y controversia agraria con los EE. UU.

    2. Plutarco Elías Calles (1924–28) y la rebelión de los cristeros

    3. Gobierno realmente revolucionario de Lázaro Cárdenas (1940–46):

        a. Distribución de 45 millones de hectáreas de tierras

        b. Nacionalización de los ferrocariles y el petróleo

C. Etapa conservadora (1940–hasta el presente):

    1. Con Avila Camacho reaparece la Iglesia y aumenta la corrupción

    2. El licenciado Miguel Alemán (1946–52) y la Ciudad Universitaria

    3. Adolfo Ruiz Cortines (1952–58) y los revolucionarios millonarios

    4. Ataque a los universitarios en la plaza de Tlatelolco en 1968

    5. Terremoto de México mata a 4,000 y deja a 30,000 personas sin hogar

    6. Gobierno de Carlos Salinas (1988–94) y la grave crisis económica.

V. Perfil del país y su gente:

A. El país más poblado de habla castellana: 82 millones de habitantes

B. Rico en plata, plomo (principal productor del mundo) y petróleo

C. Pasado indohispánico y omnipresencia yanqui condicionan su presente

13.9 Recomendación bibliográfica

Brading, D. A. *The Origins of Mexican Nationalism*. Cambridge: Center for Latin American Studies, 1985.

Brenner, Anita, and George R. Leighton. *The Wind that Swept Mexico: The History of the Mexican Revolution of 1910–1942*. Austin: University of Texas Press, 1984.

Camp, Roderic A. *The Making of a Government: Political Leaders in Modern Mexico*. Tucson: University of Arizona Press, 1985.

Carr, Barry. *Mexican Communism, 1968–1983: Eurocommunism in the Americas?* La Jolla: University of California, San Diego, 1985.

Domínguez, Jorge I., ed. *Mexico's Political Economy.* Beverly Hills: SAGE Publications, Inc., 1982.

Enge, K. I., and S. Whiteford. *The Keepers of Water and Earth: Mexican Rural Social Organization and Irrigation.* Austin: University of Texas Press, 1989.

Gentleman, Judith, ed. *Mexican Politics in Transition.* Boulder, Co.: Westview Press, 1987.

Grayson, George W. *Oil and Mexican Foreign Policy.* Pittsburgh: University of Pittsburgh Press, 1988.

Knight, Alan. *The Mexican Revolution.* 2 vols. London-New York: Cambridge University Press, 1986.

Levy, Daniel, and Gabriel Szekely. *Mexico: Paradoxes of Stability and Change.* Boulder, Co.: Westview, 1983.

Lomnitz, Larissa A. *Networks and Marginality: Life in a Mexican Shantytown.* New York: Academic Press, 1977.

Menéndez, Antonio, e Iván Menéndez. *Del pensamiento esencial de México.* México: Grijalbo, 1988.

Meyer, Michael C., and William L. Sherman. *The Course of Mexican History.* 2nd ed. New York: Oxford University Press, 1983.

Miller, R. R. *Mexico: A History.* Norman: Oklahoma University Press, 1985.

Paz, Octavio. *The Labyrinth of Solitude: Life and Thought in Mexico.* Translated by L. Kemp. New York: Grove Press, 1960.

Raat, W. Dirk. *Mexico: From Independence to Revolution, 1810–1910.* Lincoln: University of Nebraska Press, 1982.

Revueltas, José. *Ensayos sobre México.* México: Era, 1985.

Richmond, Douglas W. *Venustiano Carranza's Nationalist Struggle, 1893–1920.* Lincoln: University of Nebraska Press, 1983.

Ronfeldt, David, ed. *The Modern Mexican Military: A Reassessment.* La Jolla: University of California, San Diego, 1984.

Sanderson, Susan R. Walsh. *Land Reform in Mexico: 1910–1980.* New York: Academic Press, 1984.

Smith, Peter H. *Mexico: Neighbor in Transition.* New York: Foreign Policy Association, 1984.

Willkie, James W., and Albert L. Michaels. *Revolution in Mexico: Years of Upheaval, 1910–1940.* Tucson: University of Arizona Press, 1984.

13.10 Cuestionario y temas

Cuestionario

1. ¿Cuál fue el papel histórico de Santa Anna?
2. ¿Cómo se compara el papel político de Benito Juárez con el de Abraham Lincoln?

3. ¿Qué opina sobre el fusilamiento de Maximiliano?
4. ¿Qué significa la frase «¡Pobre México, tan lejos de Dios y tan cerca de los Estados Unidos!»?
5. ¿Quiénes fueron los «científicos» y por qué se los llamó así?
6. ¿Por qué dijo Zapata «Es preferible morir de pie que vivir de rodillas»?
7. ¿Por qué es importante la Constitución de 1917?
8. ¿Cuál fue la obra cultural de José Vasconcelos?
9. ¿Por qué Lázaro Cárdenas era «La conciencia de la Revolución»?
10. ¿Cree Ud. que la Revolución mexicana todavía continúa desarrollándose?

Temas para informes orales

1. Síntesis de la era de Santa Anna.
2. Significado de la Reforma mexicana.
3. Compare los experimentos monárquicos en México.
4. Características de la Pax Porfiriana.
5. Comente el idealismo de Madero.
6. La Constitución de 1917.
7. José Vasconcelos y su labor educacional.
8. Juicio crítico de la obra del presidente Lázaro Cárdenas.
9. Evaluación de la Ciudad Universitaria.
10. El Partido Revolucionario Institucional (PRI).

Temas para informes escritos opcionales

1. Papel político de los masones de México al iniciarse la República.
2. Contribuciones de los principales pintores de la Revolución mexicana.
3. Rasgos fundamentales del carácter del mexicano.
4. La controversia agraria mexicano-norteamericana.
5. La protesta universitaria de Tlatelolco.

Capítulo
14

Centroamérica republicana

14.1 Período de unificación (1821–1842)

En la Capitanía General de Guatemala, situada entre los virreinatos de Nueva España y Nueva Granada, también se experimentó a principios del siglo pasado la fiebre independentista del resto del continente, aunque con menos resultados visibles. El sentir revolucionario no consiguió mucho hasta la intervención mexicana. Asegurada la emancipación de México, el gobierno de Iturbide envió una expedición militar con el ostentado propósito de ayudar a los independentistas centroamericanos, pero en realidad venían para aprovecharse de la situación. En efecto, las fuerzas de Iturbide anexaron primero la provincia guatemalteca de Chiapas y después incorporaron a su imperio el resto de Centroamérica hasta la frontera con Panamá, entonces parte de Colombia.

El derrocamiento de Iturbide puso fin a las aspiraciones mexicanas de ejercer su antigua autoridad sobre la ex-Capitanía General de Guatemala. Eliminado el peligro del norte, los centroamericanos establecieron las Provincias Unidas de Centroamérica el 24 de junio de 1823. Desde esa fecha hasta 1840, la naciente república trató de mantenerse unida, gracias principalmente al esfuerzo patriótico del hondureño[1] Francisco Morazán, a quien muchos consideran «Padre de la Patria.» El gobierno liberal de Morazán proclamó la Constitución de 1824, en la cual se designaba a la ciudad de Guatemala capital de las provincias unidas y se abolía la esclavitud. Otra de las medidas gubernamentales de Morazán fue adoptar el código

---

[1] *hondureño* Honduran

Trabajadores ticos (*Costa Rican*) preparan los racimos de plátanos (*bunches of bananas*) para la exportación. Las bananeras se encuentran en la costa del país. Carlos Luis Fallas (n. 1911) en su novela *Mamita Yunai* trata de la explotación de los bananeros por la United Fruit Co.

criminal redactado[2] por el norteamericano Edward Livingston, rechazado por razones políticas domésticas en Louisiana.

La oposición conservadora al gobierno liberal de Morazán no tardó en manifestarse. Apoyó principalmente a un joven inculto guatemalteco Rafael Carrera (1814–1865), quien se alzó en armas en 1838 con el grito de «¡Viva la religión y mueran los extranjeros!» Apoyado por grupos exacerbados y fanáticos, el ladino[3] Carrera logró derrocar al gobierno de Morazán en 1840. El patriota hondureño se exilió en el Perú y de este país volvió dos años más tarde para tratar de recapturar el poder y establecer la confederación. Su segundo intento unificador fue inmediatamente combatido por los conservadores, quienes pronto lo derrotaron y capturaron. Inmediatamente después, el «Padre de la Patria» fue ejecutado sumariamente. Su muerte señala el fin de la confederación centroamericana porque los esfuerzos unificadores posteriores han sido vanos y fugaces. De la desintegración del nuevo estado nacieron las repúblicas de Guatemala, Honduras, El Salvador, Nicaragua y Costa Rica. Tradicionalmente el estudio histórico de Centroamérica se hace por países, añadiéndosele hoy a Panamá.

14.2 La República de Guatemala

Rafael Carrera, autor principal de la disolución de la confederación, gobernó Guatemala tiránicamente hasta 1865. Aunque impuso un largo período de tranquilidad favorable al desarrollo comercial, se lo recuerda más por la persecución de los liberales, las concesiones a los oligarcas y al clero, y por firmar el primer concordato con la Santa Sede.[4] El Papa, por supuesto, lo condecoró por sus servicios a la fe. Sin embargo, la historia ha sido menos generosa con él porque lo considera como uno de los déspotas más ignominiosos de Centroamérica, el primero de los muchos tiranos de la región. Su «presidencia vitalicia»[5] terminó con su muerte en 1865, víctima, al parecer, de sus excesos alcóholicos.

La historia posterior de Guatemala siguió una trayectoria de violencia y dictadura. Los autócratas resultaban más arbitrarios mientras más tiempo permanecían en el poder. Se destaca entre ellos el anticlerical Justo Rufino Barrios, cuyo gobierno (1873–1885), contagiado por la fiebre positivista de moda, discriminó a los indios, expulsó a los jesuitas, a la vez que construyó ferrocarriles, aumentó la producción del café, alentó la inmigración y estableció algunas escuelas. Entusiasmado en el restablecimiento de la unidad centroamericana, combatió y murió por ella en 1885. Otros autócratas que han dominado gran parte de la historia republicana de Guatemala

---

[2] *redactado* drafted
[3] *ladino* mestizo
[4] *concordato. . . Sede* agreement with the Holy See. (Concordat is an agreement between the Pope and a secular government.)
[5] *«presidencia vitalicia»* «presidency for life»

Los países centroamericanos y del Caribe.

han sido Manuel Estrada Cabrera y Jorge Ubico. Estrada gobernó durante veintidós años (1898–1920) con mano de hierro en perjuicio de los intelectuales enemigos y de los indios. A éstos les impuso una especie de trabajo forzado,[6] mientras que centenares de miles de acres de tierras agrícolas pasaban a ser propiedad de alemanes y de la United Fruit Company. La atmósfera de terror imperante durante su tiranía casi lunática ha sido brillantemente captada[7] en la novela *El señor presidente* (1946), de Miguel Angel Asturias, escritor guatemalteco ganador del Premio Nóbel de Literatura en 1968.

El gobierno del general Ubico también duró mucho, alrededor de trece años (1931–1944). Como el dictador se imaginaba parecerse a Napoleón, se encariñó con[8] Hitler hasta que se dio cuenta de lo lucrativo que sería plegarse a la causa de los aliados.[9] Su declaratoria de guerra a Alemania le permitió apoderarse de las propiedades alemanas en Guatemala evaluadas en 150 millones de dólares y obtener pingües beneficios de la ayuda técnica y militar de Washington. La era de Ubico concluyó cuando triunfó la conspiración organizada por estudiantes, militares jóvenes e intelectuales. Fue ingeniosa la manera en que triunfaron los jóvenes rebeldes. Durante una manifestación callejera[10] se tomaron muchos presos políticos. Por la noche, cuando el tirano y sus defensores dormían, los presos fueron libertados y armados por los oficiales comprometidos, y así pudieron apoderarse de los cuarteles desde adentro y tumbar al gobierno.[11] Los patriotas guatemaltecos establecieron una junta de gobierno democrática que convocó a elecciones. Triunfó Juan José Arévalo, ex-exiliado en la Argentina y profesor de filosofía en una de sus universidades. Durante su período presidencial (1945–1951) inició la transformación social de su patria, mejoró la educación y creó un Instituto de Seguridad Social. La política indigenista de Arévalo permitió la mayor participación de los indios guatemaltecos en el gobierno local y llevó a cabo estudios conducentes a proyectar la reforma agraria. Las fuerzas laborales se organizaron y apoyaron al Presidente Arévalo.

Jacobo Arbenz, candidato revolucionario triunfante en las subsecuentes elecciones nacionales, asumió el poder en 1951. Al año siguiente su gobierno aprobó la Ley de Reforma Agraria, en virtud de la cual se favorecerían 300,000 familias. La United Fruit Company combatió apasionadamente esta ley y desencadenó una campaña de desprestigio internacional del gobierno liberal de Arbenz, exagerando la infiltración comunista en los distintos ministerios. Washington apoyó a la United Fruit y a su instrumento político, el coronel Carlos Castillo Armas. Este descono-

---

[6] *forzado*   obligatorio
[7] *captada*   captured
[8] *se encariñó con*   he grew fond of
[9] *plegarse. . . aliados*   to join the allied camp
[10] *manifestación callejera*   street demonstration
[11] *apoderarse. . . gobierno*   to occupy the barracks from the inside and to topple the government

cido militar, ayudado por los dictadores de Honduras y de la República Dominicana, invadió Guatemala con pocos centenares de mercenarios. Derrocado Arbenz, Castillo asumió el poder y procedió a perseguir a sus opositores.[12] Gobernó sumiso a los caprichos de la oligarquía y de la United Fruit. El país retornó a la estructura agraria tradicional, en la cual el dos por ciento de propietarios poseían un 80% del total de las tierras. Además, el nuevo presidente desbandó los cuadros sindicales,[13] restableció el sistema de privilegios y otorgó puestos públicos al quienes gozaban de influencia política. Gobernó, pues, dócilmente, en nombre de los oligarcas. Cansado de ser instrumento ajeno, en 1957 trató de oponerse a las crecientes demandas de un sector de las fuerzas reaccionarias del país. Su nueva actitud le resultó cara: un guardia personal, comprometido con los ultraconservadores, lo asesinó. Al año siguiente asumió la presidencia el general conservador Miguel Ydígoras Fuentes, quien también fue desalojado del poder, en 1963, por no ser lo suficientemente sumiso a los intereses retardatarios nacionales y extranjeros. Lo reemplazó el Coronel Enrique Peralta Azurdía, quien reactivó el clima de terror y violencia policial, además de mantener el *status quo* en favor de los privilegiados. La respuesta se llevó a cabo en forma de guerrillas campesinas en la región montañosa más cercana al Caribe.

Irónicamente los dos jefes guerrilleros más destacados de este período, Marco Antonio Yong Sosa, de ascendencia china, y Luis Augusto Turcio Lima, jefe de las Fuerzas Armadas Rebeldes, fueron entrenados por los Estados Unidos: el primero en la Zona del Canal de Panamá, y el segundo en Fort Benning, Georgia. Yong Sosa sobresalió por sus acciones guerrilleras contra la dictadura del coronel Enrique Peralta Azurdia, especialmente de 1964 a 1966. Turcio, por su parte, que negó ser miembro del partido comunista y afirmó tener diferencias ideológicas con Yon Sosa, se concentró en atacar al ejército y la policía.

En 1966, con un vago programa liberal, ganó el candidato civil Julio César Méndez Montenegro. Gobernó precariamente entre las fuerzas conservadoras y liberales. La oligarquía y el ejército le habían permitido llegar a la presidencia, confiados en su habilidad para aplastar[14] a los guerrilleros. Otros, en cambio, apoyaron a Méndez Montenegro creyendo que limitaría la influencia del ejército y de los ultraconservadores. Ni los unos ni los otros quedaron satisfechos. Las guerrillas continuaron actuando con mayor porfía[15] cuando se agravó la situación con la aparición de la «Mano Blanca», organismo clandestino ultrareaccionario, responsable del asesinato de miles de ciudadanos liberales.

Si bien buena parte de los guerrilleros fueron eliminados por la actuación del ejército nacional y de escuadrones pagados por el sector privado,

---

[12] *opositores*   enemies, oponents
[13] *cuadros sindicales*   labor unions
[14] *aplastar*   to crush
[15] *porfía*   insistencia

el movimiento ha vuelto a resurgir con fuerza, animado por la derrota de Tachito Somoza en Nicaragua, y las luchas contra el gobierno de El Salvador. La represión interna en la propia Guatemala y la desesperación de la mayoría pobre, cada día le proporciona nuevos adeptos.[16] Se agravó la situación cuando el alto mando militar impuso a sus candidatos[17] en la elecciones de 1974, 1978 y 1982 y cuando candidatos presidenciales liberales, como el antiguo alcalde de Ciudad Guatemala, fueron asesinados. En la década de los años 80, el ejército y la oligarquía siguen controlando el país con gobiernos de facto, como el del excéntrico evangelista Efraín Ríos Montt (1982–1983) y el del general Oscar Humberto Mejía Víctores (1983–1986), mientras la violencia baña de sangre al país. Durante el gobierno de facto de Ríos Montt se inició una campaña militar que arrazó centenares de villas mayas y mató a varios miles de sus habitantes.

Causó sorpresa que las fuerzas armadas de Guatemala permitieran que el democristiano Marco Vinicio Cerezo (n. 1943) tomara posesión de la Presidencia de la República en 1986, después de sobrevivir tres intentos de asesinato y ganar las elecciones generales. Poco después de asumir el cargo, el nuevo mandatario constitucional disolvió la policía secreta nacional, integrada por 600 hombres, muchos de ellos culpables de torturar a los prisioneros políticos y realizar robos de automóviles, secuestros y otros hechos de violencia. Como el problema agrario sigue siendo uno de los problemas más serios, Cerezo inició durante su primer año administrativo la distribución de tierras no cultivadas o estatales a los campesinos sin tierra. Para no antagonizar al uno por ciento de la población que posee los dos tercios de los terrrenos cultivados, Cerezo prefiere llamar a su programa «desarrollo rural». Asimismo el presidente rehusa llevar a cabo investigaciones de los abusos militares llevados a cabo antes y después de asumir el poder y de los escuadrones de la muerte que asesinaron a políticos, estudiantes, dirigentes sindicales, profesores universitarios y maestros de la secundaria y primaria, cuyos cadáveres mutilados fueron arrojados a las carreteras de gran tránsito. Conforme a un estudio de la Corte Suprema de Guatemala, sólo en las regiones rurales hay 110,000 niños que han perdido padre o madre o ambos a causa de la violencia política. Aparentemente, por ser el primer gobernante civil desde 1972 y por encontrarse a merced del ejército, Cerezo gobierna con mucha cautela, procurando no antagonizar a aquellos que podrían derrocarlo.

14.3 Perfil de Guatemala y su gente

Guatemala, el más septentrional y más poblado de los países centroamericanos, es el tercero en tamaño en toda la región. De sus nueve millones de habitantes, 60% son indios, 35% mestizos y el resto blancos de extracción

---

[16] *adeptos*   followers
[17] *impuso a sus candidatos*   forced its candidates (on the people)

Trabajadores de una bananera guatemalteca en un cuadro pintado por su compatriota Antonio Tejeda Fonseca.

hispánica principalmente. La topografía guatemalteca es típica de Centroamérica. Se distinguen dos zonas más o menos de igual extensión: una baja, tropical, muy lluviosa, al norte, y una montañosa de clima menos riguroso, donde reside el 83.3% de la población. La región alta la forman cadenas de montañas volcánicas que encierran valles fértiles donde se cultiva la mayor parte del café guatemalteco. Como en toda la América Central, la agricultura es la actividad primordial de la población. Al café, principal producto de exportación, le siguen en importancia el azúcar, el plátano, el algodón, el chicle y los mariscos. También como los otros países del área, Guatemala tiene una minoría rica que ejerce el poder y una inmensa mayoría que vive en la miseria, al margen de la política y economía nacionales.

Las dos ciudades principales son Guatemala, la capital, con cerca de dos millones de habitantes, y Quetzaltenango, con cien mil habitantes. El 41% de los guatemaltecos vive en la ciudad.

14.4 La República de Honduras

En este país han nacido los más activos defensores de la confederación centroamericana. Francisco Morazán asumió el mando de las Provincias

Unidas de Centroamérica y a él y a sus compatriotas principalmente estuvo dirigido el grito fanático de Carrera: «¡Mueran los extranjeros!»

La historia republicana de Honduras se asemeja a la de los países vecinos. Un gran factor determinante de la vida republicana del último siglo ha sido la United Fruit Company. La retahila[18] de presidentes autocráticos (casi uno por año) ha gobernado para beneficio de las minorías oligárquicas y de los intereses extranjeros, convirtiendo al país en lo que algunos llaman despectivamente «república de bananas.» El dictador que por más tiempo retuvo el poder (1933–1949) fue el general Tiburcio Carías. Cansado de su propio gobierno, el caudillo le cedió la presidencia a Juan Manuel Gálvez, quien, para sorpresa de todos, gobernó sin tener en cuenta los antojos[19] de su ex-protector. Gálvez mejoró el transporte y la educación e intentó la diversificación de la economía. Sus reformas no fueron del agrado de la United Fruit Company. Derrocado Gálvez, se sucedieron juntas militares y regímenes civiles que han tratado de mantener el *status quo* para beneficio de las clases y empresas tradicionalmente todopoderosas. Una excepción la ofreció el Dr. Ramón Villeda Morales (1908–1971), cuyo gobierno (1957–1963) resultó ser el más democrático y progresista del último siglo de historia hondureña.[20]

A pesar de las dificultades internas, los demócratas del país hacen esfuerzos por llevar el progreso a su patria. Hay quienes incluyen en este grupo a Roberto Suazo Córdova, considerado por sus amigos norteamericanos como un presidente moderadamente liberal, resuelto a oponerse a las fuerzas políticas conservadoras, tradicionalmente apoyadas por las fuerzas armadas. Sin embargo, a partir de 1981, su gobierno permitió el establecimiento en la zona fronteriza con Nicaragua de campamentos de entrenamiento guerrillero para desestabilizar al gobierno sandinista nicaragüense. En 1985 le sucedió José Azcona Hoyo, el primer civil que en los últimos cincuenta años recibió el poder de manos de otro presidente también elegido por voto popular. En noviembre de 1989, triunfó en las elecciones presidenciales el economista conservador Rafael Leonardo Callejas, del Partido Nacional, quien asumió el mando en enero de 1990, en la primera trasmisión de mando de un partido a otro desde 1932.

14.5 Perfil de Honduras y su gente

Honduras, con un área parecida a la de Pennsylvania, es el segundo país más grande de Centroamérica. Tiene cerca de cinco millones de habitantes,

---

[18] *retahila*   series
[19] *antojos*   whims, caprices
[20] Véase mi artículo «Una esperanza entre la espada y la mordaza,» en Stefan Baciu, *Ramón Villeda Morales: Ciudadano de América* (San José, Costa Rica: A. Lehmann, 1970), pp. 194–196.

en su mayor parte mestizos (90%), descendientes de los mayas que edificaron la imponente ciudad de Copán, en el territorio occidental de la actual Honduras. La capital, Tegucigalpa, tiene 600,000 habitantes. En esta república, como en otros países latinoamericanos, el monocultivo es uno de los peores males. La venta de plátanos constituye el sesenta y cinco por ciento del total de las exportaciones. El café, las maderas, especialmente la caoba,[21] el tabaco y el ganado son también importantes en la economía nacional. La inflación ha afectado la economía hondureña grandemente así como la de otros países centroamericanos.

14.6 La República de El Salvador

El Salvador es la república más pequeña pero la más densamente poblada de Centroamérica y la única que no posee costas en el Atlántico. Es el país que más se beneficiaría con la reunificación político-económica de Centroamérica. Después de la disolución de la Confederación, apoyada por la mayoría de los salvadoreños, algunos de sus descendientes han intentado sin éxito restablecerla.

Durante el resto del siglo XIX y primeras décadas del XX, la pequeña república ha tenido también una vida política sumamente agitada por las arbitrariedades de caudillos despóticos, que, en apuros políticos domésticos, promovían[22] conflictos con los países vecinos para distraer la atención del pueblo. De 1931 a 1944, gobernó el país un militar excéntrico: Maximiliano Henández Martínez, teósofo, a quien conmovía más la muerte de un insecto que[23] la desaparición de un ser humano. Sus amigos aseguraban haberle oído afirmar que es peor crimen matar a una hormiga que a un hombre porque éste se reencarna después de muerto mientras que aquélla muere para siempre. Las agitaciones políticas de 1944 lo obligaron a renunciar y desde entonces la oligarquía y el ejército reanudaron[24] el gobierno del país por medio de militares o de civiles.

El presidente Carlos Humberto Romero fue derrocado en 1979 por oficiales jóvenes reformistas. Cuando los esfuerzos democratizantes fueron frustrados por la alta jeraquía militar, los ciudadanos más liberales abandonaron el gobierno. En 1980 José Napoleón Duarte, antiguo candidato a la presidencia por el Partido Demócrata Cristiano fue nombrado presi-

---

[21] *caoba*   mahogany
[22] *promovían*   started. (Segun un historiador norteamericano, «el ejército (hondureño) es algo así como un estado dentro del estado que ejerce el poder fundamental.»)
[23] *a . . . que*   who was moved more by an insect's death than by
[24] *reanudaron*   resumed

dente de la junta cívico-militar, la cual suspendió las garantías constitucionales e impuso la ley marcial. Para combatir el Frente de Liberación Nacional Farabundo Martí, integrado por marxistas, demócratacristianos y socialdemócratas, y terminar con el baño de sangre que había concitado[25] la atención mundial, Duarte pidió ayuda a los Estados Unidos. Duarte gobernó constitucionalmente de 1984 a 1989, año en que fue sucedido por Alfredo Cristiani, de la Alianza Republicana Nacionalista (**ARENA**), fundada por el oficial del ejército Roberto D'Aubuisson.

Los defensores de los derechos humanos en el extranjero y en el propio El Salvador acusan a las fuerzas gubernamentales o ejércitos privados ultraderechistas de ser responsable de la mayoría de las desapariciones y asesinatos de hombres, mujeres y niños y de la muerte del arzobispo Oscar Arnulfo Romero y Galdámez en marzo de 1980 y de los seis jesuitas en noviembre de 1989. Entre esas dos fechas, 70,000 salvadoreños han perdido la vida en la guerra civil que ensangrienta el país.

14.7 Perfil de El Salvador y su gente

Después de Haití, El Salvador es la república americana más densamente poblada. La mayoría de sus más de cuatro millones de habitantes es mestiza: los indios y los blancos constituyen el 20% en más o menos igual proporción. El café es el producto más importante de la economía nacional: su exportación rinde el 54% de las divisas. El Salvador ocupa el séptimo lugar entre los grandes países cafetaleros del mundo. El algodón y el azúcar también son importantes. Otro producto de valor es el llamado bálsamo[26] del Perú, obtenido únicamente de un árbol leguminoso de las laderas de los volcanes de El Salvador. Este producto es utilizado en la preparación de medicamentos y perfumes. La reforma agraria efectuada por el gobierno de Duarte para redistribuir parte de la tierra arable en manos de 50 familias fue saboteada por estos intereses egoístas. Junto con el aumento demográfico, los problemas de la tierra y de la dependencia de la economía nacional en la exportación de café representan serios problemas para el futuro desarrollo económico de El Salvador.

14.8 La República de Nicaragua

La historia republicana de Nicaragua también se parece mucho a la de los estados vecinos. Destruida la Confederación Centroamericana, el país entró

---

[25] *concitado*   stirred up
[26] *bálsamo*   fragrant exudation from a shrub or tree of warm and arid country

en una era de conflictos internos entre los conservadores, que tenían por centro principal la ciudad de Granada, y los liberales, que operaban principalmente desde la ciudad de León. Así transcurrieron los años hasta que en 1855 entró en escena el aventurero norteamericano William Walker, agente de poderosos intereses económicos yanquis. El aventurero soñó establecer un imperio esclavista en Centroamérica para lo cual convenientemente se hizo elegir presidente de Nicaragua en 1850. Percatándose[27] del peligro, los demás gobiernos centroamericanos, con la ayuda de dinero peruano, combatieron al famoso filibustero hasta derrotarlo y fusilarlo (1860).

Debido a su posición geográfica y a la naturaleza del territorio, el país ofrece muchas ventajas para una posible ruta interoceánica. Durante el siglo XIX, capitales norteamericanos e ingleses contemplaron llevar a cabo la construcción de un canal. Las naciones extranjeras que miraban al país como un posible centro de mayores inversiones se disputaron la región para establecer su supremacía. Las condiciones domésticas favorecieron el establecimiento de una de las dictaduras más inescrupulosas de la región: la de José Santos Zelaya, autócrata que gobernó de 1893 a 1909. Impuso dieciséis años de tranquilidad de presidio durante los cuales se beneficiaron los pocos dueños de las industrias cafetalera y bananera. De 1909 a 1903, Nicaragua sufrió fuertemente la intervención norteamericana, guiada por la diplomacia del dólar. Las deudas a los Estados Unidos trajeron primero el control de sus aduanas y después la infantería de marina,[28] de 1912 a 1925 y de 1926 a 1933. La ocupación continuó sin contendientes[29] hasta 1931, cuando el general Augusto César Sandino se alzó en armas y combatió las fuerzas de ocupación, alentado por la opinión pública latinoamericana. En 1933 los norteamericanos llegaron a un acuerdo con el patriota nicaragüense: él cesaba sus hostilidades y las fuerzas norteamericanas abandonaban el país. Todo se cumplió bien y el país comenzaba a recuperarse política y económicamente hasta que el protegido de las fuerzas militares norteamericanas, Anastasio («Tacho») Somoza, jefe de la guardia nacional creada por ellas, en 1934 mandó asesinar al héroe Sandino y a los dos años se instaló en el palacio presidencial con poderes omnímodos.[30] Su dictadura duró hasta 1956, año en que él a su vez cayó asesinado por un joven poeta. Heredó la presidencia su hijo Luis, apoyado por su hermano Anastasio hijo («Tachito»), comandante en jefe de la guardia nacional. En 1967 comenzó el turno de éste, después de ser declarado vencedor en las elecciones presidenciales de ese año.

---

[27] *Percatándose*   Dándose cuenta
[28] *infantería de marina*   marines
[29] *contendientes*   challengers
[30] *omnímodos*   all embracing

La dinastía Somoza fue combatida primero débilmente por guerrilleros continuadores del ideario de Sandino.[31] La opresión y corrupción les ganó a los Somoza el repudio popular; finalmente los diferentes sectores olvidaron diferencias ideológicas y se unieron para derrotar a «Tachito» Somoza en 1979. El tirano se refugió primero en los Estados Unidos y después en Paraguay, donde cayó asesinado. Desde entonces Nicaragua está regida por el Partido Sandinista, comprometido a realizar transformaciones sociales dentro de un clima democrático para el beneficio de la mayoría de los ciudadanos. Con todo, debido al celo revolucionario de algunos miembros del gobierno, de vez en cuando se cometieron excesos, como la clausura temporal del famoso diario conservador *La Prensa*, que originó la chispa que derrocó al último Somoza. Estos errores y contradicciones causaron alarma en los círculos conservadores de los Estados Unidos que acusaron al presidente constitucional Daniel Ortega Saavedra de obrar en colusión con los de Cuba y la Unión Soviética para exportar la revolución, enviar ayuda a los guerrilleros de El Salvador y poner en peligro la seguridad de los Estados Unidos. México y los regímenes democráticos de Europa Occidental continuaron apoyando al gobierno sandinista, precisamente para proteger la democracia y animar la continuidad de una sociedad pluralista.

En 1988 el gobierno sandinista y los dirigentes de los Contra (contrarevolucionarios) firmaron un acuerdo para cesar el fuego, permitir libertad de acción a la oposición gubernamental y llevar a cabo elecciones presidenciales en febrero de 1990 para elegir un gobierno que ponga fin a la guerra civil que ha causado más de 25,000 muertos desde 1981 y la hiperinflación. El proceso de paz centroamericana iniciado por el Presidente Oscar Arias de Costa Rica en agosto de 1987, no obstante los múltiples obstáculos puestos en su camino, forjó las condiciones para que se llevaran a cabo las elecciones libres el 26 de febrero de 1990 en las cuales resultó triunfante Violeta Barrios de Chamorro, la candidata de la coalición de 14 partidos de oposición. La primera presidenta de Nicaragua asumió el poder el 26 de abril de 1990.

14.9 Perfil de Nicaragua y su gente

Nicaragua es el estado más extenso de Centroamérica pero el de menos densidad de población (26.48 por kilómetro cuadrado). De los tres millones y medio de habitantes 70% son mestizos, 10% blancos y el resto de sangre negra. El nicaragüense más brillante de su historia ha sido el famoso Rubén Darío (1867–1916), a quien muchos consideran como el poeta más importante en castellano desde el fin del Siglo de Oro.

---

[31] *ideario de Sandino*   Sandino's ideology

La mayor parte del territorio es montañoso. En él se destaca un rosario de volcanes cuya lava y ceniza han fertilizado la zona baja del norte de la república. En 1835 la violenta erupción volcánica del Coseguina oscureció al sol en un radio de 35 millas. El polvo de una nueva montaña creada por la erupción cayó en Jamaica, a 700 millas de distancia. De importancia histórica y económica es la región baja de la república, deseada desde el siglo pasado por los Estados Unidos y la Gran Bretaña para construir ahí un canal interoceánico. En esa zona baja se encuentran dos grandes lagos de agua dulce que desaguan en[32] el Mar Caribe. Para zanjar la histórica rivalidad entre los conservadores de Granada y los liberales de León, en 1858 se fundó una nueva ciudad capital en un punto equidistante entre estas dos ciudades: Managua.

El 44% de la población de la república es rural, dependiente de la producción de algodón, café, maderas, plátanos y azúcar, principales fuentes de divisas, y de otros productos agrícolas de importancia comercial, como el sésamo,[33] el maíz y el arroz, así como de la cría de ganado. El 56% de los nicaragüenses viven en ciudades, como Managua, la capital (700,000), León (110,000) y Granada (90,000).

14.10 La República de Costa Rica

Al principio de la historia de la República de Costa Rica, los habitantes de la ciudad de Cartago deseaban la unión con Colombia, mientras que los de Heredia preferían la unión con México. Costa Rica formó parte de la Confederación Centroamericana hasta la disolución de ésta. Entonces la nueva república tenía alrededor de 70,000 habitantes. Más tarde, sus propias querellas[34] domésticas degeneraron en conflictos internacionales con los vecinos. En 1856 tuvo una activa participación en la lucha contra el aventurero norteamericano William Walker que se había apoderado del gobierno nicaragüense y amenazaba toda la región. Y así continuó la vida republicana del país, conmovida por la lucha entre liberales y conservadores, hasta que en 1889 el país comenzó a estabilizarse con gobernantes civiles y a sentar las bases de su democracia.

Por esa época el gobierno de San José, deseoso de facilitar la exportación del café con la construcción de un ferrocarril, buscó la ayuda de Henry Meiggs, el «Pizarro yankee» que se hizo famoso con la construcción del Ferrocarril Central en los Andes peruanos. Meiggs envió a su sobrino Minor C. Keith. Este empresario[35] norteamericano no sólo completó en 1891 el ferrocarril de Puerto Limón a la capital sino que también desarrolló

---

[32] *lagos. . . en* fresh-water lakes, which drain into
[33] Sésamo (*sesame*) es una planta herbácea tropical, cuyas pequeñas semillas ovaladas son comestibles y producen aceite.
[34] *querellas* disputas
[35] *empresario* entrepreneur

la industria bananera[36] y ayudó a fundar la United Fruit Company en 1899.
En 1909 Costa Rica llegó a ser el principal exportador de plátanos del
mundo. La compañía bananera, por el desprestigio[37] de su nombre, ahora
se llama United Brand Co.

Desde principios de este siglo hasta 1947, la tranquilidad y el sosiego[38]
estaban asegurados por los políticos tradicionalistas y los ricos propietarios
de tierras. Al siguiente año, fuerzas reformistas desafiaron el poder de la
oligarquía. José Figueres, propietario cafetalero, organizó un Ejército de
Liberación Nacional, que con la fuerza de las armas hizo que se respetara
el veredicto del pueblo expresado en los comicios[39] de 1948. En las siguientes elecciones nacionales de 1953, don Pepe fue elegido presidente. Su
gobierno reformista dio un ejemplo de dedicación al pueblo y a sus intereses. El partido de Liberación Nacional pertenece a la llamada izquierda
democrática latinoamericana que persigue la transformación democrática
gradual de los países. Tras varios períodos presidenciales durante los cuales
su partido político alternó el poder con la oposición conservadora, Pepe
Figueres volvió a ser elegido presidente en 1970. Su segundo gobierno se
asemejó mucho al primero, por su programa reformista interno, aunque
en su política exterior se tornó más anticomunista. Costa Rica ha mantenido
su estabilidad democrática en medio de una zona geográfica latinoamericana
marcada por dictaduras y guerras civiles.

Los gobiernos de Luis Alberto Monge (1982–1986), del partido de
Liberación Nacional, trató de mantener el curso democrático del país, pese
a la severa crisis económica causada en gran parte por el aumento excesivo
del precio del petróleo que Costa Rica importa para su consumo interno.
Le sucedió su compañero de partido Oscar Arias Sánchez (n. 1942), per-
tenciente a una de las familias cafetaleras más ricas, doctorado en ciencias
políticas por la Universidad de Essex, en el Reino Unido. Tomó posesión
de su cargo el 8 de mayo de 1986 para gobernar hasta 1990. Sus principales
preocupaciones se las dieron la deuda externa de cuatro mil millones de
dólares y el problema de la paz. Por su plan de pacificación de Centroamérica, el presidente Arias recibió el Premio Nobel de la Paz en 1987. Rafael
Caldera, hijo, nacido en Nicaragua y apadrinado por el dictador Anastasio
Somoza García, crítico del plan de paz de Arias y candidato demócrata
cristiano, ganó las elecciones presidenciales del 4 de febrero de 1990.

14.11 Perfil de Costa Rica y su gente

Después de Panamá, Costa Rica es la república hispanoamericana de menos
habitantes: cerca de tres millones. La población aumenta anualmente en
un 3%, una de las tasas de crecimiento[40] más altas del mundo. El 80% de

---

[36] *industria bananera*   banana industry
[37] *desprestigio*   discredit
[38] *sosiego*   calmness
[39] *comicios*   elections
[40] *tasa de crecimiento*   growth rate

los costarricenses son blancos, el 17% son mestizos, el 2.5% negros, y el resto indios. Casi las dos terceras partes de los «ticos», como cariñosamente se llama a los costarricenses, viven en la meseta central donde se encuentra San José, la capital. Esta ciudad propiamente dicha tiene cerca de 250,000 habitantes mientras que su área metropolitana cuenta con casi 450,000 almas. Otras ciudades importantes son Cartago (80,000) y Limón (50,000).

Costa Rica tiene fama de ser una de las democracias latinoamericanas más viables. Se debe su prestigio al hecho de haber sido uno de los primeros países en conseguir estabilidad política, basada en el gobierno civil y la educación popular. Desde 1949 el país ya no tiene ejército y ahora los «ticos» se enorgullecen de tener más maestros que policías y de invertir la mayor parte de su presupuesto en la educación del pueblo. Hoy día la inflación amenaza la economía y estabilidad costarricenses. En 1970, por ejemplo, un saco de café de 60 libras compraba 30 barriles de petróleo; actualmente la misma cantidad de café compra menos de tres barriles.

14.12 La República de Panamá

Aunque geográficamente pertenece a Centroamérica, a Panamá no siempre se la asocia políticamente con esa región. Históricamente ha estado por más tiempo vinculada a Sudamérica. Desde que Colombia se independizó de España, en 1821, Panamá era una de sus provincias, aunque grupos de políticos de tiempo en tiempo abogaron por cierta autonomía administrativa local. En 1903, el presidente norteamericano Theodore Roosevelt, al no conseguir de Colombia las concesiones necesarias para la construcción del canal transoceánico, promovió la secesión de esa región y consiguió que se independizara con el nombre de República de Panamá. La nueva república apenas tenía unos 250,000 habitantes. Uno de sus actos presidenciales que más enorgulleció a Teddy Roosevelt, según confesión propia, fue el haber manipulado la independencia de esta provincia colombiana, no obstante el tratado existente, mediante el cual Estados Unidos reconocía la soberanía colombiana de Panamá.

Desde que surgió como país independiente, la República de Panamá tuvo dificultades con el Coloso del Norte.[41] Mediante el tratado Hay-Bunau-Varilla de 1903, Estados Unidos consiguió de ese país el «arrendamiento»[42] a perpetuidad de la famosa zona del Canal, ofreciendo el pago de diez millones más 250,000 dólares anuales de alquiler.[43] El canal fue inaugurado en 1914 y desde ese año constituye la principal fuente de ingresos del país. Durante el resto del siglo, el gobierno ha sido controlado o ejercido por un grupo u otro de familias ricas. Sin embargo, Arnulfo Arias, hijo de una de estas familias prominentes, se atrevió a desafiar la influencia nor-

---

[41] *Coloso del Norte*   Colossus to the North, United States
[42] *arrendamiento*   lease
[43] *alquiler*   rental

teamericana. El rebelde Arias, de tendencia muy individualista, llegó a la presidencia en 1940 pero fue depuesto al año siguiente. En 1949 volvió a ser elegido presidente pero nuevamente fue derrocado. En las elecciones nacionales de 1968, participó otra vez como candidato de fuerza, y tan luego concluyeron los escrutinios, sus partidarios lo proclamaron vencedor, pero a los once días de su gobierno constitucional, una junta militar se instaló en el poder y consiguió rápido reconocimiento de Washington. Años después, el general Omar Torrijos, una especie de hombre fuerte populista, se instaló en el poder. Durante su gobierno se redactó una nueva constitución que entró en vigor en 1978. En las elecciones presidenciales de 1978 fue electo presidente Arístides Royo. Con todo, Torrijos tenía mucha influencia en el funcionamiento del gobierno hasta su muerte inexplicable en un accidente de aviación en 1981. Desde entonces la política del gobierno panameño era menos nacionalista y estaba menos interesada en antagonizar la política latinoamericana de Washington, hasta que se produjo una ruptura entre el general Manuel Antonio Noriega, eminencia gris del gobierno panameño, y sus colaboradores norteamericanos.

En 1985 el Dr. Hugo Spadafora fue asesinado después de acusar al general Noriega de estar involucrado en el tráfico de drogas. La situación se aclaró, en parte, con las revelaciones que en junio de 1987 hizo el coronel Roberto Díaz Herrera, ex-Jefe del Estado Mayor de las Fuerzas de Defensa Nacional. En sus declaraciones públicas, que inmediatamente desencadenaron grandes disturbios públicos, acusó al general Manuel Noriega, su antiguo amigo: (a) de haber colaborado con la CIA para causar el accidente de aviación que mató al general Torrijos, (b) de haber manipulado las elecciones presidenciales de 1984 a favor de Nicolás Ardito Barletta, y (c) de haber ordenado el asesinato de un conocido político panameño, activista anticastrense, cuya investigación anunciada por el nuevo presidente causó su renuncia. Con posterioridad, dos cortes de la Florida acusaron de tráfico de drogas al caudillo panameño. Ni la oposición civil interna, ni la presión del exterior, ni el alzamiento de parte de su ejército lograron derrocarlo. Su habilidad para sobrevivir y mantenerse como el hombre con más poder en Panamá parecían señalar los límites de la democracia cuando los dictadores son apoyados inicialmente por políticos y militares norteamericanos ilusionados por sus promesas. Ante esta situación, el presidente George Bush ordenó la invasión de Panamá en diciembre de 1989, acto censurado por la Organización de Estados Americanos y la mayor parte del mundo. Guillermo Endara, candidato triunfante en las elecciones panameñas de 1989, fue juramentado como presidente de Panamá en una base norteamericana, hecho censurado por muchos gobiernos latinoamericanos, especialmente por los del Perú y Venezuela. De todas maneras, tras la destrucción de parte de la ciudad de Panamá y la derrota de la Guardia Nacional y de los Batallones de la Dignidad panameños, el general Noriega primero se refugió en la Nunciatura del Vaticano y luego se rindió a las fuerzas norteamericanos, que inmediatamente lo condujeron a Miami para enjuiciarlo.

El Canal de Panamá fue construido por trabajadores panameños, negros de las islas inglesas del Caribe y chinos empleados por los Estados Unidos (1904–1914). Tiene 82 kilómetros (51 millas) de largo desde el Mar Caribe hasta el Pacífico. A fines del siglo XX será de propiedad exclusiva de la República de Panamá, en conformidad con el nuevo tratado firmado por los Presidentes Jimmy Carter y Omar Torrijos.

14.13 Perfil de Panamá y su gente

Panamá, con cerca de dos millones y medio de habitantes, ocupa el famoso istmo del mismo nombre, tan importante durante el período colonial por encontrarse ahí uno de los puertos del comercio entre España y Sudamérica. El tráfico internacional ha sido durante gran parte de su historia la principal fuente de su economía y su razón de ser. Hoy día la vida económica de la mayoría de sus habitantes depende principalmente de la exportación de caoba, plátanos, cacao, azúcar, camarones,[44] y sobre todo del Canal y de la activísima y sospechosa actividad de los numerosas sucursales de bancos extranjeros. Periódicamente, los políticos panameños interesados en conseguir concesiones económicas de Estados Unidos, permitían disturbios populares causados por la discriminación racial y la injusticia económica de la zona del Canal. En varias ocasiones esta política tuvo éxito al obtener de Washington un aumento del pago anual por el uso de la zona del Canal,

---

[44] *camarones*   shrimp

pero los beneficiados siempre fueron los políticos porque esos arreglos no redundaban[45] en beneficio del pueblo.

En 1964 se produjo un grave incidente con motivo de izarse[46] la bandera norteamericana sola en la zona del Canal. En los disturbios subsecuentes hubo más de veinte muertos y centenares de heridos. La crisis amainó[47] cuando el presidente Lyndon Johnson declaró, en diciembre de ese año, que su país estaba preparado a negociar la firma de un nuevo tratado, reconociendo la soberanía panameña de la zona del Canal. Después de largas negociaciones el nuevo tratado se firmó en 1977 bajo la presidencia de Jimmy Carter. El tratado reconoce la soberanía panameña sobre el Canal y señala que para el año 1999 todas sus operaciones pasarán a manos panameñas.

14.14 Sumario

   I. Período de unificación (1821–42):
     A. Independencia de la Capitanía General de Guatemala (1821)
     B. Anexión mexicana de Chiapas (1821) y Centroamérica (1822)
     C. Las Provincias Unidas de Centroamérica (1821–1847):
       1. Constitución Federal de 1824: Guatemala, capital de la Federación
       2. Gobierno anticlerical de Francisco Morazán (1829 y 1830–40)
       3. Adopción del código criminal de Louisiana
       4. El guatemalteco Rafael Carrera se alza contra la Federación
  II. República de Guatemala (1842–hasta el presente):
     A. La era del conservador Rafael Carrera (1840–65)
     B. Gobierno anticlerical del liberal Rufino Barrios (1873–85)
     C. Dictaduras de M. Estrada Cabrera (1898–1920) y Jorge Ubico (1931–44)
     D. Presidencia democrática de Juan José Arévalo (1945–51):
       1. Política proindigenista y división de la gran propiedad
       2. Reformas económica, políticas, sociales y laborales
     E. Presidencia reformista de Jacobo Arbenz y el golpe de Castillo Armas
     F. Gobiernos reaccionarios, golpes, desaparecidos y terrorismo de estado
     G. Presidencia constitucional del democristiano Vinicio Cerezo (1986–91)
     H. Perfil del país y su gente:
       1. Dos zonas: montañosa con valles fértiles y selvática al norte

---

[45] *redundaban* resultaban
[46] *izarse* hoisting
[47] *amainó* subsided

2. Nueve millones de indios (60%), mestizos (35%) y blancos (5%)

III. República de Honduras (1841–hasta el presente):
   A. Guerras con Guatemala, Honduras, Nicaragua, generales y abogados
   B. Dictadura de Tiburcio Carías (1933–49) en beneficio de la oligarquía
   C. La United Fruit derroca al reformista Juan Manuel Gálvez (1949–54)
   D. Las bases de los Contra preocupan a los liberales y conservadores
   E. Perfil del país y su gente:
      1. El segundo país más grande de Centroamérica
      2. El 90% de los hondureños (4.5 millones) desciende de los mayas

IV. República de El Salvador (1842–hasta el presente):
   A. Conflictos internacionales e internos, rebeliones y militarismo
   B. Dictadura del general excéntrico M. Hernández Martínez (1931–44)
   C. Gobiernos despóticos militares impuestos por la oligarquía
   D. Guerra entre Duarte, Cristiani y D'Aubuisson vs. Frente de Liberación Nacional Farabundo Martí causa 70,000 muertes de 1980 a 1989
   E. Perfil del país y su gente:
      1. El país más densamente poblado de las Américas: más de 5 millones
      2. Importancia del café, el algodón y el azúcar

V. República de Nicaragua (1842–hasta el presente):
   A. Luchas entre conservadores de Granada y liberales de León
   B. William Walker elegido presidente (1850) y fusilado (1860)
   C. Dictadura de José Santos Zelaya (1893–1909)
   D. Ocupación norteamericana (1909–33) y resistencia de Augusto C. Sandino
   E. Tiranía de la dinastía Somoza (1936–79) derrocada por los sandinistas
   F. El gobierno sandinista combate a los Contra (contrarrevolucionarios)
   G. Perfil del país y su gente:
      1. El más grande y el menos densamente poblado de Centroamérica
      2. Producción de algodón, café, maderas, plátanos y azúcar

VI. República de Costa Rica (1942–hasta el presente):
   A. Liberales y conservadores se disputan el poder (1849–89)
   B. Gobiernos civiles progresistas desarrollan la democracia (1889–1948)

  C. Liberación Nacional y el reformismo de los presidentes Fi-
   gueres, Monge y Oscar Arias, Premio Nobel de la Paz (1987)
  D. Perfil del país y su gente:
   1. Tres millones de ticos: 80% blancos, 17% mestizos y 2.5%
    negros
   2. Democracia sin ejército y con más maestros que policías
VII. República de Panamá (1903–hasta el presente):
  A. La declaración de independencia (1903) auspiciada por EE.
   UU.
  B. El Tratado Hay-Bunau Varilla (1904) impuesto al nuevo país
  C. Intervenciones armadas de EE. UU de 1905, 1912 y 1918
  D. El Tratado Torrijos-Carter (1977) devuelve la soberanía del
   canal
  E. El general M. Noriega y los ataques de panameños y norte-
   americanos
  F. Perfil del país y su gente:
   1. Importancia histórica del istmo y del canal
   2. Oligarcas y EE. UU. influyen en su vida socioeconómica.

14.15 Recomendación bibliográfica

Guatemala

Black, George, et al. *Garrison Guatemala*. New York: Monthly Review Press, 1984.

Calvert, Peter. *Guatemala: A Nation in Turmoil*. Boulder, Co.: Westview Press, 1985.

Cambrane, Julio C. *Coffee and Peasants in Guatemala*. Stockholm: Institute of Latin American Studies, 1985.

Fried, Jonathan L., et al., eds. *Guatemala in Rebellion: Unfinished History*. New York: Grove Press, 1983.

Jonas, Susanne, Ed McCaughan, and E. Sutherland Martínez, eds. and trs. *Guatemala: Tyranny on Trial*. San Francisco: Synthesis Publications, 1984.

Vargas Foronda, Jacobo. *Guatemala: sus recursos naturales, el militarismo y el imperialismo*. México: Claves Latinoamericanas, 1984.

Honduras

Booth, John, and Mitchell Seligson, eds. *Elections and Democracy in Central America*. Chapel Hill: University of North Carolina Press, 1989.

Fagen, Richard R., and Olga Pellicer, eds. *The Future of Central America*. Stanford: Stanford University Press, 1983.

Grieb, Kenneth, ed. *Research Guide to Central America and the Caribbean*. Madison: University of Wisconsin Press, 1985.

Minkner, Mechtchild, ed. *Honduras en la encrucijada*. Bonn and Hamburg: Fundación Friedrich Naumann and Instituto de Estudios Iberoamericanos, 1983.

Peckanham, Nancy, and Annie Street, eds. *Honduras: Portrait of a Captive Nation.* Westport, Ct.: Praeger, 1985.

Rosenberg, Mark B., and Philip L. Sheperd, eds. *Honduras Confronts Its Future: Contending Perspectives on Critical Issues.* Boulder, Co.: Lynne Rienner Publishers, 1986.

El Salvador

Booth, John, and Thomas Walker. *Understanding Central America.* Boulder, Co.: Westview Press, 1989.

Montgomery, Tommie Sue. *Revolution in El Salvador: Origins and Evolution.* Boulder, Co.: Westview Press, 1982.

Schulz, Donald E., and Douglas H. Graham, eds. *Revolution and Couterrevolution in Central America and the Caribbean.* Boulder, Co.: Westview Press, 1984.

Siri, Gabriel. *El Salvador and Economic Integration in Central America: An Economic Study.* Lexington: D.C. Heath, 1982.

Szcuchman, Mark D. *The Middle Period in Latin America: Values and Attitudes in the 18th–19th Centuries.* Boulder, Co.: Lynne Rienner, 1989.

Nicaragua

Arnove, R. F. *Education and Revolution in Nicaragua.* New York: Prager, 1986.

Chamorro Cardenal, Jaime. *La Prensa: The Republic of Paper.* Lanham, Md.: University Press of America, 1989.

Chomsky, Noah. *Turning the Tide: U. S. Intervention in Central America and the Struggle for Peace.* Pluto Press, 1986.

Coraggio, José Luis. *Nicaragua: Revolution and Democracy.* Winchester, Ma.: Allen & Unwin, 1987.

Cruz, Arturo J. *Nicaragua's Continuing Struggle.* Lanham, Md.:University Press of America, 1988.

Harris, R., and C. M. Vilas. *The Sandinista Revolution: National Liberation and Social Transformation in Central America.* New York: Monthly Review Press, 1986.

Hodges, Donald C. *Intellectual Foundations of the Nicaraguan Revolution.* Austin: University of Texas Press, 1986.

Ramírez, Sergio. *Estás en Nicaragua.* Barcelona: Muchnik, 1985.

Valenta, Jiri, and Esperanza Durán, eds. *Conflict in Nicaragua: A Multidimensional Perspective.* Winchester, Mass.: Allen & Unwin, 1987.

Costa Rica

Hall, Carolyn. *Costa Rica: A Geographical Interpretation in Historical Perspective.* Boulder, Co.: Westview Press, 1985.

Herrick, Bruce, and Barclay Hudson. *Urban Poverty and Economic Development: A Case Study of Costa Rica.* New York: St. Martin's Press, 1981.

Peek, P., and C. Rabe. *Rural Equity in Costa Rica: Myth or Reality?* Geneva: International Labor Office, 1985.

Peeler, John A. *Latin American Democracies: Colombia, Costa Rica, Venezuela.* Chapel Hill: University of North Carolina Press, 1985.

Rowles, James P. *Law and Agrarian Reform in Costa Rica.* Boulder, Co.: Westview Press, 1985.

Sanders, Sol. *The Costa Rican Laboratory.* Winchester, Mass.: Allen & Unwin, 1986.

Panama

Anguizola, Gustave. *Philippe Bunau-Varilla: The Man Behind the Panama Canal.* Chicago: Nelson Hall Publishers, 1980.

Calvert, Peter, ed. *The Central American Security System.* London-New York: Cambridge University Press, 1989.

Cheville, Lila R., and R. Cheville. *Festivals and Dances of Panama.* Hatboro, Penn.: Legacy Books, 1981.

La Feber, Walter. *The Panama Canal: The Crisis in Historical Perspective.* New York: Oxford University Press, 1979.

Priestley, George. *Military Government and Popular Participation in Panama: The Torrijos Regime, 1968–1975.* Boulder, Co.: Westview Press, 1986.

14.16 Cuestionario y temas

Cuestionario

1. ¿Cuáles han sido los esfuerzos de unificación en Centroamérica?
2. ¿Cuál fue la obra positiva de Juan José Arévalo en Guatemala?
3. ¿Qué papel histórico ha tenido Jacobo Arbenz?
4. ¿Cómo prueba que Costa Rica es el país más democrático de Centroamérica?
5. ¿Cuál es la importancia histórica de Pepe Figueres?
6. ¿Por qué Centroamérica repudió a William Walker?
7. ¿Cómo pudo gobernar tanto tiempo la familia Somoza en Nicaragua?
8. ¿Qué importancia tiene la United Fruit en Centroamérica?
9. ¿Cómo explica las intervenciones de EE. UU. en los países centroamericanos?
10. ¿Cuáles fueron las causas de la independencia de Panamá?

Temas para informes orales

1. La unificación política centroamericana.
2. El mercado común centroamericano.
3. El experimento democrático de Juan José Arévalo.
4. El gobierno progresista de Jacobo Arbenz.
5. El desarrollo de la democracia en Costa Rica.
6. La aventura de William Walker en Centroamérica.
7. El guerrillero Augusto Sandino.
8. La familia Somoza en Nicaragua.
9. Los gobiernos castrenses en El Salvador.
10. El Canal de Panamá en la historia centroamericana.

Temas para informes escritos opcionales

1. La intervención norteamericana en Nicaragua.
2. El programa reformista de Juan José Arévalo.
3. Los más importantes demócratas de Costa Rica.
4. La lamentable rivalidad entre ladinos e indios en Guatemala.
5. La intervención norteamericana en Panamá.

Capítulo
15

La personalidad histórica de las Antillas

15.1 Cuba colonial

A Cuba, habitada por los indios siboneyes y taínos pertenecientes a la familia de los arauacos[1] sudamericanos, la visitó Colón en su primer viaje y la denominó Juana. Su colonización, sin embargo, no se llevó a cabo sino a partir de 1511 con Diego Velázquez. Desde entonces la isla fue un campo de adiestramiento y trampolín[2] para futuras conquistas. El entrenamiento lo consiguieron los españoles combatiendo a los indios que, como Hatuey, abandonaron el pacifismo en desesperado esfuerzo para evitar el completo exterminio de su raza. Hatuey luchó heroicamente hasta que cayó preso y se le condenó a morir en la hoguera.[3] Se cuenta que cuando un sacerdote le ofreció el cielo si aceptaba al dios cristiano, Hatuey le preguntó si allá iban a estar los conquistadores. Al contestarle el sacerdote afirmativamente, Hatuey declaró: «Si los españoles van a estar en el paraíso, yo prefiero ir al infierno». Derrotada la rebelión indígena en 1513, Velázquez fundó varias ciudades, entre ellas Santiago (1514) y La Habana (1515).

Al no encontrar oro, gran número de los colonos abandonaron la isla de Juana, incorporándose a las expediciones conquistadoras y colonizadoras de nuevas tierras. Carente del atractivo de la fácil fortuna,[4] la isla sobresalió principalmente por su importancia estratégica y sobre todo por el puerto de La Habana. Durante mucho tiempo la actividad principal se redujo a

---

[1] *arauacos*   Arawaks
[2] *adiestramiento y trampolín*   training and springboard
[3] *Se le. . . hoguera*   He was condemned to be burned alive.
[4] *carente del. . . fortuna*   lacking the quick-fortune attraction

Esta Calle estrecha y adoquinada del viejo San Juan todavía conserva el gusto arquitectónico colonial. El gobierno de la capital puertorriqueña ha declarado esta
zona urbana área histórica y prohibe alterar su arquitectura.

la construcción de fortificaciones, presidios, torreones y murallas.[5] Durante los siglos XVI, XVII y XVIII se luchó contra los corsarios, bucaneros y piratas, al mismo tiempo que se agudizaban las querellas internas[6] causadas por la existencia de dos jurisdicciones administrativas: Santiago y La Habana. Aunque desde los primeros años de la colonización se introdujo el cultivo de la caña de azúcar, la industria azucarera no floreció sino hasta el siglo XVIII. Necesitó una fuerte importación de esclavos negros para reemplazar a la población indígena de la isla casi totalmente exterminada.

En el siglo XVII Cuba sufrió el filibusterismo de holandeses, franceses e ingleses, procedentes de las islas vecinas. En 1665 los franceses saquearon[7] la villa de Sancti Spíritus, y tres años después el filibustero inglés Henry John Morgan destruyó Puerto Príncipe. Las luchas contra los agresores seguían el ritmo de la política europea y las treguas[8] concertadas por algunos años eran, a veces, interrumpidas por nuevos combates navales e incursiones a tierras cubanas. En 1762 un ejército de 30,000 ingleses, transportado por 27 naves de guerra, ocupó La Habana y se apoderó de un cuantioso botín. La presencia inglesa duró varios meses y no fue del todo perjudicial: el comercio internacional prosperó tanto que durante ese breve plazo[9] ingresaron a la bahía más naves mercantes que durante todo el tiempo anterior de ocupación española. Gracias al Tratado de París, firmado al año siguiente, España recuperó La Habana, cedió la Florida a Inglaterra y obtuvo la Luisiana francesa.

La ocupación inglesa de La Habana puso en evidencia el nacionalismo isleño[10] y algunos rasgos de la personalidad cubana. Restituido el gobierno español, cien damas de la ciudad firmaron un documento que enviaron a Madrid, en el cual se quejaban de las autoridades, cuya falta de decisión y habilidad contribuyó a la caída de la plaza.[11] En las calles habaneras circulaban décimas reveladoras del «choteo» o actitud irrespetuosa característica ante las autoridades de la isla. Al pedir el nombramiento de un nuevo gobernador, las décimas señalaban con sorna:[12]

> Sabio, cristiano, prudente
> de experiencia y muy valiente
> y que no sea traidor,
> . . . .
> que el que hubo fue un halcón[13]
> sin justicia ni razón

---

[5] *presidios, torreones y murallas*   prisons, towers and walls
[6] *se agudizaban. . . internas*   domestic quarrels worsened
[7] *saquearon* sacked
[8] *treguas* truces
[9] *plazo* term, time
[10] *nacionalismo isleño* island nationalism
[11] *plaza* ciudad
[12] *las décimas. . . con sorna*:   the tan-line poems indicated cunningly:
[13] *halcón* falcon

> y que me ha dejado en suma
> cacareando[14] y sin plumas.

Aparentemente el concepto de patria se estaba arraigando. Se afirma que cuando a los nacidos en Cuba se les preguntaba si preferían vivir bajo el pabellón[15] español o bajo el británico, protector del comercio internacional intensivo, ellos respondían que su patria era Cuba y no España ni Gran Bretaña.

Para 1774 la isla todavía no había prosperado mucho. Según el censo de ese año, tenía una población total de 96,430 habitantes blancos y 75,180 pardos (negros). En esta segunda cifra se incluía a 44,633 esclavos, esto es, a más de un cuarto de la población total.

La insurrección por la independencia de Haití de fines del siglo XVIII llevó a buen número de franceses residentes en esa colonia a emigrar a Santiago. Muchos de ellos trajeron consigo esclavos negros y la contradanza inglesa, en su versión modificada primero por los franceses y después por los haitianos. De ella, nos asegura Alejo Carpentier (1904–1980) en su *Historia de la música en Cuba*, se deriva la contradanza cubana, madre del danzón, del bolero, de la rumba y hasta del tango. Como en 1795 España había cedido toda la isla Española a Francia, la guerra por la independencia de Haití afectó grandemente a los españoles de Santo Domingo, muchos de quienes también emigraron a Santiago. Se calcula en 30,000 franceses y españoles los que arribaron a esa ciudad cubana durante esta época. Los nuevos colonos franceses construyeron grandes mansiones en las fincas cafetaleras y se hicieron famosos por su lujoso estilo de vida.

Cuando en 1826 Bolívar ya había libertado cinco repúblicas y era el hombre más poderoso del hemisferio, se aprestó a enviar[16] sus ejércitos para independizar Cuba. Lamentablemente, Estados Unidos, consciente ya de la importancia estratégica de la isla, se opuso a la expedición libertadora, como lo atestiguan documentos de la época. Así, Cuba tuvo que esperar otros tres cuartos de siglo para liberarse de España. Los habitantes de la isla, sin embargo, siguieron entusiasmados por la independencia. Para apaciguar los ánimos exasperados en favor de la libertad, el gobierno español estableció algunas reformas. Pero después de restablecido el absolutismo gubernamental en la metrópoli (1825), ésta envió autoridades despóticas a la isla. En cambio, en las filas revolucionarias apareció el general venezolano Narciso López, quien, respaldado de centenares de hombres reclutados en Estados Unidos, invadió sin éxito Cuba en 1850. Al intentar otra invasión al siguiente año, López fue capturado y enviado al patíbulo;[17] los prisioneros de su expedición fueron llevados a La Habana, fusilados y entregados a la muchedumbre, que mutiló horriblemente los cadáveres.

Aunque el fusilamiento de Narciso López temporalmente hizo más

---

[14] *cacareando*   crowing
[15] *pabellón*   flag
[16] *se aprestó a enviar*   he got ready to send
[17] *patíbulo*   scaffold

difícil la lucha por la independencia de la isla, a los pocos meses continuaron las conspiraciones y siguieron matando a los patriotas. El desafío más serio al poder español lo llevaron a cabo Carlos Manuel de Céspedes y Máximo Gómez con la Guerra de los Diez Años, durante la cual proclamaron la independencia de Cuba el 10 de octubre de 1868. Las autoridades españolas combatieron encarnizadamente a los patriotas, aprisionando a miles y fusilando a centenares. Después de este prolongado esfuerzo, el centro de conspiración se trasladó fuera de Cuba, a México y a Nueva York principalmente.

En 1895 José Martí (1853–1895), uno de los patriotas exiliados en los Estados Unidos, dirigió la expedición libertadora a la isla con pleno conocimiento de lo arriesgado de la empresa. Su presentimiento se cumplió y el patriota murió en el campo de batalla, legando a la posteridad su ansia de libertad, a la cual había dedicado su producción literaria y su vida. Este noble espíritu es el héroe máximo de los cubanos de todos los colores políticos.

A fines del siglo pasado, mientras España decaía el poderío de los Estados Unidos crecía. Como históricamente este país había tenido pretensiones territoriales sobre las posesiones españolas del Caribe, la propaganda por la independencia de Cuba convenció a los políticos norteamericanos que había llegado el momento oportuno para desmantelar los rezagos del imperio colonial español y anexarlos a la Unión. El pretexto lo ofreció, en 1898, la explosión del crucero «Maine» anclado en la bahía de La Habana. Después del incidente, la contienda cubano-española-norteamericana no duró mucho más. Concluyó con la derrota de España y el tratado de paz que reconoció la independencia de Cuba y cedió Puerto Rico y las Filipinas a los Estados Unidos.

15.2 Las primeras décadas de Cuba republicana

El ejército de ocupación norteamericano permaneció en Cuba hasta 1902. En virtud de la injusta Enmienda Platt de 1901, impuesta al tratado con Cuba de 1903, los Estados Unidos adquirieron la base naval de Guantánamo, todavía en su poder, y se reservaron el derecho de intervenir para mantener un gobierno protector de los intereses norteamericanos en la isla.

La intervención estadounidense tuvo su aspecto positivo en el campo de la salud pública, al estirpar definitivamente la fiebre amarilla, enfermedad endémica que había azotado a la isla desde hacía siglos y cuya causa la descubrió el médico cubano Carlos Juan Finlay (1833–1915). El lado negativo estuvo principalmente en el campo económico, al imponer al país el monocultivo,[18] sobre todo si se tiene en cuenta que la mayoría de los ingenios de azúcar llegaron a caer en manos de norteamericanos, cuya

---

[18] *monocultivo*   one-crop farming

patria era el principal mercado de esa azúcar y la principal proveedora de alimentos y productos manufacturados necesitados en la isla.

Cuba republicana fue por mucho tiempo gobernada principalmente por políticos ambiciosos, asesorados por administradores corrompidos e interesados. El gobierno y la administración pública resultaron el medio más lucrativo y el camino más rápido para el enriquecimiento. Se sucedieron los dictadores, se corrompieron las conciencias. Casi todo tenía su precio; quien no tenía influencia no prosperaba. Uno de los déspotas fue el general Gerardo Machado Morales, cuyo gobierno (1925–1933) se hizo famoso por arrojar a sus enemigos a los tiburones.[19] La caída de Machado permitió, en 1934, la derogación de la odiada Enmienda Platt. Depusieron al tirano principalmente los intelectuales y estudiantes universitarios, aliados con algunos sargentos del ejército. Uno de ellos, Fulgencio Batista, taquígrafo del Estado Mayor,[20] dio el golpe definitivo a la dictadura, inaugurando a su vez un período durante el cual se convirtió en el gobernante absoluto o en la eminencia gris[21] de los regímenes sucesivos hasta 1952. En ese año asumió directamente el poder, esta vez como tirano sanguinario. Su gobierno duró hasta el primero de enero de 1959, víspera del triunfo definitivo de Fidel Castro.

15.3 La Revolución cubana

Es sumamente difícil historiar los acontecimientos de 1959 para adelante, por su contemporaneidad[22] y sobre todo por las pasiones en pro y en contra que ha desencadenado el proceso cubano. Lo que sí nadie puede disputar es que somos testigos[23] de la revolución más radical de Latinoamérica, comparable a las transformaciones sociopolíticas de Rusia y China en este siglo. El gobierno de Castro ha reestructurado completamente la economía, la política y la sociedad cubana a tal punto que hoy la isla se parece poco a la de antes de 1959.

Ayudan a evaluar los acontecimientos y emitir juicios sobre los méritos o deméritos de lo realizado, dos de las interpretaciones más difundidas. Los simpatizantes del cambio ven trascendencia histórica en las siguientes realizaciones de la Revolución Cubana:

1. La eliminación de las clases sociales, aunque hayan aparecido nuevos grupos de presión política, no basados en bienes muebles o inmuebles o blasones[24] familiares.

---

[19] *tiburones*   sharks
[20] *taquígrafo. . . Estado Mayor*   General Staff stenographer
[21] *eminencia gris*   power behind the throne
[22] *sumamente. . . contemporaneidad*   it is very difficult to write the history of recent events because they have taken place so close to our own time.
[23] *testigos   witnesses*
[24] *blasones*   glorias

El Palacio de Gobierno en La Habana en vísperas del ingreso de Fidel Castro a esa capital en enero de 1959.

2. La nacionalización de las inversiones norteamericanas influyentes en la política internacional y doméstica de la isla.
3. La reforma de la educación, desvinculada de su sentido aristocrático e irónicamente con el sentido popular y universal de la educación norteamericana que ha permitido, según se asegura, una gran reducción del analfabetismo, así como la asistencia gratuita y obligatoria a las escuelas para todos.
4. Aparición de una solidaridad revolucionaria, capaz de impulsar a muchos hacia la causa nacional y continental, sin miras a la recompensa material.
5. Desarrollo de una economía capaz de proveer casa y comida a los guajiros (campesinos) que antes sólo tenían oportunidad de trabajar durante la zafra.[25]
6. Disminución considerable del prejuicio racial, del sentimiento antifeminista y del prejuicio social clasista.

---

[25] *zafra*   sugar harvest

7. La Revolución ha convertido a Cuba en potencia militar del Caribe.
8. Implementación de un programa de industrialización, complementario de su rica agricultura.
9. La eliminación de la antigua corrupción administrativa.
10. La instalación de un programa de salud pública gratuito al que todos tienen acceso.

Por su parte, los anticastristas señalan los siguientes aspectos negativos:

1. El régimen revolucionario cubano ha trocado imperialismos: de la sumisión al materialismo yanqui se ha pasado al totalitarismo soviético.
2. Se ha impuesto un régimen de control mucho más tiránico que la dictadura combatida por la Revolución.
3. La regimentación en la vida diaria ha afectado la estructura familiar cubana, desquiciando matrimonios, hogares, parentescos y amistades.
4. La inexperiencia, la improvisación y la sumisión a las necesidades políticas y económicas rusas ha llevado a la economía cubana a un grado de subdesarrollo y dependencia perjudicial para el futuro del país.
5. La escasez de alimentos, ropa y artículos básicos, a los cuales muchos cubanos estaban acostumbrados antes de 1959, ha hecho extremadamente difícil la vida decente moderna en la isla.
6. El régimen revolucionario ha obligado a centenares de miles de cubanos a refugiarse en otros países, especialmente en los Estados Unidos, desarraigándolos de su tierra, hogar y tradición. Para corroborar esto, mencionan el éxodo de cubanos por el puerto de Mariel (1980) después de 20 años de vida en la Cuba socialista.
7. Cuba está empeñada en exportar su Revolución a otras partes de América, poniendo en peligro la democracia continental así como la influencia de los Estados Unidos en la zona.
8. El gran número de presos políticos, muchos liberados en 1978 y 1979, muestra el repudio general al régimen.
9. La dependencia política a favor de Rusia ha obligado al gobierno revolucionario cubano a enviar miles de soldados cubanos a servir en el exterior, especialmente en Africa.

Después de treinta y un años en el poder, el régimen revolucionario comienza la década de los años 1990 experimentando la crisis económica y política más aguda desde 1959. La ejecución de agosto de 1989 del general Arnaldo Ochoa Sánchez, único héroe oficial del país, y otros altos militares con posiciones claves por traficar con drogas en un escándolo todavía por aclararse y los cambios de gabinete ocurridos durante el segundo semestre de 1989 alimentaron el gran desasosiego del gobierno cada vez más presionado por el ejemplo de los acontecimientos desencadenados en Europa por la política de Gorbachov sustentada por la Perestroika (reestructuración económica con libertad) y Glasnost (claridad). La prohibición en Cuba a fines de 1989 de dos publicaciones soviéticas que informaban libremente sobre los últimos sucesos trascendentales en la Unión Soviética y Europa Oriental y la subsiguiente crítica severa de Fidel Castro a «los aprendices del capitalismo» del mundo comunista europeo reflejan la oposición oficial cubana a la política democratizadora de los regímenes comunistas europeos.

15.4 Perfil de Cuba y su gente

La superficie de Cuba abarca la mitad del área total de las Antillas. Sus 44,000 millas cuadradas de territorio se extienden en forma de caimán,[26] de este a oeste por unas 784 millas. Su ancho varía entre las 25 y 120 millas.

Casi la mitad de su superficie, suficientemente plana y cubierta de rica tierra roja, es ideal para la agricultura tropical, especialmente del cultivo de la caña de azúcar. Desde 1900 Cuba ha sido el principal país exportador de azúcar del mundo. Durante el presente siglo la exportación de ese producto le ha dado al país alrededor del 75% de sus divisas. El tabaco, en cambio, le ha rendido sólo el 9%. Una cuarta parte del país está cubierto de bosques, ricos en caoba y en cedro blanco del que se hacen las cajas de los cigarros puros. En sus sabanas del centro y del oriente prospera la industria ganadera.

Alrededor de la cuarta parte de la superficie de Cuba es montañosa, sobre todo el extremo sudeste de la isla, donde la Sierra Maestra llega a tener una elevación hasta de 8,000 pies. Aquí se encuentra la mayor parte de su riqueza minera: manganeso, níquel, cromo y hierro. Cuba también tiene depósitos de cobre y petróleo.

Hoy día Cuba tiene más de diez millones y medio de habitantes. Su distribución racial aparentemente es la misma que la reconocida por el censo de 1953: 75% blanca, 14% mulata, 12% negra y 1% amarilla. La mitad de la población cubana vive en las ciudades: en La Habana metropolitana, la quinta parte del total de los habitantes; en Santiago de Cuba, la antigua capital, Holguín y Camagüey, un cuarto de millón en cada una. El resto de la población urbana reside en ciudades más pequeñas.

Se ha dicho que la Revolución no ha cambiado la personalidad nacional, no obstante las características que muchos le atribuyen al cubano y al régimen gubernamental presente. Si cuidadosamente examinamos los rasgos atribuidos al cubano estereotipado, descubrimos que muchos no son aplicables a todos y que otros son extensivos a los habitantes del Caribe. La supuesta «verbosidad tropical», por ejemplo, si así se acepta llamar a la facilidad expresiva, también es don de muchos habitantes de otros países

---

[26] *caimán*   alligator

del Caribe y de Andalucía. La supuesta sensualidad, si así se conviene en llamar al gusto de vivir, es también extensiva a millones de personas que viven en otras latitudes tropicales. En cuanto a la alegría vocinglera,[27] también la sienten muchos de los radicados en las zonas cálidas. Lo cierto es que el carácter del cubano nace de la manera de ser condicionada en gran parte por el medio, circunstancias históricas especiales y los componentes étnicos de la población. El medio ambiente modela en gran medida la manera de ser de todo pueblo.

Se dice que los rasgos fundamentales de la manera de ser del cubano se resumen en su «choteo,» es decir, en esa característica muy suya de irrespetuosidad burlona, de reírse de todo, de no tomar la vida y sus problemas en serio. El relajo es la actitud optimista, alegre, que hace de toda la vida una perenne juerga.[28] Esto tiene probablemente origen andaluz y africano, modificado por la atmósfera tradicionalmente suave de la existencia cubana.[29] Ya vimos cómo en 1762, con motivo de la ineptitud de las autoridades coloniales para defender La Habana de los ingleses, los cubanos ya mostraban rasgos distintivos. El negro influyó fuertemente en la música, los bailes y en la filosofía de la vida. Las características del andaluz se mezclaron a las del negro y produjeron un tipo humano muy extrovertido.

A raíz de la crisis económica española de 1921, una fuerte ola migratoria fue a engrosar los sectores proletarios y los sectores medios de la sociedad cubana. Su adaptación, en la mayoría de los casos, a casi todas las actividades cotidianas[30] fue rápida y completa. Su amor a la tierra adoptiva devino más expresivo que el de muchos cubanos de nacimiento. Un gran porcentaje de ellos se amancebó o se casó con cubanas y después se nacionalizó. El que no cambió de nacionalidad inculcó a sus hijos lealtad a Cuba. Estos hijos, al crecer, sintieron la urgencia de estampar su deseo de cambio y de mejoramiento, ingresando frecuentemente a la política.

La Habana, como las capitales de los otros países americanos, creció mucho durante esta época. Este fenómeno discernible ahora con mayor intensidad en otras partes de América, ya estaba en marcha en Cuba. Las ciudades se desarrollan a expensas de la región rural vecina y distante. Consecuencia de esta invasión campesina de las ciudades pudo ser la provincialización de la capital, acelerada a raíz de la crisis de los años 30, cuando se intensificó lo anteriormente dicho en la cultura, como lo atestigua la penetración y difusión de una serie de vocablos[31] campesinos adoptados por los habaneros.

Durante las décadas de los años 20 y 30, en el mundo intelectual aumentó el interés en lo negro, condicionado por la moda francesa de pos-

---

[27] *vocinglera* vociferous, loudmouthed
[28] *juerga* fiesta, diversión
[29] *existencia cubana* Cuban life
[30] *cotidianas* diarias
[31] *vocablos* palabras

guerra de estudiar las culturas primitivas, y por la difusión de la pintura revolucionaria mural mexicana, que también impresionó y sirvió de estímulo para el autoexamen nacional. Entonces los intelectuales al fin se contagiaron del interés en el negro, promovido durante mucho tiempo por el famoso sociólogo cubano Fenando Ortiz (1881–1969). Vieron ellos la posibilidad de utilizar estéticamente la herencia cultural africana. Así se afianzó la tendencia afrocubanista,[32] con mucho éxito en la poesía, la música, el baile y la pintura. La revolución contra la dictadura de Gerardo Machado (1871–1939) complicó el fenómeno, acelerando el proceso de miscegenación al caer muchas barreras sociales. El inmigrante, deseoso de disminuir sus vínculos con la tradición europea, fue el que más se mezcló con la «gente de color» (negros, mulatos, cuarterones o saltatrás).[33]

El cubano, ya sea blanco, negro o mulato, parece tener una manera peculiar de ser que muchos consideran típicamente cubana sin definirla con claridad. Los estudios realizados, como el de Jorge Mañach (1898–1961) sobre el «choteo,» son esfuerzos parciales y provisionales de gran utilidad para el análisis comprensivo, global y científico aún por realizarse en el futuro.

El carácter extrovertido del cubano también se manifiesta en su fuerte propensión al tuteo.[34] Tan pronto conoce a alguien, no importa su categoría social, profesional o diplomática, el cubano lo comienza a tutear sin que esto conlleve irrespetuosidad. Al contrario, eliminada la barrera de la etiqueta,[35] el cubano se muestra afable, como si fuera viejo amigo.

15.5 Santo Domingo

Cristóbal Colón llegó en su primer viaje a la segunda isla más grande del Caribe y la nombró Española. Dos años más tarde fundó en su costa norte la villa Isabela, que pronto, como vimos antes, fue destruida. El primer establecimiento permanente en la Española y en todo el Hemisferio Occidental lo fundó su hermano Bartolomé en 1496. Lo llamó Santo Domingo para honrar al santo patrón de su padre. Pronto el nombre se aplicó a toda la isla, desplazando al de Española. Históricamente Santo Domingo se ha usado por mucho más tiempo que el nombre actual de la República Dominicana, de ahí que muchos latinoamericanos, incluyendo a muchos dominicanos, todavía lo empleen tanto para nombrar a la ciudad capital como a todo el país. Los piratas, bucaneros y autoridades francesas establecidos en el occidente de la isla durante el siglo XVII contribuyeron a la confusión al denominar Saint-Domingue a la colonia establecida en esa parte de la Española.

[32] *se afianzó. . . afrocubanista*   the Afro-Cuban tendency was rooted
[33] *saltatrás*   throwback
[34] *tuteo*   use of the pronoun «tú» instead of «usted» (being informal, familiar, chummy)
[35] *etiqueta*   formality

Tumba de Cristóbal Colón en Santo Domingo. Todavía no se ha resuelto si los restos (*remains*) del gran navegante de 1492 se encuentran en esta tumba o en España.

El mal trato dado a los indios llegó a alarmar a algunos consejeros del gobierno español, que vieron un peligro en el exterminio progresivo de los aborígenes. La esclavitud, con diversos nombres legales, y las enfermedades de los europeos casi acaban en poco tiempo con la población nativa de la isla. Alarmada la Corona, en 1499 envió a Santo Domingo un gobernador con la orden de hacer cumplir las leyes. El gobernador, pasmado ante la crueldad de sus compatriotas, aprisionó a los hermanos Cristóbal y Bartolomé Colón y a Diego, hijo de aquél. Después remitió en cadenas a España a Cristóbal. Los amigos de éste consiguieron que la Corona enviara en 1502 a un nuevo gobernador. Aunque en 1503 se abolió la esclavitud de los indios para ser reemplazada por la encomienda, los abusos continuaron. Durante esta época, muchos padres franciscanos y dominicos llegaron a Santo Domingo con numerosos colonos ansiosos de enriquecerse rápidamente.

En 1509 Diego Colón fue nombrado gobernador de Santo Domingo. Entonces el exterminio de los indios se aceleró, no obstante las leyes aprobadas en su defensa y la prédica apasionada de Fray Antonio de Montesinos y Fray Bartolomé de Las Casas. Como la industria azucarera reclamara más y más trabajadores, se importaron esclavos negros de Africa. Así se dio comienzo a la ignominiosa trata de esclavos.

Desde la primera década de ocupación española, Santo Domingo fue la sede[36] del gobierno colonial del Caribe y base de partida de muchas expediciones exploradoras y conquistadoras. La primera circunnavegación de Cuba probó cómo Cristóbal Colón se había equivocado al creer que ésta era una península asiática. De Santo Domingo también partieron las expediciones colonizadoras de Jamaica y Puerto Rico. Durante el gobierno de Diego Colón, Cuba fue colonizada por Diego Velázquez.

Santo Domingo llegó a ser por mucho tiempo un centro de experimentos coloniales, donde se ensayaron medidas administrativas para aplicarse después en otras colonias españolas de América. La Casa de Contratación, establecida en Sevilla en 1503, se creó principalmente para regular el comercio con Santo Domingo. En esa isla se establecieron por primera vez en América: (1) la audiencia como tribunal de apelaciones (1511); (2) la Real Audiencia, con jurisdicción sobre una extensa área (1526); (3) el ayuntamiento o corporación municipal; y (4) el cabildo o junta de ciudadanos notables, cuyas sesiones abiertas tuvieron gran importancia histórica.

El apogeo inicial de Santo Domingo, sin embargo, comenzó a declinar en razón inversa[37] a la prosperidad de las otras colonias antillanas. Su decadencia se aceleró cuando los colonos abandonaron la isla en busca de mejor suerte en México o en el Perú. Como el éxodo fue muy intenso y causó considerable daño a la economía isleña, las autoridades prohibieron la emigración. La rigidez del monopolio comercial español y el sistema de flotas a puertos fijos aceleró aun más la decadencia de Santo Domingo. Las flotas mercantiles y militares no tocaban la isla. Por no estar lo suficientemente defendida, fue atacada por piratas y bucaneros de las naciones enemigas. Francis Drake, por ejemplo, se apoderó de la ciudad de Santo Domingo en 1585. Durante el resto del siglo XVI y gran parte del siglo siguiente, la milicia local, compuesta de hombres libres de todos los colores y posiciones sociales, luchó desesperadamente por mantener la seguridad de la isla, constantemente amenazada por los piratas y bucaneros franceses, ingleses y holandeses.

En esa época, la isla francesa de Tortuga, situada muy cerca de la costa occidental de Santo Domingo se había convertido en refugio de piratas,

---

[36] *sede* asiento
[37] *razón inversa* inverse ratio

filibusteros, bucaneros y prófugos de la justicia de diversos países. Cuando los ingleses ocuparon Tortuga, los refugiados franceses fundaron Port Margot, en el extremo occidental de la Española: era la primera colonia francesa en esa isla. Esta creció tanto que llegó a ocupar casi un tercio de la isla; entonces los franceses desalojaron a los ingleses de Tortuga. En 1697, en virtud del Tratado de Ryswick, España reconoció a Francia el derecho de administrar el territorio que ya ocupaba en la Española.

Durante el siglo XVIII, Saint-Domingue llegó a ser la colonia europea más rica del Caribe, gracias a la producción de azúcar y al lucrativo negocio de esclavos. Fue en medio de esta gran prosperidad económica cuando llegó la influencia de la Revolución francesa. La población negra se contagió del espíritu igualitario proclamado por el iluminismo francés y por los veteranos haitianos negros de la guerra por la independencia de los Estados Unidos. La minoría blanca, en cambio, tergiversó el significado de los ideales de la Revolución francesa y reclamó la libertad para gobernar la isla de la manera que le diera la gana.[38]

Los gritos de libertad, igualdad y fraternidad exacerbaron a la población negra a tal punto que estalló, en 1791, una revuelta general dirigida por jefes expertos en vodú y en transmitir mensajes y órdenes por medio de tambores. Después se produjo un baño de sangre que afectó a decenas de miles de negros, blancos y mulatos. En estas circunstancias, miles de colonos franceses, acompañados de sus fieles sirvientes negros, emigraron a Santiago de Cuba. Un comisionado revolucionario de París arribó a Saint-Domingue, en 1792, con 6,000 soldados contagiados de los ideales jacobinos y simpatizantes de los negros rebeldes. El próximo año se proclamó la abolición de la esclavitud: la primera proclamación de emancipación de esclavos efectuada en el Nuevo Mundo. En 1795, España le cedió toda la Española a Francia, la cual, bajo los efectos de la Revolución, declaró a Saint-Domingue provincia francesa. Esta cesión fue nominal porque en realidad los franceses ni siquiera controlaban su propia tercera parte de la isla.

Cuando Saint-Domingue se hallaba bajo el imperio de la violencia revolucionaria, se destacó la fuerte personalidad del patriota negro Toussaint Louverture (1743–1802), militar excepcional, que después de derrotar a las fuerzas francesas e inglesas contrarrevolucionarias, consiguió persuadir al nuevo gobierno parisino que lo nombrara gobernador general. Entonces, Louverture llevó a cabo la ocupación militar de la parte española de la isla.

El advenimiento de Napoleón Bonaparte al poder en París repercutió en Saint-Domingue. En 1802, Napoleón, Primer Cónsul de Francia, despachó la expedición militar más poderosa hasta entonces enviada al Nuevo Mundo, bajo las órdenes de su cuñado, el general Víctor Leclerc. Toussaint, engañado, fue depuesto y remitido en cadenas a Francia, donde murió a los pocos meses. El triunfo napoleónico no duró mucho. El pueblo negro, enterado del inminente restablecimiento de la esclavitud, se rebeló dirigido

---

[38] *que. . . gana*   they pleased

por el ex-esclavo Jean Jacques Dessalines (1758–1806), que derrotó al ejército francés. En 1803 las fuerzas napoleónicas abandonaron la isla después de haber perdido 50,000 soldados y haber experimentado su primera gran derrota militar. El primero de enero de 1804 Dessalines proclamó la independencia de su patria, la cual llamó Haití, nombre indígena que probablemente significa lomas. Nació así el primer país latinoamericano libre y la segunda nación independiente del continente.

15.6 Haití

Proclamada la independencia, Dessalines procedió a declararse emperador Jacques I en octubre de 1804. Los mulatos, temerosos de este emperador negro, se rebelaron en el sur del nuevo imperio y en una emboscada asesinaron bárbaramente a Dessalines.

Los años siguientes fueron testigos de la lucha entre los negros que gobernaban arbitrariamente en el norte y los mulatos que controlaban moderadamente el sur del país. En Cap Haitien (antiguamente Cap Français), en el norte, gobernaba con poderes absolutos el presidente negro Henri Christophe. En Port-au-Prince, en el sur, gobernaba con poderes limitados el presidente mulato Alexandre Pétion (1770–1818).

En 1811 Christophe se proclamó rey con el nombre de Henri I. Una de sus obras impresionantes fue la construcción de la famosa ciudadela para proteger su reino de Napoleón. En esta obra trabajaron alrededor de 200,000 hombres. La admirable fortaleza, aunque inconclusa, ha servido de escenario de varias obras de ficción. Después de nueve años de gobierno arbitrario, Christophe fue atacado por la parálisis. Estalló un alzamiento militar, y cuando Henri I estaba a punto de ser derrotado, se suicidó disparándose una bala de plata en la sien.[39]

Pétion, por otra parte, gobernó en el sur con mesura, siempre preocupado por la suerte de los negros, a tal punto que apoyó económicamente a Bolívar, cuando éste le prometió libertar a los esclavos. En 1816, Pétion se proclamó presidente perpetuo, pero a los dos años murió. El mulato Jean-Pierre Boyer se proclamó presidente vitalicio en el sur después de la muerte de Pétion, y consiguió la adhesión del norte tras el suicidio de Christophe. Cuando en 1821 los patriotas de Santo Domingo expulsaron al gobernador español y ofrecieron incorporar el país a la Gran Colombia, Boyer invadió la antigua colonia española y al año siguiente la anexó a Haití. Boyer gobernó despóticamente hasta 1843, favoreciendo en algo a los mulatos.

Después de la presidencia de Boyer, Haití fue gobernado arbitrariamente por oficiales del ejército hasta 1915. En ese año infantes de marina norteamericanos ocuparon el país con el propósito de restablecer el orden y administrar la economía para poder satisfacer la deuda exterior. Las fuer-

---

[39] *disparándose. . . sien*   shooting a silver bullet into his temple

zas militares de ocupación revivieron la *corvée*, trabajo público forzado, que causó descontento general y la rebelión de 20,000 haitianos en el norte del país. Los norteamericanos aplastaron la rebelión y mataron al jefe y a más de 2,250 de sus correligionarios.[40] El sentimiento anti yanqui aumentó a tal punto que en 1934, el presidente Franklin D. Roosevelt se vio obligado a retirar las tropas de ocupación y dejar sólo los inspectores de aduanas.

A partir de 1934 el país ha sido gobernado por presidentes que han actuado en beneficio propio y de sus partidarios. El médico François Duvalier empezó a gobernar en 1957 con el título de presidente perpetuo y con el auxilio de una policía secreta conocida con el nombre de Tonton Macoute, famosa por su crueldad. Al morir Duvalier en 1971 su hijo Jean-Claude asumió la presidencia vitalicia.[41] El joven Duvalier, llamado despectivamente «Baby Doc» por los haitianos, gobernó con parecida arbitrariedad a la de su padre.

A la corrupción administrativa, el favoritismo y la arbitrariedad tan perjudiciales para el país, particularmente para su mayoría pobre, se añadió la furia de natura manifestada con una fuerte sequía y el huracán Allen. Ante el cuadro azolador algunos países extranjeros extendieron ayuda económica de emergencia para evitar la hambruna. La precaria situación económica obligó a centenares de haitianos a aventurarse a intentar llegar a los Estados Unidos en deficientes y mal aprovisionadas embarcaciones, algunas de las cuales naufragaron. Como la situación se tornó aun más desesperada, el 8 de enero de 1986 ocurrieron manifestaciones populares de protesta antigubernamental que fueron violentamente reprimidas. El 7 de febrero siguiente, el presidente vitalicio huye hacia Fracia en un avión militar de Estados Unidos, poniendo fin a veintiocho años de dictadura familiar en Haití. Un Consejo Cívico Militar, parcialmente nombrado por el fugitivo, se hizo cargo del gobierno. La caída del régimen de los Duvalier produce grandes manifestaciones de alegría tanto en Haití como entre los centenares de miles de exiliados en otros países, especialmente en los Estados Unidos.

No obstante la cautelosa actuación de los gobiernos militares sucesivos, el descontento general sigue manifestándose con protestas callejeras. El pueblo continúa anhelando elecciones generales libres y el establecimiento de un régimen civil verdaderamente democrático y progresista.

15.7 Perfil de Haití y su gente

¿Por qué es Haití el país menos desarrollado de las Américas y, según las estadísticas de las Naciones Unidas, uno de los más pobres del mundo?

La respuesta se haya en la historia de su colonización y gobiernos des-

---

[40] *correligionarios* fellow supporters
[41] *presidencia vitalicia* presidency for life

póticos. En la época de dominación francesa el 90% de sus habitantes eran esclavos. De 1791 a 1804 sus luchas por la independencia causaron ingentes daños materiales y humanos que impusieron nuevos sacrificios a toda la sociedad. Cuando triunfó la revolución emancipadora, hizo frente a las guerras civiles y el bloqueo económico impuesto por las potencias colonialistas deseosas de impedir que su ejemplo de rebelión fuese imitado por los esclavos de los países vecinos. No obstante la ayuda económica de Pétion extendida a Bolívar a favor de la independencia hispanoamericana, con la condición que después de obtenida la emancipación la esclavitud fuese abolida, las fuerzas conservadoras predominantes en los nuevos países no hicieron posible la inmediata abolición de la esclavitud e impidieron que Haití fuese invitada al Congreso Anfictiónico de Panamá en 1826. Por su parte, los países europeos tardaron en reconocer a la República de Haití y Estados Unidos no lo hizo sino hasta 1862.

A la pobreza raigal, agravada por el minifundio que, otrora fuera la única solución contra el sistema de plantaciones, devino a la larga en un freno al desarrollo. En esta sociedad esencialmente campesina se perpetuó un sistema agrícola primitivo, sin regadío, que redujo a un mínimo las reservas forestales e incrementó la erosión de las tierras. Agravó la situación en este siglo la oligarquía duvalierista, que impuso un sistema de explotación agrícola latifundista en un mar de pobreza, analfabetismo, insalubridad, desempleo masivo, inadecuados servicios públicos y alarmante corrupción administrativa. A todo esto se debe añadir la presión demográfica y el hecho que sólo un tercio del país es cultivable.

Como Haití ha experimentado todos los regímenes, desde el imperial colonizador y nacionalista hasta el republicano nominal, su pueblo pobre pero heroico, que fue capaz de hacer la primera revolución antiesclavista de los tiempos modernos y fundar la segunda república independiente del continente, tendrá en la década de los años 90 el nuevo desafío histórico de experimentar con el sistema democrático con pan y libertad.

15.8 La República Dominicana

Como en el resto de Hispanoamérica, en el antiguo Santo Domingo español los criollos se contagiaron del espíritu antifrancés al iniciarse la lucha contra las fuerzas napoleónicas en España. En 1808 el rico ganadero dominicano Juan Sánchez Ramírez expulsó a las fuerzas francesas y haitianas de ocupación y restauró la soberanía española en Santo Domingo. Pero en pocos años el absolutismo de Fernando VII decepcionó a los patriotas dominicanos, quienes, en 1821, dirigidos por un criollo, expulsaron al gobernador español, izaron la bandera de la Gran Colombia y solicitaron su anexión a esa nueva república creada por Bolívar. Al año siguiente, la invasión de las fuerzas armadas de Jean Pierre Boyer frustró los esfuerzos libertadores de los dominicanos. La conspiración por la independencia tuvo como nuevo objetivo inmediato expulsar las fuerzas haitianas de ocupación. Al fin, el

La Calle de las Damas, Santo Domingo, es la más antigua de las calles construidas por los europeos en el Nuevo Mundo.

27 de febrero de 1884, Juan Pablo Duarte (1813–1875) se levantó en armas y proclamó la independencia de Santo Domingo. Pero Duarte fue pronto arrojado del poder y exiliado por el general Pedro Santana (1801–1863). Este ambicioso militar se proclamó presidente, repelió varios intentos haitianos de invasión y le dio al país el nombre de República Dominicana.

A veces en países inmersos en una vida política caótica aparecen ambiciosos que ven en el protectorado extranjero la mejor manera de sacar provecho personal. En 1860, Santana, frustrado en su intento de imponer un régimen arbitrario y absoluto, solicitó a Isabel II de España el restablecimiento del poder español en Santo Domingo. Su traición fue compensada primero con el título de Capitán General y después con el de Marqués del Reino. Las tropas españolas se comportaron[42] en la isla con toda la arrogancia de las fuerzas de ocupación en un país reconquistado: fueron especialmente severas en la aplicación de la ley y los nuevos impuestos. No tardó mucho en producirse la reacción patriota que consiguió arrojar definitivamente a los españoles en 1865. A partir de este año la vida política dominicana se caracteriza por su intranquilidad y la acumulación vertiginosa de la deuda externa del país.

Buenaventura Báez, un ex-títere de Santana, demostró el haber apren-

---

[42] *se comportaron*   behaved

dido bien las lecciones de su protector, pues al poco tiempo de libertada su patria, desde la silla presidencial conspiró para conceder bases navales y derechos especiales a los Estados Unidos, como paso previo a su completa anexión. El presidente Ulysses S. Grant apoyó entusiastamente la anexión de esa república antillana, pero su propuesta fracasó gracias a la valiente intervención del senador Charles Sumner. Obstinado, Grant mantuvo las fuerzas navales norteamericanas en la República Dominicana hasta 1874. Apenas levó ancla la flota yanqui,[43] el traidor Báez fue desalojado de la presidencia por los patriotas dominicanos.

La paz no duró mucho tiempo porque los períodos de tranquilidad impuestos por gobernantes despóticos fueron interrumpidos por los políticos ambiciosos que también deseaban participar en el banquete de los empréstitos extranjeros. Entre 1902 y 1916 se instalaron catorce presidentes, que para mantenerse en el poder conseguían préstamos en el exterior. Es interesante notar que entre los más importantes acreedores[44] se encontraba la Santo Domingo Improvements Company de Nueva York, que desde 1892 había ganado control de los préstamos holandeses a la desafortunada república. Esta compañía desempeñó un papel importante en la decisión de Estados Unidos de ocupar militarmente a la República Dominicana en 1916. La ocupación militar duró hasta 1924. Al año siguiente, Rafael Leonidas Trujillo (1891–1961), entrenado por los marinos norteamericanos, fue impuesto como Comandante en Jefe de la Guardia Nacional, la única fuerza armada dominicana. En 1930 Trujillo asumió los poderes absolutos de su patria. Gobernó durante treinta años como si el país fuera su propio feudo. El tirano impuso el reino del terror en la República Dominicana, al mismo tiempo que sus agentes en el extranjero llevaban sus planes de tortura y muerte a los enemigos políticos. Así sucedió con el Dr. Jesús de Galíndez, profesor de civilización latinoamericana en la Universidad de Columbia, que fue secuestrado en Nueva York, llevado secretamente a Santo Domingo para ser torturado y asesinado por haber escrito el libro *La era de Trujillo*.

El megalómano cayó asesinado en 1961. Tras un período crítico de transición, Juan Bosch (n. 1909), conocido escritor y fundador del Partido Revolucionario Dominicano, triunfó en las elecciones presidenciales. Gobernó brevemente de febrero de 1962 a septiembre de 1963, cuando fue depuesto por las fuerzas armadas. Tres años más tarde estalló un movimiento revolucionario constitucionalista que produjo la guerra civil y la intervención norteamericana. El primero de junio de 1966, con el amparo de las llamadas fuerzas interamericanas de ocupación, compuestas principalmente de norteamericanos, se llevaron a cabo, con un mínimo de irregularidades, las elecciones generales.[45] Sorpresivamente triunfó Joaquín

---

[43] *apenas. . . yanqui*   as soon as the Yankee fleet sailed
[44] *acreedores*   creditors
[45] Véase E. Chang-Rodríguez, ed. *The Lingering Crisis: A Case Study of the Dominican Republic*   (New York: Las Américas Publishing Co., 1969).

Balaguer (n. 1906), candidato de los conservadores del país. Durante su gobierno, Balaguer consiguió que las fuerzas extranjeras abandonaran el país, pero no pudo o no quiso impedir que sistemáticamente centenares de dominicanos cayeran asesinados. En las elecciones generales de 1970 y 1974, Balaguer fue reelegido presidente. En 1978 triunfó Antonio Guzmán del Partido Revolucionario Dominicano, durante cuyo gobierno se logró un clima de libertad política en medio del deterioro de la economía nacional. En las elecciones de 1982 triunfó su correligionario Salvador Jorge Blanco. Inexplicablemente, antes que éste asumiera el poder, el presidente Guzmán se suicidó.

El problema más serio durante el régimen de Jorge Blanco (1982–1986) también fue el económico. En 1983 el Fondo Monetario Internacional (FMI) concedió a la República Dominicana un financiamiento de emergencia de US$460 millones para los próximos tres años. La ayuda no contuvo la crisis debido en gran parte a las condiciones de austeridad impuestas por el FMI. Del 23 al 25 de abril de 1984 ocurrieron manifestaciones contra el alza de precios de los artículos básicos y en los choques con las fuerzas armadas se produjeron varios muertos y muchos heridos. En ese mismo año, el Gobierno clausuró dos universidades privadas por expedir títulos «irregulares», especialmente a norteamericanos matriculados o falsamente inscritos.

En las elecciones de 1986, para elegir al presidente que debe gobernar hasta 1990, nuevamente obtuvo el triunfo Joaquín Balaguer, quien apenas se juramentó inició una campaña de moralización, despidió a numerosos empleados estatales nombrados durante el régimen anterior e inició juicio por malversación contra el ex-presidente Salvador Jorge Blanco. En las elecciones presidenciales de 1990 los dos candidatos de fuerza fueron los octogenarios Joaquín Balaguer y Juan Bosch. Aquél resultó ganador.

15.9 Perfil de la República Dominicana y su gente

Este país de rica tradición histórica colonial tiene un área de 18,816 millas cuadradas, de las cuales sólo el 17% es cultivable, 12% de pastos y 71% de zonas forestales. Cuatro cadenas de montañas la atraviesan casi paralelamente de este a oeste, haciendo a la parte occidental del país bastante quebrado y árido. Entre las cordilleras Central y Septentrional se encuentra la fértil región del Cibao, en la que sobresalen los valles de Santiago y de la Vega Real, donde se cultiva la caña de azúcar, vegetales y frutas. En las tierras bajas del este del país vive la mayor parte de los 7 millones de habitantes (70% mulata, 15% negra pura y 15% blanca, aproximadamente).

El 65% de la población es urbana. Las dos ciudades principales son Santo Domingo, la capital, y Santiago de los Caballeros. La primera tiene una población de millón y medio de habitantes mientras que la segunda se aproxima a los 300,000. La alta tasa de aumento poblacional ha forzado a muchos a emigrar, especialmente a los Estados Unidos. El 35% de los dominicanos vive en el campo, dedicados mayormente a la agricultura. Los principales productos de exportación son: azúcar cruda, aleación de oro y plata, café, cacao, tabaco y miel.

15.10 Puerto Rico

En el período precolombino habitaban la isla de Puerto Rico los indios taínos, descendientes de los arauacos, como los caribes de las islas vecinas. Su cacique cometió un grave error cuando llegó Cristóbal Colón en 1493: con toda buena voluntad le obsequió un adorno de oro. Estimulada la ambición, los españoles ocuparon la isla y la colonizaron mientras buscaban depósitos de ese codiciado metal.

Puerto Rico estuvo bajo la jurisdicción directa del régimen de la Española hasta 1509. En ese año, Juan Ponce de León fue nombrado gobernador y desde entonces la isla prácticamente constituyó durante el dominio español una unidad administrativa aparte. En 1511 Ponce de León fundó la ciudad de San Juan que hasta hoy es su capital. La encomienda, los repartimientos y las nuevas enfermedades diezmaron la población indígena. Los indios se rebelaron sin éxito y los abusos continuaron con tanto rigor que para fines del siglo XVI la población indígena casi había sido exterminada.

Poco afectos al trabajo físico y sin mano de obra disponible,[46] los colonizadores comenzaron a traer negros esclavos, pero a pesar de esto, la economía no floreció mucho y la isla continuó siendo una de las posesiones menos lucrativas, cuya importancia radicaba principalmente en su estratégica posición militar. Empeoraron la situación la negligencia administrativa, los continuos ataques de los piratas y la emigración de quienes en busca de gloria y riqueza se marchaban a conquistar nuevos horizontes. Se calcula que a principios del siglo XVII la isla tenía apenas 1,000 habitantes entre españoles, negros, mulatos y mestizos. La pobreza, las malas comunicaciones con España y la autocracia militar desalentaron a los inmigrantes potenciales. Así languideció la vida de la hermosa isla hasta fines del siglo XVIII y principios del siglo XIX, cuando llegaron los que buscaban asilo para escaparse de las conmociones políticas de Haití, Sudamérica y México. Estos nuevos inmigrantes, muchos de ellos con experiencia en la agricultura tropical, contribuyeron grandemente al florecimiento del comercio internacional.

La revitalización económica de la isla, a principios del siglo XIX, le ganó representación en las Cortes de Madrid: concesión del gobierno español para evitar que en Puerto Rico se difundiera la fiebre independentista responsable de la liberación de gran parte del Nuevo Mundo.

El restablecimiento del absolutismo en España, en 1823, con su con-

---

[46] *mano de obra disponible*   labor force available

secuente efecto negativo, perjudicial a la representación de los territorios
de ultramar y sus libertades civiles, fueron golpes rudos para las Antillas
españolas. En Puerto Rico los revolucionarios conspiraron repetidas veces
sin éxito. Uno de los estallidos de mayor significado en favor de su independencia fue el «Grito de Lares» de 1867. Los movimientos revolucionarios fracasaron no tanto por la superioridad militar de los españoles, como
por la división de los borinqueños.[47] No todos tenían el mismo punto de
vista político. El partido más poderoso del siglo XIX, el Autonomista, perseguía mayor participación en el gobierno local y representación en España
sin llegar a la independencia política: quería que la isla fuera tratada como
una provincia española en la que todos tuvieran los mismos derechos. Muchos de los autonomistas pedían la separación de la economía de la autoridad
militar, la abolición de la esclavitud y el derecho de elegir a las autoridades
locales. Intensificaron su campaña autonomista hasta que en 1897 consiguieron lo que deseaban: España autorizó el establecimiento de un gobierno
insular, asesorado de un cuerpo legislativo bicameral, con derecho a firmar
pactos comerciales internacionales previamente aprobados en Madrid. Fue
un gesto tardío[48] porque la guerra entre España y Estados Unidos del año
siguiente determinó la expulsión del poder español y la incorporación de
Puerto Rico a los Estados Unidos. No obstante las promesas y oratoria en
defensa de la democracia y del derecho a la libre determinación, el pueblo
continuó insatisfecho porque se consideraba en peores condiciones que en
1897, y acusó al gobierno de ocupación de ser un gobierno de los norteamericanos, por los norteamericanos y para los norteamericanos.

Uno de los defensores de la completa independencia fue el más insigne
de sus hombres de letras: Eugenio María de Hostos (1839–1903), que
peregrinó por[49] Hispanoamérica haciendo campaña por la libertad de
Puerto Rico y su federación política con Santo Domingo y Cuba. Hombre
honrado, apóstol de la moralidad, dedicó su vida a la enseñanza, en la cual
él veía la salvación de Latinoamérica. Decepcionado al ver que a Puerto
Rico se le negó la independencia después de la guerra de 1898, murió en
el destierro voluntario que se impuso durante los últimos años de su vida
en Santo Domingo.

Ante el clamor independentista puertorriqueño que contaba con amigos
en los Estados Unidos, el Presidente Wilson firmó, en 1917, la ley que
concede la ciudadanía[50] norteamericana a los nacidos en la isla. La ciudadanía era un pobre substituto de la libertad, máxime cuando se la
concedían[51] los puertorriqueños en medio de la fiebre bélica, que pedía
más soldados. Para 1930 la isla no mostraba prosperidad económica, no
obstante la campaña de salubridad, beneficiosa tanto para las fuerzas nor-

---

[47] *borinqueños*   puertorriqueños
[48] *gesto tardío*   belated gesture
[49] *peregrinó por*   journeyed through
[50] *ciudadanía*   citizenship
[51] *máxime. . . concedían*   especially when it was awarded

teamericanas de ocupación como para los isleños. Al contrario, la crisis durante la depresión económica aceleró el proceso de empobrecimiento y estimuló la corrupción. Los huracanes, que por esa época fueron de mayor intensidad y más perjudiciales que de costumbre, empeoraron la situación. En estas circunstancias, hizo su aparición el patriota Pedro Albizu Campos (1892–1965), educado en Harvard, fundador del Partido Nacionalista que proponía la completa independencia de Puerto Rico. Abnegado luchador por la autonomía de su isla, Albizu Campos participó sin éxito en las elecciones puertorriqueñas de 1932. Convencido de que la única manera de libertar a su patria era indudablemente la lucha armada, el Partido Nacionalista organizó y dirigió después de 1932 una serie de golpes revolucionarios. En 1936 tuvo lugar un acto de violencia pro-independentista, a raíz del cual Albizu Campos fue encarcelado. Permaneció en la prisión, o en el hospital donde se le recluyó a consecuencia de los sufrimientos padecidos en la cárcel, hasta su muerte en 1965.

Pocos años después, en contraposición a la acción revolucionaria de Albizu Campos, surge Luis Muñoz Marín (1898–1980). Comenzó como patriota nacionalista, pero con el tiempo trocó su filosofía política reemplazándola por la concepción del Estado Libre Asociado,[52] es decir, la autonomía doméstica sin personalidad jurídica internacional. Muñoz Marín, después de ser expulsado del Partido Liberal, fundó en 1938 el Partido Popular Democrático que lo llevó a la gobernación de 1948 a 1964. En 1953 Estados Unidos reconoció al Estado Libre Asociado de Puerto Rico.

Posteriormente la isla ha progresado en el aspecto económico gracias al plan de industrialización iniciado en 1942. En las décadas siguientes, no obstante la aparente prosperidad, no todos los puertorriqueños simpatizaban con la idea del Estado Libre Asociado. Este, según muchos, no es ni estado, ni libre, ni asociado, porque la isla se encuentra completamente dominada por la economía norteamericana. Por su parte, el Partido Independentista, con miembros y simpatizantes de todas las clases sociales, persigue la independencia mediante un plan específico. El Partido Estadista, apoyado principalmente por la clase alta, considera económicamente ventajosa la transformación de la isla en un nuevo estado de la Unión Norteamericana.

15.11 La problemática cultural en Puerto Rico

Puerto Rico ofrece un vivo ejemplo de cómo se encuentra arraigada la cultura hispánica en las antiguas posesiones españolas. No obstante los noventa y tantos años de vida asociada a la cultura anglosajona, que por décadas estableció el inglés como lengua de instrucción y trató de norteamericanizar a los borinqueños, éstos todavía mantienen su personalidad hispanoamericana libremente expresada en castellano.

---

[52] *Estado Libre Asociado*   Commonwealth

Cuando los españoles fueron expulsados, sólo el 8% de los niños de la isla asistía a la escuela. En el presente siglo la situación ha mejorado mucho con el lento y firme avance del programa educacional. Hoy día el número de niños matriculados en la escuela sobrepasa el 90%, de acuerdo con estadísticas oficiales desafiadas por algunos.

En 1903 se estableció la Universidad de Puerto Rico. Después se fundaron la Universidad Interamericana (1912), el Colegio Universitario del Sagrado Corazón (1935), la Universidad Católica de Puerto Rico (1948), el Puerto Rico Junior College (1949) y otras universidades y recintos universitarios en años posteriores. Desde 1970 los gastos generales en educación consumen casi un tercio del presupuesto[53] total de la isla. Además de haberse añadido a la Universidad de Puerto Rico un colegio de agricultura y otro de artes mecánicas, se creó también una facultad de medicina tropical. Desde 1948 la instrucción en todos los niveles se imparte[54] en castellano pero el inglés se estudia en cursos especializados.

La incorporación de Puerto Rico a la esfera política norteamericana significó al comienzo la imposición de la economía del monocultivo de la caña de azúcar. Al año de la llegada de las tropas estadounidenses, el 71% de la producción de azúcar estaba directamente en manos de firmas norteamericanas. Pronto se aceleró el proceso de expansión de la industria azucarera y se multiplicaron las inversiones a tal punto que en pocos años las tres cuartas partes de los puertorriqueños dependían de esa industria. La isla, que durante la ocupación española más o menos se abastecía de sus propios productos para su alimentación, con la llegada de los norteamericanos y el aumento de la población, comenzó a importar casi todos los productos de primera necesidad, agravando así el problema de la inflación.

El mejoramiento del sistema de salubridad pública, la extensión de los servicios médicos y la eliminación de las enfermedades endémicas han producido un rápido aumento de la población. Puerto Rico es una de las regiones más densamente pobladas del Nuevo Mundo. Su área, igual a dos tercios del estado de Connecticut, tiene una población de alrededor de cuatro millones de habitantes. La política gubernamental de esterilización de las mujeres ha sido severamente criticada.

El Partido Popular Democrático estableció en 1942 la Administración de Fomento Económico, organizadora de la «Operación Bootstrap.» En virtud de este plan, el gobierno ayuda al capitalista que desea establecer industrias en la isla: lo exime de impuestos por diez años, le extiende crédito, le facilita terreno y adiestra[55] a los trabajadores. Atraídos por la mano de obra barata con salarios más bajos que en los Estados Unidos, muchas industrias nuevas se establecieron en la isla. La principal fuente de ingresos es ahora la industria manufacturera. Hay fábricas de tejidos, de equipos electrónicos, de material

---

[53] *presupuesto*　budget
[54] *se imparte*　se da
[55] *adiestra*　entrena

Representación taína de la cabeza de la muerte labrada en una concha puertorriqueña.

plástico y productos químicos. La agricultura sigue siendo una importante fuente de trabajo pero la importancia del azúcar ha declinado considerablemente, superada por la industria pecuaria[56] y sus derivados. Aunque el tabaco, el café, la piña[57] y la fruta en general constituyen importantes renglones[58] de la industria agrícola, la producción no abastece las necesidades locales. Por eso durante los meses de fuerte invasión turística Puerto Rico se ve obligado a aumentar la importación de comestibles.[59]

El tráfico comercial con los Estados Unidos continental es intenso; registra el 94% de las exportaciones y el 90% de las importaciones. La industrialización ayudó por unas décadas a resolver parcialmente el problema

---

[56] *pecuaria*   ganadera
[57] *piña*   pineapple
[58] *renglones*   items
[59] *comestibles*   foodstuffs

del desempleo[60] que lanzó millón y medio de puertorriqueños a los Estados Unidos, sobre todo a Nueva York, donde hoy día vive más de un millón de ellos. El desempleo de 17.5% y el ingreso per capita menor que la mitad que el del Estado de Mississippi, el más pobre de Estados Unidos, han contribuido a aumentar el número de puertorriqueños en todo este país, calculado en 1990 en dos millones. No obstante estos cambios económicos significativos en comparación con otras regiones del Caribe, la mayoría puertorriqueña sigue la tradición patriarcal hispánica y resiste la cultura anglosajona, desconociendo en gran parte el idioma inglés. Como en el Brasil, el prejuicio racial es menor que en los Estados Unidos.

En las familias puertorriqueñas el padre enseña a sus hijos a que lo respeten a él primero y después a su esposa. El hijo ideal es el que cumple los deseos de su padre de una manera respetuosa. Mientras que el norteamericano trata de complacer a sus hijos para que lo quieran, el borinqueño anhela que su hijo lo honre[61] y respete obedeciéndolo y cumpliendo sus deberes familiares. Los famosos «viernes sociales» ilustran cuan fuerte es todavía el poder del hombre de las clases más altas. Después de terminadas las faenas diarias, los hombres acostumbran a salir de visita los viernes. Salen a divertirse, sin la compañía de sus esposas; ellas esperan en el hogar resignadas a obedecer el capricho masculino y a cultivar lo que los viejos puertorriqueños llaman «guachafita».[62] El espíritu anglosajón que se filtra a la isla está rompiendo muchas de las barreras y murallas centenarias de la tradición hispánica. En las clases populares la resistencia a las nuevas corrientes es mayor y los cambios en la estructura de la familia son más lentos y menos profundos. Como la mayoría de los puertorriqueños pertenecen a estos niveles económicos y culturales, Puerto Rico ha podido conservar los rasgos esenciales hispánicos, no obstante la fuerte penetración de la cultura estadounidense.

Todavía se debate apasionadamente la idea de independizar a Puerto Rico. En el plebiscito de 1967 sobre el destino político de la isla, organizado y administrado por el partido en el poder, los resultados anunciados favorecían al sistema del Estado Libre Asociado. Al año siguiente el Partido Popular Democrático perdió las elecciones. El nuevo gobernador, Luis Ferré, aunque del partido estadista,[63] respetó el arreglo político firmado por el partido de Muñoz Marín y los Estados Unidos. Pese a la campaña de los recientes gobiernos estadistas para que se acepte la idea de transformar Puerto Rico en un nuevo estado de la Unión Norteamericana, los independentistas siguen aumentando en número tanto en la isla como en

---

[60] *desempleo*   unemployment
[61] *lo honre*   honor him
[62] *guachafita*   conversación frívola con humor puertorriqueño parecido al choteo cubano. Cf. R. del Rosario, *Vocabulario puertorriqueño* (Sharon, Conn.: The Troutman Press, 1965), p. 54.
[63] *estadista*   pro-statehood

los Estados Unidos: en las elecciones de 1980 obtuvieron alrededor del 10%
de los votos.

Además de ofrecer sólidos argumentos en favor de la completa independencia, ellos señalan los siguientes aspectos negativos de los actuales
vínculos con los Estados Unidos:

1. Despersonificación del puertorriqueño y su adquisición de una
   mentalidad colonial;
2. Carencia de poderes para regular las comunicaciones, el sistema de
   transportes, las tarifas y aranceles aduaneros, el refinamiento del
   azúcar;
3. Impedimento para estructurar y operar una industria de refinería
   de petróleo;
4. Control de la mayoría de las haciendas azucareras por el capital
   ausentista, pese a lo dispuesto por las leyes Foraker y Jones que
   limitan la tenencia de las corporaciones a 500 acres;
5. Control del comercio mayorista, la banca, la industria manufacturera
   y el transporte aéreo por el capital no puertorriqueño.

Los puertorriqueños tendrán que decidir ellos mismos su futuro: continuar
en calidad de Estado Libre Asociado, ser independientes, o convertirse en
otro estado de la Unión. Para que la decisión sea válida, debe proporcionársele
a cada grupo igual acceso a los medios de comunicación masiva para poder
explicar al público las ventajas y desventajas de cada sistema. Conscientes los
independentistas de constituir una minoría, como la que acompañó a Washington, Jefferson y Franklin en su rebelión contra Inglaterra, seguirán votando
en los plebiscitos, unos por la emancipación y otros por el Estado Libre Asociado, como táctica para impedir la estatización de la Isla. La mayoría de los
latinoamericanos, por su parte, simpatizan con la idea de una eventual independencia de Puerto Rico, al cual consideran parte de la gran nación cultural
hispanoamericana por ahora desunida.

15.12 Sumario

I. Cuba:
   A. Período colonial del siglo XV al XIX:
      1. Exterminio de los indios: heroísmo de Hatuey
      2. Importancia estratégica y comercial: Santiago vs. La Ha-
         bana
      3. Treinta mil ingleses ocupan La Habana en 1762
      4. Censo de 1774: 96,430 blancos y 78,180 pardos (44,633
         esclavos)
      5. Arriban 30,000 franceses, españoles y negros de la Es-
         pañola
      6. Estados Unidos veta la expedición libertadora bolivariana

7. Reformas españolas para apaciguar los ánimos fracasan
8. Conspiraciones y expediciones militares: Narciso López (1850–51)
9. La Guerra de los Diez años (1868–78) y la represión
10. Expedición heroica del apóstol libertador José Martí en 1895
11. Explosión del «Maine» y la guerra entre EE. UU. y España

B. Las primeras décadas de vida republicana (1898–1959):
1. La ocupación yanqui (1898–1902) y la Enmienda Platt (1901)
2. Carlos Juan Finlay (cubano) descubre la causa de la fiebre amarilla
3. Su majestad el azúcar impone el monocultivo y agrava la dependencia
4. Tiranías corruptas y asesoradas por políticos ambiciosos
5. Dictaduras de G. Machado (1925–33) y Fulgencio Batista (1934–59)

C. La Revolución cubana (1959–hasta el presente):
1. Cambio radical de estructuras económicas, políticas y sociales
2. Nueva conciencia revolucionaria desborda la isla
3. Evaluaciones discrepantes del papel del caudillismo de Fidel Castro

D. Perfil de Cuba y su gente:
1. Diez millones y medio de cubanos en el 50% del área de las Antillas
2. Herencia andaluza y negra: «choteo», irrespetuosidad burlona a todo

II. Santo Domingo y la República Dominicana:
A. Piratas y franceses atacan la Audiencia de Santo Domingo
B. La independencia (1821) y el deseo de incorporarse a Colombia bolivariana
C. Boyer, dictador de Haiti, conquista Santo Domingo
D. Se establece la República Dominicana (1848), nombre oficial hasta hoy
E. Militarismo, guerra con Haití, revueltas y dictaduras
F. Nueva ocupación española (1861–65), arbitrariedades y derrota española
G. Corrupción administrativa y plan de anexión a los Estados Unidos (1873)
H. Administración de aduanas y ocupación norteamericana (1905–24)
I. La era de Rafael Trujillo (1930–61) y gobierno de Juan Bosch (1963)
J. Militarismo, guerra civil (1963–65) e intervención yanqui (1965–66)

K. J. Balaguer sucede a gobiernos del Partido Revolucionario Dominicano

L. Perfil de la República Dominicana y su gente:
   1. Población de 7 millones de habitantes (65% urbana y 35% rural)
   2. Exportan azúcar, aleación de oro y plata, café, cacao, y tabaco

III. Haití:

A. Bucaneros franceses establecen Saint-Domigue en 1630

B. El Tratado de Ryswick (1697) cede a Francia el oeste de la Española

C. El Tratado de 1795 cede a Francia toda la isla Española

D. Revolución francesa, guillotina y abolición de la esclavitud (1793)

E. Toussaint L'Ouverture, precursor de la independencia, derrocado (1802)

F. Dessalines derrota a los franceses y proclama la independencia en 1804

G. El presidente negro Christophe combate al presidente mulato Pétion

H. Christophe se proclama rey, construye la ciudadela y se suicida (1820)

I. Pétion ayuda a Bolívar y le pide que liberte a los esclavos en Sudamérica

J. Dictadura de J. P. Boyer (1818–43) y anexión de Santo Domingo (1822–24)

K. Veintidos gobiernos de facto hunden al país en caos (1843–1915)

L. EE. UU. ocupa militarmente Haití e interviene las aduanas (1915–34)

M. Gobiernos despóticos y luchas entre negros y mulatos de 1934 a 1956

N. Dictaduras de François Duvalier (1957–71) y su hijo Baby Doc (1971–86)

Ñ. Nuevas dictaduras militares frustran la democracia y el progreso

O. Perfil de Haití y su gente:
   1. País pobre sufre la tiranía, las invasiones y la dependencia
   2. Analfabetismo, desempleo, corrupción y presión demográfica

IV. Puerto Rico:

A. Juan Ponce de León, gobernador (1509), funda San Juan (1511)

B. La Fortaleza rechaza piratas y corsarios durante la Colonia

C. Eugenio María de Hostos (1839–1903) lucha por la federación antillana

    D. La ocupación de EE. UU. impone el inglés y trata de anglizar
       la isla

    E. Pedro Albizu Campos, graduado en Harvard, y el Partido In-
       dependentista

    F. El Estado Libre Asociado (1953–hasta el presente):

       1. La «Operación Bootstrap» del gobernador Luis Muñoz
          Marín

       2. Compiten estadistas, independentistas y el Partido Popu-
          lar Democrático

    G. Problemática cultural en Puerto Rico:

       1. La alta densidad poblacional envía millones de emigrantes
          a EE.UU.

       2. Personalidad hispanoamericana libremente expresada en
          castellano.

15.13 Recomendación bibliográfica

Cuba

Academia de Ciencias de Cuba. *La esclavitud en Cuba*. La Habana: Editorial Academia, 1986.

Aguila, Juan M. del. *Cuba: Dilemmas of a Revolution*. Boulder, Co.: Westview Press,
1984.

Betto, Frei. *Fidel Castro y la religión*. México: Siglo XXI, 1986.

Halebsky, Sandor, and John M. Kirk. *Cuba: Twenty-five Years of Revolution, 1959–
1984*. New York: Praeger, 1985.

Mesa-Lago, Carmelo, ed. *The Economy of Socialist Cuba: A Two-Decade Appraisal*.
Albuquerque: University of New Mexico Press, 1981.

Michener, James A., and J. Kings. *Six Days in Havana*. Austin: University of Texas
Press, 1989.

Moreno Fraginals, Manuel. *La historia como arma y otros estudios sobre esclavos,
ingenios y plantaciones*. Barcelona: Crítica, 1983.

Pérez-López, Jorge. *Measuring Cuban Economic Performance*. Austin: University
of Texas Press, 1987.

Scott, Rebecca J. *Slave Emancipation in Cuba: The Transition to Free Labor*, 1860–
1899. Princeton: Princeton University Press, 1986.

Thomas, Hugh S., Georges A. Fauriot, and Juan Carlos Weiss, eds. *The Cuban
Revolution: 25 Years Later*. Boulder, Co.: Westview Press, 1984.

Zimbalist, Andrew, ed. *Cuba's Socialist Economy Toward the 1990's*. Boulder, Co.:
Lynne Rienner, 1987.

República Dominicana

Atkins, G. Pope. *Arms and Politics in the Dominican Republic*. Boulder, Co.: Westview Press, 1981.

Black, Jan Knippers. *The Dominican Republic Politics and Development in an Un-
sovereign State*. Winchester, Mass.: Allen & Unwin, 1986.

Calder, Bruce J., *The Impact of Intervention: The Dominican Republic During the U.S. Occupation of 1916–1924*. Austin: University of Texas Press, 1984.

Chang-Rodríguez, Eugenio, ed. *The Lingering Crisis: A Case Study of the Dominican Republic*. New York: Las Américas Publishing Co., 1969.

Drive, Carlos E. *La esclavitud del negro en Santo Domingo (1492–1844)*. 2 vols. Santo Domingo: Museo del Hombre Dominicano, 1980.

Hoetink, Harry. *The Dominican Republic, 1850–1900: Notes for a Historical Sociology*. Translated by Stephen A. Ault. Baltimore: Johns Hopkins University Press, 1982.

Kryzanek, Michael J., and Howard Wiarda. *The Politics of External Influence in the Dominican Republic*. New York: Praeger Publishers, and Hoover Institution Press, Stanford University, 1988.

Scott, John F. *The Art of the Taíno from the Dominican Republic*. Gainesville: University Presses of Florida, 1985.

Wiarda, Howard J., and Michael J. Kryzanek. *The Dominican Republic: A Caribbean Crucible*. Boulder, Co.: Westview Press, 1982.

Haiti

Brinkerhoff, D. W., J. C. García Zamor, eds. *Politics, Projects, and People: Institutional Development in Haiti*. New York: Praeger, 1986.

Courlander, Harold. *The Drum and the Hoe: Life and Lore of the Haitian People*. 2nd ed. Berkeley: University of California Press, 1981.

Nicholls, David. *Haiti in Caribbean Context: Ethnicity, Economy, and Revolt*. New York: St. Martin's Press, 1985.

Spencer, Ivor D., ed. and tr. *A Civilization that Perished: The Last Years of White Colonial Rule in Haiti*. Lanham, Md.: University Press of America, 1986.

Tata, Robert J. *Haiti: Land of Poverty*. Lanham, Md.: University Press of America, 1982.

Weinstein, Brian, and Aaron Segal. *Haiti: Political Failures, Cultural Successes*. New York: Praeger, 1984.

Puerto Rico

Bloomfield, Richard, ed. Puerto Rico: *The Search for a National Policy*. Boulder, Co.: Westview Press, 1985.

Carr, Raymond. *Puerto Rico: A Colonial Experiment*. New York: Vintage Books and New York University Press, 1984.

Dietz, J. L. *Economic History of Puerto Rico: Institutional Change and Capital Development*. Princeton: Princeton University Press, 1987.

Heine, Jorge, and Juan M. García-Passalacqua. *The Puerto Rican Question*. New York: Foreign Press Association, 1983.

Jiménez de Wagenheim, Olga. *Puerto Rico's Revolt for Independence: El Grito de Lares*. Boulder, Co.: Westview Press, 1984.

Johnson, Roberta Ann. *Puerto Rico, Commonwealth or Colony*. New York: Praeger, 1980.

Peruse, Roland I. *The United States and Puerto Rico: Decolonization Options and Prospects*. Lanham, Md.: University Press of America, 1987.

Scarano, Francisco. *Sugar and Slavery in Puerto Rico: The Plantation Economy of Ponce, 1800–1850*. Madison: University of Wisconsin Press, 1984.

15.14 Cuestionario y temas

Cuestionario

1. ¿Qué contribuciones intelectuales y políticas hizo José Martí?
2. ¿Cuáles han sido las causas de la Revolución Cubana?
3. ¿Qué es el choteo y qué opina Ud. de él?
4. ¿Qué ocurrió en la Española antes de su independencia?
5. ¿Qué significan los nombres Santo Domingo y República Dominicana?
6. ¿Por qué intervinieron los EE. UU. en Haití y la República Dominicana?
7. ¿Qué ocurrió en tierras dominicanas durante la nefasta era de Trujillo?
8. ¿Qué persigue el Partido Revolucionario Dominicano?
9. ¿Qué importancia tiene Hostos en la historia cultural del Caribe?
10. ¿Qué es el Estado Libre Asociado?

Temas para informes orales

1. Evaluación crítica de Cuba colonial.
2. La enmienda Platt y sus consecuencias.
3. Crítica objetiva de la Revolución cubana.
4. Rasgos fundamentales del carácter del cubano.
5. El establecimiento de la República Dominicana.
6. Juicio crítico de la era de Trujillo.
7. Evaluación del gobierno de Juan Bosch y la Guerra Civil.
8. Comentarios sobre los experimentos monárquicos en Haití.
9. Eugenio María de Hostos y la Federación Antillana.
10. Muñoz Marín y el Estado Libre Asociado.

Temas para informes escritos opcionales

1. Importancia de la contradanza en el desarrollo de la música cubana.
2. La República de Cuba desde 1959.
3. La intervención de los Estados Unidos en Santo Domingo.
4. El primer Duvalier y su policía secreta.
5. Albizu Campos y la independencia de Puerto Rico.

Capítulo
16

Del americanismo al universalismo literario

16.1 El deseo de independencia intelectual

El deseo de independencia política afloró en algunos de los grandes pensadores americanos junto con el ansia de libertad intelectual. Hasta la primera década del siglo XIX el pensamiento iberoamericano había estado en gran parte subordinado a la manera de razonar hispano-lusitana, pese a las corrientes filosófico-científicas anglosajonas y francesas que se filtraron a Iberoamérica con el despotismo ilustrado de los Borbones. Con todo, las páginas originales de muchos pensadores hispanoamericanos desafiaron tímidamente los cánones literarios impuestos por el gusto hispánico, como ya vimos cuando tratamos de la vida intelectual durante la Colonia.

Al principio de la emancipación continental, don Andrés Bello (1781–1865), maestro de Bolívar, fue uno de los primeros iberoamericanos en hacer claramente explícito el anhelo de independencia intelectual en su «Alocución[1] a la poesía», que publicó en 1823 con carácter de programa editorial de la revista *Biblioteca Americana*, en Londres, al encontrarse allá cumpliendo misión diplomática en favor de las nacientes repúblicas latinoamericanas. En este discurso a la poesía, Bello recomienda el retorno a la naturaleza y el abandono de la «culta Europa», «región de luz i[2] de miseria». El humanista venezolano expresaba en forma neoclásica sentimientos saturados de atisbos[3] románticos.

---

[1] *Alocución*   Address
[2] Entre las reformas ortográficas que Bello propuso para mejorar el arte de escribir el español estaba la de usar la letra *i* en vez de la conjunción *y*.
[3] *atisbos*   signs

Rubén Darío (1867–1916), nicaragüense, uno de los escritores más importantes en lengua castellana.

No fueron los neoclásicos ortodoxos, como el ecuatoriano José Joaquín de Olmedo (1780–1847), sino los neoclásicos precursores del romanticismo los que mejor emplearon temas americanos para expresar con moldes europeos sentimientos sobre la patria. El mejor de ellos fue el cubano José María Heredia (1803–1839), cuyos frustrados esfuerzos por conseguir la independencia política de su isla amargaron su vida, impregnándola de nostalgia, como se deduce del tono y la sonoridad especial de sus poemas «En el Teocalli de Cholula» (1820) y «El Niágara» (1824). Ambos están saturados de melancolía romántica, estimulada por la contemplación de la pirámide mexicana precolombina y de la catarata norteamericana. La naturaleza descrita por este angustiado poeta está cargada de lirismo.

16.2 Los hispanoamericanos románticos

Si concordamos con Víctor Hugo en que el romanticismo es a la literatura lo que el liberalismo a la política, es fácil comprender por qué el ansia de libertad intelectual se acentúa más en los escritores románticos. El patriota peruano Mariano Melgar (1791–1815), por ejemplo, fue uno de los primeros escritores del mundo hispánico en expresar sistemáticamente sentimientos autóctonos en versos castellanos. Sus *yaravíes* (poemas breves a la manera incaica) expresan el amor indio en un tono afín[4] al subjetivismo romántico.

Pero para ser independiente no bastaba únicamente la novedad temática; se necesitaba también forjar nueva forma de expresión. Intentaron crearla la mayoría de los románticos, tanto los educados en París como los instruidos en España. Pero ellos no llegaron a cristalizar esa liberación intelectual porque siguieron dependiendo de las técnicas literarias europeas. Poco importa que el argentino Esteban Echeverría (1805–1851) fuera menos español si devino, en cambio demasiado afrancesado. Aunque preceda cronológicamente a muchas obras españolas verdaderamente románticas, su poema «Elvira o La novia del Plata» (1832) tiene de latinoamericano sólo el subtítulo. El mismo se percató[5] de esto. En el prólogo a *Los consuelos* (1834) aboga por una poesía hispanoamericana original: reflejo de la naturaleza, las costumbres, las ideas y sentimientos americanos. Tres años más tarde, en el mejor de sus trabajos literarios, el poemario *Rimas*, incluye el cuento en verso «La cautiva», donde ofrece una semblanza de la pampa argentina. Lástima solamente que estableciera allí el precedente antiindianista imitado después por muchos de sus compatriotas.

Los románticos argentinos no podían ser los abanderados[6] del americanismo literario, pues políticamente ofrecían la «civilización» (europea) para extirpar lo que ellos llamaban «barbarie» americana. Domingo Faustino

---

[4] *afín*   akin
[5] *se percató*   se dio cuenta
[6] *abanderados*   standardbearers

Sarmiento (1811–1888), por ejemplo, en su apasionamiento romántico por «civilizar», propone norteamericanizar y anglogermanizar a Hispanoamérica. En *Facundo o civilización y barbarie* (1845) y en *Conflicto y armonía de las razas en América* (1883) da rienda suelta[7] a sus sentimientos antiindios y antiespañoles. *Facundo*, ensayo novelado sobre el caudillo gaucho Juan Facundo Quiroga (1793–1835), da su visión subjetiva de Argentina desgarrada por las guerras civiles. Uno de sus objetivos es justificar un programa político que reemplace la barbarie (tradición colonial hispánica) con la civilización (angloamericanización). En el segundo libro mencionado, su autor abandona todo intento novelesco y ofrece escuetamente[8] ideas subjetivas y mal documentadas acerca del peliagudo[9] problema racial en América. Ahí sustenta la falacia[10] de la inferioridad hispánica, indígena y mestiza y recalca las virtudes intelectuales, morales y laborales de los anglosajones.

Sin embargo, este mismo Sarmiento y sus compatriotas exiliados en Chile defienden en 1842, en la famosa polémica con don Andrés Bello y sus discípulos neoclásicos, el discurso del chileno José V. Lastarria (1818–1888) sobre la necesidad de una literatura que sea la expresión auténtica de la nacionalidad. La literatura nacional auténtica no la hicieron los escritores que siguieron muy de cerca las pautas románticas francesas o inglesas. El argentino José Mármol (1817–1871), por ejemplo, en su novela política *Amalia* (1851–1855) narra las aventuras revolucionarias y amorosas de un enemigo de Rosas en el Buenos Aires dominado por este caudillo. El romanticismo americano, en cambio, sí logró adquirir algo de fisonomía propia al incorporar en su temática apasionadas descripciones de la exuberante naturaleza americana, teatro de nuevas costumbres. Algunos hispanoamericanos ganados por esa corriente desplegaron originalidad encomiosa, como la mostrada por el colombiano Gregorio Gutiérrez González (1826–1872) en su extenso poema anunciador del realismo *Memoria sobre el cultivo del maíz en Antioquia* (1868), y por el ecuatoriano Juan Montalvo (1832–1889), autor de *Siete tratados* y otros ensayos sobre diversos temas, escritos todos con una fuerte voluntad de estilo y elegancia premodernista. La mayoría, sin embargo, siguió los cánones literarios franceses y españoles. Merecen atención la novela sentimental *María* (1867), del colombiano Jorge Isaacs (1837–1895) y dos novelas destacadas por la manera especial de presentar las peripecias de los protagonistas: *Cumandá* (1871), del ecuatoriano Juan León Mera (1832–1894) y *Enriquillo* (1879–1882), del dominicano Manuel de Jesús Galván (1834–1910). *María*, tan popular por mucho tiempo, es la historia de un idilio de juventud en una hacienda del Valle del Cauca, interrumpido románticamente por la muerte prematura de la heroína. *Cumandá*, en cambio, es la narración poética del amor de

---

[7] *da rienda suelta* unleashes, gives a free rein
[8] *escuetamente* plainly
[9] *peliagudo* tricky
[10] *falacia* fallacy

una supuesta «india» y un joven blanco en la selva amazónica del Ecuador del siglo XVIII. Después de la descripción de las costumbres y paisajes de la región, el lector descubre al final que se trata del amor entre dos hermanos separados en su infancia por una rebelión indígena precipitada por el abuso de los amos blancos. *Enriquillo*, en cambio, es una novela histórica de la rebelión de un cacique dominicano durante el primer siglo de colonización. Está escrita con emoción y recursos románticos pero con lenguaje de corte neoclásico.

La expresión literaria más original de este período es la poesía gauchesca desarrollada por escritores cultos de Argentina y Uruguay. Ellos utilizan el lenguaje de los gauchos para narrar su vida, aventuras y frustraciones. La crítica literaria reconoce como los mejores frutos de esta modalidad romántica a *Fausto* (1866), de Estanislao del Campo (1834–1880), a *Santos Vega* (1872), de Hilario Ascasubi (1807–1875) y a *Martín Fierro* (1872–1879), de José Hernández (1834–1886).

El romántico más original del Perú fue don Ricardo Palma (1833–1919), autor de las famosas *Tradiciones peruanas*. Palma da a su estilo castizo el humor limeño[11] para narrar unas «tradiciones» que combinan la historia y el costumbrismo. Su éxito radica en gran parte en su ingeniosa habilidad para manejar con originalidad la técnica para reconstruir vívidamente el pasado peruano.

En el Brasil los poetas románticos más leídos fueron Gonçalves Dias (1823–1864), cuyo poema «Canto del destierro» todavía lo recitan los niños de ese país, y Antonio de Castro Alves (1847–1871), defensor de la emancipación de los esclavos y del sistema republicano de gobierno.

Como se ve, los románticos tampoco consiguieron la completa liberación intelectual. Los partidarios de este movimiento lograron describir el paisaje, reconstruir el pasado, narrar las costumbres americanas con nueva forma de expresión rica en imágenes originales, pero dependieron mucho de los modelos europeos. Fueron incapaces de crear una forma genuinamente americana para expresar su emoción, experiencia y concepción estética.

Como reacción antirromántica y superación de ella, aparece en el Brasil un grupo de escritores interesados en frenar la pasión lírica con una forma de expresión aprendida de los parnasianos franceses. De estos renovadores de las letras brasileñas de fines del siglo XIX, sobresale Joaquim María Machado de Assis (1839–1908), considerado por algunos críticos como el más eminente escritor brasileño y el mejor novelista latinoamericano del siglo XIX. El humor filosófico con dejo melancólico y la profunda exploración sicológica prefreudiana aflora mejor que en su poesía en sus narrativa: *Memórias póstumas de Bras Cubas* (1881) (*Epitaph of a Small Winner*), *Quincas Borba* (1890) (*Philosopher, or Dog?*) y *Dom Casmurro*, profundo análisis sicológico de varios tipos humanos.

---

[11] *limeño*   of Lima

16.3 El tardío realismo decimonono

El realismo surge como reacción contra los excesos del romanticismo y se manifiesta principalmente en la narrativa. A fines del siglo XIX y a principios del siglo XX coexiste con el modernismo hispanoamericano. Los realistas fueron buenos discípulos de Balzac, los hermanos Goncourt, Zola, Dickens, Pereda y, sobre todo, Galdós. Aunque ofrecen la realidad americana—flora, fauna, sociedad—los escritores de esta escuela en Hispanoamérica no se destacan como artistas originales. Pocos sobresalen. Sus obras reflejan progreso técnico en el arte narrativo pero no llegan a una auténtica forma de expresión. Mencionemos unos cuantos en esta apretada síntesis.

Entre los iniciadores del realismo posrromántico en castellano está el chileno Alberto Blest Gana (1830–1920), especie de Balzac americano, autor de catorce novelas que abren nuevos caminos a la narrativa continental. Entre sus mejores obras se encuentran *Martín Rivas* (1862), sobre la vida de la sociedad de Santiago de Chile a mediados del siglo pasado, y su obra maestra *Durante la Reconquista* (1897), novela histórica cuya trama se desarrolla durante la guerra por la independencia chilena. Otros realistas de importancia son José López-Portillo (México, 1850–1923), autor de *La parcela*[12] (1898); Vicente Romero-García (Venezuela, 1865–1917), autor de *Peonía* (1890); Federico Gamboa (México, 1864–1939), autor de *Santa* (1903); y Tomás Carrasquilla (Colombia, 1858–1941), autor de *Frutos de mi tierra* (1896). *La parcela* trata del amor de dos jóvenes jaliscienses,[13] pertenecientes a familias de terratenientes en disputa por un terreno. *Peonía* es una novela costumbrista acerca de un amor interrumpido por el destierro y la muerte. *Santa*, novela naturalista con fuerte inclinación costumbrista, cuenta la vida de una prostituta parecida a la Naná de Emile Zola. *Frutos de mi tierra* es un libro de relatos costumbristas sobre Antioquia, escrito con el lenguaje regional de esa zona de Colombia.

El objetivo fundamental del realismo decimonono parecía ir en contra del ansia artística del hispanoamericano. Cuando ofrece con realismo una tajada de la vida, el escritor se ve imposibilitado de mostrar la realidad total americana que deseaba expresar en su obra. La nueva escuela tuvo en sí los ingredientes del fracaso, de ahí que no llame la atención la pobreza de sus contribuciones en el siglo XIX. Cuando en el siglo XX el neorrealismo muestra la selva, los llanos, las serranías, las minas y haciendas, las villas y ciudades de América, entonces consigue mejores triunfos artísticos aun sin lograr completamente la ansiada auténtica expresión hispanoamericana.

---

[12] *parcela*   piece of ground
[13] *jaliscienses*   of Jalisco (Mexico)

16.4 El modernismo hispanoamericano

Fracasados los intentos neoclásicos, románticos y realistas para conseguir la independencia intelectual con una manera americana de expresión artística, un grupo de poetas inició la revitalización del castellano. Su literatura pronto se impuso en Hispanoamérica e influyó en los escritores de España. Entonces se trocaron los papeles: los hispanoamericanos se convirtieron en maestros de los peninsulares. Adoptaron por símbolo el cisne[14], aceptaron el nombre de modernistas y se impusieron en tres olas sucesivas. En la primera, la iniciadora, se destacaron los cubanos José Martí (1853–1895) y Julián del Casal (1863–1893), el peruano Manuel González Prada (1844–1918), el colombiano José Asunción Silva (1865–1896), y los mexicanos Manuel Gutiérrez Nájera (1859–1895) y Salvador Díaz Mirón (1853–1928). La segunda ola modernista nos lega una rica y variada producción literaria, comparable en importancia a los mejores períodos del pasado. Se distinguen entonces el nicaragüense Rubén Darío (1867–1916), a quienes muchos consideran como el poeta más importante en castellano desde el Siglo de Oro. Sus libros *Azul* (1888) y *Prosas profanas* (1896) marcan el apogeo del modernismo. Son sus compañeros de escuela: el argentino Leopoldo Lugones (1874–1938), el boliviano Ricardo Jaimes Freyre (1868–1933) y el uruguayo Julio Herrera y Reissig (1875–1910). Los peruanos José Santos Chocano (1875–1934) y José María Eguren (1874–1942), incorporados al movimiento algo más tarde, también sobresalieron.

La renovación modernista hace suyas las corrientes literarias francesas de las últimas décadas del siglo XIX: el parnasismo[15] y el simbolismo. Para liberarse de la tendencia provinciana y regionalista del mundo hispánico, los modernistas cultivan lo exótico, especialmente lo oriental; para combatir lo común y vulgar, los clisés y lo trillado,[16] los modernistas se tornan elegantes aristócratas de la forma. La sensualidad refinada y artificio estimulante los elevan a la torre de marfil, donde tratan de forjar un mundo de ilusión y formas caprichosas. Cuando parecía que los de la segunda ola habían desvirtuado el propósito original de hallar nuevas formas de expresión y nuevos derroteros para las letras hispanoamericanas, aparece la tercera y última ola modernista que abandona el cosmopolitismo artificial y explota las posibilidades estéticas del Nuevo Mundo, empleando temas americanos, cantando a su naturaleza y tratando de descifrar sus enigmas históricos. A este último período modernista se le ha dado el nombre de mundonovismo. Las obras de esta época son de carácter nacional y continental, compuestas con otra manera muy distinta de ver al hombre americano y su medio ambiente; ellas comparten la fe en el futuro de una patria continental.

---

[14] *cisne* swan
[15] *parnasismo* movimiento literario francés que persigue la perfección de la forma con imágenes literarias esculturales y pictóricas.
[16] *los clisés y lo trillado* the hackneyed and trite expressions

Culmina esta última etapa con obras producidas con una trillada retórica modernista, como sucede con los poemas antiimperialistas de Rubén Darío «A Roosevelt», «Salutación del optimista» y «Los cisnes», incluidos después en su libro *Cantos de vida y esperanza* (1905). El primero es una oda escrita en 1904, seis años después del triunfo militar de los Estados Unidos sobre España y un año después de la creación de la República de Panamá usando una provincia de Colombia. Darío llama al presidente norteamericano: «cazador certero», «profesor de energía», símbolo del poderío yanqui, capaz de cazar el porvenir como una fiera más.[17] El poeta evoca el pasado ilustre de la América indohispana y advierte sobre el peligro de una invasión estadounidense a Latinoamérica. En «Salutación del optimista», el autor lanza un grito de esperanza en el futuro, censura a los desconfiados del vigor hispánico, exhorta a los jóvenes a redescubrir la fuerza antigua de la raza y pide la unión de los pueblos de habla española. El poeta confía al cisne el mensaje de angustia y esperanza ante el inminente avance de los Estados Unidos. Declarándose defensor de su pueblo y «nieto[18] de España», Darío observa que «Brumas[19] septentrionales nos llenan de tristezas», y pregunta:

> ¿Tantos millones hablaremos inglés?
> ¿Ya no hay nobles hidalgos ni bravos caballeros?
> ¿Callaremos ahora para llorar después?

16.5 La renovación del realismo y el criollismo

El mundonovismo bajo la influencia del realismo poco a poco engendró al criollismo, movimiento literario basado en el uso de temas latinoamericanos, especialmente el rural. Los criollistas se concentraron en el paisaje regional y en el pueblo, estimulados por periódicos y revistas nacionalistas, como *Caras y Caretas* (fundada en Buenos Aires in 1898) y *El Cojo Ilustrado* (publicada en Caracas, de 1892 a 1915). Desempeñan papel importante en este movimiento los cuentistas chilenos Mariano Latorre (1886–1955), Baldomero Lillo (1867–1923), Rafael Maluenda (1885–1963) y el argentino Roberto J. Payró (1867–1928). El criollismo tampoco consiguió forjar una auténtica expresión americana, pese a haber transmitido lo criollo en valores estéticos y morales universales. Su fracaso se debió en gran parte a la excesiva influencia del realismo español obsesionado con el paisaje.

Coetáneo al criollismo hispanoamericano aparece en el Brasil un movimiento literario nacionalista intensamente preocupado por los problemas sociales. En 1902 Euclydes da Cunha (1866–1909) publicó uno de los

---

[17] *capaz. . . más*   capable of hunting the future as though it were another wild beast
[18] *nieto*   grandson
[19] *brumas*   mists

mejores estudios sociológicos de la región ganadera del *sertâo*.[20] *Os Sertôes*
narra la campaña militar para debelar la rebelión de los Canudos (1897) y
derrotar a su líder, un predicador religioso, Antonio Vicente Mendes Maciel
(Antonio Conselheiro), sobre quien se ocupará también el escritor peruano
Mario Vargas Llosa en *La guerra del fin del mundo* (1981). Ese mismo año
aparece también la novela *Canaán*, de José Pereira de Graça Aranha (1868–
1931), defensor de la tesis de la salvación del Brasil por medio de la inmigración blanca. Severa crítica de la plutocracia (gobierno de los ricos)
hace Afonso Henriques de Lima Barreto (1881–1922) en sus novelas y
cuentos apreciados póstumamente.

Lo que en ese país se conoce con el nombre de modernismo ocurrió
después de la Primera Guerra Mundial: fue un movimiento anunciador y
precursor del vasto proceso de transformación cultural y política. En su
primera fase tomó como modelo inicial al futurismo de Marinetti[21] con su
odio beligerante a la tradición. En el Brasil la renovación literaria con
inspiración francesa no tiene el alcance ni la importancia del modernismo
hispanoamericano. El modernismo brasileño fue menos radical y progresivo
y dependió mucho más de la técnica parnasiana modificada por la influencia
de los dadaístas Mário de Andrade (1893–1945), «el Papa del Modernismo»,
y Oswaldo de Andrade (1890–1954), fundador de la *Revista de Antropo-
fagia* (1928), cuyo interés en el primitivismo de su patria le hizo forjar la
frase irónica y nacionalista *«Tupí or not tupí, that is the question».*[22]

16.6 El arielismo y el despotismo estético

Aunque la revolución literaria modernista consiguió sus mejores triunfos
en la poesía, sus efectos en la prosa también fueron muy saludables. En
1900 se publicó uno de los libros más influyentes de la época: *Ariel*, del
pensador uruguayo José Enrique Rodó (1871–1917). Utilizando el simbolismo shakesperiano de *The Tempest*, Rodó contrastó a Ariel (Latinoamérica) idealista, artista y humanista, con Calibán (Estados Unidos), sensual, pragmático y grosero.[23] Su espíritu latinoamericanista, basado en la
idea de una patria continental e impregnado de un optimismo idealista,
fue recibido en el hemisferio como campaña de propaganda unificadora.
Con su mensaje a la juventud latinoamericana, Rodó contribuyó a frenar
la nordomanía[24] estimulada por Sarmiento, Alberdi, otros argentinos y

---

[20] *sertâo*   terreno no cultivado
[21] El escritor italiano Emilio Filippo Tommasso Marinetti (1876–1944) apasionadamente propuso el futurismo, teoría estética que propugna el ímpetu hacia el futuro y exalta la velocidad
y la lucha en las artes.
[22] Tupí es el nombre de una importante tribu india que vive en el centro y norte del Brasil.
Su lengua, tmbién llamada tupí, es una especie de lingua franca del Valle del Amazonas.
[23] *grosero*   coarse
[24] *nordomanía*   slavish inclination to imitate the Yankees

algunos chilenos, y promovió el autoexamen espiritual, artístico e intelectual durante un período crítico de la historia iberoamericana que hace patente[25] la inferioridad material y militar latinoamericana frente al poder arrollador[26] norteamericano. *Ariel* sobresale en la historia literaria por su elocuente estilo expresivo que contribuyó a darle mejor forma al ensayo hispanoamericano, añadiéndole musicalidad, cadencia y recursos literarios hasta entonces generalmente asociados con la poesía. Pasados unos años, el elogio ciego al pensador uruguayo fue censurado por quienes vieron en él al esteta aristócrata, culpable de la generalización y simplificación exagerada de las supuestas cualidades idealistas de los latinoamericanos y de las cualidades materialistas de los norteamericanos, ignorando a los indios y negros, y dependiendo demasiado de una filosofía vagamente humanista. Los críticos más acerbos[27] de Rodó fueron los indigenistas y los defensores de la literatura con contenido social.

16.7 El neorrealismo y el interés social

El interés folklórico de los criollistas poco a poco, conforme va perdiendo fuerza la preocupación estilística de los modernistas, da paso a una rica literatura neorrealista de fuerte preocupación sociopolítica. Responde su aparición a los grandes problemas históricos americanos: la Revolución Mexicana, la desaparición del gaucho, la explotación del trabajador en la selva, los llanos, los Andes y las ciudades.

La Revolución mexicana, iniciada en 1910, ha inspirado a un gran número de escritores-testigos y artistas asombrados de sus consecuencias. La narrativa con el mismo tema ha dado obras tan importantes como *Los de abajo* (1915), de Mariano Azuela (1873–1952); *El águila y la serpiente* (1928) y *La sombra del caudillo* (1929), de Martín Luis Guzmán (1887–1976); *La vida inútil de Pito Pérez* (1938), de José R. Romero (1890–1952); y *Al filo del agua* (1947) y *Las tierras flacas* (1962), de Agustín Yáñez (1904–1980). *Los de abajo (The Underdogs)*, la más popular de las obras de Azuela, trata de las aventuras de un revolucionario y sus compañeros de lucha. Es la mejor novela de este tema y la más traducida a idiomas extranjeros. Los dos libros de Martín Luis Guzmán mencionados son en realidad memorias noveladas[28] de uno de los mejores periodistas de esa etapa revolucionaria. *La vida inútil de Pito Pérez (The Useless Life of Pito Pérez)* es la biografía de un borrachín,[29] escrita a la manera de las novelas picarescas. Agustín Yáñez, el más innovador de los narradores de la revolución, escribe con prosa lírica llena de simbolismo. Sus novelas más

---

[25] *patente* clara
[26] *arrollador* devastating
[27] *acerbos* harsh
[28] *noveladas* in novel form, novelized
[29] *borrachín* poor drunkard

Agustín Yáñez (1904–1980), autor de la novela *Al filo del agua*, se destacó como narrador, gobernador del Estado de Jalisco, secretario (ministro) de educación de su patria y director de la Academia Mexicana de la Lengua.

difundidas son *Al filo del agua (The Edge of the Storm)* y *Las tierras flacas (The Barren Lands)*. En la primera describe la vida religiosa de una aldea remota en vísperas del vendaval[30] revolucionario, y en la segunda trata del eterno problema de la escasez de tierras agrícolas.

La inhumana explotación del cauchero[31] en la selva conduce al colombiano José Eustasio Rivera (1888–1928) a escribir la novela, *La vorágine* (1924) para evocar la selva amazónica y denunciar la explotación de los caucheros. La lucha entre civilización y barbarie en los llanos de Venezuela mueve a Rómulo Gallegos (1884–1969) a escribir otra gran novela simbólica sudamericana, *Doña Bárbara* (1929), acerca de una «devoradora de

---

[30] *vendaval*   strong wind
[31] *cauchero*   rubber worker

hombres» en los llanos de Venezuela. La protagonista, doña Bárbara, representa el atraso mientras que el héroe, Santos Luzardo, simboliza la civilización en el sentido general del término, no en el sentido restringido que le dio Sarmiento. Como en otras novelas suyas, Gallegos fusiona las técnicas realista y folklorista para utilizar mejor la mitología tradicional así como las leyendas y los cuentos populares europeos y americanos. La narrativa de este venezolano tipifica la llamada novela telúrica; esto es, la reveladora de la influencia del suelo americano en el modo de ser del personaje.

El rápido progreso de la Argentina, que cobra su alto precio en la pampa cuando obliga al gaucho a transformarse en campesino sedentario, compele a Ricardo Güiraldes a retratar simbólicamente el exterminio histórico de este importante personaje argentino. Lo hace en *Don Segundo Sombra* (1926), una de las obras maestras de la novelística hispanoamericana apreciada por su valor estilístico.

16.8   Del indigenismo tradicional al indigenismo continental

El movimiento intelectual indigenista que busca integrar al aborigen americano y sus descendientes al moderno estado latinoamericano, ha atraído a sus filas a escritores de diversas tendencias. Algunos proponen darle marcha atrás al curso de la historia favoreciendo el restablecimiento de las naciones indígenas precolombinas al mismo tiempo que desechan las contribuciones culturales negativas procedentes de ultramar. Otros defienden al indio tanto como al mestizo, heredero étnico y cultural de dos civilizaciones. Para otros, en cambio, el «nuevo indio» es un ente[32] cultural, no importa si es indio, mestizo o blanco, porque lo racial ha sido modificado por el mestizaje cultural, generador de otra manera de actuar, pensar y sentir. Hay quienes insisten en la importancia de la influencia telúrica, esto es, cómo la influencia de la tierra determina el carácter del latinoamericano. La mística adoración a la naturaleza es para muchos una fuerza liberadora y creadora, que ha tomado lo mejor de todas las culturas y ha forjado el verdadero estilo americano.

El indigenismo en la narración se consolida con la peruana Clorinda Matto de Turner (1852–1909),[33] cuya obra *Aves sin nido* (1889) es la primera novela con indios de carne y hueso como personajes centrales que actúan de una manera muy diferente del indio decorativo del indianismo romántico. *Aves sin nido*, traducida al inglés con el título de *Birds without*

---

[32] *ente*   ser
[33] No nació en 1854 como muchos creen. Un cura del Cuzco certificó el 30 de diciembre de 1852 que la había bautizado a la edad de un mes y diecinueve días. Véase la copia facsimilar certificada entre pp. 32 y 33 de Manuel E. Cuadros E., *Paisaje y obra, mujer e historia: Clorinda Matto de Turner* (Cuzco: Rozas, 1949).

Miguel Angel Asturias (1899–1974), guatemalteco, acertó a reflejar en sus novelas el pasado mitológico de su país y el terror político impuesto por las dictaduras latinoamericanas. Recibió el Premio Nobel de Literatura en 1967.

Nest: A Story of Indian Life and Priestly Oppression in Peru (1904), trata del amor de dos jóvenes mestizos que llegan a descubrir que son hermanos, hijos del mismo cura.

En su rica y larga trayectoria el indigenismo ha dado sus mejores obras en los países de gran porcentaje de población india: México, Guatemala, Ecuador, Bolivia y Perú. En México, la ficción indigenista se confunde con la novela de la Revolución Mexicana y se la suele estudiar en esa importante agrupación literaria. En Guatemala, Miguel Angel Asturias (1899–1974), es autor de las novelas: *El Señor Presidente* (1946), sobre el dictador hispanoamericano; *Hombres de maíz* (1949), en la que ausculta[34] la mente y sicología del indio utilizando la tradición mítica;[35] y *Mulata de tal* (1963), donde funde magia y realidad. En 1967 se le otorgó el premio Nobel por su valiosa contribución literaria.

Los indigenistas más importantes del Ecuador son Jorge Icaza (1906–1978) y Humberto Mata (n. 1904). Icaza, autor de varias novelas, dramas y cuentos, es uno de los más conocidos escritores iberoamericanos. Su novela *Huasipungo* (1934) ha sido traducida a más de doce idiomas, incluyendo el inglés (*The Tomb for the Corpse*, 1943). Trata ella de la más abyecta explotación del indio ecuatoriano, reducido a un estado infrahumano en su huasipungo, es decir, en la pequeñísima parcela prestada por el patrón para tenerlo cerca de los trabajos no remunerados que debe desempeñar. Humberto Mata se comenzó a destacar con su novela *Sal* (1963), donde presenta una visión optimista del futuro del indio que consigue mejorar su condición económica.

El Perú ha dado varios indigenistas de prestigio. Uno de los primeros en destacarse en esta modalidad literaria fue Manuel González Prada (1844–1918). Ejerció poderosa influencia en muchos escritores de su generación, incluyendo en Clorinda Matto de Turner. Las contribuciones de González Prada difundidas con mayor rapidez póstumamente son: su ensayo «Nuestros indios» y el poemario *Baladas peruanas*. Otros indigenistas peruanos sobresalientes son Enrique López Albújar (1872–1966), Ciro Alegría (1907–1967) y José María Arguedas (1911–1969). López Albújar, con estilo naturalista, revela el mundo del indio de crimen y castigo en *Cuentos andinos* (1920) y *Nuevos cuentos andinos* (1927); Ciro Alegría es famoso por sus novelas acerca de los indios y cholos explotados del norte del Perú. Desterrado a Chile por aprista, consiguió allá reconocimiento literario por sus dos primeras novelas, *La serpiente de oro* (1935) y *Los perros hambrientos* (1939). Su tercera obra, *El mundo es ancho y ajeno* (1941), ganó el primer premio en el concurso de novelas latinoamericanas auspiciado por Farrar & Reinhardt de Nueva York (1941) y fue traducida con el título de *Broad and Alien Is the World*. El libro narra con realismo conmovedor la usurpación de tierras de una comunidad indígena del norte del Perú y las peripecias de sus miembros enfrentados con la estructura semifeudal de la región. José María Arguedas fue un escritor-puente: une la modalidad indigenista a la nueva narrativa. En los cuentos de *Agua* (1935) y *Yawar Fiesta* (1941) muestra el mundo ambivalente del andino. En las novelas *Los ríos profundos* (1958) y *Todas las sangres* (1964) combina antiguos mitos quechuas con realidades actuales del indio que sobreponiéndose a la costumbre de sufrir en silencio exterioriza su protesta. Su libro póstumo *El zorro de arriba y el zorro de abajo* (1971) es un agónico

---

[34] *auscultar* explorar
[35] *mítica* mythic

testimonio personal terminado poco antes de suicidarse. Dentro de la nueva escuela indigenista, sobresale la mexicana Rosario Castellanos (1925–1974), quien, en la novela *Balún Canán* (1957) deja al lector ver el mundo indígena a través de los ojos de la protagonista, una niña de siete años criada por una sirvienta india. En *Oficio de tinieblas* (1962) el empleo de la tradición neoindigenista de crear personajes individualizados sin mensaje alguno le permite a la novelista mostrar mejor la manera de ser de los indios tzotziles de Chiapas.

Alcides Arguedas (1879–1946) destaca entre los mejores indigenistas bolivianos. Aunque su ensayo polémico *Pueblo enfermo* (1909) es de cariz[36] racista, su *Raza de bronce* (1919) es una excelente novela indigenista. *Raza de bronce* trata del idilio amoroso de dos indios del lago Titicaca que sufren la tiranía de los hacendados de la región.

16.9 La interpretación de la realidad por medio de la fantasía

En los años veinte el ensayista peruano José Carlos Mariátegui (1894–1930) dio a conocer unas agudas observaciones sobre la función del artista y su concepción estética que adquieren actualidad unas décadas después, cuando la literatura continental, sobre todo la novela hispanoamericana, rinde una serie de obras de superior calidad e importancia universal. En 1924, por ejemplo, Mariátegui se adhirió a la idea de que la ficción no es anterior ni superior a la realidad, como sostenía Oscar Wilde; ni la realidad es anterior ni superior a la ficción, como quería la escuela realista. Mariátegui estaba convencido de que la ficción y la realidad se modifican, que el arte y la vida se nutren recíprocamente y por eso: «Es absurdo intentar incomunicarlos y aislarlos. El arte no es acaso sino un síntoma de plenitud de la vida.»[37] En artículos reunidos más tarde en forma de libro, el pensador peruano expande su estética y sostiene que la forma no puede ser separada de su esencia y que «la experiencia realista no nos ha servido sino para demostrarnos que sólo podemos encontrar la realidad por los caminos de la fantasía,» y, sin embargo, la fantasía cuando no nos acerca a la realidad nos sirve de bien poco: «En lo inverosímil[38] hay a veces más verdad, más humanidad que en lo verosímil.»[39]

Empleando recursos clásicos olvidados o muy poco usados[40] y adaptando técnicas de narradores angloamericanos y franceses del siglo XX, los

---

[36] *cariz*   aspecto
[37] J. C. Mariátegui, *El artista y la época* (Lima: Biblioteca Amauta, 1959), p. 186.
[38] *inverosímil*   improbable
[39] Marátegui, pp. 23–24.
[40] Cf. Mario Vargas Llosa, «La estrategia narrativa de Tirant lo Blanc [sic],» *Amaru*, 7 (julio-setiembre, 1968), p. 41.

Jorge Luis Borges (1899–1986) es el escritor argentino más importante del siglo XX. Su obra ha sido traducida a muchos idiomas.

nuevos novelistas latinoamericanos enfocan ahora la acción, el pensamiento y el sentir de los personajes de manera cinematográfica, con discontinuidades y superimposiciones, presentando diversos niveles[41] de la realidad simultáneamente e invitando al lector a participar en la recreación artística. El cruce de planos temporales (pasado-futuro-presente), los cambios de nivel de la realidad (objetivo-subjetivo), la multiplicidad de perspectivas interiores y de focos narrativos que rompen el orden temporal y espacial reclaman insistentemente la ayuda del lector, que para ponerle orden al aparente caos artístico se convierte en un personaje importante de la novela que lee.

Entre los más destacados narradores innovadores se encuentran los argentinos Jorge Luis Borges (1899–1986), Ernesto Sábato (n. 1911) y Julio Cortázar (1914–1984), el uruguayo Juan Carlos Onetti (n. 1909), los mexicanos Juan Rulfo (1918–1986) y Carlos Fuentes (n. 1929), los cubanos Alejo Carpentier (1904–1980) y José Lezama Lima (1912–1976), el paraguayo Augusto Roa Bastos (n.1917), el colombiano Gabriel García Márquez (n. 1928), el peruano Mario Vargas Llosa (n. 1936) y los chilenos José Donoso (n. 1925) e Isabel Allende (n. 1942)

Jorge Luis Borges, repetidas veces candidato al premio Nobel de literatura, es uno de los más exquisitos estilistas en castellano. Combina en su estilo el humor, la fantasía y gran originalidad para conducirnos por los laberintos de su imaginación. Sus poesías, ensayos y cuentos policiales, así como su prosa tan ágil y culta, han tenido muchos seguidores en las últimas

---

[41] *niveles* planos

décadas. Su discípulo Julio Cortázar ha elaborado *Rayuela*[42] (1963), libro que puede comenzarse a leer en cualquier capítulo y continuarse leyendo con un orden arbitrario al gusto del lector, quien así deviene[43] en otro de sus personajes. Cortázar ha publicado otras novelas, *62. Modelo para armar* (1968), *El libro de Manuel* (1973) y libros misceláneos como *Un tal Lucas* (1979); pero donde muestra mejor su dominio de la técnica y su maestría narrativa es en sus cuentos recopilados en diversas colecciones, especialmente en *Todos los fuegos el fuego* (1966).

En su novela *Pedro Páramo* (1955), el mexicano Juan Rulfo nos ofrece un tiempo deshumanizado, congelado[44] en una eternidad donde se mueven los personajes todos muertos. A Pedro (piedra) Páramo (desierto) lo busca en el curso de la obra uno de sus numerosos hijos naturales: Juan Preciado. La odisea kafkiana[45] en el mundo del más allá se aclara con la intervención del lector cuando ordena las diferentes secuencias de la narración. Carlos Fuentes en sus novelas *La región más transparente* (1958), *La muerte de Artemio Cruz* (1962) y *Cambio de piel* (1968), da su visión de la sociedad mexicana contemporánea utilizando una multiplicidad de técnicas modernas. En ellas Fuentes parodia a las clases conservadoras mediante un novedoso lenguaje y diversos cambios de planos narrativos. Su obra más ambiciosa es *Terra Nostra* (1975), en la que ficcionaliza la historia de América para tratar de llegar a la esencia de lo mexicano.

Alejo Carpentier ha sido elogiado por varias de sus excelentes novelas. En *El reino de este mundo* (1949) narra aventuras verídicas e imaginadas que demuestran, cómo en América Latina, bajo el barniz[46] occidental, hay un fondo de fuerzas mitológicas no occidentales. En *Los pasos perdidos* (1953), un músico enajenado[47] y artísticamente esterilizado por la sociedad moderna encuentra la salvación y la felicidad en la selva del Orinoco. Lo real maravilloso[48] de la jungla sudamericana lo libera espiritualmente. En *El siglo de las luces* (1962), novela sobre los efectos de la Revolución Francesa en el Caribe, así como en otras obras suyas, *Recurso del método* (1974) y *Concierto barroco* (1974), se sirve de un estilo profuso en detalles denominado neobarroco por los críticos. En *La consagración de la primavera* (1978) vincula la historia europea y cubana para mostrar la continuidad del proceso revolucionario, mientras que su última novela, *El arpa y la sombra* (1979), parodia la biografía de Cristóbal Colón, ofreciendo dominio de la elaboración de fuentes y la intertextualidad. Carpentier aborda[49] los

---

[42] *Rayuela*   Hopscotch.
[43] *deviene*   becomes
[44] *congelado*   frozen
[45] *kafkiana*   in Kafka-like style, nightmarish
[46] *barniz*   varnish
[47] *enajenado*   alienated
[48] *real maravilloso*   magical realism
[49] *aborda*   approaches

Gabriel García Márquez (n. 1928), escritor colombiano, Premio Nobel de Literatura en 1983, autor de la novela clásica *Cien años de soledad* (1967) y de *El general en su laberinto* (1989), novela histórica sobre los últimos meses de vida de Simón Bolívar.

problemas universales en el tiempo y en el espacio por estar interesado en la vida en función de sus constantes intemporales. Su compatriota, José Lezama Lima ha escrito la novela *Paradiso* (1960) utilizando su larga experiencia de poeta refinado. Sus escritos dan la impresión de que el autor está contándose a sí mismo una larga confesión. Sus imágenes poéticas no ofrecen el mundo macrocósmico sino el yo microcósmico. Como los novelistas que consideran el manejo del lenguaje el mayor desafío, Lezama Lima nos ofrece su angustioso deseo de incorporar a su yo una nueva visión de la realidad con la que desea integrarse. El elaborado lenguaje de sus poemas y novelas lo entronca, como a Carpentier, con la tradición barroca.

Gabriel García Márquez en su obra maestra *Cien años de soledad* (1967), narra la historia de Macondo, pueblo aislado de Colombia. Utiliza varias secuencias temporales: el tiempo mítico de los fundadores, el tiempo histórico del coronel Aureliano Buendía y sus guerras, el tiempo cíclico de la madurez y muerte de los primeros personajes, y el tiempo decadente de Macondo. El tiempo artístico de García Márquez es como el de Borges, circular: da vueltas en círculo hasta retornar al punto de partida. La mezcla de ficción y realidad está iluminada por una poderosa imaginación que consigue darle universalidad a la historia del remoto pueblecito colombiano.

En *El otoño del patriarca* (1975), García Márquez utiliza un personaje frecuente en la narrativa hispanoamericana, el dictador. Usando la hipérbole, retrata a un tirano mítico que ha gobernado por más de 200 años. En *Crónica de una muerte anunciada* (1981), relata las circunstancias que causaron la muerte del protagonista de una manera minuciosa reminiscente de las relaciones y crónicas redactadas por los conquistadores en los siglos XVI y XVII. Muy merecidamente se le otorgó el Premio Nobel en 1983. Las novelas *El amor en los tiempos del cólera* (1985) y *El general en su laberinto* (1989) confirman su destreza en el arte de narrar una pasión amorosa y el ocaso de un héroe en en tierra americana a lo largo del río Magdalena.

Mario Vargas Llosa en *La casa verde* (1966) mezcla los focos narrativos usando varios pronombres atados[50] con conjunciones que sirven de puertas a diferentes planos temporales y a desplazamientos[51] espaciales. Su rico bagaje de técnicas le da a su narración una aparente complejidad que el lector atento no tarda en ordenar mentalmente. Por esta novela se le otorgó en 1967 el Premio Rómulo Gallegos, también recibido por García Márquez y Fuentes. Después, Vargas Llosa dio más frutos de sus empeños: *Pantaleón y las visitadoras* (1973), novela satírica y humorista sobre la burocracia militar en la selva peruana, y *La tía Julia y el escribidor* (1977), novela autobiográfica donde cuenta sus años de periodista y locutor radial en Lima. En *La guerra del fin del mundo* (1981), Vargas Llosa utiliza un tema histórico ya tratado por Euclides da Cunha en *Os Sertôes* (1902): la rebelión de los canudos seguidores del fanático religioso Antonio Consejero. En *El hablador* (1987) Vargas Llosa vuelve a la amazonía peruana para mostrar la misteriosa relación de la ficción con la sociedad.

El chileno José Donoso (n. 1925) en *Coronación* (1962) y *El obsceno pájaro de la noche* (1969) ofrece una obra cuyo centro de visión se desplaza continuamente para llevarnos hasta lo más hondo del subconsciente en una experiencia de indagación y destrucción a propósito de la decadencia de la alta burguesía de su patria. Por su parte Isabel Allende, cuya novela *La casa de los espíritus* (1982) ha recibido gran acogida en castellano y en traducción, sobre todo al alemán, también se interesa en el tema de la alta burguesía. Muy distinta es la narrativa del argentino Manuel Puig (n. 1933), cuyas novelas *La traición de Rita Hayworth* (1968), *Boquitas pintadas* (1969), *The Buenos Aires Affair* (1973) y *El beso de la mujer araña* (1976) muestra un sagaz manejo del lenguaje y, como John Dos Passos, incorpora técnicas desarrolladas por la cinematografía. En *Tres tristes tigres* (1967) del cubano Guillermo Cabrera Infante (n. 1929) el lenguaje con sus juegos de palabras es lo central en el arte de narrar, a tal punto que los críticos afirman que el idioma en cierto sentido es el protagonista. Las parodias, chistes y juegos de palabras muestran el carácter creador de un inventado dialecto con que

---

[50] *atados* tied
[51] *desplazamientos* shifts

se describe la vida nocturna habanera de antes de 1959. Continuadores de esta modalidad son sus compatriotas Severo Sarduy (n. 1937) y Reinaldo Arenas (n. 1943), y los puertorriqueños Emilio Díaz Valcárcel (n. 1929) y Luis Rafael Sánchez (n. 1936). La novela del último, *La guaracha del macho Camacho* (1976), fue traducida al inglés por Gregory Rabassa con el título de *Macho Camacho's Beat*. De modo muy diferente escriben la mexicana Elena Poniatowska (n. 1933) y el cubano Miguel Barnet (n. 1940). La primera, valiéndose de grabadoras y cintas magnetofónicas a la manera de Oscar Lewis, en *Hasta no verte Jesús mío* (1969) reconstruye la vida de Jesusa, una simple y a la vez extraordinaria mujer que ha sobrevivido diversas etapas de la historia de México. Miguel Barnet ha escrito *Biografía de un cimarrón* (1966) traducida al inglés como *The Autobiography of a Runaway Slave*. Allí el protagonista cuenta su vida como esclavo, cimarrón, soldado en las luchas por la independencia y simple trabajador.

Como se ha visto, para algunos escritores, la búsqueda de lo latinoamericano se da a nivel del lenguaje; para otros, la ficcionalización de la historia, animada unas veces por sus actores más conocidos y otras por seres anónimos, es la forma de mostrar la esencia de lo latinoamericano. Los variados registros de la actual narrativa hispanoamericana abarcan y mezclan estas diversas modalidades. Todas ellas vocean su continuado vigor, como lo han demostrado últimamente el chileno Jorge Edwards (n 1931), los nicaragüenses Sergio Ramírez y Omar Cabezas, los peruanos Julio Ramón Ribeyro (n. 1929), Manuel Scorza (1928–1983), Alfredo Bryce Echenique (n. 1939), José Antonio Bravo (n. 1938) y Carlos Thorne (n. 1924), y los mexicanos Gustavo Sáiz y Héctor Aguilar Carmín.

Aunque los novelistas ocupan hoy un lugar preferencial en las letras hispanoamericanas, los cultivadores de otros géneros también han sobresalido. La poesía ha recibido reconocimiento universal con la adjudicación del premio Nobel en 1945 y 1971 a los chilenos Gabriela Mistral (1889–1957) y Pablo Neruda (1904–1973). También tienen gran prestigio internacional los peruanos César Vallejo (1892–1938), Carlos Germán Belli (n. 1927), Javier Sologuren (n. 1922), Antonio Cisneros (n. 1942) y Arturo Corcuera (1935); los cubanos Nicolás Guillén (n. 1902) y Eugenio Florit (n. 1903); los chilenos Vicente Huidobro (1893–1948), Nicanor Parra (n. 1914), Pablo de Rokha, y Gonzalo Rojas (n. 1917) y Enrique Lihn (n. 1929); los mexicanos Carlos Pellicer (n.1899), José Gorostiza (n. 1901), Xavier Villaurrutia (1903–1950) y Marco Antonio Montes de Oca (n. 1932); y los nicaragüenses Pablo Antonio Cuadra (n.1912), Ernesto Cardenal (n. 1925) y Gioconda Belli (n. 1948).

En las últimas décadas, con sus ensayos han conseguido gran renombre: el dominicano Pedro Henríquez Ureña (1884–1946), el peruano José Carlos Mariátegui (1894–1930), el venezolano Mariano Picón Salas (1901–1965), el cubano Jorge Mañach (1898–1961), el colombiano Germán Arciniegas (n. 1900), los argentinos Ezequiel Martínez Estrada (1895–1964) y Francisco Romero (1891–1962), los uruguayos Mario Benedetti (n. 1924) y Angel Rama (1895–1964) y los mexicanos José Vasconcelos (1882–1959),

Gabriela Mistral (1889–1957), maestra chilena, recibió el Premio Nobel de Literatura en 1945. Retrato de José María López Marquita.

Octavio Paz (n. 1914), Leopoldo Zea (n. 1912) y, sobre todo, el polígrafo erudito Alfonso Reyes (1884–1959). Ellos se encuentran entre los mejores de muchos más.

16.10 Del regionalismo a la nueva novela brasileña

El deseo de romper con la tradición que llevó a los modernistas brasileños a importar tendencias europeas produjo una reacción neorrealista y regionalista que comienza en 1926, en Recife, con motivo de la reunión del Primer Congreso de Regionalistas del Nordeste, en la cual tuvo destacada actuación Gilberto Freyre (n. 1900), autor de *Casa grande e senzala* (1933), estudio sociológico de la sociedad feudal brasileña. Los neorrealistas de este grupo describen los ambientes colectivos y muestran las fuerzas naturales y sociales que los impulsan a crear y actuar. José Lins do Rego (1901–1957) pintó la vida en las plantaciones azucareras evocando recuerdos que condensan el drama de las masas rurales explotadas por los latifundistas. *Fogo morto* (1943) es su mejor novela. Jorge Amado (n. 1912) es más conocido probablemente por la difusión de sus obras en el exterior que

Pablo Neruda (1904–1973), poeta chileno, poco después de recibir el Premio Nobel de Literatura en 1971.

por el elogio intensivo que le han ofrecido sus camaradas del Brasil. Su *Gabriela* (1958), traducida al inglés en 1962, se convirtió en un *best seller* en los Estados Unidos. El mejor estilista del grupo es probablemente Graçiliano Ramos (1892–1953), escritor mesurado y cauteloso, cuya obra maestra *Vidas sêcas* (1937), de muchos méritos estilísticos, narra las aventuras de una familia del noreste brasileño víctima de la sequía de la región.

João Guimarães Rosa (1908–1967) le dio al regionalismo neorrealista proyección universal adaptando las técnicas de la novela experimental. En *Grande Sertão: Veredas* (1956), juega con el tiempo y el espacio utilizando un lenguaje creador y poético. Erico Verissimo (n. 1905), aunque de la región gaucha brasileña de Río Grande do Sul, también pertenece al grupo de regionalistas resueltos a darle universalidad a sus novelas mediante el uso de técnicas narrativas innovadoras. João Guimarães Rosa y Erico Verissimo, al adaptar con originalidad la técnica narrativa del *nouveau roman*,[52]

---

[52] *nouveau roman*   nueva novela francesa, rica en recursos estilísticos e innovaciones técnicas

han servido de escritores intermediarios entre el regionalismo neorrealista y el grupo que cultiva la nueva novela brasileña. Este grupo de narradores que comienza a publicar en el período de posguerra, busca las esencias de la realidad nacional y emplea un lenguaje poético basado en el poder mágico de las palabras. Dos destacadas representantes del movimiento son Clarice Lispector (1917–1978) y Nélida Piñón (n. 1937). El libro que le dio fama a Lispector es *Amaça no oscuro (The Apple in the Dark)* (1961) donde con sabia lentitud cuenta la agonía de un hombre que no sabe si ha asesinado a alguien. *A Paixâo Segundo G. H.* (1964) continúa la mezcla de angustia metafísica e imaginación poética. Nélida Piñón en *A Casa de Paixâo* (1971) integra mitos y personajes alegóricos.

La novelística latinoamericana, brasileña e hispanoamericana, está experimentando un proceso de renovación total y está ganando universalidad. Tiene un sitio especial en la narrativa mundial; su éxito en Europa y Norteamérica ha obligado a los críticos a considerarla como una de las más desarrolladas de nuestro tiempo, cuyo auge recuerda al de la novelística rusa de fines del siglo XIX y principios del XX.

16.11 Sumario

I. Neoclasicismo y romanticismo, primeras corrientes literarias:
  A. Andrés Bello (1781–1865) anhela independencia intelectual en 1823
  B. El americanismo en el neoclásico ecuatoriano Olmedo (1780–1841)
  C. Primicia romántica en los «yaravíes» del peruano Melgar (1791–1815), «La cautiva» (1837) de Echeverría y *Facundo* (1845) de Sarmiento
  D. Romanticismo francés de Mármol (*Amalia*, 1855) e Isaacs (*María*, 1867)
  E. Indianismo en *Cumandá* (1871) de Mera y *Enriquillo* (1879–82) de Galván
  F. Poetas gauchescos: Estanislao del Campo (*Fausto*, 1866), Hilario Ascasubi (*Santos Vega*, 1872) y José Hernández (*Martín Fierro*, 1872–79)
  G. *Tradiciones peruanas*, del limeño Ricardo Palma (1833–1919)
II. Tardío realismo decimonono:
  A. Tajada de vida americana con técnica europea por el chileno Blest Gana
  B. Regionalismo del colombiano Tomás Carrasquilla (*Frutos de mi tierra*, 1896), de los mexicanos J. López Portillo (*La parcela*, 1898) y F. Gamboa (*Santa*, 1903) y del venezolano V. Romero-García (*Peonía*, 1890)
III. El modernismo hispanoamericano (1880–1916):

A. Primera ola iniciadora: Martí (1853–95), Gutiérrez Nájera (1859–95), Del Casal (1863–93), González Prada (1844–1918) y Silva (1865–96)

B. Segunda ola triunfadora: Rubén Darío (1867–1916), Leopoldo Lugones (1874–1938), Ricardo Jaimes Freyre (1868–1933), Julio Herrera y Reissig (1875–1910), J. S. Chocano (1875–1934) y José María Eguren (1874–1942)

C. La tercera ola mundonovista y el antiimperialismo

IV. Renovación del realismo:

    A. Criollismo hispanoamericano: Latorre, Lillo, Maluenda y Payró

    B. Nacionalistas brasileños: Euclydes da Cunha (*Os Sertôes*, 1902) y José Pereira de Graça de Aranha (*Canaan*, 1902)

V. El uruguayo José Rodó, su *Ariel* (1900) antinordomaníaco y esteticista

VI. El neorrealismo y la narrativa sobre problemas sociales:

    A. Novela de la Revolución mexicana: Azuela, Guzmán, Romero y Yáñez

    B. Novelas telúricas: *La vorágine* (1924) de J. Rivera, *Don Segundo Sombra* (1926) de R. Güiraldes y *Doña Bárbara* (1929) de R. Gallegos

    C. Indigenismo de Clorinda Matto de Turner, Alcides Arguedas, López Albújar, Ciro Alegría, Jorge Icaza y Humberto Mata

    D. Neoindigenismo de José María Arguedas (*Todas las sangres*, 1964)

VII. La realidad a través de la fantasía:

    A. La función del artista, según José Carlos Mariátegui (1894–1930)

    B. Los nuevos narradores latinoamericanos:

        1. Borges (1899–1986): fantasía en laberintos de tiempo circular

        2. Cortázar (1914–84), maestro en la técnica narrativa, y su *Rayuela*

        3. Rulfo: tiempo congelado de los personajes muertos en *Pedro Páramo*

        4. Fuentes (n.1929) y la sociedad en *La muerte de Artemio Cruz*

        5. Neobarroquismo de Carpentier (1904–80) y Lezama Lima (1912–76)

        6. García Márquez (Premio Nobel, 1983) y su realismo mágico en *Cien años de soledad* (1967) y *El general en su laberinto* (1989)

        7. Vargas Llosa: *La casa verde* (1966) y *La guerra del fin del mundo* (1981)

        8. Caprichos lingüísticos en Cabrera Infante, Sarduy y L. R. Sánchez

VIII. Vanguardismo, regionalismo y la nueva novela en el Brasil:
A. Modernismo influido por el futurismo de Marinetti cultivado por Mário de Andrade (1893–1935), «El Papa del Modernismo», y Oswaldo de Andrade
B. Graçiliano Ramos (1892–1953): *Vidas sêcas* (1937) del noreste brasileño
C. *Grande sertâo: Veredas* (1956), novela experimental de Guimarâes Rosa
D. Jorge Amado (n. 1912) y la popularidad de *Gabriela* (1958)
E. Lenguaje poético en la narrativa de Clarice Lispector (1917–78)

16.12 Recomendación bibliográfica

Alazraki, Jaime. *Borges and the Kabbalah. And Other Essays on His Fiction and Poetry*. Cambridge: Cambridge University Press, 1988.

Arango, Manuel Antonio. *Origen y evolución de la novela hispanoamericana*. Bogotá: Tercer Mundo, 1988.

Bianchi, Ross, Ciro. *Voces de América Latina*. La Habana: Editorial Arte y Literatura, 1988.

Bueno, Salvador. *El negro en la novela hispanoamericana*. La Habana: Editorial Letras Cubanas, 1986.

Chang-Rodríguez, Eugenio. *Poética e ideología en José Carlos Mariátegui*. Madrid: Porrúa Turanzas, 1983.

Chang-Rodríguez, Raquel, y Gabriella de Beer, eds. *La historia en la literatura iberoamericana: Memorias del XXVI Congreso del Instituto Internacional de Literatura Iberoamericana*. New York-Hanover, N.H.: City College, CUNY & Ediciones del Norte, 1989.

Coutinho, Carlos Nelson. *Literatura e ideología en Brasil: tres ensayos de crítica marxista*. La Habana: Casa de las Américas, 1987.

Diantonio, Robert E. *Brazilian Fiction*. Fayetteville: University of Arkansas Press, 1989.

Duncan, J. Ann. *Voices, Visions, and a New Reality: Mexican Fiction Since 1970*. Pittsburgh: University of Pittsburgh Press, 1986.

Franco, Jean. *Plotting Women: Gender and Representation in Mexico*. London: Verso, 1989.

González Casanova, Pablo, ed. *Cultura y creación intelectual en América Latina*. México: Siglo XXI, 1984.

González Echevarría, Roberto. *The Voices of the Masters: Writing and Authority in Modern Latin American Literature*. Austin: University of Texas Press, 1985.

Haberly, David T., *Three Sad Races: Racial Identity and National Consciousness in Brazilian Literature*. Cambridge: Cambridge University Press, 1983.

Jrade, Cathy Logan. *Rubén Dario and the Romantic Search for Unity*. Austin: University of Texas Press, 1983.

Quiroga, Horacio. *The Exiles and Other Stories*. Compiled and translated by J. David Danielson. Austin: University of Texas Press, 1987.

Rodó, José Enrique. *Ariel*. Translated by M. Sayers Peden. Austin: University of Texas Press, 1988.

Sacoto, Antonio. *La nueva novela ecuatoriana*. Cuenca, Ecuador: Universidad de Cuenca, 1981.

Slater, Candace. *The Brazilian Literatura de Cordel*. Berkeley: University of California Press, 1982.

Solotorevsky, Myrna. *Literatura paraliteratura: Puig, Borges, Donoso, Cortázar, Vargas Llosa*. Gaithersburg. Maryland, Ediciones Hispamérica, 1988.

Stabb, Martin S. *In Quest of Identity: Patterns in the Spanish American Essay of Ideas, 1890–1969*. Chapel Hill: University of North Carolina Press, 1967.

16.13 Cuestionario y temas

Cuestionario

1. ¿Cómo conseguiría Latinoamérica su independencia intelectual, según Bello?
2. ¿Qué clase de poesía hispanoamericana pide Esteban Echeverría?
3. ¿Por qué neoclásicos y románticos no consiguieron independencia intelectual?
4. ¿Por qué el realismo no satisfizo a los buscadores del auténtico camino de expresión?
5. ¿Qué renovaciones literarias introdujeron los modernistas?
6. ¿Qué significa la frase «Tupí or not Tupí, that is the question»?
7. ¿Por qué combatieron los indigenistas el despotismo estético de los arielistas?
8. ¿Cuáles son las grandes novelas telúricas con contenido social?
9. ¿Qué diferencias hay entre indianismo e indigenismo?
10. ¿Cuáles son las características más sobresalientes de la nueva técnica de novelar latinoamericana?

Temas para informes orales

1. El neoclasicismo en América.
2. El romanticismo afrancesado.
3. La poesía gauchesca.
4. La novela indianista.
5. El realismo decimonono.
6. El modernismo hispanoamericano y el modernismo brasileño.
7. El criollismo.
8. La novela telúrica.
9. La novela indigenista del siglo XX.
10. El auge de la novela latinoamericana de hoy.

Temas para informes escritos opcionales

1. La polémica romántico-neoclásica de 1842 en Chile.
2. Importancia de Rubén Darío.
3. Generalizaciones y exageraciones en *Ariel*.
4. La realidad americana en las grandes novelas de la tierra.
5. El nuevo arte de novelar en Latinoamérica.

La Catedral de Puebla se caracteriza por su sobria fachada y dos altas torres masivas. Se la comenzó a construir en 1575 y finalmente fue inaugurada en 1649. Uno de sus arquitectos fue Francisco Becerra, autor de los planos de las catedrales de Lima y Cuzco, las dos más importantes de Sudamérica.

Capítulo 17

La arquitectura

17.1 La arquitectura precolombina en Mesoamérica

Durante el período precolombino, la arquitectura en el hemisferio occidental es esencialmente religiosa y militar: responde al profundo espíritu místico y bélico de sus habitantes. Mientras que la arquitectura religiosa encuentra su máxima expresión en los templos, pirámides y centros de adoración, la civil se concreta principalmente en levantar palacios gubernamentales. Como lo revela la ciudad de Teotihuacán, las estructuras precolombinas se caracterizan por su magnitud: son expresiones de un arte simbólico, colectivo, sintético y altamente decorativo. En las antiguas culturas amerindias más avanzadas la arquitectura fue el arte por excelencia. En la azteca y maya, la arquitectura religiosa alcanzó un alto nivel de desarrollo.

Del México prehispánico todavía quedan restos arquitectónicos clásicos y gigantescas obras toltecas y aztecas. La ciudad sagrada de Teotihuacán es apreciada por la majestad de las pirámides del Sol y de la Luna y las líneas armoniosas del templo de Quetzalcóatl (divinidad en forma de serpiente emplumada). Los aztecas, como ya hemos visto, en 1325 fundaron la ciudad de Tenochtitlán, sobre cuyas ruinas los españoles levantaron la presente ciudad de México. Los cronistas peninsulares, pasmados ante la magnificencia de los edificios aztecas, escribieron que ninguna ciudad española se comparaba con la capital azteca, la cual, en realidad era superior a la mayoría de las urbes europeas. Tenochtitlán estaba llena de templos,

Escalinatas de una de los dos pirámides ciclópeas de Teotihuacán, centro religioso-comercial del Valle de México construido alrededor de un siglo antes de Jesucristo.

palacios, plazas, jardines y avenidas extendidas en relación con las gigantescas pirámides truncas.[1]

La arquitectura maya, en cambio, tan distintiva como la de cualquier civilización antigua, tuvo variaciones determinadas por el espacio y el tiempo; o sea, desarrolló variantes regionales durante las dos etapas de su historia. Las mejores estructuras del período clásico se construyeron en Copán, importante centro de estudio y observaciones astronómicas. Ahí se levantaron las más perfectas pirámides truncadas. La maya, veinte veces más pequeña que la pirámide del Sol de Teotihuacán, aparentemente revela que sus constructores prefirieron concentrarse más en el factor cualitativo que en el cuantitativo. Fue en este período clásico cuando se construyeron centros religiosos con plataformas parecidas a las del Acrópolis, y columnatas[2] formadas por columnas cuadradas o redondas, esculpidas en bajorrelieve.[3]

---

[1] *truncas* truncadas
[2] *columnatas* colonnades
[3] *bajorrelieve* bas-relief

Del último período maya se han preservado ruinas en mejor estado, en la costa oriental de Yucatán y en las vecinas islas de las Mujeres y Cozumel. Estas ruinas ayudaron a los primeros cronistas españoles a opinar sobre la manera en que vivían los mayas del Nuevo Imperio. En el centro de las ciudades se encontraban los templos y las hermosas plazas; a su alrededor se alzaban las mansiones de los nobles y sacerdotes, y más allá, las casas del pueblo. Chichén Itzá, al noroeste de Yucatán, fue la metrópoli más imponente del período posclásico. Allá encontramos dos estilos distintos: uno típicamente maya y otro con reminiscencias del estilo tolteca. Debido a la influencia tolteca, pilares con forma de serpiente emplumada ornamentaban los templos. Hasta ahora se han descubierto siete pirámides y un inmenso castillo. Sus columnatas, usadas tal vez para los consejos de guerra y concilios religiosos, reúnen unas mil columnas alrededor de la inmensa plaza abierta que probablemente servía de mercado.

Los mayas no conocieron el arco, aunque construyeron edificios circulares, especialmente durante el período de influencia tolteca. Al final del Nuevo Imperio se desarrolló un estilo exageradamente elaborado y decorado, parecido al barroco. Después ocurrió la repentina destrucción de la civilización maya, cuyas causas aún no se han podido determinar. Entonces la exuberante vegetación comenzó a invadir y cubrir las gigantescas construcciones.

17.2 La arquitectura precolombina en Sudamérica

El esplendor arquitectónico precolombino en Sudamérica se ve principalmente en las civilizaciones peruanas, poseedoras de una voluntad estética manifestada en estructuras religiosas, militares y civiles de sobrias líneas que armonizan con la naturaleza. El espacio, el tiempo y la imaginación artística determinaron los estilos. Generalizando se puede decir que las estructuras de la costa fueron principalmente de adobe, las de la sierra, de piedra, y las de las regiones inmediatas a la selva, de madera. La vivienda[4] del pueblo, se parecía a la de sus descendientes de hoy: era de forma rectangular; construida de adobe en la costa y en la sierra, y a veces de piedra en esta última región; tenía casi siempre un piso,[5] con una puerta baja y pequeña y carecía de ventanas y de chimenea. Su comodidad no era muy inferior a la casa del campesino europeo coetáneo. Cuando la familia india crecía con la incorporación de las familias de los hijos casados, las casas se agrupaban alrededor de un patio rectangular. Al grupo de edificios lo rodeaba una muralla de adobe o de piedra, según la región. Varios de estos grupos formaban una villa.

La magnificencia arquitectónica se expresa particularmente en las es-

---

[4] *vivienda* casa
[5] *piso* story

Chan Chan, capital del Reino Chimú, ubicada a dos kilómetros al norte de la actual Trujillo, Perú, era un complejo urbano de más de 14 kilómetros cuadrados de extensión que la hacía la ciudad de adobe más grande del mundo precolombino. Su elaborada red de acueductos subterráneos y eficientes botes y balsas le permitieron resistir un largo sitio antes de ser conquistada por los incas en el siglo XV.

tructuras públicas. Se distinguen principalmente tres estilos que corresponden: (1) a las culturas preincaicas de la costa, (2) a las civilizaciones preincaicas de la sierra y (3) a la arquitectura incaica. Los tesoros arquitectónicos más valiosos del primer estilo proceden de[6] la civilización Chimú, desarrollada al norte y centro de la costa peruana. Quedan las importantes ruinas de Chan Chan, su capital, las pirámides del Sol y de la Luna, cerca de Trujillo, y la colosal fortaleza de Paramonga, cerca de Lima.

Chan Chan era una extensa ciudad de unas doce millas de largo por cinco de ancho, rodeada de imponentes murallas. Encerraba pirámides truncas, palacios, jardines, mercados, edificios militares y viviendas del pueblo. Todas estas estructuras se agrupaban en varias ciudadelas. Las paredes que todavía están en pie[7] muestran, en alto relieve, diseños semejantes a los tapices y tejidos de la época. Las pirámides del Sol y de la Luna, heredadas de los mochicas a unas cuatro millas al norte de Chan Chan, eran las construcciones individuales más grandes de Sudamérica precolombina. En Paramonga, las murallas y baluartes[8] formaban un in-

---

[6] *proceden de*   vienen de
[7] *en pie*   standing
[8] *baluartes*   bulwarks, protective ramparts

menso castillo. Las paredes estaban bellamente enlucidas[9] con barro y decoradas con figuras de aves marinas y animales feroces, parecidos a los adornos de los huacos[10] de este período. Sus ocho fortalezas se extendían desde el mar hasta la cordillera de los Andes.

Otra confederación indígena costeña, desarrollada en el centro del Perú, ha dejado el santuario de Pachacámac con su pirámide al Sol. En la sierra norteña del Perú preincaico se desarrolló la civilización Chavín de Huántar, quizá la más antigua en los Andes peruanos. Su arquitectura también se caracteriza por el uso de las pirámides truncas hechas de piedra. En el sur, en la región vecina al lago Titicaca y en el territorio actual de Bolivia, floreció la civilización Tiahuanaco, que ha dejado el Templo del Sol y la famosa Puerta del Sol, íntegramente esculpida de una sola piedra gigantesca. Al parecer, la naturaleza majestuosa dio el sentido de volumen y forma, y la desarrollada industria textil de los antiguos peruanos proveyó[11] gran parte de la decoración.

En el período incaico cada ciudad tenía por lo menos un templo. El Coricancha, situado en la plaza principal del Cuzco y uno de los templos más suntuosos, fue saqueado y desmantelado por los conquistadores. Sus cimientos[12] sirvieron de base al monasterio de Santo Domingo construido en el siglo XVI.

Cuzco y sus alrededores ofrecen los mejores ejemplos arquitectónicos del incanato.[13] Además de las estructuras cuzqueñas, no muy lejos de ellas todavía se conservan las ruinas de Sacsahuamán, Ollantaytambo y Machu Picchu. Estos inmensos complejos de edificios fueron construidos con gigantescas piedras poligonales unidas sin argamasa[14] alguna. Se descoonoce cómo esas piedras ciclópeas fueron transportadas a través de las montañas. A una distancia de 15 a 35 kilómetros (9 a 21 millas) se encuentran las canteras[15] más cercanas. De todas las estructuras, ninguna asombra tanto en todo el hemisferio como la de Sacsahuamán, fortaleza defensora del Cuzco y ciudadela fortificada para albergar[16] a sus habitantes en caso de sitio. Una de sus piedras, de 8 metros (27 pies) de alto y 3.6 metros (12 pies) de grosor,[17] probablemente pesa unas 200 toneladas. En las terrazas superiores se construyeron edificios, torres y depósitos para las épocas de peligro.

Lamentablemente, los españoles desmantelaron la parte superior de Sacsahuamán para usar las piedras pequeñas en las construcciones suyas que levantaron en la ciudad del Cuzco, dejando solamente las bases, de-

---

[9] *enlucidas*   plastered
[10] *huacos*   ceramics
[11] *proveyó*   provided
[12] *cimientos*   foundations
[13] *incanato*   Inca Period
[14] *argamasa*   mortar
[15] *canteras*   quarries
[16] *albergar*   to shelter
[17] *grosor*   grueso

masiado pesadas y difíciles de mover. En las ruinas de hoy, las piedras aún existentes se encuentran tan perfectamente unidas que, como repetidas veces se ha observado, ni siquiera la hoja[18] de una cuchilla puede penetrar.

17.3 Los estilos durante la Colonia

Al traer consigo los estilos arquitectónicos dominantes de la época, los iberos incorporaron el Nuevo Mundo a las corrientes de moda de la península. Desde el principio, las estructuras que levantan en el hemisferio occidental siguen los estilos desarrollados o adoptados en España: gótico decadente, mudéjar, isabelino, barroco, plateresco o una mezcla de ellos. Mudéjar era el musulmán que vivía en territorio cristiano, conservando sus leyes, costumbres, religión y gustos, aunque políticamente vasallo de los cristianos. El arte mudéjar nace en España, en el siglo XII, de la fusión de los elementos románicos y góticos con el arte árabe. La arquitectura mudéjar tiene una estructura gótica simplificada: usa el arco de herradura árabe pero con terminación en punta, como la ojiva.[19] El estilo isabelino, desarrollado durante la época de Isabel la Católica, combina los elementos arquitectónicos gótico y mudéjar. Durante el primer período del renacimiento español se desarrolló el estilo plateresco, llamado así porque añadía al arte italiano la minucia del gótico florido y los adornos arabescos, recordando a simple vista, por lo recargado de su decoración, al trabajo de los plateros.[20]

La influencia gótica se nota en las construcciones del siglo XVI. Son visibles, por ejemplo, en la Catedral de Santo Domingo, la primera iglesia mayor construida en el Nuevo Mundo. Aunque en realidad la catedral dominicana combina los estilos gótico, romano y renacentista italiano, se destacan en ella el trazado y disposición de la columnas que sostienen las bóvedas,[21] los arcos y las ventanas ojivales con vidrios multicolores. El santuario de San Agustín Acolman (1539–1560), en México, tiene fachada plateresca, columnas renacentistas y nervaduras[22] góticas.

En el siglo XVI también se difunden los estilos isabelino y herreriano. Este último, nombrado en honor de Juan de Herrera (1536–1597), arquitecto del Escorial, se caracteriza por su austeridad y sobriedad. Un siglo después se arraigó[23] el estilo barroco adquiriendo nuevos giros[24]. Contribuyó al desarrollo del barroco americano el gusto precolombino de usar muchas decoraciones: la rica tradición ornamental india se fusionó con el

---

[18] *hoja*   blade
[19] *ojiva*   pointed arch
[20] *plateros*   silversmiths
[21] *bóvedas*   domes
[22] *nervaduras*   ribs, arches meeting and crossing each other in the Gothic vaulted space
[23] *se arraigó*   took root
[24] *giros*   direcciones

Convento e Iglesia de San Francisco, Lima. La pericia (*skill*) peruana combinó diversos estilos en la reconstrucción hecha tras cada terremoto (*earthquake*). Una alta cruz descansa sobre una pequeña cúpula con base octogonal de las dos torres barrocas. Los arcos de medio punto flanqueados por columnas corintias en el patio del convento son de mediados del siglo XVII; las columnillas, conchas y nichos son churriguerescos de fines del siglo XVII y principios del XVIII.

anhelo[25] decorativo del artista barroco. Otros factores facilitaron la difusión del estilo: a) la abundancia de piedra blanda y b) el patrocinio[26] del gobierno civil y la Iglesia, los cuales, enriquecidos por la conquista militar, apoyaron a las artes[27] para hacerlas servir en la gigantesca empresa de la conquista espiritual, continuando así la política gubernamental de las grandes civilizaciones precolombinas.

La obra,[28] el trabajo mismo de levantar los edificios diseñados por los artistas blancos primero y mestizos después, la realizan los indios. Estos ponen en la obra su espíritu, convulsionado y traumatizado por la conquista.[29] Su amargura, hostilidad y rebelión, sutilmente disfrazadas, quedan estampadas en la arquitectura. Cuando el blanco se descuida, o lo permite, el artesano indígena pone a sus dioses, flora y fauna en los frontispicios[30] de las construcciones. A veces los indios aportan ciertos principios técnicos precolombinos, como el terraplén rodeado de escalones para soportar el atrio[31] de la Iglesia (Yanhuitlán, México), o como las vigas[32] horizontales y verticales, recordatorias de las pirámides de Yucatán, para fortalecer las esquinas del edificio[33] (Atonilco de Tula). Junto a los motivos tradicionales españoles añaden primero pumas, monos, colibríes, garzas, papagayos, margaritas, mazorcas de maíz,[34] y más tarde, motivos ornamentales chinos, conforme llegan al Nuevo Mundo a bordo del galeón de Manila.

Como expresión del decadentismo español, surge en la Península y luego se difunde en su imperio colonial de ultramar un estilo excesivamente decorado, rebuscado,[35] complicado y ultrabarroco: el churrigueresco, nombrado así en honor de su introductor y propagador, José Churriguera (1665–1723), escultor y arquitecto salmantino.[36]

Como ya hemos visto anteriormente, con los gobernantes Borbones llega la boga[37] neoclásica en el siglo XVIII. En arquitectura el neoclasicismo imita las obras de la antigüedad clásica. Su ideal es el racionalismo, la disciplina, la perfección de las líneas y el rechazo[38] del adorno desenfrenado[39] del individualismo barroco. Como a todos los estilos an-

---

[25] *anhelo*   yearning, desire
[26] *patrocinio*   patronage, sponsorship
[27] *apoyaron a las artes*   supported the arts
[28] *obra*   job, task
[29] *su espíritu. . . conquista*   their spirit convulsed and traumatized (shaken violently and injured by the Spanish conquest
[30] *frontispicio*   frontispiece, façade
[31] *el terraplén. . . atrio*   the rampart, surrounded by a staircase, serving to support the inner court
[32] *vigas*   beams
[33] *para fortalecer. . . edificio*   to strengthen the corners of the building
[34] *colibríes. . . mazorcas de maíz*   hummingbirds, cranes, parrots, daisies, ears of corn
[35] *rebuscado*   affected, unnatural
[36] *salmantino*   de Salamanca
[37] *boga*   vogue
[38] *rechazo*   rejection
[39] *desenfrenado*   unbridled

Altar mayor de la Iglesia de São Francisco en Salvador (Bahía). Muestra la extravagancia barroca con decoraciones de follaje tropical. En el barroco brasileño la sensualidad se manifiesta en ángeles con atributos femeninos y faunos con expresiones inequívocas.

teriores y posteriores, el ambiente del Nuevo Mundo le impone modificaciones al neoclasicismo: se vuelve aún más discreto en sus formas.

17.4 La arquitectura religiosa con decoración indígena

Las estructuras más antiguas e impresionantes del período colonial son las religiosas. Su historia empieza con las capillas abiertas.[40] Las construyeron para facilitar el trabajo de catequizar a las masas campesinas de México y Perú, países donde era relativamente menos difícil congregar buen número de indígenas inmediatamente después de la etapa bélica de la conquista. Luego se edificaron monasterios-fortalezas con capillas abiertas, cuyas en-

---

[40] *capillas abiertas*   open spaces dedicated to Christian worship

tradas mostraban fusión de las formas españolas, moriscas e indias. Sus constructores amerindios se permitieron añadir querubines[41] con caras indias, cuerdas de frailes terminando en cabeza de serpientes, frutas y flores americanas (como la chirimoya y la tuna)[42] y flor del cacto y la kantuta, flor imperial incaica). Además tallaban las fachadas[43] con motivos indígenas.

Con el correr de los años[44] la arquitectura religiosa llegó a ser francamente mestiza. Demos solamente algunos ejemplos notables. La capilla del Rosario de la iglesia de Santo Domingo (Tunja, Colombia, siglo XVIII) tiene muchos elementos indios: en la parte baja del altar aparece la cabeza de Dios, idealizada como el Sol, con decoraciones chibchas.[45] En el sur del Perú, entre los elementos zoomórficos aparecen auquénidos[46] (llamas, vicuñas, alpacas, guanacos) guacamayos,[47] papagayos y pumas. La obra maestra de estilo mestizo en esta región es la Iglesia de la Compañía, de Arequipa (1698), estructura de dos pisos, decorada con parras[48] e imágenes del Sol y de la Luna. En Bolivia las construcciones religiosas muestran diseños de fuerte sabor incaico. En Potosí, por ejemplo, las treinta y dos iglesias y diez monasterios construidos durante la Colonia estilísticamente pertenecen a una especie de barroco andino o indobarroco, es decir, a un barroco americano adaptado al medio indio de los Andes, caracterizado más por su decoración que por sus planos de construcción.

17.5 Las iglesias de Quito

La primera joya arquitectónica de importancia construida en la ciudad de Quito fue el convento de San Francisco (1537–1580), erigido en una extensa propiedad del inca Huayna Cápac. Contiene un complejo de varios edificios en una área de 31,000 metros cuadrados: casa conventual con patios, jardines, huertos,[49] la iglesia de San Francisco y dos grandes capillas más. Es de varios estilos. La fachada es de diseño proveniente de la última etapa del renacimiento italiano, con un toque barroco y con arcos que hacen recordar a las mezquitas[50] musulmanas. El claustro principal se levanta alrededor de un extenso patio interior de tipo medieval, a cuyos lados hay dos galerías superpuestas, la inferior de las cuales descansa sobre 104 columnas dóricas, enlazadas por arcos de ladrillos[51] con adornos mo-

---

[41] *querubines* cherubs
[42] *la chirimoya y la tuna* the cherimoya and the prickly pear
[43] *tallaban las fachadas* they carved the façades
[44] *Con. . . años* As years passed
[45] *chibchas* Chibchan (from the ancient Chibcha civilization of Colombia)
[46] *auquénidos* camel-like species of animal living in the Central Andean region
[47] *guacamayo* macaws
[48] *parras* grapevines
[49] *huertos* orchards
[50] *mezquitas* mosques
[51] *ladrillos* bricks

La Catedral de Trujillo, Perú, se caracteriza por sus torres pesadas. Sus altares churriguerescos y dorados muestran gran dignidad en sus líneas y difieren de los frecuentes caprichos en muchos de los retablos (*altarpieces*) de la arquitectura colonial peruana del siglo XVIII.

riscos, sobre columnas panzudas,[52] características de la arquitectura quiteña.[53] El patio sirvió de modelo a las construcciones civiles del Virreinato del Perú. Este convento ha recibido el nombre de «El Escorial de los Andes», y aunque su construcción se inició antes que el monasterio edificado cerca de Madrid por Juan de Herrera, se cree que este famoso arquitecto pudo haber participado en la etapa final del diseño.[54] Es el convento franciscano más grande del mundo. Esta inmensa obra religiosa es principalmente de ladrillo. De piedra labrada son la fachada de la iglesia, el atrio, las columnas, y los pilares y pilastras de las galerías de los patios del convento. Las pilastras del templo principal, las bóvedas y techumbres[55] están cubiertas de madera tallada, pintada y dorada, original innovación arquitectónica imitada después en muchos templos de Iberoamérica. Al construir el atrio[56] de San Francisco, sus arquitectos resucitaron ese elemento que las antiguas basílicas cristianas tenían pero que luego con los siglos la arquitectura religiosa cristiana abandonó. Su construcción fue tan costosa que, según la leyenda, el monarca español Felipe II, al enterarse del monto de lo gastado,[57] subió al punto más alto de su palacio español para ver desde allá las torres de San Francisco.

Otra joya de la arquitectura colonial quiteña es la Iglesia de la Compañía de Jesús. Más homogénea que la estructura franciscana, se la considera como una de las iglesias más bellas del continente. Se la empezó a construir en 1595, en el estilo favorito de los jesuitas: el barroco italiano. En el siglo XVII se destruyó la estructura original para construir el templo que ahora existe, siguiendo el modelo de la iglesia de San Ignacio, en Roma, aunque más se parezca en realidad a la catedral de Murcia. Sus tres naves[58] forman una cruz latina. En las naves laterales se encuentran seis capillas. Los muros y las pilastras interiores son de piedra; las bóvedas de las altas naves tienen seis hermosas columnas salomónicas flanqueando[59] la entrada principal y dos pilastras de estilo romano-corintio flanqueando cada una de las puertas laterales. La ornamentación de la fachada barroca es estrictamente europea, sin innovaciones americanas. La ornamentación interior es de oro, realzado[60] éste por los colores rojo y blanco.

Una tercera joya arquitectónica ecuatoriana es la iglesia de La Merced, construida en el primer cuarto del siglo XVIII. La campana de su torre, la más grande de Quito, recibe el nombre de Campana de la Virgen de La

---

[52] *panzudas*   paunchy, big-bellied
[53] *arquitectura quiteña*   Quito architecture
[54] *etapa. . . diseño*   last stage of drawing the plan
[55] *Las pilastras. . . y techumbres*   The pilasters (square pillars) of the main temple, the domes and ceilings
[56] *atrio*   inner courtyard surrounded by arcades
[57] *monto de lo gastado*   amount of money spent
[58] *naves*   aisles
[59] *columnas salomónicas flanqueando*   twisted columns flanking
[60] *realzado*   enhanced

La fachada de la Iglesia de San Francisco, Quito, consta de dos niveles, ambos con columnas toscanas (dóricas romanas sin decoraciones). Su estilo arquitectónico luce un barroco moderado por la severidad del renacimiento tardío. Esta famosa iglesia ecuatoriana fue terminada poco después de 1580. Las dos torres que se ven en esta ilustración son de reciente construcción porque las originales fueron destruidas en el terremoto de 1868.

Merced. El terremoto[61] de 1773 afectó mucho a los edificios franciscanos y jesuitas pero no perjudicó a La Merced, gracias en parte a sus fuertes y gruesas paredes. Otro edificio quiteño de inestimable valor es la Catedral, una de las estructuras más antiguas, pues se la levantó poco antes de 1550. La primorosa puerta de su sacristía[62] tiene ornamentaciones parecidas a las de la fachada del templo de la Compañía, lo que hace suponer que fueron realizadas por las mismas manos. La parte superior del patio interior tiene un toque chinesco.[63]

---

[61] *terremoto*   earthquake
[62] *primorosa. . . sacristía*   exquisite door of it sacristy
[63] *toque chinesco*   Chinese touch

17.6 México y sus 15,000 iglesias

De las 70,000 iglesias construidas en Hispanoamérica durante el período colonial, más del 20 por ciento de ellas, unas 15,000, fueron levantadas en México. En ese virreinato, como en las otras regiones del Nuevo Mundo de rica tradición arquitectónica, los estilos importados sufrieron significativas adaptaciones y se combinaron armoniosamente. De todos ellos, el estilo que mejor se impuso fue el barroco.

La arquitectura religiosa colonial de México empleó mucho la cúpula con base octagonal, frecuentemente recubierta de azulejos[64] de colores vivos. Las catedrales de México y Puebla son las dos joyas arquitectónicas más valiosas del Virreinato de Nueva España. La primera requirió 83 años para ser construida (1573–1656); la segunda, cerca de tres cuartos de siglo (1575–1649). Sabido es que cuatro de las ocho obras maestras de la arquitectura barroca del mundo se encuentran en México: el sagrario[65] de la catedral en la capital, el colegio de los jesuitas (1606–1762) en Tepotzotlán, el convento de Santa Rosa, en Querétaro, y la iglesia de Santa Prisca (1751–1758), en Taxco.

17.7 La arquitectura militar

Las construcciones militares levantadas por los españoles en América han sido obras resistentes a los castigos del tiempo y del hombre. Por todo el imperio colonial español se construyeron fortificaciones militares, especialmente en las Antillas mayores, cuyas costas fueron constantemente atacadas por los piratas, corsarios y marinas[66] de los países enemigos de España. Casi todos los puertos fueron amurallados,[67] defendidos por imponentes fuertes y castillos que todavía son admirados por sus gigantescas dimensiones y belleza artística.

La Torre del Homenaje de Santo Domingo, el más antiguo edificio del continente, fue construida en 1503, el mismo año en que se comenzó a edificar la iglesia de San Nicolás de Bari (1503–1508), primer templo occidental del Nuevo Mundo. Pocos años después se terminó, tras ardua labor, el Alcázar[68] de Colón (Casa del Almirante), construido en Santo Domingo para Diego Colón y su esposa, que pertenecía a la familia del Duque de Alba. En las otras islas mayores del Caribe los españoles también levantaron imponentes edificios militares para la protección de sus puertos

---

[64] *azulejos*   tiles
[65] *sagrario*   a free standing vaulted canopy, supported by four columns, where the vessel for Eucharistic wafers is kept
[66] *marinas*   navies
[67] *amurallados*   walled
[68] *alcázar*   castillo

La fachada de la Iglesia de Ocotlán, México, tiene la forma de una concha (*shell*). Los soportes laterales de las torres están cubiertos de pequeños azulejos (*tiles*) rectangulares de color rojo que dan la impresión de la piel de la serpiente (*snakeskin*). El juego arquitectónico de volúmenes, típico del barroco mexicano, hace creer que los soportes tienen menos magnitud que las torres y produce la sensación de desequilibrio.

El alcázar de Colón fue construido en Santo Domingo en 1514 para Diego Colón y su esposa emparentada con el aristocrático Duque de Alba. Su estilo isabelino muestra arcos en forma de asa de canasta (*basket handle*). Las ventanas terminan en arcos ojivales (*ogee*), enmarcados (*framed*) con decoración mudéjar.

y de las naves que allí se guarecían.[69] En La Habana, por ejemplo, se edificó el famoso Castillo de los Tres Reyes, popularmente conocido con el nombre de El Morro, y la fortaleza de La Cabaña, utilizada por los militares hasta hace poco. Para defender la bahía de San Juan, Puerto Rico, se construyó el Castillo de San Felipe del Morro. Cartagena, el puerto sudamericano más importante del Caribe, también expuesto al ataque de los enemigos de España, fue magníficamente fortificado. Sus murallas y torres defensivas son ejemplos elocuentes de lo avanzado de la ingeniería colonial. Las murallas son tan anchas que pueden servir de carreteras elevadas.

En el resto del imperio colonial español también se construyeron impresionantes edificios militares. Los mejores defendían los puertos, como el famoso Castillo del Real Felipe, protector del Callao (Perú). Era tan inexpugnable[70] que el general español José Ramón Rodil (1789–1853) fue capaz de resistir en el castillo un sitio de dos años, durante las guerras de independencia.

---

[69] *guarecían*   took refuge
[70] *inexpugnable*   impregnable, unconquerable

17.8 La arquitectura civil

Las construcciones civiles de la Colonia no tuvieron la importancia y magnificencia de los edificios religiosos y militares, y, sin embargo, todavía quedan estructuras dignas de admiración. Se destacan entre ellas los palacios virreinales de México y Lima, todavía usadas como casas de gobierno. Son también valiosas obras civiles los palacios de la Inquisición de México, Cartagena y Bogotá. En las capitales mexicana y peruana se encuentra la mayoría de los más importantes edificios civiles coloniales. La arquitectura limeña de este período tuvo una fuerte influencia mudéjar. El mejor ejemplo lo ofrece el palacio de Torre Tagle (1753), hoy albergue[71] de la Cancillería del Ministerio de Relaciones Exteriores de la república peruana. Los magníficos edificios civiles de Antigua, segunda capital de la Capitanía General de Guatemala, fueron destruidos por el terremoto del siglo XVIII que obligó al gobierno a trasladarse a la actual ciudad de Guatemala. En su época, Antigua era la ciudad hispanoamericana más bella después de México, Lima y Quito.

La arquitectura colonial del Brasil tiene menos originalidad que la de Hispanoamérica. Los edificios siguen los modelos portugueses con insignificantes innovaciones de detalle. Las mejores estructuras fueron las de estilo barroco, especialmente las de Bahía, Recife de Pernambuco, Río de Janeiro y Minas Gerais.

17.9 El neoclasicismo arquitectónico en Iberoamérica

El establecimiento de la Academia de San Carlos, en la ciudad de México (1785), marca el triunfo del estilo neoclásico en Hispanoamérica, caracterizado por el retorno a las formas romano-renacentistas. En América española el estilo neoclásico también ha dejado joyas arquitectónicas, como el famoso edificio de la Escuela de Minería de la capital mexicana construido por Manuel Tolsá (1757–1818).

Por ser más reciente este estilo se encuentra asociado con algunos distinguidos arquitectos, especialmente con Francisco Eduardo de Tresguerras (México, 1759–1833), recordado por muchas obras suyas de Guanajuato, pero sobre todo, por la construcción de la Iglesia del Carmen de Celaya.

En otras partes de Hispanoamérica también se levantaron importantes estructuras neoclásicas, como las catedrales de Guatemala (1785) y Bogotá (1809–1811) y la fachada de la catedral de Buenos Aires inspirada en el estilo de los templos griegos. En el Perú, Matías Maestro construyó en Lima el baldaquino[72] del altar de la catedral, el interior de la iglesia de El

---

[71] *albergue*   house
[72] *baldaquino*   canopy-like structure

El Palacio de Torre Tagle, bella mansión lujosa de Lima de principios del siglo XVIII, unifica armónicamente contribuciones arquitectónicas mudéjares, criollas y chinas. Su fachada asimétrica conserva la tradición del siglo XVII. Aquí vemos la portada barroca, los balcones mudéjares, las columnillas delgadas con delicada ornamentación y las cornisas chinas.

Milagro y el altar de la iglesia de La Merced. En Santiago de Chile el arquitecto italiano Joaquín Toesca dejó varias obras además de la Casa de la Moneda,[73] residencia del presidente de la República de Chile.

En el Brasil, el estilo neoclásico recibió el patrocinio real. Con la protección gubernamental se estableció la Academia Nacional y se levantaron numerosos edificios en Río de Janeiro, tantos que la ciudad tiene hoy la mayor concentración de estructuras neoclásicas en Sudamérica. Se destacan el Palacio Imperial de João VI, la Biblioteca Nacional, el Seminario de São

---

[73] *Casa de la Moneda*   Mint

El edificio de la Inquisición de Lima, erigido en estilo neoclásico, muestra sus columnas dóricas. Esta estructura colonial se encuentra simbólicamente a pocos metros del Congreso peruano y frente a la estatua de Bolívar.

Joaquim, el Museo Nacional, el Palacio del Comercio, el Jardín Botánico y la fachada de la Academia de Bellas Artes.

17.10 La influencia finisecular[74] francesa e italiana

Los estilos franceses e italianos de fines del siglo diecinueve influyeron en la arquitectura hispanoamericana de ese período. En México muestran este

---

[74] *finisecular*   end of any century (in this case, the 19th)

fuerte influjo el Paseo de la Reforma. Los edificios del Congreso Nacional en **Buenos Aires, Montevideo, Bogotá, Caracas y Santiago de Chile** también denotan[75] esta influencia. No así La Casa Rosada (palacio presidencial) de Buenos Aires que sigue el estilo neoclásico belga.

Lima también tiene muchas obras que reflejan las variaciones francesas e italianas del neoclasicismo. Sirven de ejemplo la Plaza Bolognesi, las fachadas de varios bancos, flanqueadas por columnas clásicas, y las residencias del Paseo Colón.

En Cuba, el neoclasicismo comienza a manifestarse a principios del siglo XIX. Llega, como los otros estilos, algo tarde. Su auge[76] se lleva a cabo durante su período colonial, a partir de 1826, cuando se desarrolla el barrio habanero de El Cerro. La capital cubana se extendió y se modernizó bajo el signo neoclásico. Un ejemplo representativo del nuevo estilo lo ofrece el Templete,[77] construido en 1827, en homenaje al cumpleaños de la reina Doña Amalia de Sajonia. Las mansiones de El Cerro eran réplicas de las villas italianas. El toque hispanocubano se encuentra en el uso intensivo de hierro forjado y fundido empleado en barandas[78] y rejas que obedecen más al gusto español que al italiano. Al mismo tiempo que desaparecieron los tejados[79] se inició la construcción de techos[80] planos de vigas de madera y losas de barro, con cielorraso[81] en el interior. Las mansiones se embellecieron con el uso más intensivo del mármol en los pisos, escaleras, fuentes, y en las estatuas. En los edificios privados y públicos, el elemento neoclásico recurrente es el portal[82] con columnas y arcos o sólo con arcos. La influencia finisecular francoitaliana acentuó el interés en adaptar al trópico los elementos europeos importados.

17.11 La arquitectura en el siglo XX

El presente siglo se inicia con el triunfo del estilo neocolonial en ciudades como **Lima, México, Guadalajara y Guatemala.** Ejemplos magníficos de esta nueva orientación arquitectónica nacionalista lo ofrecen el Palacio de Justicia de la capital mexicana, el Palacio Nacional de la Ciudad de Guatemala y varias estructuras limeñas: el Palacio del Arzobispado (concluido en 1924), el palacio presidencial (terminado en 1938), y el edificio municipal. Aunque en las primeras décadas el estilo neocolonial es el más llamativo y parece imponerse, poco a poco es desalojado por un estilo

---

[75] *denotan* muestran
[76] *auge* vogue, boom
[77] *templete* templo pequeño, kiosco
[78] *hierro. . . barandas* wrought and cast iron used in railings
[79] *tejados* tile roofs
[80] *techos* roofs
[81] *cielorraso* fat ceiling
[82] *portal* porch

innovador, funcional y ultramoderno, que primero triunfa con resonancia en el Brasil y luego se extiende por Venezuela y el resto del continente.

En el Brasil se produce una verdadera revolución arquitectónica, sobre todo al principiar el segundo cuarto del siglo. Flavio de Carvalho, por ejemplo, se destaca por el estilo purista que usa en el Palacio de Gobierno (1927) y en su casa de cemento. Cuando se preparan los planos para la construcción del Ministerio de Educación (1937) de Río de Janeiro, Le Corbusier asesora[83] a los diseñadores y deja muchos discípulos que después se destacan por sus estructuras imaginativas e imponentes. Entre los arquitectos de fama universal debe mencionarse a Oscar Niemeyer (n. 1907), constructor de la Iglesia de San Francisco, en Belo Horizonte, responsable también por gran parte del Ministerio de Educación, de las estructuras de las Naciones Unidas, en Nueva York, y de las ultramodernas obras en Brasilia, cuyo plano fue diseñado, en gran parte por Lúcio Costa (n. 1902). En los últimos años ha destacado el arquitecto Sergio Bernardes, audaz urbanista, constructor del Centro de Exhibición Sâo Cristôbal y de muchas hermosas casas palaciegas.

En México sobresalen Juan O'Gorman (n. 1905), José Villagrán García (n. 1901) y Enrique de la Mora (n. 1907). El primero construyó la Biblioteca Central de la Universidad Nacional Autónoma, de bellas líneas modernas; el segundo ha dejado muchas obras funcionales con formas innovadoras, y el último terminó en Monterrey, en 1947, la iglesia más moderna del país. La ciudad universitaria y las mansiones residenciales de El Pedregal son los ejemplos más notables de la nueva arquitectura.

Venezuela, gracias a su petróleo, también ha experimentado en las últimas décadas un auge arquitectónico, especialmente en Caracas. Se han construido magníficas supercarreteras[84] y numerosos edificios públicos, comerciales y particulares de dimensiones ciclópeas.[85] Entre los muchos arquitectos que se han destacado se encuentran Carlos Raúl Villanueva (n. 1900), que diseñó la Ciudad Universitaria de Caracas, y Moisés Benacerrat (n. 1924), a quien se le deben algunos de los rascacielos[86] de la capital venezolana.

17.12 La arquitectura peruana como contribución original americana

Al estilo arquitectónico lo limitan siempre la imaginación y el gusto estético del artista y los elementos de construcción disponibles. Aunque en todas las regiones americanas de fuerte tradición arquitectónica precolombina los estilos traídos por los españoles experimentaron adaptaciones y reci-

---

[83] *asesora* aconseja
[84] *supercarreteras* superhighways
[85] *ciclópeas* cyclopean, huge
[86] *rascacielos* skyscrapers

El plan de construcción de Brasilia sigue los contornos (*contours*) de un avión: los dos edificios altos forman las alas; el cuerpo lo ocupa la Avenida de los Ministerios que termina en la Plaza de los Tres Poderes donde se encuentran el Palacio Presidencial, la Corte Suprema y el Congreso.

bieron fuertes decoraciones indias, en la costa del Perú, en Lima y en Trujillo principalmente, así como en Arequipa, los estilos coloniales llegaron a ser francamente mestizos. Los templos y las casas particulares constituyen la riqueza arquitectónica colonial de la costa peruana. Es mestiza también la arquitectura barroca de la Iglesia de San Francisco de Lima que los peruanos llaman Convento de San Francisco. Si bien su profusa ornamentación está inspirada del arte europeo, los materiales responden a las condiciones locales. Los edificios gubernamentales no sobresalen, en parte debido a que las autoridades, por la distancia de España y por los azares de la política, no consideraban el Perú como hogar permanente, como lo hicieron los clérigos y nobles.

En la época colonial, Lima tenía el aspecto de una ciudad musulmana, con balcones de madera salientes, cerrados como armarios[87] tallados, y con fachadas que se sucedían unas pegadas a otras como si formaran una pared gigantesca de irregular altura, extendida por toda la cuadra.[88] Esta monótona pared lisa, pintada de colores suaves, se interrumpía cada cinco o siete metros para mostrar portadas rectangulares, ventanas largas, bajas y salientes, defendidas por barras de hierro. Interiormente, la mayoría de las casas sigue la estructura y disposición grecorromanas que el clima de Lima, sin lluvia y sin fuerte frío, adoptó mejor que España. Eran construidas de adobe las paredes fundamentales y de quincha las paredes secundarias y las del segundo piso, si lo había. La quincha es una pared de madera forrada de cañas y enlucida con barro.[89] Es ella precursora del cemento armado: [90] la madera y las cañas tienen la función del acero: el barro, la del concreto. Esta especie de barro armado era la mejor defensa contra los terremotos, como repetidas veces lo ha demostrado la Iglesia de San Francisco. En las casas señoriales, las paredes interiores estaban cubiertas a veces de telas[91] y brocados lujosos.

El palacio de Torre Tagle, construido a principios del siglo XVIII, es el mejor tesoro arquitectónico civil del Perú colonial. En vez de seguir el estilo churrigueresco de la época, muestra esencialmente el gusto mudéjar modificado con aportes criollos y algunas contribuciones orientales. La composición asimétrica de la fachada es una adaptación peruana del barroco con ornamentación de fuerte parecido a la pagoda china. En el tallado de las ménsulas[92] que sostienen los balcones moriscos se observa la influencia chinesca. La puertas y los techos interiores, hechos de maderas finas, están bellamente tallados; sus muros estaban cubiertos de seda y brocados chinos, mientras que los pisos eran de roble[93] y de cedro centroamericanos.

---

[87] *armarios*   wardrobes
[88] *cuadra*   block
[89] *forrada. . . barro*   first covered with cane and then plastered with mud
[90] *armado*   reinforced
[91] *telas*   fabrics
[92] *ménsulas*   corbels (a projection from the face of a wall, supporting a weight)
[93] *roble*   oak

Es importante señalar, sin embargo, que el palacio de Torre Tagle, como la Casa de Pilatos, la Quinta Presa—a menudo confundida con la «casa de la Perricholi»—[94] y unos pocos edificios limeños más, constituyen en realidad excepciones arquitectónicas. El prototipo de la construcción civil, la casa de uno o dos pisos, seguía los lineamientos descritos anteriormente. Con todo, la arquitectura colonial limeña es bastante original: graciosa, suave y liviana. La escasez de materiales de construcción disponibles determinó, por ley de compensación, especialmente en las casas señoriales, una rica ornamentación interior. La fuerte influencia eclesiástica y morisca hizo afirmar al poeta José Santos Chocano que la casona limeña finge ser mitad oratorio y mitad harén.[95] La arquitectura civil trujillana y arequipeña[96] era en general semejante a la de Lima, con menos suntuosidad en las portadas y en los interiores pero con superiores ventanas salientes de reja.

Durante el período colonial, los frailes influyentes, que formaban el diez por ciento de la población de Lima, determinaron que en esa ciudad en cada dos o tres cuadras se levantara una iglesia, una capilla o un convento. Pero las estructuras religiosas limeñas no pueden compararse en magnificencia con las de Quito o México. El uso del adobe y la quincha, obligatorio en las cúpulas después del terremoto de 1746, así como la escasez de piedra y madera, les dio a las iglesias cierta modestia arquitectónica compensada con un lujo interior. La Catedral, levantada poco después de fundada la ciudad y restaurada después de los grandes terremotos de 1609, 1687, 1746 y 1970, sigue varios estilos, entre los que predomina el plateresco. A fines del siglo XVI, el arquitecto trujillano Francisco Becerra trazó definitivamente la planta del templo.

Las iglesias de Trujillo tampoco reflejan en sus fachadas la riqueza interior de sus primorosos altares y púlpitos. La Catedral, por ejemplo, tiene un tesoro artístico en las talladuras[97] barrocas de su coro y en sus altares churriguerescos. El mejor interior es el de la Iglesia del Carmen. Todos sus altares son de oro, excepto el retablo del altar mayor, que es de plata. Su conjunto interior es el ejemplo más importante que se conserva del barroco peruano.

En el primer siglo de vida republicana peruana, es decir desde la segunda década del siglo XIX hasta los años subsiguientes a la Primera Guerra Mundial, el país tuvo un hiato arquitectónico. Las pocas construcciones de la época imitaron los estilos neoclásicos franceses e italianos. En Trujillo, el palacio de los Iturregui es elocuente ejemplo de edificio con exterior neoclásico e interior colonial. En Lima, el Palacio de la Exposición exhibe

---

[94] *La Perricholi* was the popular name given to Micaela Villegas, an actress, who became the mistress of Manuel Amat, Viceroy of Peru from 1762 to 1776. *Perricholi* is a mispronunciation of *perra* and *chola*.
[95] *mitad. . . harén*   half chapel and half harem
[96] *trujillana y arequipeña*   from Trujillo and Arequipa, cities of Perú
[97] *talladuras*   carvings

un academismo neoclásico que resulta falso. La ausencia de inviernos crudos, de lluvia y de nieve acentuaron la artificialidad de las líneas equilibradas y sobrias del neoclasicismo europeo. Cuando la apertura del Canal de Panamá facilita el transporte de materiales de construcción (cemento, acero, vidrios y moderno equipo sanitario), la reacción natural contra la imitación servil se manifiesta en el interés en el pasado. Es entonces cuando aparece el estilo neocolonial de los palacios arzobispal, gubernamental y municipal, el Hotel Bolívar y gran número de residencias de fuerte sabor tradicional. Poco a poco el interés en la fusión de estilos y de materiales importados e indígenas da lugar a un tipo de arquitectura muy original que combina con vigor imaginativo diversos elementos importados y locales. En las últimas décadas del siglo XX, la arquitectura verdaderamente peruana mantiene mucho del mestizo barroco, pero lo equilibra con proporción, plasticidad y comodidad. Ya no es una arquitectura española con decorados indios, sino una arquitectura verdaderamente mestiza en su estructura que combina elementos coloniales e indígenas en su exterior. Los edificios que rodean la Plaza San Martín y las mansiones residenciales de las afueras de Lima muestran la originalidad de la arquitectura peruana.

En conclusión, el Perú ha creado, como contribución original americana, su propia arquitectura. Equilibra ella los elementos estéticos del pasado precolombino y colonial y el funcionalismo moderno al mismo tiempo que utiliza materiales accesibles y técnicas contemporáneas. Combina concepciones espaciales del Chimú, de los incas, del ecléctico colonial y de Le Corbusier para ponerlas a tono con el espacio y el hombre peruano de hoy, su propio ritmo y forma.

17.13 Sumario

I. La arquitectura precolombina en Mesoamérica:
   A. Teotihuacán: pirámides del Sol y de la Luna y templo de Quetzalcóatl
   B. Pirámides truncas, templos y plazas mayas de Copán y Chichén Itzá
   C. Templos, palacios, plazas, jardines y avenidas aztecas de Tenochtitlán
II. La arquitectura precolombina en Sudamérica:
   A. Mochica: numerosas pirámides además de las del Sol y de la Luna
   B. Chimú: decoraciones con barro en Chan Chan y el castillo de Paramonga
   C. Chavín: pirámides truncas de piedra, templos y palacios decorados
   D. Tiahuanaco: Templo y Puerta del Sol decorados con motivos textiles

      E. Inca: Sacsahuamán, Ollantaytambo y Machu Picchu, maravilla del mundo.

III. Estilos durante la Colonia:

    A. Influencias gótica, mudéjar, isabelina y herreriana en el siglo XVI

    B. Apogeo del barroco americano en los siglos XVII y XVIII:
       1. Tradición ornamental precolombia e influencia indígena
       2. Abundancia de piedra blanda y apoyo estatal y eclesiástico
       3. Influencia china traída por el galeón de Manila a Acapulco
       4. En México están cuatro de las ocho obras maestras del barroco en el mundo.

    C. Las iglesias de Quito:
       1. Adaptación de estilos en el Convento de San Francisco (1537–80)
       2. Iglesia de la Compañía (siglos XVI y XVII): homogeneidad estilística
       3. La Iglesia de la Merced (siglo XVIII) y su famosa campana
       4. La primorosa puerta de la sacristía de la Catedral (c. 1550)

    D. México y sus 15,000 iglesias:
       1. Un quinto de las 70,000 iglesias coloniales de Hispanoamérica
       2. Catedrales de México y Puebla: dos joyas de Nueva España
       3. Iglesia de Santa Prisca (1751–58) en Taxco, barroco ejemplar

    E. Arquitectura militar:
       1. La Torre del Homenaje (1503) y el Alcázar en Santo Domingo
       2. El Morro y La Cabaña de La Habana y El Morro de San Juan
       3. Las murallas y fortificaciones de Cartagena
       4. El Castillo del Real Felipe en Callao, Perú

    F. La arquitectura civil:
       1. Palacios virreinales (hoy casas de gobierno) de México y Lima
       2. Palacios de la Inquisición en México, Cartagena y Bogotá
       3. Palacio de Torre Tagle de estilo mudéjar en Lima

IV. El neoclasicismo en Hispanoamérica y Brasil:

    A. Fundación de la Academia de San Carlos (México, 1785)

    B. Manuel Tolsá (1757–1818) construye la Escuela de Minas en México

    C. Tresguerras: Iglesia del Carmen de Celaya y edificios de Guanajuato

    D. Catedrales de Guatemala (1785) y Bogotá (1809–11)

    E. Patrocinio real del neoclasicismo en el Brasil:
       1. El mayor número de construcciones neoclásicas en Sudamérica

2. Mejores ejemplos: Palacio Imperial de João VI, Biblioteca Nacional, Seminario de São Joaquim, Museo Nacional, Palacio del Comercio, Jardín Botánico y fachada de la Academia de Bellas Artes

F. Influencia francesa e italiana finiseculares:

   1. En el Paseo de la Reforma en México y en el Congreso Nacional de Buenos Aires, Montevideo, Bogotá, Caracas y Santiago de Chile

   2. La Casa Rosada de Buenos Aires sigue el estilo neoclásico belga

   3. Plaza Bolognesi, residencias del Paseo Colón y bancos de Lima.

   4. El Templete (1827) y residencias del barrio El Cerro en La Habana

V. La arquitectura latinoamericana en el siglo XX:

A. Auge del estilo neocolonial en México, Guadalajara, Lima y Guatemala

   1. Palacio de Justicia en México y Palacio Nacional de Guatemala

   2. Palacios de Lima: presidencial, arzobispal y municipal

B. Triunfo del estilo innovador, funcional y ultramoderno:

   1. Innovaciones brasileñas influidas por Le Corbusier:

      a. Flavio de Carvalho construye el Palacio de Gobierno en 1927

      b. Oscar Niemayer: Iglesia de San Francisco en Belo Horizonte

      c. Lúcio Costa diseña el plano de Brasilia

   2. Originalidad histórica mexicana:

      a. E. de la Mora construyó en Monterrey la iglesia más moderna

      b. Juan O'Gorman: Biblioteca Central de la Universidad Autónoma

      c. La Ciudad Universitaria y las mansiones de El Pedregal

   3. Ciudad Universitaria y rascacielos de Caracas.

17.14 Recomendación bibliográfica

Amerlinck de Corsi, María Concepción. *Las catedrales de Santiago de los Caballeros de Guatemala*. México: UNAM, 1981.

Bento, Antônio. *Portinari*. Rio de Janeiro: L. Christiano Editorial, 1980.

Boone, Elizbeth Hill, ed. *Printed Architecture and Polychrome Mesoamerica*. Washington: Dumbarton Oaks Research Library and Collection, 1985.

Carrillo Azpeitia, Rafael. *El arte barroco en México*. México: Panorama Editorial, 1982.

Castedo, Leopoldo. *Historia del arte iberoamericano.* Two vols. Madrid: Alianza Editorial, 1989.

Castillo Venero, Carlos. *Cuzco: patrones de asentamientos.* Lima: Colegio de Arquitectos del Perú, 1983.

Colonial Art. Vol. 1. *Architecture.* Washington: Organization of American States, 1979.

Deffis Caso, Armando. *Oficio de arquitectura: práctica profesional en México.* México: Editora Sarantes, 1981.

Gasparini, G. and L. Margolies. *Inca Architecture.* Translated by Patricia J. Lyon. Bloomington: Indiana University Press, 1984.

Kelemen, Pál B. *Baroque and Rococo in Latin America.* 2nd ed. Magnolia, Mass.: P. Smith, 1968.

Kowalski, Jeff K. *The House of the Governor: A Maya Palace of Uxmal.* Norman: University of Oklahoma Press, 1987.

Mesa, José de, y Teresea Gisbert. *Arquitectura andina, 1530–1830: historia y análisis.* La Paz: Embajada de España en Bolivia, 1985.

Miller, Arthur G. *Maya Rulers of Time: A Study of Architectural Sculpture at Tikal, Guatemala.* Philadelphia: University of Pennsylvania, 1986.

O'Gorman, Patricia. *Tradition of Craftmanship in Mexican Homes.* New York: Hastings House Publishers, Inc., 1980.

Rodríguez Prampolini, Ida. *Juan O' Gorman: arquitecto y pintor.* México: UNAM, 1982.

Segre, Roberto, ed. *América Latina en su arquitectura.* México: Siglo Veintiuno, 1975.

Téllez, Germán, y Ernesto Moure. *Repertorio formal de arquitectura doméstica: Cartagena de Indias, época colonial.* Bogotá: Corporación Nacional de Turismo, 1982.

Velarde, Héctor. *El barroco, arte de conquista; el neo-barroco en Lima.* Lima: Universidad de Lima, 1980.

Zavala, Silvio Arturo. *Una etapa en la construcción de la Catedral de México, alrededor de 1585.* México: Colegio de México, 1982.

17.15   Cuestionario y temas

Cuestionario

1. ¿Por qué es la arquitectura religiosa tan importante para los amerindios?
2. ¿Cuáles son los grandes centros arquitectónicos de América precolombina?
3. ¿Qué estilos arquitectónicos se difundieron durante la Colonia?
4. ¿Cómo se manifiesta la influencia india en la arquitectura colonial?
5. ¿Cuáles son las iglesias más importantes de Quito?
6. ¿Cuáles son las cuatro obras americanas más importantes del barroco?
7. ¿Por qué fue la arquitectura militar tan importante durante la Colonia?
8. ¿Cuáles son algunas de las obras neoclásicas más destacadas del Brasil?

9. ¿Dónde se manifiesta la influencia finisecular francesa e italiana?
10. ¿Qué estilos predominan en Latinoamérica en el siglo XX?

Temas para informes orales

1. La arquitectura religiosa precolombina.
2. Los estilos arquitectónicos del siglo XVI.
3. El apogeo del barroco en América.
4. Las iglesias de Quito.
5. Las 15,000 iglesias mexicanas.
6. La arquitectura militar durante la Colonia.
7. El neoclasicismo en el Brasil.
8. El estilo neocolonial en México y Lima.
9. La revolución arquitectónica en el Brasil.
10. Las grandes ciudades universitarias de Latinoamérica.

Temas para informes escritos opcionales

1. Las maravillas arquitectónicas de Chan Chan.
2. Machu Picchu y el secreto de los incas.
3. La influencia china en la arquitectura colonial.
4. La arquitectura civil en México colonial.
5. Las contribuciones artísticas de Oscar Niemeyer.
6. La originalidad en la arquitectura peruana de hoy.

Pequeños objetos esculpidos en piedra por los habitantes precolombinos de Guatemala.

Capítulo
18

Las artes plásticas

18.1 Las bellas artes en México precolombino

En México, como en otras partes del mundo, las primeras manifestaciones artísticas son de carácter religioso: productos del temor a lo desconocido, del respeto a lo incomprensible, de la interpretación mística del caos[1] del mundo. En su manifestación más nítida y lograda,[2] el arte, como gran parte de las actividades humanas, sirve para honrar a los dioses.

Los aztecas, herederos de las conquistas culturales de sus predecesores mexicanos, se manifestaron mejor en la arquitectura y en la escultura que en la pintura. Su concepción artística y su habilidad en el diseño arquitectónico pueden apreciarse ya en el Templo del Sol, en Teotihuacán, que ofrece la ilusión de la altura infinita y del espacio ilimitado. El indio parado[3] al pie de la gigantesca escalinata[4] no podía ver a los religiosos situados en la parte superior del edificio. Sí veía las gradas[5] prolongarse hacia lo alto, como si se proyectaran[6] hacia el infinito. El plano de la ciudad sagrada de Teotihuacán fue diseñado para combinar armoniosamente lo masivo con la altitud aparentemente infinita. Ni las pirámides de Egipto fueron construidas con tanto cuidado, ni producen esa ilusión del dominio del hombre por las fuerzas sobrenaturales. Lástima solamente que la labor destructora

---

[1] *caos*   chaos
[2] *lograda*   successfully finished
[3] *parado*   standing
[4] *escalinata*   escalera
[5] *Sí. . . gradas*   He did see the steps
[6] *como si se proyectaran*   as though they extended

inicial de los conquistadores fuera tan perjudicial que hoy día resulta difícil reconstruir exactamente el desarrollo artístico de las civilizaciones precolombinas. El trabajo artístico de los amerindios fue meticuloso y bien hecho, capaz de resistir los efectos del tiempo y la incomprensión foránea. Hoy día las ruinas todavía permiten apreciar esa imaginación y pericia.

La escultura fue importante auxiliar de la arquitectura de la época. Las paredes de los edificios religiosos y públicos se encontraban generalmente cubiertas de multitud de ornamentos en alto y bajorrelieve. En algunos templos la arquitectura se combinó tan bien con la escultura que a veces el observador no sabe cuál apreciar más. El artista azteca esculpía[7] en relieve en gran escala o en miniatura. Tenía mucha habilidad para expresarse tanto en forma realista como simbólica, utilizando gran diversidad de materiales. Representaba a los hombres en actitudes pasivas, más frecuentemente sentados que de pie, con un equilibrio y proporción tan exactos que las reproducciones pequeñas de los trabajos masivos recibían igual atención y eran casi réplicas, en escala diminuta, de los grandes trabajos. La forma de los objetos en relieve y la minuciosidad del detalle requirieron siglos de desarrollo. El buen ojo artístico probablemente se desarrolló en el pueblo azteca gracias a su gran interés en la industria textil.

Las mejores esculturas representan a las divinidades observando las labores de la cosecha. La forma del hombre azteca esculpida muestra un cuerpo proporcionalmente más largo que las extremidades. Como algunos dioses tienen representaciones zoomórficas,[8] se deduce que el reino animal recibió especial atención. De todos los animales, el más reproducido fue la serpiente, emblema de Quetzalcóatl, símbolo de sus poderes misteriosos y del tiempo. Entre los materiales más usados se encontraban la madera, el hueso, el cristal de roca, la piedra corriente obsidiana, y las semipreciosas, como el jade y la amatista. El calendario azteca, esculpido en piedra alrededor de 1479, es una de las manifestaciones escultóricas mejor apreciadas hoy.

Porque la pintura es el arte más susceptible a la acción destructora del tiempo y del hombre, de la pintura precolombina se tiene hoy menos datos precisos. En el siglo XIX se descubrieron algunos frescos de no muy buena calidad artística. Muestran excesivo uso de colores y diseños convencionales. Se colige de ellos,[9] como de los dibujos en los códices,[10] que aparentemente los aztecas de menos inspiración y destreza se dedicaban a la pintura, mientras que los de mejor habilidad artística se dedicaban a la arquitectura y a la escultura.

---

[7] *esculpía* sculptured
[8] *zoomórficas* en formas de animales
[9] *se colige de ellos* one deduces from them
[10] *códices* manuscritos antiguos

18.2 Las bellas artes en la civilización maya

Durante la primera parte del período clásico los mayas no adornaban mucho las paredes de sus edificios públicos. Después emplearon la decoración con estuco a tal punto que con el correr de los años la ornamentación de las fachadas fue casi parte integrante de la arquitectura. Los materiales más utilizados fueron: la piedra, la madera, el estuco y la arcilla.[11] Las herramientas[12] eran principalmente de piedra, y a veces de madera. Cubrían muchas de las esculturas con pintura roja, obtenida del óxido de hierro de los hormigueros,[13] o con pintura azul.

Las esculturas de piedra más antiguas existentes datan del siglo **IV** de nuestra era. A fines del período clásico (731 a 889) la escultura maya llegó a su máximo desarrollo y alcanzó en el hemisferio occidental precolombino el más alto grado de perfección. En el período posclásico (siglos **X-XIV**) la escultura se subordinó a la arquitectura, concentrándose principalmente en su embellecimiento. La pintura también llegó a ocupar un lugar importante en la civilización maya, aunque quizá no alcanzó el grado de desarrollo obtenido por la escultura. Así lo atestiguan los frescos que adornaban las paredes, las decoraciones policromadas de la cerámica y las ilustraciones de los códices. Sus pinturas eran de origen vegetal y mineral, y sus brochas,[14] de pelo humano. Los murales más antiguos que se conservan, desenterrados en 1937 en Uaxactún, muestran una ceremonia religiosa importante. Las pinturas más espectaculares e informativas, descubiertas en 1946 en Bonampak, Chiapas, datan de fines del siglo **XIII**. Su realismo es probablemente superior al alcanzado en otras partes de la América precolombina.

Otra manifestación pictórica de importancia es la realizada en la cerámica y en los códices. Los vasos y platos policromos tienen el mismo estilo de los frescos: representan escenas ceremoniales y ritualistas con muchos detalles sobre la vestimenta[15] sacerdotal y popular. Los colores principales fueron: rojo, amarillo negruzco[16] y blanco. La combinación de ellos, así como su distribución artística, se desarrolla considerablemente durante el período posclásico al impulsarse la industria textil. Cada pueblo tenía su propio estilo distintivo. El empleo de los colores era simbólico: el negro, color de la obsidiana,[17] representaba las armas; el amarillo, color del maíz, simbolizaba la comida; el rojo representaba la sangre; y el verde, la nobleza. Ya hemos visto cómo en la última etapa del período clásico, el arte devino[18]

---

[11] *arcilla* clay
[12] *herramientas* tools
[13] *hormigueros* anthills
[14] *brochas* brushes
[15] *vestimenta* ropa
[16] *negruzco* blackish
[17] *obsidiana* hard volcanic glass
[18] *devino* became

excesivamente decorado como posteriormente caracterizó al barroco del mundo occidental.

18.3 Las bellas artes en el Perú precolombino

Las artes plásticas en el Perú precolombino no se desarrollaron tanto como las artes manuales menores, aplicadas, y las vinculadas con la industria textil. La escultura, por ejemplo, es de menor importancia que en las civilizaciones precolombinas de Mesoamérica. Las pocas piezas de escultura conocidas hoy han sido halladas principalmente en la sierra, como es natural, puesto que la costa, tan árida, carece de suficiente material para el escultor. Las esculturas existentes revelan poca imaginación e insuficiente dominio artístico. Los ejemplos plásticos descubiertos no pueden compararse en calidad estética con su joyería, cerámica y tejidos.[19] En estos últimos los peruanos sobresalieron[20] tanto que difícilmente se encuentran ejemplos parecidos en otras partes del Nuevo Mundo. La capacidad creadora del peruano antiguo aparentemente se concentró principalmente en la industria textil, sobre todo en la región de Paracas, situada a unas cien millas al sur de Lima. Algunas de sus telas todavía no han sido superadas.[21]

La diversidad textil de los peruanos precolombinos sorprende y deleita al observador actual. Incluye telas simples, dobles y complejas; encajes y gasas, con decoraciones superpuestas[22] tan fijas que hoy día son imposibles de imitar. Los antiguos peruanos usaron algodón, lana de alpaca, llama y vicuña, y fibras de varias plantas. Los colores predominantes fueron: rojo, amarillo, pardo oscuro, azul, púrpura, verde, blanco y negro. Cada color básico aparece en various matices.[23] Los motivos empleados en las decoraciones fueron tomados principalmente de la naturaleza. Junto a la flora y la fauna representaron actividades humanas y motivos geométricos. Las representaciones realistas, a veces tan estilizadas, son difíciles de reconocer. Los juegos geométricos utilizan líneas, círculos y pirámides escalonadas.[24] La ornamentación de los tejidos se repite en las decoraciones de la arquitectura.

La industria textil incaica se basó en 3,000 años de tradición preincaica y estaba dedicada a Aksu Mama, dios de los textiles, en cuyo honor se sacrificaban preciosos tejidos. Se siguió la tradición milenaria de usar el hilo de los auquénidos y otras fibras de la región para hacer ponchos, alfombras y tapestres de diferentes tamaños y formas con gran variedad de

---

[19] *joyería. . . tejidos*   jewelry, ceramics and textiles
[20] *sobresalieron*   excelled
[21] *superadas*   surpassed, excelled
[22] *encajes. . . superpuestas*   laces and chiffons with printed decorations
[23] *matices*   shades
[24] *escalonadas*   with outside stairways

diseños en los colores del arco iris. Los productos de esa industria también sirvieron para fortalecer el comercio y los lazos políticos y sociales.

La cerámica mochica fue quizá la más desarrollada de la cerámica precolombina. Es sorprendentemente variada y realista con representaciones antropomórficas en una amplia gama de actividades: pesca, caza, combate, castigo, actos sexuales y ceremonias a sus divinidades. La expresión artística mochica es sorprendentemente informativa sobre los tipos humanos, sus rasgos faciales y corporales y sobre los detalles arquitectónicos de templos, pirámides, palacios y viviendas de esa sociedad desarrollada milenios antes de la aparición de los incas.

18.4 Las artes plásticas en la Colonia

En el período colonial hispánico la arquitectura siguió siendo el arte por excelencia, pero en las artes auxiliares se produjo un cambio: desde el siglo XVI la pintura superó en calidad a la escultura. Durante los cuatro siglos de coloniaje,[25] los artistas blancos, mestizos e indios pintaron cerca de un millón de cuadros, la mayoría destinada a las 70,000 iglesias americanas. Cada templo tenía por lo menos diez cuadros, y muchos, alrededor de cien. En Quito y en el Cuzco, por ejemplo, se llegaron a producir lienzos en serie[26] para satisfacer las necesidades artísticas de Sudamérica. Después de siglos de exportación y tras más de siglo y medio de haber cesado esa dinámica actividad pictórica, en el Cuzco todavía encontramos en sus edificios públicos y en mansiones particulares un gran número de pinturas coloniales.[27]

Al comienzo del período colonial la pintura estuvo principalmente en manos de artistas blancos, excepto el trabajo de ilustración de los códices realizado por los indios. Más tarde aparecieron pintores mestizos y finalmente se permitió a los indios que ingresaran al gremio[28] artístico. Cuando éstos pintaban, lo hacían a la europea, generalmente con espíritu religioso y gusto propios. Con el correr de los años sobresalen cuatro importantes centros artísticos en Hispanoamérica colonial: México, Quito, Cuzco y Potosí. Los dos primeros denotan cierto intelectualismo pictórico; y los dos últimos, poderoso sentido decorativo y gran vuelo imaginativo.

Baltasar de Echave el Viejo estableció en el siglo XVIII la importante escuela mexicana. Entre sus discípulos se destacaron José Juárez, a quien se le ha dado el nombre de «Apeles[29] mexicano», y Baltasar de Echave el

---

[25] *coloniaje*   colonial system
[26] *producir. . . en serie*   mass-produce paintings
[27] Luis E. Valcárcel cacula en más de 15,000 óleos coloniales los que estaban en poder de particulares del Cuzco, en 1920. Véase su *Ruta cultural del Perú* (Lima: Ediciones Nuevo Mundo, s.f.), p. 174.
[28] *se. . . gremio*   Indians were admitted to the guild
[29] *Apeles* (IV B.C.), el más famoso de los pintores griegos, vivió en la corte de Alejandro el Grande.

Mozo, nacido en México, recordado sobre todo por sus pinturas en la sacristía de la catedral de Puebla. A principios del siglo XVIII se destacan José María Ibarra (1688–1756), el «Murillo de la Nueva España», y Miguel Cabrera (1695–1768), indio zapoteca, pintor de los murales de la iglesia parroquial de Taxco y de la reproducción del retrato de Sor Juana Inés de la Cruz.

En la escuela de Quito sobresalió Miguel de Santiago (circa 1626–1706), genio atormentado, alrededor de quien se han tejido algunas leyendas. Ricardo Palma nos cuenta en una de sus tradiciones cómo este Apeles americano llegó a apuñalar[30] a su modelo para reproducir su gesto patético en el lienzo de Cristo agonizante. Nicolás Javier Goríbar, sobrino y discípulo de Santiago, revela la seguridad de sus trazos[31] y la elegancia de sus líneas en los cuadros conservados en la Iglesia de la Compañía en Quito.

La escuela cuzqueña ha legado a la posteridad numerosos óleos[32] de temas religiosos. Muchos de ellos revelan cierta originalidad en la perspectiva y una versión indianizada de los modelos europeos, sobre todo los de Jesús crucificado. El Señor de los Temblores[33] llegó a ser una de las imágenes más reproducidas, especialmente después del terremoto de 1651 en Lima. También se pintó a la Virgen y al niño Jesús rodeado de ángeles gorditos. En la parte inferior de los cuadros solían aparecer los devotos que habían pagado por la ejecución de la obra. Algunos óleos no religiosos muestran príncipes y nobles incaicos. En otros aparecen animales: aves, guacamayos de colores subidos[34] y auquénidos. Algunos lienzos grandes ofrecen representaciones históricas, como el sitio del Cuzco, durante la guerra civil entre conquistadores. Juan Espinosa de los Monteros fue uno de los más distinguidos pintores cuzqueños del siglo XVII.

La escuela de Potosí floreció en los siglos XVI y XVII, durante el apogeo de ese centro minero. Ofrece características semejantes a las de la escuela cuzqueña. Como en otras partes de Iberoamérica colonial, la pintura de Potosí, refugiada en los templos y palacios, es esencialmente aristocrática, alejada del pueblo.

La escultura propiamente dicha, subordinada a la arquitectura, tuvo la misión primordial de reproducir estatuas para adornar iglesias y palacios. Se utilizaron principalmente piedra, madera y estuco. Los entalladores[35] encargados de decorar en bajorrelieve las estructuras arquitectónicas tuvieron más importancia que los escultores de estatuas, pero menos que los imagineros,[36] artistas dedicados principalmente a esculpir santos. Estos dejaron en las iglesias numerosas imágenes y retablos[37] esculpidos conforme

---

[30] *apuñalar*   stab
[31] *trazos*   strokes
[32] *óleos*   oil paintings
[33] *Temblores*   Tremors
[34] *aves. . . subidos*   birds, flashy macaws
[35] *entalladores*   carvers
[36] *imaginero*   pintor o escultor de imágenes religiosas
[37] *retablos*   altarpieces

a la tradición realista española, utilizando pelo y uñas del ser humano además de telas de diferentes clases. Por influjo de la policromía oriental, el imaginero quiteño empleó el encarnado[38] brillante para hacer más realista el color de la tez humana. No usaron el color mate[39] utilizado por los españoles. Debido al carácter religioso de la escultura colonial, el artista americano no esculpió desnudos.

Pese a la importancia limitada de la escultura, algunos se destacaron en este arte. Diego de Robles (1550–1594) fue uno de los iniciadores de la llamada escuela quiteña. El indio ecuatoriano Manuel Chili, conocido con el apodo de «Caspicara», sobresalió como elegante intérprete del barroco. Los indios peruanos Jorge de la Cruz y su hijo Francisco Morocho participaron en 1610 en el labrado[40] y pintura de las sillas de cedro del templo franciscano del Cuzco. Gaspar de Zanguirama se destacó en la escultura tanto como en la arquitectura y la orfebrería.[41] El brasileño Artemio Francisco Lisboa (1738–1814), conocido con el nombre de «Aleijadinho» (tullido),[42] ha dejado trabajos importantes en casi todas las iglesias coloniales de Minas Gerais. Se lo reconoce como el mejor escultor del Nuevo Mundo de su época.

El prejuicio racial durante la colonia se manifestó también en el terreno de las bellas artes. En Quito, por ejemplo, las cofradías[43] de escultores no permitieron la admisión de negros ni indios. Sólo en el siglo **XVIII** el despotismo ilustrado de las autoridades borbónicas permitió a las cofradías abrir sus puertas a todos los escultores de la región.

La influencia china en la escultura se manifiesta tanto en el empleo de la coloración rosada de las estatuas religiosas como en el uso del estofado, esto es el procedimiento de dorar la imagen, cubrirla con una capa de pintura de otro color y finalmente dibujar sobre ella con punzón.[44] Los quiteños, especialmente, trataron de imitar la laca[45] oriental y el empleo de los colores rojo, azul y verde en una combinación chinesca.

El neoclasicismo pictórico tiene su apogeo principalmente en México, sobre todo a partir de la fundación de la Academia de San Carlos, en 1785. Durante este período sobresale Francisco Eduardo de Tresguerras (1759–1833), artista múltiple, destacado tanto en la ingeniería como en la pintura, la escultura, la música y la poesía. El mejor trabajo neoclásico del período es probablemente la estatua ecuestre[46] de Carlos IV, realizada por el valenciano Manuel Tolsá. Esta escultura, conocida con el nombre de «el caballito», fue la primera estatua de su tipo en el continente.

---

[38] *encarnado*   flesh-color
[39] *mate*   brownish color
[40] *labrado*   carving
[41] *orfebrería*   gold and silver work
[42] *tullido*   crippled
[43] *cofradías*   brotherhoods
[44] *punzón*   engraver's burin (a pointed steel cutting tool)
[45] *laca*   lacquer
[46] *ecuestre*   a caballo

Corrida de toros, acuarela atribuida a Pancho Fierro (1810–1879), humilde artista autodidacta que en sus centenares de composiciones pictóricas muestra con humor realista la vida y costumbres de sus compatriotas peruanos del siglo XIX.

18.5 El neoclasicismo, el romanticismo y el academismo

La fuerza intelectual más poderosa en la revolución por la independencia fue neoclásica. La actitud revolucionaria en sí era romántica en su forma exterior, pero los modelos adoptados para imponerse en las nuevas repúblicas eran neoclásicos. Este espíritu predominante en el mundo intelectual se extendió al terreno de las artes.

El espíritu libertador de los padres de la emancipación y las corrientes literarias adoptadas por los escritores revolucionarios tienen su equivalente en el academismo galo[47] de las bellas artes. El romanticismo francés triunfante en Europa repercutió en las playas de América. La pintura romántica viene al Nuevo Mundo con los pintores europeos no académicos encargados de anotar detalladamente gentes y paisajes americanos para satisfacer la curiosidad de los europeos interesados en las expediciones científicas de Humboldt, Bonpland y Darwin. Sus imitadores iberoamericanos pintaron la flora, la fauna, el paisaje y las violentas acciones políticas de una manera algo diferente a la de sus maestros europeos. Sobresalen en el período inicial de vida republicana y durante el resto del siglo XIX los pintores que idealizan a los héroes de la independencia y pintan escenas de la vida de

---

[47] *galo* francés

los gauchos, criollos, mestizos costeños[48] y vendedores en los mercados serranos, y escenas de la vida en los claustros[49] y haciendas. Muchos cuadros del período son anónimos o todavía no han podido ser identificados. Los pintores más destacados son probablemente los que se dedican a la caricatura social, como Pancho Fierro (1783–1879), en el Perú, Mariano Jesús Torres, en Morelia (México), y los argentinos Prilidiano Pueyrredón (1823–1870) y Juan Manuel Blanes (1830–1901), famosos por sus escenas gauchescas. Los pintores no académicos, como el ecuatoriano Joaquín Pinto, ponen especial atención en el detalle específico para precisar la descripción en vez de realzar lo pintoresco.

A mediados del siglo XIX, el gobierno colombiano patrocinó una Comisión Corográfica,[50] completada con cuatro artistas encargados de anotar y pintar en acuarela[51] la vida y el medio ambiente de los diferentes rincones del país. Los trabajos que nos han dejado son importantes ejemplos del arte latinoamericano de la época. A partir de 1875 los latinoamericanos vuelven a interesarse en el estilo académico y muchos de los artistas jóvenes se dirigen a París a estudiar técnicas europeas. El resultado de esta búsqueda de una nueva expresión artística lo encontramos en los cuadros que muestran una técnica pulida,[52] desconocida hasta entonces. Los óleos que pintan son ahora retratos,[53] escenas de batallas y escenas narrativas.

La influencia francesa se manifestó fuertemente en numerosos pintores de renombre, la mayoría de los cuales se dividió entre los que siguen el arte tradicional y conservador y los que cultivan el más riguroso academismo, es decir, la técnica de pintar figuras tomadas del natural. Entre los primeros encontramos a dos destacados peruanos que retratan[54] a la aristocracia de sangre y de dinero de los diversos países: Daniel Hernández (1856–1932), muy popular con la sociedad de Nueva York, y Carlos Baca-Flor (1867–1941), dedicado a mantener la tradición pictórica romántica francesa. El brasileño Rodolfo Amoedo logró transformar el estilo académico en una especie de expresionismo local. En el cuadro «Marabá» de este último, el cuerpo sensual de la india Marabá evoca[55] la belleza primitiva. Otros artistas se dedicaron a pintar el paisaje. Los mejores paisajistas[56] de la época fueron el ecuatoriano Joaquín Pinto, que ha dejado cuadros preciosos de la naturaleza de su patria, tales como su magnífica versión del «Chimborazo» (1901). Merecen especial mención el mexicano José María Velasco (1840–1912), famoso por sus cuadros de los volcanes del Valle del Anáhuac, y el colombiano Epifanio Garay (1849–1903), que estableció

---

[48] *costeños*   de la costa
[49] *claustros*   cloisters
[50] *corográfica*   mapping, charting
[51] *acuarela*   watercolor
[52] *pulida*   refined
[53] *retratos*   portraits
[54] *retratan*   portray
[55] *evoca*   evokes
[56] *paisajistas*   landscape painters

la Escuela Nacional de Bellas Artes en Bogotá. El academismo se mantuvo hasta las primeras décadas del siglo veinte, aunque otros movimientos y escuelas lo combatían y ganaban más discípulos. En 1919, pese al progreso de las otras corrientes, Daniel Hernández fue nombrado primer director de la Escuela Nacional de Bellas Artes de Lima.

18.6 Del impresionismo al modernismo en la pintura

La moda impresionista vino a Latinoamérica directamente de Francia. Los discípulos de esta escuela imitaron tanto a sus maestros europeos que necesitaron mucho tiempo para dar algunos cuadros originales. Cuando esto ocurrió, el impresionismo había dejado de ser la escuela dominante en Latinoamérica. La primera etapa impresionista es, pues, demasiado artificial, de poca imaginación y de caprichoso despliegue[57] de colores. El impresionismo, más visual que imaginativo, no prosperó en Hispanoamérica, probablemente en parte porque se prefirió el derroche[58] de colores más propio del expresionismo. Miguel Carlos Victorica (1884–1955), post impresionista argentino, por ejemplo, se especializó en desnudos de colores resplandecientes[59] y sensuales.

A partir de 1920, variedades del modernismo europeo fueron imitadas en Latinoamérica. En 1922 el modernismo pictórico se estableció con fuerza en el Brasil, pese a la fuerte oposición del público. En 1924, al llegar a Buenos Aires, el modernismo cubista sintético experimentó igual rechazo del público. No obstante la oposición popular a las diversas corrientes modernistas, la rama cubista-purista-concretista continuó siendo cultivada por algunos argentinos hasta 1930. Uno de los más importantes cultivadores de esta corriente fue el uruguayo Pedro Figari (1861–1938), abogado, catedrático, diputado y escritor, que comenzó a pintar a los 47 años de edad. Una serie de sus cuadros está dedicada al paisaje de la pampa con sus gauchos y bailes; otra, al interior doméstico del hogar uruguayo de alrededor de 1840; y otra, a los uruguayos descendientes de esclavos negros brasileños, cuyo mundo inmortalizó con técnica parecida a la de Gaugin. El impresionismo de Figari es a veces superior al de sus maestros franceses y mucho más apreciado que el de Teófilo Castillo (1857–1922), su contemporáneo peruano.

18.7 El arte como expresión de ideales sociales

En el período de entre guerras los latinoamericanos se interesaron en el arte con contenido social. Aunque la orientación política y la protesta social suelen filtrarse en las artes hispanoamericanas desde el movimiento por la

---

[57] *despliegue* display
[58] *derroche* profusión
[59] *resplandecientes* brillantes

independencia, es probablemente con la Revolución mexicana cuando la connotación político-social llega casi a dominar las artes, especialmente la pintura.

El florecimiento de la pintura mexicana durante la Revolución tiene sus antecedentes. Así como en el terreno económico-político los dirigentes de la Revolución de 1910 se alzan contra la dictadura de terratenientes y burgueses,[60] en el campo de la pintura, los artistas se rebelan contra el academismo. Los mejores volvieron a contemplar al pueblo, todavía entusiasmado en los trabajos provincianos de retablos, lacas, máscaras rituales y murales de pulquería. Sus retablos (pequeñas pinturas al óleo hechas en madera en honor de un santo milagroso) y murales de pulquería (anuncios comerciales de las tabernas donde se vendía pulque,[61]) son trabajos anónimos de arte popular.

También desempeñaron papel importante en el florecimiento de la pintura el Dr. Atl, José Guadalupe Posada (1852–1913) y Francisco Goitia. Dr. Atl (agua, en náhuatl) es el nombre adoptado por Gerardo Murillo (1875–1964) al retornar de París para dirigir la Escuela de Bellas Artes y fundar una escuela de pintura al aire libre. El Dr. Atl animó a sus discípulos, entre los que se encontraba José Clemente Orozco (1883–1949), a rechazar el academismo europeo y pintar el paisaje y el pueblo mexicanos. Posada, primer maestro de Diego Rivera (1886–1957), era un conocido ilustrador de corridos[62] populares y caricaturista de humorismo macabro, famoso por sus «calaveras» del Día de los Difuntos,[63] (primero de noviembre), que representaban a los políticos y tenían un epitafio irónico. Goitia, artista oficial de las fuerzas villistas,[64] ganó prestigio con sus cuadros de indios desesperados por la pobreza y la opresión.

Terminada la primera década revolucionaria, el gobieno de Jalisco envió a Europa en viaje de estudios a un grupo de pintores que incluía a Orozco y David Alfaro Siqueiros (1898–1974). En Europa, Diego Rivera, tras abandonar el cubismo, sostuvo con Orozco una discusión apasionada sobre política y arte. En 1921 Orozco publicó en Barcelona un famoso manifiesto para atacar los ideales europeos y defender la estética revolucionaria y el retorno al arte indígena. Poco más tarde, José Vasconcelos, Secretario de Educación de Obregón, en sus deseos de fomentar las artes, decidió encomendar[65] una serie de murales a los pintores mexicanos más distinguidos. Porque el interés en la pintura mural de raíces precolombinas había recibido el apoyo del espíritu innovador del Dr. Atl, el gobierno mexicano repatrió de Europa a Rivera, Alfaro Siqueiros y Orozco para encomendarles murales en diversos edificios públicos.

---

[60] *burgueses*   bourgeois
[61] *pulque*   bebida alcohólica hecha de maguey
[62] *corridos*   Mexican ballads
[63] *difuntos*   deceased
[64] *villistas*   partisans of Pancho Villa
[65] *encomendar*   to commission

Pintura por Diego Rivera titulada «El florero», nombre que también se le da al vendedor de flores.

Antes de retornar a México, Diego Rivera viajó a Italia a estudiar los antiguos frescos de ese país, especialmente de Giotto (1266–1377) y sus predecesores. Llegó al país de Rafael cuando los trabajadores, afectados por la crisis económica de posguerra, ocupaban algunas fábricas y se oponían al fascismo. De vuelta en la capital mexicana, de 1923 a 1929, Rivera trabajó en la Escuela Preparatoria y en el edificio de la Secretaría de Educación en México. Los murales que pintó en esos lugares dan una coherente visión dialéctica de la vida activa del pueblo en el campo, en las minas, en la industria.

El hombre aparece dominando a la naturaleza, pero a su vez dominado por la concepción artística del capitalismo, el militarismo y el clericalismo. La crítica histórica del pintor mexicano es aguda y optimista: muestra las fuerzas positivas (el obrero, el campesino y los elementos populares) castigando a los opresores. Rivera ejecuta después, con gran maestría, los frescos del Salón de Actos de la Escuela Nacional de Agricultura, en Chapingo, cerca del Distrito Federal. Son poemas pictóricos de fuerza espectacular, verdaderamente impresionantes y monumentales, considerados como sus obras maestras. Rivera más tarde pintó, entre 1930 y 1936, una serie de frescos en el Palacio de Gobierno de la ciudad de México, en los cuales los protagonistas de la lucha son el indio y el obrero anónimo. Las figuras históricas representadas ahí son más prototipos mexicanos que individuos integrados al proceso revolucionario. Tal vez porque da una visión dialéctica de la vida dinámica del pueblo mexicano, Rivera obtuvo especial acogida en los Estados Unidos, donde se apreció su arte y su labor política. En este país sobresalió por los murales que pintó en la escuela de Bellas Artes en San Francisco, en el Instituto de Bellas Artes de Detroit, en el Rockefeller Center y en la New Worker's School de Nueva York (New School for Social Research). En ellos no pudo evitar que su brocha trazara en colores fuertes su idealismo crítico de la sociedad actual, como si fuera una sinfonía pictórica revolucionaria.

Orozco, en cambio, empleó símbolos elocuentes, formas clásicas y colores modernos para expresar la tragedia del alma mexicana. Usó poco el tema revolucionario, pero cuando lo hizo, criticó cáusticamente el pasado y el presente para realzar la magnitud histórica de la Revolución. Sus figuras abstractas expresan emoción y patetismo. Sus mejores trabajos en México son los que se encuentran en la Escuela Nacional Preparatoria y el mural del Palacio de Bellas Artes, éste último considerado como su obra maestra. También son de importancia sus pinturas en los Estados Unidos: los óleos de Zapata, en el Art Institute de Chicago, y de unos zapatistas, en el Museo de Arte Moderno de Nueva York, y sus frescos en la New Worker's School de Nueva York y en Dartmouth College.

La obra pictórica de Siqueiros es más dramática y comprometida. Utiliza contrastes impresionantes y temas revolucionarios. Despliega maestría en el manejo de las formas humanas escultóricas de origen precolombino. Se ha interesado en el empleo de materiales nuevos, como la pintura al duco.[66] Son suyos unos frescos excelentes de la Plaza Art Center de Los Angeles. En 1921 Siqueiros organizó un congreso de artistas y soldados, y poco después, el Sindicato de Trabajadores Técnicos, Pintores y Escultores, el cual publicó un famoso manifiesto nacionalista, declarando que el propósito del arte es crear belleza para el pueblo porque el arte es colectivo y debe manifestarse en grandes murales. En las últimas obras de Siqueiros se nota cierto abandono de su antiguo optimismo agresivo. En este período pintó principalmente en caballete[67] paisajes y retratos con estilo controlado. «La marcha de la humanidad en Latinoamérica», su mural más grande, tiene 4,600 metros cuadrados (29,400 pies cuadrados), llenos de soldados y

---

[66] *pintura al duco*   painting with car paint
[67] *caballete*   easel

La obra de David Alfaro Siqueiros (1898–1974) es dramática y comprometida. Utiliza con gran destreza contrastes impresionantes y temas revolucionarios. Despliega maestría en el manejo de las formas humanas, sobre todo cuando expresan dolor, como en el «Eco de un grito», su cuadro de 1937.

obreros marchando y subyugando a los opresores. No todos los artistas destacados del período revolucionario mexicano pintaron murales. Rufino Tamayo (n. 1899) utilizó el caballete para pintar óleos donde los colores y las formas se armonizan poéticamente. El guatemalteco Carlos Mérida (n. 1893), de larga residencia en México, se inició con pinturas indigenistas para pasar luego a la representación de formas abstractas. Su gusto por los temas zoomórficos lo toma de los tejidos precolombinos. La pasión por la música ha influido parte de su labor pictórica: ha pintado variaciones del mismo tema. Lo mejor suyo radica en la interpretación de la cosmogonía maya-quiché.

La pintura con significado social, especialmente la que utiliza temas

Carlos Mérida, el más importante pintor guatemalteco, participó en Europa en la revolución artística del cubismo. De regreso a Latinoamérica abrazó el indigenismo, adoptó el vértigo (*dizziness*) geométrico de los elementos decorativos de la arquitectura maya y expresó en sus cuadros la movilidad de un sistema de signos que aparecen, danzan y desaparecen. En este cuadro no figurativo pueden apreciarse formas triangulares y figuras geométricas.

indigenistas, también fue cultivada en el Perú. Su mejor exponente fue José Sabogal (1888–1956), fundador de una escuela neocostumbrista popular en la época en que colaboraba en la revista *Amauta* (1926–1930) y dirigía la Escuela de Bellas Artes de Lima. Sus compañeros de escuela

José Sabogal (1888–1956) es el pintor indigenista peruano más importante.

fueron Julia Codesido, Camilo Blas (José Alfonso Sánchez Urteaga), Enrique Camino Brent y Jorge Vinatea Reynoso. El muralismo se extendió con mucho éxito en el Brasil, donde Cándido Portinari (1903–1962) ejecutó magníficos frescos en el Ministerio de Educación. Ellos, como sus impresionantes murales en el edificio de la Asamblea General de las Naciones Unidas (Nueva York) y en la Biblioteca del Congreso (Washington), analizan críticamente la sociedad y muestran con simpatía al pueblo oprimido.

18.8 El internacionalismo de posguerra

Desde fines de la Segunda Guerra Mundial, el arte latinoamericano tiende a internacionalizarse y subordinar el localismo, lo pintoresco, el nativismo y el indigenismo a un segundo plano de importancia artística. Se acepta, desde entonces, la riqueza del mundo fenomenal, limitada solamente por la unidad de la obra de arte en sí misma y por su organización expresiva. La primera dirección que tomó el internacionalismo artístico fue la del concretismo constructivista, arte curiosamente no objetivo, perteneciente a la tradición constructivista que, como las otras escuelas, vino de Europa algo tardíamente. Esta corriente, sumamente teórica en sus orígenes, estaba muy vinculada con la arquitectura y la tipografía, sometida a la exigente disciplina de la metodología y los valores del purismo universal. El uruguayo Joaquín Torres García (1874–1949) la introdujo en la Argentina con la cooperación de otros pintores.

En el Brasil, en medio del apogeo arquitectónico, el concretismo ganó mayor número de adeptos.[68] En Venezuela determinó una verdadera revolución artística. Se mantiene todavía en casi todos los países latinoamericanos, aunque con los años ha perdido algo de su rigidez, gracias a la flexibilidad personal mostrada individualmente por los pintores. El movimiento concretista es de importancia histórica por haber jugado un papel descollante en la labor planificadora de[69] los diseñadores de Brasilia y ciudades universitarias como las de México y Caracas. Los jardines de Roberto Burle Marx y los nuevos museos construidos en México muestran también la fuerte influencia del concretismo.

Otra forma del ansia artística de universalidad se manifiesta en el informalismo, nombre latinoamericano del internacionalismo pictórico interesado en la amplia libertad y la abstracción intuitiva. En Latinoamérica el entusiasmo por el informalismo ha sido superior al obtenido por otras escuelas de pintura importadas. El informalismo es básicamente un expresionismo que permite exteriorizar emociones personales sin inhibiciones. Es un estilo extremadamente individualista, esotérico, impulsivo, automático, cuyos métodos accidentales satisfacen ampliamente la inclinación

---

[68] *ganó. . . adeptos*   won more followers
[69] *papel. . . planificadora de*   outstanding role in the planning work done by

Frida Kahlo (1907–1954), pintora surrealista mexicana. En varios de sus cuadros superó en originalidad las pinturas de su esposo Diego Rivera. (Kahlo, Frida, *Self Portrait*, 1937)

latinoamericana hacia las metáforas poéticas y el desorden consistente de formas artísticas. En el Brasil promovió esta tendencia Cándido Portinari. En el Perú, el internacionalismo por medio del cubismo lo cultivó Carlos Quizpez Asín (1900–1983), severo crítico del indigenismo, como el de su compatriota Pedro Azabache (n. 1918), e introductor del muralismo renacentista en Lima. En Hispanoamérica se destacaron por cultivar un surrealismo modernista la mexicana Frida Kahlo (1910–1954), esposa de Diego Rivera, y los peruanos Ricardo Grau (1907–1970) y Sérvulo Gutiérrez (1914–1961). Entre los más destacados informalistas se encuentran el brasileño Manabu Mabe (n. 1924), los argentinos Mario Pucciarelli (n. 1928) y Clorinda Testa (n. 1923), y el peruano Fernando de Szyszlo (n. 1925). En Argentina esta corriente ha engendrado una de las escuelas nacionales más fuertes de posguerra: el neofigurismo, que descubre fuerzas bárbaras escondidas bajo el barniz[70] de la civilización moderna para configurarlas en líneas y colores en loca algarabía,[71] dando la impresión de monstruos salidos de la televisión y de la propaganda mural.

El existencialismo pictórico de posguerra ha llevado a los artistas a recalcar los aspectos groseros del hombre moderno y a ofrecer seres deformados, desesperanzados y ridículos para protestar lo absurdo de la existencia humana. De la década de 1960 en adelante surge un nuevo tipo de arte figurativo también crítico de la sociedad y deseoso de captar sus partes más deformantes. Entre los cultivadores de esta tendencia se destacan en Colombia, Fernando Botero (n. 1932); en México, Pedro Coronel (n. 1923); y en la Argentina, Rómulo Macció (n. 1932). En particular Botero ha desarrollado un estilo especial pintando figuras de militares y políticos con caras y cuerpos de una redondez satírica.

El arte pop es probablemente la orientación extrema de protesta al tradicionalismo artístico y a la comercialización de nuestra civilización. A la América Latina ha llegado, como el arte op, por contagio. En los rincones más apartados, donde hay muy poco desarrollo técnico y comercial, el arte pop resulta incongruente y chocante. Sólo en tres países han aparecido destacados cultivadores de estas nuevas corrientes. En la Argentina, pintores como Roberto Squirru (n. 1934), hacen hincapié en la ironía social. En México, Alberto Gironella (n. 1929) utiliza con mucha originalidad collages y efectos tridimensionales. En Venezuela, Alejandro Otero (n. 1921) y Jesús Soto (n. 1923) se han destacado por su construccionismo óptico, espacios multidimensionales y el empleo del aluminio.

18.9 El moderno abstraccionismo latinoamericano

El interés en lo abstracto y en las otras corrientes modernas de las artes plásticas y pictóricas no siempre ha encontrado fieles discípulos imitadores de las tendencias europeas y norteamericanas. Algunos pintores latinoamericanos, sobre todo donde existe una fuerte tradición indigenista y mucho interés en la protesta social, han usado las nuevas técnicas y corrientes para continuar una forma muy estilizada del nacionalismo continental. Han tratado de universalizar el americanismo artístico con la nueva metodología y filosofía estética. Sus interpretaciones cubistas y expresionistas de la realidad americana muestran hasta qué punto se puede ser internacionalista sin abandonar las fuertes raíces nacionales. Se han destacado en este moderno abstraccionismo de formas y técnicas contemporáneas que expresan la identidad cultural latinoamericana Alejandro Obregón (n. 1921), de Colombia, Oswaldo Guayasamín (n. 1919), del Ecuador, Rodolfo Abularach (n. 1933), de Guatemala, y el ya mencionado Fernando de Szyszlo. El primero pinta objetos animados e inanimados del

---

[70] *barniz* varnish
[71] *algarabía* confusión

mundo americano con un cubismo y expresionismo muy personal. El arte del segundo se inspira en la cerámica precolombina de su patria y utiliza una técnica suya para captar la luz en forma plástica, añadiendo a sus cuadros arena y mármol molido. Además ha aplicado la técnica del expresionismo abstracto a la representación simbólica de la mitología incaica, basándose en los motivos de la cerámica y los tejidos del Perú precolombinos. En 1983 el embajador de Italia en Lima anunció que el autorretrato de Fernando de Szyszlo será incorporado en la colección de la Galería Uffizi de Florencia.

18.10 Otros destacados pintores y escultores de hoy

Además de los pintores ya mencionados, debemos considerar otros que la crítica internacional ha elogiado por su originalidad en el empleo especial de una o más técnicas modernas: los cubanos Amelia Peláez (1897–1968), Wilfredo Lam (1902–1982) y René Portocarrero (n. 1912), el chileno Nemesio Antúnez (n. 1918), el mexicano José Luis Cuevas (n. 1933), los peruanos Alberto Dávila (n. 1912), Carlos A. Castillo (n. 1913), Víctor Humareda (1921–1987), José Milner Cajahuaringa (n. 1922), Tilsa Tsuchiya (1936–1984) y Gerardo Chávez (n. 1936), los argentinos Sarah Grilo (n. 1920), José Antonio Fernández Muro (n. 1920), Raquel Forner (n. 1902), Miguel Angel Vidal (n. 1928) y Ari Brizzi (n. 1930), y los brasileños Iberé Camargo (n. 1914) y Emilio Castellar (n. 1930).

Con técnica surrealista y cubista aprendidas directamente de Picasso, Wilfredo Lam ha pintado recuerdos y visiones caóticas del trópico en cuadros en que fantasmagóricamente se mezclan tallos de caña,[72] frutas, animales y hombres alumbrados por una luna tenue. En «La jungla» (1944), por ejemplo, nos da una composición geométrica de la naturaleza del Caribe, unificando el caos tropical. Ahí los colores impresionantes sugieren la luz y la sensualidad tropicales y realzan las formas caprichosas. Hace unos años el director del Museo de Arte Moderno de Nueva York incluyó «La jungla» entre los cien cuadros más importantes de la pintura de este siglo. A partir de 1947, Lam abandonó los colores tropicales para ofrecer visiones diurnas y nocturnas, en blanco y negro principalmente, para sintetizar un mundo aterrorizado por monstruos erizados de púas.[73] Con razón ha escrito André Bretón: «Nunca como en mi amigo Lam se ha operado con tanta sencillez la unión del mundo objetivo y del mundo mágico».[74] Nemesio Antúnez, esencialmente abstraccionista, muestra la influencia que recibió durante su larga residencia en París: sus cuadros con figuras ondulantes producen una sensación de vértigo. Ha sido director del Museo de Arte

---

[72] *tallos de caña*   stalks of sugar cane
[73] *erizados de púas*   bristling with sharp points
[74] Citado por Edmundo Desnoes, *Lam: azul y negro* (La Habana: Editorial Nacional de Cuba, 1963), p. 11.

«La anunciación» (1947) del cubano Wilfredo Lam, uno de los más importantes pintores latinoamericanos de este siglo. Sus cuadros surrealistas están influidos por su amigo y protector el Picasso del período de «Guernica».

Contemporáneo de Santiago y Agregado Cultural de la Embajada Chilena en Washington. José Luis Cuevas tiene su propia versión del neofigurismo. Se expresa en dibujos en blanco y negro de figuras goyescas[75] que ridiculizan la sociedad contemporánea y censuran, como lo hace en literatura su amigo Carlos Fuentes, el estancamiento[76] de la Revolución mexicana.

Entre los otros pintores, merece especial mención Emilio Castellar por sus cuadros siderales[77] de paisajes interespaciales, colores crepusculares y formas planetarias. Como dice Jorge Amado, Castellar pinta «el misterio del universo conquistado». Tilsa Tsuchiya se destaca entre los pintores peruanos más jóvenes por su seguro dominio de la técnica y especiales combinaciones de colores suaves. También distorsiona el cuerpo humano, especialmente el femenino, adentrándose así en una angustiosa búsqueda de las esencias. Carlos Cajahuaringa ha mantenido la misma línea cromática con el repetido uso de tonos claros, ligeros y luminosos, especialmente cuando pinta el cielo campestre.

Entre los escultores más destacados de la actualidad se encuentran la argentina Alicia Peñalba (n. 1918) cuyas estructuras se parecen al tótem; la boliviana Marina Núñez del Prado (n. 1910), que ha utilizado piedras y maderas de su patria; el peruano Víctor Delfín (n. 1927), que se vale de gran variedad de materiales para crear composiciones, productos de la más alta artesanía y la pura escultura, y el guatemalteco Roberto González Gyri (n. 1924), ganador del primer premio en escultura en un concurso centroamericano en 1964. Hay, por supuesto, muchos más cultivadores de las artes plásticas en Latinoamérica a quienes lamentablemente no mencionamos por las limitaciones de esta apretada síntesis que sólo permite ocuparse de los artistas más destacados y representativos de las diversas orientaciones.

18.11 Sumario

 I. Las bellas artes en México precolombino:
   A. La escultura es superior a la pintura mediocre de frescos y códices
   B. El calendario azteca de 1479 es considerado la mejor obra plástica
 II. Las bellas artes en la civilización maya:
   A. Su escultura es la mejor de América precolombina
   B. Frescos y decoraciones policromadas se inspiran en la cerámica
   C. Ilustraciones de los códices revelan el desarrollo de la pintura.
 III. Las bellas artes en el Perú precolombino:

---

[75] *goyescas* in the style of Goya
[76] *estancamiento* stagnation
[77] *siderales* sideral, starry

A. Las artes plásticas son inferiores a las artes aplicadas y manuales

B. Los tejidos de Paracas se encuentran entre los mejores del
mundo

C. Los diseños textiles fueron usados en la ornamentación arquitectónica

IV. La pintura y la escultura durante la Colonia (1492–1824):

A. Casi un millón de cuadros pintados principalmente para las
iglesias

B. Tras secular espera los indios son admitidos a los gremios de
artistas

C. La escultura, subordinada a la arquitectura, usa el encarnado

D. México, Quito, Cuzco y Potosí: los más importantes centros
artísticos

E. La escuela mexicana:
1. Fundada en el siglo XVIII por Baltasar de Echave, el Viejo
2. Labor de José Juárez, el «Apeles mexicano», y B. de
Echave, el Mozo
3. José María Ibarra (1688–1756), el Murillo mexicano
4. El indio Miguel Cabrera (1695–1768) y sus murales de
Taxco

F. La escuela de Quito:
1. Cuadros realistas de Miguel de Santiago (¿1626?–1768),
genio atormentado
2. Pinturas sobresalientes de N. J. de Gorívar, sobrino de
Santiago

G. Fuerte decoración en las obras de las escuelas de Cuzco y
Potosí

H. Los escultores Diego de Robles, «Caspicara» y «Aleijadinho»
(tullido)

I. El triunfo del neoclasicismo:
1. Fundación en México de la Academia de San Carlos en
1785
2. Manuel Tolsá esculpe en México la estatua ecuestre de
Carlos IV

V. Del neoclasicismo al romanticismo durante el período republicano:

A. Idealización de los héroes y las batallas por la independencia

B. Escenas gauchescas, criollas, mestizas y del paisaje iberoamericano

C. Persistencia del academismo: D. Hernández, C. Baca Flor y
R. Amoedo

VI. Del impresionismo al modernismo en la pintura:

A. Salvo en P. Figari, predomina la estéril imitación de los europeos

F. El arte pop y op y su incongruencia ante el subdesarrollo.

18.12 Recomendación bibliográfica

Ades. Dawn, ed. *Art in Latin America*. New Haven: Yale University Press, 1989.

Areán González, Carlos Antonio. *La pintura en Buenos Aires*. Buenos Aires: Municipalidad de la Ciudad de Buenos Aires, 1981.

Bayón, Damián Carlos. *Artistas contemporáneos de América Latina*. Paris: UNESCO, 1981.

——, ed. *América Latina en sus artes*. México: Siglo XXI, 1980.

——. *Arte moderno en América Latina*. Madrid: Taurus, 1985.

Carvacho Herrera, Víctor. *Historia de la escultura en Chile*. Santiago: Editorial Andrés Bello, 1983.

Castedo, Leopoldo. *A History of Latin American Art and Architecture*. Translated and edited by Phyllis Freeman. New York: Praeger, 1969.

Cordy-Collins, Alana, ed. *Pre-Columbian Art History*. Palo Alto, Ca.: Peek Publications, 1982.

Chase, Gilbert. *Contemporary Art in Latin America*. New York: The Free Press, 1970.

Day, Hollyday T., et al. *Art of the Fantastic: Latin America, 1920–1987*. Indianapolis: Indianapolis Museum of Art, 1987.

Fernández, Justino. *El arte del siglo XIX*. 3a ed. México: UNAM, 1983.

Findlay, James A. *Modern Latin American Art: A Bibliography*. Westport, Ct.: Greenwood, 1983.

Galaz, Gaspar, and Milán Ivelíc. *La pintura en Chile desde la Colonia hasta 1981*. Valparaíso: Universidad Católica de Valparaíso, 1981.

Grieder, Terence. *Origins of Pre-Columbian Art*. Austin: University of Texas Press, 1983.

Kelemen, Pál. *Baroque and Rococo in Latin America*. 2d ed. Magnolia, Mass.: P. Smith, 1968.

Lauer, Mirko. *Introducción a la pintura peruana del siglo XX*. Lima: Mosca Azul, 1976.

Lothrop, Samuel K. *Treasures of Ancient America: Columbian Art from Mexico to Peru*. New York: Rizzoli International, 1979.

Mesa, José de, y Teresa Gisbert. *Historia de la pintura cuzqueña*. Lima: Fundación A. N. Wiese, Banco Wiese, 1982.

Mosquera, Gerardo. *Exploraciones de la plástica cubana*. La Habana: Letras Cubanas, 1983.

Nicholson, Henry B., and Eloise Quiñones Keber. *Art of Aztec Mexico: Treasures of Tenochtitlan*. Washington: National Gallery of Art, 1983.

Oettinger, Marion. *Lienzos coloniales*. México: UNAM, 1983.

Stierlin, Henri. *Art of the Maya: From the Olmecs to the Toltec-Maya*. Translated by Peter Graham. New York: Rizzoli, 1981.

Traba, Marta. *Dos décadas vulnerables en las artes plásticas latinoamericanas, 1950–1970.* México: Siglo XXI, 1973.

Zilio. Carlos, et al. *Artes plásticas.* São Paulo: Brasiliense, 1982.

18.13 Cuestionario y temas

Cuestionario

1. ¿Cuál de las bellas artes se desarrolló más en América precolombina?
2. ¿Quiénes fueron los grandes pintores de América colonial y por qué?
3. ¿Por qué se destacaron los escultores del período colonial latinoamericano?
4. ¿Cuáles fueron las escuelas pictóricas más importantes durante la Colonia?
5. ¿Por qué se le apodó el «Aleijadinho» a Antonio Francisco da Costa Lisboa?
6. ¿Cómo se expresó el neoclasicismo en América?
7. ¿Quiénes cultivaron el arte con contenido social?
8. ¿Qué características tiene el internacionalismo de posguerra?
9. ¿Cómo se manifiesta el abstraccionismo en Latinoamérica?
10. ¿Quiénes son los más destacados pintores latinoamericanos de hoy?

Temas para informes orales

1. Las bellas artes precolombinas.
2. Las grandes escuelas pictóricas de América colonial.
3. El «Aleijadinho» y la escultura colonial brasileña.
4. La pintura de la Revolución mexicana.
5. La pintura indigenista.
6. El internacionalismo de posguerra.
7. El abstraccionismo latinoamericano.
8. El informalismo pictórico.
9. El arte pop y la corriente op en Latinoamérica.
10. Pintores destacados de hoy.

Temas para informes escritos opcionales

1. La influencia indígena en la pintura colonial.
2. El neoclasicismo en América.
3. La pintura indigenista peruana.
4. La originalidad en el abstraccionismo latinoamericano.
5. Wilfredo Lam y el realismo mágico.

Esta pieza de cerámica precolombina hallada en México representa a un músico
con un instrumento de percusión de madera con muchos cortes (*notches*).

Capítulo
19

La música

19.1 La música precolombina

Las fuentes de información acerca de la música precolombina son limitadas a causa de la ausencia de material escrito. La impresión de música amerindia más antigua es la que hizo en 1578 el francés Juan de Léry en su *Histoire d'un voyage fait en terre du Brésil (Historia de un viaje al Brasil)*, al incluir cinco melodías de los tupinambás que vivían cerca de la región donde hoy se encuentra Río de Janeiro. También son importantes los frescos aztecas y mayas y la cerámica precolombina sudamericana que muestran a los músicos y sus instrumentos. Las crónicas coloniales tienen valor relativo si se tienen en cuenta los esfuerzos iniciales de los conquistadores para obliterar la música americana. La impresión de himnos y salmos[1] cristianos traducidos al náhuatl, como *Psalmodia Christiana* (México, 1583), no ayudó a retener este arte.

Los arqueólogos, antropólogos y musicólogos han formulado hipótesis después de examinar la poca evidencia disponible. Sabemos, sin embargo, que los aztecas emplearon tambores[2] de madera cuidadosamente tallados: unos, cilíndricos, con una terminal cubierta de piel; otros, con doble terminación horizontal. En las danzas, los bailarines ejecutaban pasos complicados al son[3] de ritmos complejos y misteriosos que ayudaban a simular

---

[1] *salmos* psalms
[2] *tambores* drums
[3] *son* sound

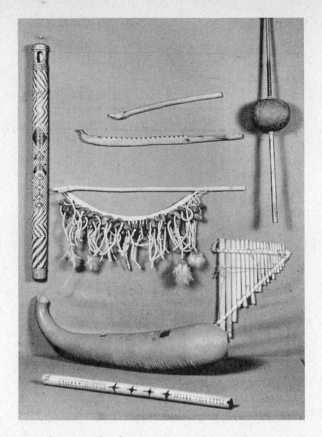

Instrumentos musicales precolombinos conservados en el Perú contemporáneo.

acontecimientos mitológicos. Los antiguos mexicanos también usaron flautas de caña, trompetas de concha marina y sonajeros de calabaza.[4]

La música maya, tan vinculada a su danza, era interpretada principalmente con instrumentos de percusión, acompañados de algunos instrumentos de viento. Como en el resto del Nuevo Mundo, los mayas desconocieron los instrumentos de cuerda.[5] Vale la pena mencionar aquí la semejanza que hay entre los instrumentos usados por los amerindios y los de la China antigua, algunos de los cuales han existido únicamente en las tierras de Asia, Oceanía y América bañadas por el Pacífico.

Los huacos (cerámica) de las culturas mochica y nazca de la costa del Perú precolombino informan gráficamente sobre sus músicos e instrumentos. En la cerámica mochica aparecen dioses, hombres y esqueletos humanos tocando flautas pandeanas, flautas parecidas a la quena[6] y trompetas. Las

---

[4] *flautas de caña. . . calabaza*   cane futes, sea-shell trumpets and gourd rattles
[5] *cuerda*   string
[6] *flautas pandeanas. . . quena*   pan pipes, notched-end futes

Representación de un baile precolombino con sus músicos en un objeto de cerámica mochica excavado cerca de Trujillo, Perú.

excavaciones en las *huacas*[7] han desenterrado sonajeros, campanas, tambores, tamborines, pitos[8] y trompetas de caña, arcilla, hueso, concha y madera.

Hasta hace poco se había generalizado la tesis que sostiene que la música precolombina se basaba en la escala pentatónica,[9] pero recientemente algunos estudiosos la disputan con argumentos tendientes a probar el empleo de mayor número de tonos y semitonos.

19.2 La música en Hispanoamérica colonial

En el siglo XVI, en el terreno musical, España era también una de las naciones más desarrolladas de Europa. El instrumento peninsular predilecto era la guitarra y no el laúd,[10] como en el resto de Europa. Las cuatro cuerdas de la primera guitarra poco a poco fueron aumentando a cinco, seis y hasta siete. Por esa época los músicos españoles tuvieron destacada actuación en Italia, donde llegaron a ocupar importantes posiciones.

Los primeros músicos europeos que vinieron al Nuevo Mundo estuvieron incorporados a las expediciones militares españolas. Algunos de ellos fueron españoles y de otras nacionalidades, como sucedió en la expedición de Pedro de Mendoza a Buenos Aires (1536). Consigo trajeron trompetas, flautas, tambores y timbales.[11]

Las necesidades de los servicios católicos determinaron el temprano establecimiento de escuelas de música. En 1524, a los tres años de la ocupación de Tenochtitlán, fray Pedro de Gante fundó una en Texcoco para enseñar a los indios a copiar y cantar música polifónica religiosa, manu-

[7] *huacas*   burial sites
[8] *pitos*   whistles
[9] *pentatónica*   de cinco notas musicales
[10] *laúd*   lute
[11] *timbales*   timbals, kettledrums

facturar y tocar instrumentos, y componer villancicos[12] y misas. Parece que en 1591 ya funcionaba en Caracas una escuela parecida.

En México se publicó en 1556 el primer libro en el Nuevo Mundo con anotaciones musicales: *Ordinarium* (ordinarios de misas). Se han llegado a descubrir hasta siete libros parecidos, publicados en México antes de 1600. Su importancia es apreciada mejor si se tiene en cuenta que en Europa misma poquísimas eran las imprentas equipadas con tipos musicales y que sólo en 1698, en Nueva Inglaterra, se publicó el primer libro semejante: la novena edición del *Bay Psalm Book*, que desde 1640 venía apareciendo sin las anotaciones musicales. La música secular no quedó descuidada. En 1526 un compañero de Cortés estableció en la ciudad de México una escuela de baile. De la música secular se desarrollaría después la música latinoamericana.

Todas las manifestaciones artísticas importadas experimentaron en el Nuevo Mundo fuertes modificaciones. Durante el siglo XVII la música criolla ya tenía sus características definidas y era tan grandemente apreciada que llegó a influir en la Península. Así como la música barroca y renacentista religiosa se cultivaba en las iglesias, conventos, monasteríos y misiones, la popular, como la seguidilla, el fandango, la jota y las sevillanas,[13] se extendía modificada por todas partes. En la región del Caribe, la música andaluza y la africana se mezclaron con rapidez. «El son de la Má Teodora», compuesto en honor de la negra libre Teodora Ginés, tan parecido a los ritmos afrocubanos de nuestro siglo, se popularizó en Santiago de Cuba hacia 1580:

> —¿Dónde está la Má Teodora?
> —Rajando la leña está.
> —¿Con su palo y su bandola?[14]
> —Rajando la leña está.
> —¿Dónde está que no la veo?
> —Rajando la leña está.

En México, la música española se ve influida por los ritmos indios. El corrido mexicano proviene del romance[15] peninsular y del corrido andaluz; el huapango se basa también en la música andaluza, mientras que el jarabe se deriva de la seguidilla, el fandango, el zapateado[16] y la jota.

Rara vez se usaron las castañuelas[17] en el Nuevo Mundo, aunque en algunos bailes folklóricos, como en el pericón de la Argentina y la zamacueca del Perú, los bailarines levantan la mano que sostiene el pañuelo, como si fuera un gesto pantomímico del empleo de las castañuelas. Gene-

---

[12] *villancicos*   Christmas carols
[13] *seguidilla. . . sevillanas*   names of lively Spanish tunes, most of which are danceable
[14] Where's mother Teodora?/She is cutting firewood./With her staff and mandolin?
[15] *El corrido. . . romance*   The Mexican ballad comes from the Spanish narrative poem in octosyllabic verse.
[16] *zapateado*   tap dance
[17] *castañuela*   castanets

ralmente la versión criolla de la canción popular peninsular cambia de nombre. Pocas, como la malagueña mexicana y el bolero español, retuvieron su nombre peninsular.

Centros musicales importantes durante la época colonial fueron México, Lima y Caracas. Les seguían Chuquisaca, Bogotá, Quito, La Habana y Buenos Aires. A este último lugar a veces llegaban orquestas de indios de las misiones a ofrecer conciertos públicos.

En los siglos XVI y XVII, y hasta durante el siglo XVIII, se representaron comedias españolas, a menudo acompañadas de música escrita en América, como sucedió con la compuesta en Lima por José Díaz para las obras de Calderón. Las famosas zarzuelas[18] contribuyeron desde el siglo XVIII a difundir ampliamente la música secular española, base inical del tango argentino que después recibió la influencia de la versión cubana de la contradanza.[19] La primera representación operática en el Nuevo Mundo se llevó a cabo en Lima, en 1701. En México se presentó la ópera por primera vez en 1730, cinco años antes que en Charleston, Carolina del Sur. En el siglo XVIII, las comedias y sainetes del peruano Pedro de Peralta se representaron en Lima acompañados de música.

Además de la guitarra, el instrumento musical más difundido en Sudamérica, especialmente entre los indios, ha sido el arpa. Los jesuitas la introdujeron en el Paraguay y desde entonces es el instrumento predilecto del país. Tiene allá tanta importancia como la marimba en Guatemala.

En el siglo XVIII Venezuela se destacó por su interés en la música eclesiástica, clásica y popular. Aparecieron varios maestros de capilla y compositores de misas destacados. En 1750 se estableció en Caracas la Orquesta Sinfónica, la primera en las Américas. La guerra de independencia diezmó[20] a los músicos de este país. Como muchos de ellos estuvieron involucrados en las conspiraciones, el general español José Tomás Boves (m. 1814) fusiló a más de treinta músicos y obligó a otros a exiliarse o a esconderse. La vida musical de Caracas sólo logró normalizarse después de la batalla de Carabobo que aseguró la independencia del país.

19.3 La música en el Brasil

La música de América lusitana se caracteriza por la fuerte influencia negra en los elementos portugueses e indios. Durante la época colonial, sobre todo en el período de la unión de España y Portugal de 1580 a 1640, los españoles que llegaron al Brasil llevaron sus boleros, fandangos y seguidillas, los cuales desde entonces compitieron con la música triste del fado, aparentemente originaria del Brasil.

La fuerte influencia italiana llega en el siglo diecinueve. Cuando la

---

[18] *zarzuela*   Spanish musical comedy with alternating music and dialogue
[19] *contradanza*   contradance
[20] *diezmó*   decimated

monarquía brasileña le dio gran impulso a las artes, se establecieron bandas y orquestas en diferentes ciudades del país. Francisco Manoel da Silva, autor del himno nacional brasileño, fundó el Conservatorio Nacional de Música, en 1841. Diecisiete años más tarde se establecieron la Academia Imperial de Música y la Opera Nacional. La primera se propuso presentar obras italianas, francesas y españolas en traducción y por lo menos una vez al año una pieza compuesta por compositor brasileño. La primera ópera de compositor nacional fue *A Nôite de São João*, de Elías Alvarez Lobo (1834–1901), presentada en Río de Janeiro en 1860.

El mestizo Carlos Gomes (1836–1896) llegó a ser el compositor latinoamericano más importante del siglo XIX. Sus óperas se presentaron con rotundo éxito en Río de Janeiro y en Milán. Gracias al apoyo de Pedro II, había sido admitido al Conservatorio de Música y de ahí había egresado a conquistar laureles. Sus primeros trabajos tienen fuerte influencia italiana, pero en su ópera más conocida, *Il Guarany*, que con libreto italiano tuvo su estreno[21] en La Scala, en 1870, el nacionalismo musical es bastante marcado. Gomes retornó a Río de Janeiro después de recibir el elogio de Verdi y allá fue agasajado[22] como un héroe. Posteriormente alternó en sus óperas temas italianos y brasileños. Aunque se le ha acusado de haber dependido demasiado de los modelos italianos, su música influyó mucho en los compositores brasileños de las últimas décadas del siglo diecinueve y las primeras del siglo veinte.

Como en el resto del continente, en el Brasil a fines del siglo diecinueve el nacionalismo musical se sistematiza, gana adeptos y domina el mundo artístico. Uno de los primeros en seguir esta orientación fue Alberto Nepomuceno (1864–1920), autor de las primeras composiciones para orquesta basadas en temas brasileños, por las cuales se le consagró como «padre del nacionalismo musical» de su país. Otros distinguidos compositores siguieron su derrotero:[23] Francisco Mignone (n. 1897), autor de composiciones llenas de color y emoción; Oscar Lorenzo Fernández (1897–1948), autor de piezas delicadas y sutiles; Luciano Gallet (1893–1931), conocido por sus canciones populares; y sobre todo, Héitor Villa-Lobos (1887–1959).

Villa-Lobos, uno de los más destacados compositores del siglo XX, se esforzó por elevar el valor estético y comunicar universalidad a la música folklórica de su patria. Utilizó melodías indias publicadas por Jean Léry en *Historia de un viaje al Brasil* (1578) y escribió más de 700 composiciones musicales en casi todos los géneros (óperas, sinfonías, poemas sinfónicos, oratorios, conciertos, música de cámara, canciones, música coral y composiciones para piano y otros instrumentos). Se destacan entre todas estas composiciones sus *Bachianas brasileiras*, en las cuales mezcla la técnica del contrapunto de Bach con elementos populares y folklóricos brasileños y añade riqueza rítmica y mucha originalidad.

---

[21] *estreno*   premiere
[22] *agasajado*   showered with attention
[23] *derrotero*   camino

Héitor Villalobos (1887–1959) es arquetipo del compositor genial latinoamericano con éxito internacional. El sabor de sus mejores composiciones procede de la tradición vernácula brasileña temperada por la estética europea adaptada a las exigencias espirituales latinoamericanas.

Como reacción al predominio musical de Villa-Lobos, se desarrolló en el Brasil una corriente antifolklorista deseosa de obtener universalidad sin explotar el folklore nacional. Sus seguidores, a su vez, encontraron fuerte resistencia de parte de los discípulos y admiradores de Villa-Lobos. Se han destacado como antifolkloristas, Hans J. Koellreutter (n. 1911), César Guerra Peixe (n. 1914) y Claudio Santoro (n. 1911), conocido en especial por su *Octava sinfonía* (1964).

La vitalidad y la riqueza melódica de la música brasileña la han hecho famosa fuera del país. Al Carnaval de Río de Janeiro asisten decenas de millares de extranjeros a apreciar la loca algarabía que inspiran las orquestas con sus violines, mandolinas, guitarras y tambores africanos. El Carnaval de Río revela claramente la mezcla de los elementos cristianos y paganos de una civilización que ha dado categoría artística moderna a ritmos ancestrales.

En la música popular se nota aun más fuerte la influencia negra, espe-

El Carnaval de Río revela la mezcla de elementos cristianos y paganos. En esta foto una típica carioca baila alegremente en una calle de Río de Janeiro.

cialmente en la música de las prácticas fetichistas, curiosa mezcla de rituales africanos, indios y católicos. Se les da el nombre de *samba* a varios bailes de diferentes regiones del país, sobre todo a uno de Río de Janeiro, el más conocido en el extranjero, aunque difiere muchísimo de la *samba* rural. Con posterioridad la bossa nova de los años cincuenta y sesenta, con su ritmo sensual, se popularizó mucho y se la exportó con éxito a los Estados Unidos y Europa, como ocurre con la lambada en la década de los años noventa.

19.4 La música afrocubana

No se sabe a ciencia cierta[24] cuándo llegaron los primeros negros a Cuba. Los documentos mencionan su presencia en la isla en 1513, y revelan que Hernán Cortés llevó a México algunos negros de Cuba. El conocido so-

---

[24] *a ciencia cierta*   for sure

ciólogo cubano Fernando Ortiz comprobó que en 1526 dos genoveses[25] llevaron a la isla un cargamento de 145 esclavos de Cabo Verde. Lo cierto es que en 1534 ya había en Cuba alrededor de mil africanos y en 1769, unos 22,740 negros libres.[26]

La influencia negra en la música española de la isla se debe en gran parte al hecho que desde el siglo XVI la mayoría de los músicos son negros. La fuerte discriminación racista no se extendió a los reglamentos de ingreso al gremio de músicos debido a la gran escasez de maestros de este arte. Se sabe que en 1557 el único músico en La Habana era un flamenco que tocaba el tambor cuando se aproximaba un navío a la bahía. «El son de la Má Teodora» revela que desde los primeros años del coloniaje la música que se toca en la isla es producto de la amalgama de melodías africanas y españolas.[27] La iglesia católica, con su ritual y pompa, ejerció poderosa atracción en los negros que adoptaron el culto cristiano sin renegar de[28] sus propios dioses africanos (Ogún, Changó, Eleguá, Obatalá). Varias divinidades cristianas, por proceso sincrético,[29] enriquecieron el panteón africano, sustituyendo con sus imágenes las antiguas representaciones antropomorfas y zoomorfas. De esta manera San Lázaro vino a hacerse uno con Babalú-ayé; la Virgen de Regla con Yemayá; Santa Bárbara con Changó; San Norberto con Ochosí. La música indudablemente fue otro poderoso atractivo de la Iglesia, sobre todo en esa época en que los templos eran las únicas salas de concierto. Así como en las colonias angloamericanas el negro adoptó el himno protestante y en Santo Domingo se apoderó de las danzas y canciones francesas, en Cuba hizo suyas, en interpretaciones míticas, la música española, la contradanza y el minué.

En 1774 Cuba tenía una población de 96,430 blancos y 78,180 negros, de los cuales 44,360 eran esclavos. Es decir, algo menos de la mitad de la población era de sangre negra. Como hemos visto en el Capítulo 15, fue durante esta época cuando el carácter del habitante de la isla comenzó a mostrar características definidas. En estas circunstancias llegaron a Santiago de Cuba los refugiados de la isla de Santo Domingo, huyendo del baño de sangre causado por la Revolución francesa. La *contradance* francesa, derivada del *country dance* inglés, arraigada en Santo Domingo, fue tan modificada en Cuba que a la larga dio lugar a la contradanza cubana de la que se derivó una serie de tipos musicales. De la contradanza cubana de tiempo de 6/8 nacieron la clave, la criolla y la guajira; de la contradanza cubana de tiempo de 2/4 nacieron la danza, la habanera y el danzón.

La contradanza cubana se exportó como si fuera un producto oriundo de la isla. En el extranjero, sobre todo en México, se la reeditaba con el nombre de danza habanera. En España se la presentaba como danza ameri-

---

[25] *genoveses* Genoese
[26] A. Carpentier, *La música en Cuba*, pp. 31–33.
[27] Ibid, p. 41
[28] *sin renegar a* without renouncing
[29] *sincrético* syncretic (uniting conflicting beliefs)

cana o simplemente como americana. En Puerto Rico llegó a ser la música predilecta, sobre todo gracias a la labor del compositor Juan Morel Campos (1857–1896). En la Argentina, con cadencia más sensual aún y mezclada con las tonadas andaluzas acriolladas,[30] engendra la versión moderna del tango. El vasco Sebastián Iradier (m. 1865), de larga residencia en Cuba, la propagó en Europa con canciones como «La Paloma» y la melodía que sirvió de base a la «Habanera» de la ópera *Carmen* compuesta por Bizet. También se vieron atraídos por esta música otros compositores europeos como Saint-Saéns y Ravel. La habanera alcanza su más alta expresión con Eduardo Sánchez de Fuentes (1874–1944), autor de la mundialmente conocida «Tú». En París esta canción fue reeditada con el nombre de «tango-habanera». En Buenos Aires, por afinidad espiritual «Tú» se popularizó con gran rapidez. El caso de Sánchez es sumamente curioso porque, no obstante los elementos negroides en su canción, irónicamente este compositor compartió el estado de ánimo antinegro de principios del siglo y rehusó con cierto desdén incorporar conscientemente ritmos afrocubanos en sus composiciones musicales.

Para 1913, cuando se propagó la falsa creencia de que la herencia africana era un impedimento en la «europeización» y «civilización» de Cuba, se prohibieron las comparsas[31] tradicionales y las fiestas religiosas de los negros. La política oficial era entonces utilizar al negro en las farsas electorales sin que «infectara» la «cultura occidental» de la isla. Cuando las comparsas otra vez fueron autorizadas unos años más tarde, ya no tenían la misma fuerza, aunque daban la impresión de ser más teatrales y utilizaban más instrumentos musicales. La prejuiciosa prohibición había matado su vitalidad y les había hecho perder su autenticidad.[32] Con el correr de los años la danza da lugar al danzón, cuya síncopa negra pronunciada le dio igual aceptación en el extranjero. Aaron Copland la trató de captar en su famoso «Danzón cubano». Cuando se universalizó el «jazz» norteamericano durante la primera guerra mundial, los músicos cubanos que hasta entonces habían usado principalmente las maracas, los bongós, las claves[33] y otros instrumentos de percusión, comenzaron a utilizar el saxofón y los tambores norteamericanos. Por esos años se popularizó el «son». Algunos de ellos, como «Siboney», «El manisero» y «Mamá Inés», consiguieron rápida difusión. Cuando en 1913 las comparsas y las congas callejeras[34] fueron prohibidas, hizo su aparición la rumba, la cual en su forma menos sensual vino a formar parte obligatoria del repertorio mundial de música bailable.

Mientras se llevaba a cabo la transformación y universalización de la música popular cubana, los compositores de la isla, superando los prejuicios, incorporaron en sus composiciones cultas las formas populares. El español

---

[30] *tonadas andaluzas acriolladas*　local adaptation of Andalusian tunes
[31] *comparsas*　carnival group-dancing in the streets
[32] A. Carpentier, *La música en Cuba*, pp. 241–242.
[33] *los bongós, las claves*　twin hand-drums, cylindrical sticks
[34] *callejeras*　street

José Ardévol (n. 1911), establecido en Cuba en 1930, fundó el grupo de Renovación Musical, escribió sinfonías afroantillanas y preparó a una generación de artistas. Amadeo Roldán (1900–1939), que llegó a ser director de la Orquesta Sinfónica de La Habana, le dio impulso al movimiento de música moderna con énfasis afrocubano. Su composición musical «La Rebambaramba» es una de sus piezas más conocidas. Alejandro García Caturla (1900–1940) se hizo famoso con su «Bembé» y Ernesto Lecuona (1896–1963), autor de numerosas canciones populares, se hizo conocidísimo con «Siboney», «La Comparsa» y «Malagueña».

A partir de la Segunda Guerra Mundial la música cubana ha dado nuevas adiciones al repertorio de música bailable del mundo: el chachachá, el mambo, el mambo jambo y otras composiciones. Desde 1959, y durante la década siguiente, apareció en los Estados Unidos y luego se difundió por toda Latinoamérica el llamado «Latin Jazz», que en realidad es una mezcla de «jazz» norteamericano y ritmos afrocubanos. No debería llamar la atención si en el futuro nuevas formas rítmicas, melodías, canciones y bailes basados en la música afrocubana se crean y se universalizan, como ha sucedido con la salsa puertorriqueña.

19.5 La música en el México republicano

En México, como en el resto de Hispanoamérica, en el siglo XIX, estando todavía fresco el sentimiento antiespañol, se propagó el gusto por la música italiana, francesa y alemana. La expresión favorita fue la ópera. Muchas compañías europeas tuvieron resonante éxito en la capital mexicana. La reacción anticlerical alejó al público de la música eclesiástica y lo entusiasmó más en la música secular. Los compositores nacionales imitaron la música romántica europea y se dedicaron a escribir valses y mazurcas.[35]

Fue durante el gobierno de Maximiliano cuando comenzaron a popularizarse, sobre todo en Jalisco, los mariachis, que tocaban en las celebraciones de las bodas.[36] Hoy día son popularísimos en todo el país. Generalmente integran esta orquesta típica dos violines, una guitarra, un guitarrón, un arpa y una trompeta.

La Revolución que comenzó en 1910 afectó mucho el arte musical. Algunos de los valses populares recibieron letra revolucionaria que competía en popularidad con las piezas musicales que sirvieron de himnos de guerra («Adelita», «La cucaracha»,[37] «Marieta»). Durante esta época, Manuel Ponce (1886–1948) abrazó y difundió el nacionalismo folklórico: compuso

---

[35] *valses y mazurcas*   waltzes and mazurkas (mazurka is a Polish dance slower than the waltz)
[36] *bodas*   marriages
[37] Se cree que «La cucaracha» fue compuesta en Campeche, México, alrededor de 1860, derivada de una mazurca. Poco después se convirtió en una canción satírica popular entre los enemigos de los soldados federales de Juárez. Durante la Revolución Mexicana «La cucaracha» y los corridos fueron canciones de protesta social.

más de un centenar de canciones, incluyendo unas composiciones para la guitarra de Andrés Segovia. Dos de sus discípulos han tenido destacada actuación internacional: Silvestre Revueltas (1899–1940) y Carlos Chávez (1899–1978).

Silvestre Revueltas, subdirector de la Orquesta Sinfónica de México, de 1929 a 1936, no sólo usó ampliamente elementos folklóricos, románticos y pintorescos, sino también empleó la politonalidad y la disonancia. El poema sinfónico «Sensemayá», basado en los versos del poeta cubano Nicolás Guillén, es una de sus composiciones más apreciadas. Carlos Chávez fue después el compositor y conductor más importante de México. En 1928, el mismo año en que se le nombró director del Conservatorio Nacional de Música, fundó la Orquesta Sinfónica de México. En su período nacionalista Chávez escribió la famosa *Sinfonía india* (1935–1936) y otras piezas indigenistas que requieren amplio uso de instrumentos indios. En su etapa internacional, el maestro mexicano dio importantes piezas como su *Concierto para violín y orquesta* (1948–1950) y varias sinfonías. Reconociendo su prestigio universal, Harvard lo invitó a dictar el ciclo de conferencias Charles Eliot Norton en el año académico 1960–1961.

19.6 La música de los herederos del incanato

La introducción de los instrumentos musicales de cuerda, la modulación, los medios tonos y la armonía europeos revolucionaron la música de los países andinos. Tuvieron especial valor el arpa, que con su escala diatónica es capaz de llegar a las cinco octavas, y la mandolina, que reducida en tamaño se convirtió en el *charango* de los quechuas y aymarás contemporáneos. La guitarra y el violín llegaron algo más tarde y su difusión se hizo más pronunciada entre los mestizos. Como hemos visto anteriormente, los esfuerzos españoles para extirpar la música precolombina lamentablemente tuvieron éxito y consecuentemente sus manifestaciones más puras no sobrevivieron el impacto de la Conquista. Lo que en la actualidad se conoce con el nombre de música india, en realidad es una mezcla de melodías y ritmos nativos con fuerte influencia española. Por su parte, la llamada música criolla de la región es mestiza; en ella predominan los elementos hispanos sobre los elementos indios. El huayno, el yaraví y el sanjuanito son «indios,» mientras que la marinera y el vals criollo son mestizos.

Aunque en todo el Perú se oye la música del huayno, se la toca y se la baila principalmente en el centro y el sur del país. Su origen es desconocido. Sólo se sabe que en el siglo diecisiete ya era popular entre los indios aymarás de la región del Lago Titicaca. La mayoría de los estudiosos cree que es una adaptación colonial del antiguo baile quechua «kashwa» mencionado por los cronistas de la Conquista. El grado de influencia española varía de región en región. En muchas partes el huayno es cantado con letra[38] en

---

[38] *letra* lyrics

quechua, pero las versiones favoritas de los mestizos son más hispanizadas y tienen letra en castellano. El tiempo de la mayoría de los huaynos es 2/4. El huayno más antiguo, que todavía se conserva en el valle de Jauja, en el centro del país, lo bailan hombres y mujeres agarrados de la mano, formando un círculo. La versión cuzqueña la bailan parejas que al final forman un corro[39] alrededor de los músicos. Durante el baile, los mestizos levantan y agitan el pañuelo en lo alto; los indios agitan una borla[40] de lana.

El yaraví es una canción amorosa melancólica, cuyo nombre probablemente se deriva de la palabra quechua «harawek» (melodía triste). Parece que llegó a adquirir su forma actual alrededor del siglo dieciocho, durante la revolución de Túpac Amaru II. Por coincidencia histórica, fue el poeta Mariano Melgar (1791–1815), fusilado por los españoles, el autor de la letra de buen número de los yaravíes más populares. La mayoría de ellos, sin embargo, son anónimos. La ciudad peruana donde más se los aprecia es Arequipa, la tierra natal del patriota Melgar.

La música de la marinera es alegre y su letra picaresca y de doble sentido. Es esencialmente una creación mestiza de la costa. El vals criollo es probablemente la composición musical más popular del Perú de hoy. Apareció en el siglo pasado y hasta la época de la Segunda Guerra Mundial era principalmente una canción norteña. Hoy, con los nuevos medios de comunicación y transporte, se ha popularizado en todo el país. Son pocos los compositores e intérpretes de música peruanos que se han destacado fuera de su patria. Sobresalieron en el siglo pasado José Bernardo Alcedo (1788–1878) y Carlos Enrique Pasta (1855–1898). El primero compuso el himno nacional peruano, varios villancicos y siete misas y escribió una *Filosofía elemental de la música* (1869). El segundo se destacó por su ópera *Atahualpa* (1877). En el presente siglo han sido importantes José María Valle-Riestra (1859–1925), autor de *Ollantay* (1901), la primera ópera compuesta por peruano. Continuó su nacionalismo musical, Teodoro Valcárcel (1902–1942), autor del ballet-ópera *Suray-Surita* y numerosas canciones indigenistas. Otros compositores nacionalistas han sido Carlos Valderrama (1888–1950) y Ernesto López Mindreau (1892–1972). Valderrama consiguió fama internacional con su ópera *Inti Raymi: La Fiesta del Sol* y por sus composiciones indohispánicas: «La pampa y la puna» y «Las vírgenes del Sol». López Mindreau, animador del arte musical en Trujillo, dejó entre otras obras musicales la ópera *Cajamarca*. Entre los más destacados compositores surgidos a partir de la última guerra mundial se encuentran Leopoldo la Rosa (n. 1931), Francisco Pulgar Vidal (n. 1929) y Armando Sánchez Málaga (n. 1929).

---

[39] *corro* círculo
[40] *borla* tassel

19.7 La música en la Argentina

A la mayoría de los argentinos les es difícil reconocer el hecho que parte de su herencia cultural es india. La influencia indígena se manifiesta fuertemente en la música mestiza del Noroeste, región que estuvo por mucho más tiempo bajo la influencia de las civilizaciones precolombinas que bajo la tutela española. La música del carnavalito, la zamba, el gato y otros bailes argentinos es esencialmente mestiza, aunque en ellos los elementos españoles predominan sobre los elementos nativos.

El gato es un baile alegre que se ha difundido por casi todo el país, en algunas de cuyas provincias se le da simplemente el nombre de bailecito. A principios del siglo pasado, sobre todo en la época del caudillo Rosas, el gato era una de las danzas preferidas de los paisanos. El gato cantado con acompañamiento de la guitarra se hizo sumamente popular, aunque la forma tradicional bailable es ejecutada con el acordeón o con el violín, acompañado del bombo.[41] Lo baila generalmente una pareja. Cuando lo bailan cuatro, esto es, dos parejas, recibe el nombre de «cielito», especialmente en Córdoba. El gato también es conocido como «pajarito» y «pollito» en otras provincias del país.

La música argentina más conocida es probablemente la del tango, cuya base rítmica parece ser una adaptación criolla del tango de Cádiz que llegó con la zarzuela española, fuertemente influida después por la versión cubana de la contradanza. A partir de la segunda década de este siglo es uno de los bailes más difundidos del mundo occidental. El actor del cine mudo Rodolfo Valentino y el cantante argentino Carlos Gardel contribuyeron enormemente a su rápida aceptación en el período entre las dos guerras mundiales.

El compositor más destacado de la Argentina es Alberto Ginastera (1906–1983), conocido en el exterior por sus óperas indolatinas y por su *Cantata para América Mágica* (1960), basada en una imaginativa reconstrucción de música precolombina. A partir de algunas comisiones recibidas del extranjero, Ginastera decidió abandonar parte de su entusiasmo por el folklorismo y escribió valiosas piezas para la Orquesta Filarmónica de Nueva York. Comisionado por la municipalidad de Buenos Aires, compuso la ópera *Don Rodrigo* (1964) cuya presentación en el Lincoln Center de Nueva York fue elogiada por los críticos. Ultimamente se ha destacado por sus óperas *Bomarzo* (1967) y *Beatrix Cenci* (1971), las cuales continúan fascinando por su atmósfera de alucinación, sensualismo y violencia. De mucho mérito ha sido su dirección del Centro Latinoamericano para Estudios Avanzados de Música (Buenos Aires, 1962), del cual se han graduado distinguidos intérpretes de música moderna.

La corriente cosmopolita, que en la Argentina ha seguido una política antifolklorista, ha dado también distinguidos nombres: Juan José Castro

---

[41] *bombo* bass drum

Escena de Bomarzo (1967), ópera del argentino Alberto Ginastera (1916–1983) en la que abandona gran parte de su nacionalismo musical para adaptar una técnica más universal. Como *Don Rodrigo* y *Cenci*, esta ópera suya es espectacular, sensual y violenta.

(1895–1968) y Juan Carlos Paz (n. 1897). El primero se destacó en la dirección del famoso Teatro Colón de Buenos Aires, por su labor durante su exilio político en el extranjero y por su *Sinfonía argentina*. Su conocida composición *Corales criollos No. 3* ganó un premio de 10,000 dólares en el primer Festival Interamericano de Música de Caracas (1954). Juan Carlos Paz, por su parte, llegó a ser jefe del movimiento vanguardista musical de su país y ha sobresalido por el empleo consistente del método de composición de doce tonos.

19.8 La música en los otros países latinoamericanos

En los demás países latinoamericanos la música es también esencialmente mestiza. En Haití la música más difundida es la del *meringue*, algo más acelerada que la del merengue dominicano y que, como ésta, probablemente se deriva de la contradanza influida por los ritmos africanos y del areíto taíno. En Centroamérica gusta mucho la música hispanoindia (mexicana, colombiana) y la afrocubana, aunque también son populares la marcha, el merengue dominicano y las composiciones criollas locales. En Guatemala el instrumento más popular es la marimba. En toda Centroamérica como en el resto de Latinoamérica, la guitarra es uno de los instrumentos musicales más usados.

En la costa continental del Caribe, sobre todo en la de Venezuela y

Unos dominicanos bailan el merengue frente al Alcázar de Colón en Santo Domingo.

Colombia, la música tiene una fuerte influencia africana, como se nota en el baile la cumbia y en la canción «Barlovento». En las laderas y valles andinos de estos países son populares los bambucos; al otro lado de las sierras, en los llanos, gusta mucho el joropo interpretado con el uso del arpa en vez de la guitarra. Más al sur, se han difundido el pasillo y los tristes sanjuanitos ecuatorianos.

En Chile es popularísima la cueca alegre, composición musical mestiza parecida a la zamacueca peruana y a la zamba argentina, y como éstas, también bailable. Al pueblo paraguayo le encantan la polca y las canciones parecidas a las mexicanas interpretadas con la ayuda del arpa. La música del Uruguay está emparentada con las melodías porteñas (de Buenos Aires), aunque en el interior también se oye la música mestiza semejante a la del Noroeste argentino.

En las últimas décadas se ha difundido en Latinoamérica la música revolucionaria que expresa la convulsa realidad social. En ella el interés en la lucha popular predomina sobre lo estético: auna la política y el arte con la premisa de que no hay arte sin ideología. Ha producido cantatas en favor de la paz, poemas sinfónicos al trabajador en la fábrica, himnos y marchas revolucionarios, canciones de lucha para los obreros en huelga, composiciones para celebrar la memoria de guerrilleros como el Che Guevara y Camilo Torres, y, sobre todo, canciones-protesta. Apristas, comunistas, tupamaros, montoneros, sandinistas y otros revolucionarios tienen sus compositores y cantantes. Como para ellos la música debe utilizar sus conquistas para corregir la alienación del hombre, convierten su guitarra, mandolina o cualquier instrumento musical popular en arma de batalla. En el Perú se popularizaron piezas como «La Marsellesa Aprista», «Marcha de los Búfalos», «Marcha Aprista», «Marcha a los Caídos»; en Chile, las canciones politizadas de Violeta Parra y Víctor Jara; en la Argentina, las interpretaciones de Atahualpa Yupanqui y Mercedes Sosa; y en el Brasil, la música rebelde de Geraldo Vandré, de Chico Buarque de Holanda. Finalmente debemos reconocer las contribuciones de la Nueva Trova Cubana y de Soledad Braco (venezoladan nacida en España) a la Nueva Canción latinoamericana.

19.9 Sumario

I. La música precolombina:
   A. Fuentes: frescos aztecas y mayas; cerámica sudamericana
   B. Instrumentos: de percusión y de viento; ausencia de los de cuerda
II. La música en Hispanoamérica colonial:
   A. Inicial intento español de extirpación de la música precolombina
   B. Fundación en Texcoco de un centro musical para los indios (1524)
   C. En 1556 en México se imprime libro con música, el primero de América
   D. Música polifónica de iglesias, conventos, monasterios y misiones
   E. La música secular experimenta en Iberoamérica fuertes modificaciones
   F. En el siglo XVII la música criolla tiene sus propias características
   G. La primera ópera representada en las Américas: en Lima en 1701
   H. La Orquesta Sinfónica de Caracas (1750): primera en el Nuevo Mundo
   I. Boves fusila 30 músicos en Caracas a principios del siglo XIX
III. La música en el Brasil:
   A. Influencia negra e india en la tradicion musical portuguesa
   B. Protección gubernamental y la influencia italiana en el siglo XIX

    C. Gomes (1836–96): el compositor latinoamericano más importante del siglo XIX

    D. Nacionalismo musical finisecular y de la primera mitad del siglo XX:

        1. Alberto Nepomuceno (1864–1920), «Padre del nacionalismo musical»

        2. Héitor Villa-Lobos (1887–1959) y su fama mundial:

           a. Da universalidad estética a la música folclórica

           b. Escribe más de 700 composiciones en casi todos los géneros

           c. Elementos folklóricos en sus *Bachianas brasileiras*

    E. El antifolklorismo universalista en la *Octava sinfonía* de C. Santoro

    F. La música popular: la *samba*, la bossa nova y el Carnaval de Río

  IV. La música afrocubana:

    A. Amalgama creativa de melodías españolas y africanas:

    B. El ritual, la pompa y la música de la Iglesia atraen a los negros

    C. Desde el siglo XVI la mayoría de los músicos son de sangre negra

    D. La contradanza derivada de la *contradance* y la *country dance*:

        1. Difusión en México (danza habanera) y España (americana)

        2. Juan Morel Campos (1857–96) la propaga en Puerto Rico

        3. Otorga cadencia sensual al tango argentino en formación

        4. «La Paloma» de S. Iradier y la «Habanera» en *Carmen* de Bizet

        5. Ritmos afro-andaluces: danzón, son, rumba, chachachá y mambo

    E. A. Roldán (1900–39), director de la Orquesta Sinfónica de La Habana

    F. Ernesto Lecuona (1896–1953): «Siboney», «La Comparsa» y «Malagueña»

  V. La música en el México republicano:

    A. El antiespañolismo del siglo XIX populariza la música no hispánica

    B. Aparición de los mariachis durante el afrancesamiento de Maximiliano

    C. Difusión del nacionalismo folklórico durante la Revolución mexicana:

        1. Manuel Ponce (1886–1948) compone más de cien canciones populares

        2. Politonalidad y disonancia en Silvestre Revueltas (1899–1940)

        3. Carlos Chávez (1899–1978) y su *Sinfonía india* (1935–36)

VI. La música de los herederos del Incanato:
   A. Música india (huaynos, yaravíes, sanjuanito) con influencia española
   B. Música criolla (marinera, samacueca, vals criollo) de influencia india
VII. La música en la Argentina:
   A. Ritmos mestizos del Noroeste y de los bailes gauchescos
   B. Difusión regional del gato y universal del tango
   C. A. Ginastera (1906–83) y sus operas indolatinas (*Cantata para América Mágica* (1960) e internacionales (*Don Rodrigo* (1966) y *Bomarzo* (1967))
   D. Antifolklorismo de J. J. Castro (1895–1968) y J. C. Paz (n. 1897)
VIII. La música en otros países latinoamericanos:
   A. Predominio de la música mestiza: afroantillana o hispanoindia
   B. Joropo venezolano, bambuco colombiano y pasillos ecuatorianos
   C. Cueca chilena, polca y harpa paraguayas y marimba guatemalteca
   D. Supremacía de la guitarra en toda Latinoamérica.

19.10 Recomendación bibliográfica

Appleby, David P. *The Music of Brazil.* Austin: University of Texas Press, 1983.

Béhague, Gérard. *La música en América Latina.* Traducción de M. Castillo D. Caracas: Monte Avila, 1983.

Bernarda, Jorge. *La música dominicana: siglos XIX y XX.* Santo Domingo: Universidad Autónoma de Santo Domingo, 1982.

Bolaños, César, et al. *La música en el Perú.* Lima: Patronato Popular y Porvenir Pro-Música Clásica, 1985.

Carpentier, Alejo. *La música en Cuba.* La Habana: Editorial Letras Cubanas, 1988.

Castellanos, Pablo. *Horizontes de la música precortesiana en México.* México: Fondo de Cultura Económica, 1970.

Claro, Samuel. *Antología de la música colonial en América del Sur.* Santiago de Chile: Editorial de la Universidad de Chile, 1974.

Chase, Gilbert. *A Guide to the Music of Latin America.* 2d rev. and enlarged ed. Washington, D.C.: Pan American Union and the Library of Congress, 1962.

Chávez, Carlos. *Folk Songs and Dances of the Americas.* 2 vols. Washington, D.C.: Pan American Union, 1963.

Díaz, Alirio. *Música en la vida y lucha del pueblo venezolano: ensayos.* Caracas: Presidencia de la República, 1980.

Dower, Catherine. *Puerto Rican Music Following the Spanish American War, 1898.* Lanham, Md.: University Press of America, 1983.

Ensayos de música latinoamericana: selección del Boletín de Música de la Casa de las Américas. La Habana: Casa de las Américas, 1982.

Estrada, Jesús. *Música y músicos de la época virreinal*. México: Secretaría de Educación Pública, 1973.

Mariz, Vasco. *Figuras de música brasileira contemporánea*. Brasilia: Editorial Universidade de Brasilia, 1970.

Perdomo Escobar, José Ignacio. *Historia de la música en Colombia*. 3ra ed. Bogotá: Editorial ABC, 1963.

Ruiz, Raúl R. *Alicia: la maravilla de la danza*. La Habana: Editorial Gente Nueva, 1988.

Sas, Andrés. *La música en la catedral de Lima durante el virreinato*. 3 vols. Lima: Universidad Nacional Mayor de San Marcos, 1973.

Stevenson, Robert M. *Renaissance and Baroque Musical Sources in the Americas*. Washington, D.C.: Organization of American States, 1970.

——. *Music in Aztec and Inca Territory*. Berkeley: University of California Press, 1968.

Valdés Sicardó, Carmen. *5 músicos latinoamericanos*. La Habana: Editorial Gente Nueva, 1988.

19.11 Cuestionario y temas

Cuestionario

1. ¿Por qué al principio los conquistadores destruyeron la música india?
2. ¿Qué significado histórico tiene «El son de la Má Teodora»?
3. ¿Cuáles fueron los principales centros musicales durante la Colonia?
4. ¿Qué importancia tuvo la música en Venezuela durante el siglo XVIII?
5. ¿Qué características fundamentales tiene la música brasileña?
6. ¿Por qué fue Villa-Lobos un destacado compositor del siglo XX?
7. ¿Cómo se explica la importancia del elemento negro en la música cubana?
8. ¿Por qué se difundió la ópera en la Latinoamérica del siglo XIX?
9. ¿Quiénes son los grandes compositores hispanoamericanos de este siglo?
10. ¿A qué se le llama música india en el Perú de hoy?

Temas para informes orales

1. La música precolombina.
2. La música secular durante la Colonia.
3. La música brasileña durante el siglo XIX.
4. Las contribuciones musicales de Héitor Villa-Lobos.
5. La música afrocubana derivada de la contradanza.
6. Los grandes músicos cubanos.
7. La música de la Revolución mexicana.
8. La música peruana.
9. La música en la Argentina.
10. La música en Centroamérica y el Caribe.

Temas para informes escritos opcionales

1. La música indígena de las Américas.
2. La música polifónica durante la época colonial.
3. La contradanza en el desarrollo de la música latinoamericana.
4. La música popular brasileña.
5. La música mexicana de hoy.

«La cautiva», por la argentina Raquel Ferrer, podría representar la antigua condición femenina en Latinoamérica, que hoy cambia rápidamente, como lo evidencia el alto número de latinoamericanas en las profesiones liberales, en la política y hasta en la lucha armada.

Capítulo
20

Nuevos desarrollos en la problemática cultural

20.1 Interpretaciones y críticas recientes

En las últimas décadas algunos científicos sociales han tratado de vincular la cultura con la lucha de clases y con la teoría de la dependencia, es decir, con lo que antes se llamaba colonialismo y dominación imperialista. Otros se han concretado a analizar instituciones culturales y grupos marginados empleando términos nuevos para viejos conceptos. También ha habido quienes se han aproximado a esta problemática divorciados del enfoque elitista de la alta cultura y del análisis diacrónico[1] de segmentos de la realidad regional y nacional. Algunos de ellos han llevado a cabo estudios sincrónicos de las superestructuras culturales y de los modos de producción de los bienes culturales. El balance positivo de estas inquisiciones ha sido la identificación de los valores de uso y de los valores de cambio de los bienes culturales en el mercado universal entre dominadores y dependientes.

Asimismo, varios antropólogos sociales, con especial destreza y sofisticación, han derivado de sus pesquisas[2] empíricas, teorías idealistas sobre la socialización de los recursos de producción cultural como resultante de la socialización del poder. Han señalado cómo las mayorías y minorías nacionales ya conscientes[3] ven las relaciones entre sí, y cómo se vinculan con su circunstancia y con la cultura difundida por la propaganda masiva audiovisual. Lo irónico es que la mayoría de estas aproximaciones antihis-

---

[1] *del enfoque elitista. . . diacrónico*   from the selected approach. . . historical analysis
[2] *pesquisas*   research
[3] *ya conscientes*   aware of their rights

toricistas a veces han rendido incursiones microsegmentales que dan una visión parcial de la macrorealidad latinoamericana. Con todo, los nuevos enfoques han mostrado con más claridad que la hegemonía de la civilización occidental defendida por las élites gobernantes ya no es el modelo ideal en el proceso de creación cultural democrática. En efecto, como hemos tratado de señalar en el curso de este libro, Latinoamérica se encuentra forjando su propia cultura a despecho de las preferencias y gustos de sus minorías dominantes aliadas con los exportadores de cultura de los países imperialistas.

En capítulos anteriores hemos visto que conforme se aflojan los eslabones de la dependencia, más originalidad cultural latinoamericana aflora. En otros se ha mostrado cómo la de los dominadores ha sido por mucho tiempo la cultura hegemónica y cómo paulatinamente ella es reemplazada por una nueva cultura latinoamericana cuyas manifestaciones indigenistas, africanas y occidentales adaptadas se evidencian en las artes y en la literatura. En otras partes de este libro se ha visto que en los países más dependientes se ha desarrollado con el tiempo un panorama pluricultural. En ellos la cultura occidental señorea sobre las otras culturas en formación. Como dijimos en nuestro Prefacio, la cultura latinoamericana es un arco iris de los siete colores de las culturas coexistentes en esta nación continental indoafrolatinoamericana: española, lusitana, india, negra, indoibérica, afroamericana y mestiza integral. Nuestro libro ha tratado de explicar cómo hay relativa unidad en esta multiplicidad y cómo las relaciones de dominación y conflicto interraciales han creado una interdependencia cultural. Claro, en ninguna sociedad multicultural existen aisladamente sus diversos elementos. La dinámica histórica y social los vincula y obliga a influirse mutuamente hasta confluir e integrarse en distintos grados según lo permitan las barreras económicas y políticas. Las relaciones estructurales se jerarquizan[4] en proporción directa a los niveles de dominación. En América Latina, como se ha visto, el orden estructural no ha emergido de modo sistemático. La estructura se condiciona por los desafíos históricos y ambientales.

Es evidente que en algunos rincones aislados de Latinoamérica las condiciones semifeudales mantuvieron por mucho tiempo la yuxtaposición cultural. Pero aun en esos lugares, con el correr del tiempo, las tendencias ancestrales y las condiciones especiales favorecieron la mutua modificación cultural y engendraron cierta homogeneidad en la heterogeneidad de los núcleos subordinados y a la vez competidores y convergentes.

20.2 Desafíos a la nueva cultura latinoamericana

El latinoamericano, como otros pueblos, ha experimentado experiencias históricas únicas que han afectado sus rasgos culturales acumulados. Frente al desafío histórico y ecológico, América Latina respondió creando una

---

[4] *se jerarquizan*   are placed in a hierarchical order

cultura que ya no es ni occidental, ni india, ni africana sino una mezcla original de ellas en diversos estados de sincretismo según las regiones y según los estadios de desarrollo. Tuvo razón Bolívar en su discurso al Congreso de Angostura al afirmar que los iberoamericanos son una raza nueva, una raza compuesta de blancos, mestizos, indios y negros, que ya no son como sus antepasados precolombinos sino hombres y mujeres nuevos con personalidad, pensar, sentir y reaccionar propios. No desmiente este hecho el que haya todavía criollos inadaptados a su circunstancia, divorciados de su realidad, cuyo conflicto cultural no les permite sentirse latinoamericanos ni occidentales, y como lo han señalado frecuentemente observadores imparciales, se sienten superiores a aquéllos e inferiores a éstos. Latinoamérica les parece poco y Europa les parece demasiado; desprecian lo americano y resienten lo euronorteamericano. Estos seres frustrados sufren un gran vacío: cuando están en Latinoamérica sueñan con Europa o con Norteamérica, y cuando se encuentran en estas dos áreas del mundo occidental, anhelan retornar al terruño que los martiriza. Los amerindios y afroamericanos, por su parte, han desarrollado claramente modos propios menos dependientes de la cultura de los dominadores. Con todo, aparte de estas excepciones, la vasta mayoría de latinoamericanos, sobre todo los de las grandes urbes, han hecho suya y sienten y defienden la cultura latinoamericana, con sus variados matices, por encima de las distinciones étnicas.

Conviene aclarar que lo occidental dominante no desintegró completamente las culturas amerindias al destruir la estructura sociopolítica precolombina. Resultante de este fenómeno fue la emergencia de desafíos culturales con su secuela de competencia en algunas áreas rurales pero de integración en los centros urbanos. En estos últimos se han arraigado mejor el nacionalismo, el sincretismo cultural y el deseo de revitalizar su propia cultura.

En este contexto, el nacionalismo emerge en América Latina como rebelión contra la dependencia; como en otras áreas del tercer mundo, acá es una actitud defensiva del patrimonio ecológico y cultural. Los pueblos coloniales y semicoloniales aspiran al reconocimiento de su personalidad y de sus derechos a la autonomía. Pero en la fragmentada Latinoamérica contemporánea, el nacionalismo estrecho de patria chica a veces se contrapone al nacionalismo continental y dificulta el establecimiento de los Estados Unidos de Latinoamérica soñado por Bolívar, San Martín, Martí y otros grandes prohobres. Los intentos de integración centroamericana, gran colombiana y peruano-boliviana, los esfuerzos por establecer mercados comunes en Centro y Suramérica, así como la fundación de la Corte Interamericana de Derechos Humanos en 1980, son manifestaciones del deseo latente de unificación continental.

En la presente encrucijada[5] histórica, cuando el proceso de integración cultural se acelera por doquier, surge un nuevo desafío. La dependencia

---

[5] *encrucijada*   juncture

económica y política está obligando al indoamericano a enfrentarse con la cultura euronorteamericana difundida insistentemente mediante nuevas tecnologías de comunicación masiva. Quizás de este choque cultural, repetido paralelamente en otras áreas del tercer mundo, surja, a la larga, la cultura universal, mundial, ideal, soñada por los nuevos buscadores del paraíso futuro.

20.3 Los nuevos amerindios

La actual cultura indígena de la mayor parte de México, de Guatemala y de la región andina es una amalgama de elementos precolombinos modificados por lo hispánico, mestizo colonial y republicano durante los cinco siglos de contacto mutuo. Esto significa que así como la cultura latinoamericana es mestiza con tronco ibérico, la que actualmente se conoce como cultura india es también, hasta cierto punto, mestiza con tronco precolombino. Al estudiar la música vimos claramente un ejemplo de estos cambios: lo que hoy se llama música india no es sino música mestiza con fuerte base indígena.

Quienes ven conflicto intercultural en Indoamérica no se percatan que en ese choque no se contraponen lo occidental a lo indio o a lo africano sino con sus productos mutuamente modificadas en un contacto secular. Actualmente en los países amerindios se está llevando a cabo un proceso de mestizaje cultural acelerado mediante el cual ciertas capas de la población aborigen campesina comienzan a trocar elementos indios tradicionales por elementos del mestizaje urbano, elaborando una subcultura de transición diferente de las dos culturas en contacto. El nuevo estado cultural les permite cambiar significativamente de ocupación, vestimenta, lenguaje y educación. Así, mientras que en su antigua condición su ocupación básica era la agrícola, ahora el nuevo amestizado cultural asume una variedad de ocupaciones laborales, artesanales y comerciales no practicadas antes. Su vestimenta también cambia: abandona las prendas consideradas típicamente nativas—en realidad españolas de los siglos XVI y XVII—para adoptar a su manera la ropa occidental adaptada a las urbes latinoamericanas. Su lenguaje se modifica: emplea en la calle un castellano influido por la lengua vernacular, mientras que en casa o durante sus intensos estados emocionales recurre a la lengua aborigen. Su escolaridad—especialmente la de sus hijos—aumenta: deja de ser analfabeta para convertirse en semianalfabeta y a veces adquirir algunos años de educación básica.

En la actualidad se calcula que la población indígena de América Latina varía entre 18 y 36 millones, dependiendo de quienes se declaren indios y, sobre todo, de quienes los cuenten. De todas maneras, cualesquiera que sean las formas de conteo empleadas, los cálculos reconocen como india entre el 5 y 10 por ciento de la actual población latinoamericana, concentrada principalmente en México, Guatemala, Ecuador, Perú y Bolivia, pero existente en menor proporción en la mayoría de los demás países. La población indígena está disminuyendo proporcionalmente aun en los países indios. En ellos antes constituían mayoría, pero hoy, con el incremento de la mestización, el porcentaje de los amerindios puros ya es minoritario. En otras repúblicas la disminución de este porcentaje es aún más acelerada. En el caso de Argentina, por ejemplo, que como hemos visto es vastamente de mayoría blanca, en vísperas de su independencia, en 1810, los indios representaban el 20 por ciento de la población total de las provincias rebeldes del Río de la Plata, es decir 100,000 del medio millón de habitantes de entonces. El fenómeno de la aculturación o transculturación tanto como el de la miscegenación tienen que ver mucho con este decrecimiento. La miscegenación es un arma de dos filos. Puede ser expresión democrática de la libertad de opción para unirse en matrimonio con una persona de diferente raza, pero también puede esconder el secreto deseo de exterminar a una etnia (grupo social de la misma raza y cultura).

20.4 La deculturación africana y los aportes afroamericanos

Manuel Moreno Fraginals llama deculturación al proceso consciente mediante el cual, con fines de explotación económica, se efectúa el desarraigo de la cultura de un grupo humano utilizado como fuerza de trabajo barato, no calificado. Este proceso, inherente a las formas de explotación colonial y neocolonial, es aplicado como herramienta de hegemonía para facilitar la extracción de las riquezas naturales. Así en las plantaciones de América, sobre todo del Caribe y del Brasil, la deculturación es la etapa previa a la transculturación y a la transmisión y difusión de los aportes africanos a la cultura general de la sociedad latinoamericana.[6]

Solamente teniendo en cuenta las referencias documentales existentes, entre los años 1518 y 1873 llegaron al Nuevo Mundo nueve millones y medio de negros africanos. Aproximadamente el 90% de ellos arribaron al Brasil, al Caribe y al sur de los actuales Estados Unidos de Norteamérica. En esa cifra no se incluyen los millones que perecieron en la forzada travesía. La literatura sobre la esclavitud negra demuestra la crueldad de los amos y establece distinciones entre el comportamiento de los patrones españoles, ingleses y franceses. En realidad, el tratamiento recibido por el esclavo fue una resultante económica. El amo sólo se interesaba en la productividad de la mercancía humana y la cotización del producto de su trabajo.

Después de desembarcados en el Nuevo Mundo, la mayoría de los africanos fueron conducidos a zonas deshabitadas, donde se los puso a trabajar inmediatamente en la agricultura o en la minería. En las planta-

---

[6] Cf. M. Moreno Fraginals, «Aportes culturales y deculturación», *Africa en América Latina* (México: Siglo XXI, 1977), pp. 13–33.

ciones, los amos impidieron que aflorara entre los esclavos el sentido gregario, la cohesión social y la actitud solidaria. Se usó el proceso de deculturación como recurso maquiavélico para impedir la cohesión y la identidad. Se concentró a los negros mezclándolos con hombres de diferente origen tribal, de diversas regiones de Africa, con diferentes idiomas y dialectos, distintas religiones y mutuos sentimientos de hostilidad. Estos odios interétnicos fueron estimulados para obstaculizar la formación de una conciencia de clase. En cambio, en ciertas zonas urbanas, como las cubanas, por ejemplo, el gobierno colonial auspició y legalizó la constitución de «cabildos», donde se agrupaban hombres de una misma tribu o nación africana. Se tuvo en cuenta siempre que ningún «cabildo» fuese suficientemente fuerte o numeroso que opacase a los demás.

En las plantaciones y minas la diversidad de subculturas africanas desencadenó conflictos y acercamientos interétnicos que desembocaron en la transculturación interafricana y en el lento e inconsciente proceso de aculturación, es decir, de la absorción de los módulos culturales de la sociedad blanca y mestiza. Ayudó al proceso de tránsito cultural la edad de los esclavos traídos a América. Hasta 1830 se importaban jóvenes de 15 a 20 años, pero a partir de ese año se traen esclavos de 9 a 12 años. La juventud aseguraba estadísticamante la vida del esclavo durante el tiempo necesario para adiestrarlo a incrementar la productividad. Comenzando con la década del 30, frente a la posible paralización del tráfico de esclavos por la amenaza de Inglaterra que ya no los necesitaba, las plantaciones y minas inician la masiva importación de niños y mujeres como últimos recursos para la supervivencia del sistema esclavista amenazado por la industrialización británica.

La poca edad de los africanos importados facilitó el proceso de deculturación y aculturación. Al cumplir la edad de 38 años, el esclavo había vivido más tiempo en Latinoamérica que en Africa. La norma importadora hasta principios del siglo XIX fue traer un bajísimo porcentaje de mujeres. En el criterio de los patrones, ellas eran de poca productividad y tenían bajísima fecundidad a consecuencia del régimen de trabajo. Además, la mortalidad infantil entre los esclavos de las plantaciones era altísima. Sólo el 10% de ellos llegaba a la edad madura.

La pronunciada desproporción de hombres y mujeres originó una obsesión sexual que se expresó en una multiplicidad de formas: bailes, cantos, juegos, relatos. Algunos bailes y cantos de origen africano no tenían connotación sexual, pero en América los esclavos les inyectaron un sentido lascivo. Los sociolingüistas explican cómo una buena parte del léxico sexual en Cuba y Brasil se originó en las plantaciones azucareras. La palabra «papaya», por ejemplo, devino en Cuba sinónimo del órgano sexual femenino, porque en su deseo de abortar, las esclavas bebían el líquido extraído de las hojas y las frutas de la papaya, aunque la persistencia de esta práctica causaba muchas enfermedades uterinas. Tras su participación masiva en las guerras de la independencia y sobre todo después de su emancipación

Nicolás Guillén (1902–1989), escritor cubano, uno de los mejores autores de poesía negra. Sus poemas están cargados de fuerte contenido social.

en el siglo XIX, el negro libre continuó contribuyendo elementos al arco iris cultural latinoamericano.

Aunque el interés en los aportes africanos comienza desde los albores del siglo XX, como el del cubano Fernando Ortíz (1881–1969), sólo a partir de la década de 1920 se desarrollan una literatura negra y otra vertiente negrista estimuladas por las corrientes vanguardistas cuando la curiosidad francesa por lo exótico puso en boga lo negro. El movimiento abarcó a los países caribeños, a Ecuador, Perú y llegó hasta el Uruguay. Cuando en las décadas de los años 30 y 40 la poesía afroantillana consigue resonantes triunfos, entonces con más claridad se distinguen esas dos vertientes. La poesía negrista es objetiva, retrata al negro con interés satírico y humorístico, como una cámara fotográfica, sin penetrar en su drama. Los mejores cultivadores del género fueron el puertorriqueño Luis Palés Matos y los cubanos Emilio Ballagas, José Zacarías Tallet y Ramón Guirao. La poesía negra, en cambio, es subjetiva. Expresa el sentir y el pensar del negro. Percibe su angustia, su dolor, su condición social disminuida: la tragedia negra derivada de su posición económica inferior. La distinción está, en realidad, en el fondo porque ambas corrientes utilizan la misma temática. Emplean el mismo pasado histórico, examinan los anhelos, usan los cantos guerreros ancestrales, las leyendas cosmogónicas, el folklore negro. Sus recursos literarios son la jitanjáfora,[7] los sonidos onomatopéyicos, las alusiones a las diferentes partes de la anatomía humana. La verdadera distinción tal vez esté en el deseo implícito en la poesía negra: interpretar la protesta de la raza secularmente oprimida y expresar su deseo de redención porque siente como propia la tragedia colectiva. Los mejores cultivadores de esta vena son el cubano Nicolás Guillén y el dominicano Manuel del Cabral.

En la actualidad el negro, como grupo étnico, se encuentra más integrado a la civilización latinoamericana que el indio. El negro y el mulato en sus diversos grados de mezcla son hoy mestizos culturales que han contribuido mucho a la literatura, la música y las artes plásticas de Brasil, Cuba, Venezuela, Panamá, República Dominicana y Puerto Rico. Como culturalmente hablando, en cierto sentido ya no hay población negra sino mulata, todavía en muchas partes de Latinoamérica se exagera la verdad, como cuando se repite la observación hecha en 1708: «Brasil es un infierno para los negros, purgatorio para los blancos y paraíso para los mulatos.»

20.5 La presencia oriental en Latinoamérica

La inmigración oriental a América Latina ha procedido principalmente de China y Japón. Las relaciones sino-latinoamericanas comenzaron en 1564. Desde entonces hasta el siglo XVIII los sangleyes (chinos filipinos; de *shan lu*, comerciante viajero) sirvieron de tripulantes en los galeones de Manila y se establecieron en las colonias españolas. El censo limeño de 1613 revela que en ese año residían 38 de ellos. El mexicano Carlos de Sigüenza y Góngora (1645–1700) incluye a dos sangleyes entre los personajes de los *Infortunios de Alonso Ramírez*. A fines del siglo XVII, Humboldt vio a varios de ellos en México y Cuba. Probablemente durante este período el vocablo chino *cha* (dialecto pekinés) y *te* (dialecto de Amoy) pasaron al portugués y al castellano como *cha* y «té» respectivamente. También se difundieron las palabras «chino», «china» (con diversos significados), «chinela» (zapatilla), «tifón», y «china poblana» como nombre del vestido típico de México.

Por el interés en el fomento del sembrío del té, el Brasil fue el primer país latinoamericano en organizar el traslado de un número limitado de trabajadores chinos a principios del siglo XIX. Desde entonces hasta hace unas décadas la emigración china a ese país fue numéricamente inferior a la destinada a Cuba, Perú y México.

En 1847, dos años después de la supresión del tráfico de esclavos, los agricultores de Cuba importaron un cargamento de chinos engañados. El método furtivo en el contrato laboral, la altísima mortalidad en la travesía

---

[7] *jitanjáfora*   meaningless poetic word created by the writer to add musical cadence to Negro poetry

El arte culinario y el comercio del Barrio Oriental de Sâo Paulo, Brasil, compiten en dinamismo con el bario chino de Lima, pero no con los barrios chinos de San Francisco, Nueva York y Los Angeles.

y las penosas condiciones se repitieron en el tráfico de coolíes de China al Perú. Así comenzó el triste capítulo de ese negocio que violentó tanto al hombre como a la verdad histórica. Se calcula que entre 1847 y 1874, año de la supresión del tráfico, alrededor de medio millón de trabajadores chinos fueron embarcados engañosamente hacia Latinoamérica; de ellos solamente el 80 por ciento llegó a su destino. El resto quedó regado en el fondo del mar. El tráfico de trabajadores de la India, en donde parece que se originó el término coolí, continuó hacia las Antillas y las Guayanas hasta mucho después. Cuando comenzó la guerra por la independencia de Cuba en 1868 ya habían llegado a ese país más de 50,000 braceros chinos. Su sufrimiento en las plantaciones de caña de azúcar contribuyó a que miles de ellos se unieran a los ejércitos revolucionarios. En La Habana todavía existe un monumento erigido en gratitud a esa participación; en él hay una mención alusiva a su heroicidad y al hecho de que en esas guerras hubo traidores de todas las razas pero no de la «china». De 1868 a 1873 la respuesta de los amos de las plantaciones fue importar más coolíes: trajeron, según las estadísticas, 33,081 más. Cuando al fin se cumplieron las provisiones de la abolición de la trata de trabajadores en 18774, Cuba había recibido 126,000 coolíes.

Los primeros chinos en el Perú fueron sangleyes establecidos desde el siglo XVI. Su llegada se prolongó a lo largo de todo el período colonial y continuó a través de la ruta Manila-Acapulco-Panamá-Guayaquil-Paita-Callao. Entre los años 1849–1879 los gamonales concesionarios del guano realizaron el traslado de cerca de 100,000 coolíes. Trabajaron en las haciendas azucareras, algodoneras y arroceras, en la extracción del guano y en la construcción del ferrocarril. El inhumano tratamiento que recibieron causó numerosas rebeliones sofocadas con crueldad sádica. Durante la Guerra del Pacífico se asesinó a centenares de chinos en Lima en venganza por la ayuda prestada por los coolíes de Ica al ejército invasor chileno que perseguía a los crueles propietarios de las haciendas donde trabajaban. El pésimo tratamiento de la población china contribuyó a su disminución. Como en otras partes de Latinoamérica, la emigración al Perú ha tenido sus altibajos debido a las leyes discriminatorias adoptadas periódicamente por algunos de los gobiernos con diversos pretextos, incluyendo el de obtener soborno para permitir su ingreso, como lo hizo el dictador Manuel Odría de 1948 a 1956. Según datos publicados por *China Construye* (febrero de 1987), en 1982 había más de 230,000 chinos en Latinoamérica y desde entonces el número había crecido hasta llegar a 100,000 en Brasil, mientras que los «chinos con nacionalidad peruana», se acercaban a los 40,000, el doble que los nacionalizados en Panamá y el cuádrupe que los de Ecuador, Argentina o Venezuela. Es evidente que esas cifras no incluyen a los mestizos con antecesores chinos, cuyo número es mucho más alto.

La inmigración china en México comenzó después del convenio firmado con China en 1899. De 1900 a 1930 los censos de población indican un aumento de 2,660 a 18,965. La mitad de ellos se dedicaron al comercio y las mayores concentraciones se encontraban en el norte del país. La rivalidad comercial y la corrupción política en México causaron una ola de abusos que obligaron a 10,000 chinos a abandonar el país de 1931 a 1934.

En la actualidad la población de origen chino en la América Latina se concentra principalmente en Perú, Brasil, Cuba y Panamá, y en menos proporción en México, Argentina, Ecuador, Chile, República Dominicana, Uruguay, Paraguay y en algunos países de Centroamérica. Laboran en casi todas las actividades y su contribución a la cultura ha sido importante. Se han destacado en la pintura Wilfredo Lam (n. 1902), el mejor pintor de Cuba; en la poesía, el cubano Regino Pedroso (n. 1896) y el panameño Carlos Francisco Chang Marín (n. 1922); en filosofía, los peruanos Pedro S. Zulen (1889–1925) y Víctor Li Carrillo (1929–1989), ex-decano de humanidades de la Universidad Bolívar de Caracas; en antropología, los peruanos Emilio Choy (1915–1976) y Rosa Fung Pineda, directora del Museo de Arqueología y Etnología de la Universidad de San Marcos; en física, el astronauta costarricense Franklin R. Chang-Díaz (n. 1950).

Asimismo, descendientes de chinos han ocupado importantes posiciones en el gobierno, las fuerzas armadas, los deportes, la dirigencia gremial y hasta en las guerrillas. En el Perú, Wilfredo Chau ha sido ministro de trabajo y Luis Chang Reyes viceministro de energía y minas. En Panamá el coronel Guillermo Wong dirigió el servicio de inteligencia del ejército. Otros han sido elegidos al Senado de Cuba y a la Asamblea Constituyente, la Cámara de Diputados y el Senado del Perú. En el deporte peruano debe mencionarse a Edwin Vásquez, campeón de tiro al blanco en los Juegos Olímpicos de 1947, a Edith Wong, subcampeona sudamericana de tenis en la década de 1960, y a Mónica Liyau, representante de su patria en competencias internacionales de ping pong. Entre los líderes laborales merecen mención Adalberto Fonkén, maestro de Víctor Raúl Haya de la Torre, y Chang Lofock, por largo tiempo dirigente del gremio de transportes en Lima. Dos jóvenes murieron peleando por sus creencias: el peruano Juan Chang Navarro, compañero del Che Guevara, y el guatemalteco Marco Antonio Yon Sosa. En 1988 cayó preso Víctor Polay, alto dirigente del Movimiento Revolucionario Tupac Amaru, acusado de acciones guerrilleras contra el gobierno aprista y contra Sendero Luminoso.

La migración japonesa a Latinoamérica es más tardía pero más numerosa. Comenzó a crecer a raíz de la ley de exclusión de 1924 que impedía el ingreso a Estados Unidos a inmigrantes de raza amarilla. A México comenzaron a llegar en números significativos a partir de 1909. En 1910 había 2,205 y en 1934 llegó a un máximo de 5,360 y desde entonces el total comenzó a disminuir. Alrededor del 90% de los japoneses inmigrantes eran hombres. En Sudamérica, en cambio, el número de japoneses aumentó de 16,000 en 1913 a 201,000 en 1938, la mayoría de los cuales residía en el Brasil (170,165), en el Perú (21,503) y Argentina (6,267), dedicados principalmente a la agricultura y al comercio. El Servicio de Emigración Japonés informó en 1968 que 615,000 japoneses y sus descendientes residían en el Brasil, es decir más del cuarto de millón que había en 1945. Una encuesta realizada con la mitad de ellos mostraba en 1958 que sólo 2.5% era analfabeta en portugués y japonés y que su conjunto tenía un porcentaje de alfabetismo en una, o en las dos lenguas, más alto que el resto de la población brasileña. En 1990 se calculaba en un millón dos cientos mil el número de nipobrasileños, de los cuales 40% vive de la agricultura y domina el 94% de la producción de té. El último censo revela que 71% de ellos vive en Sâo Paulo, el 12% en el vecino Estado de Paraná, y los demás en otras partes del país, especialmente en la zona franca de Manaos, dedicados a la industria.

Los japoneses en el Perú también han tenido su cuota de sufrimiento. Mientras que el Brasil no envió a ninguno de sus japoneses a los campos de concentración de Estados Unidos, el Perú remitió 1,771, muchos de los cuales tenían hijos peruanos. En el período 1951–1970 unos 765 japoneses emigraron al Perú, 56,341 al Brasil, 7,754 al Paraguay, 2,141 a la Argentina; 1,971 a Bolivia; y 1,330 a la República Dominicana. En 1956 se calculaba que en el Perú había 38,000 japoneses incluyendo *nisei* (segunda generación) y *sansei* (tercera generación).

La población japonesa, como la china, también se ha diversificado en sus ocupaciones y mayor número de ellos recibe educación universitaria. Su contribución al desarrollo industrial, cultural y deportivo de los países en donde viven también ha sido significativa. En el Perú, por ejemplo, sobresalen en la pintura Tilsa Tsuchiya (1936–1984) y Vencio Shinki (n. 1932); en poesía, José Watanabe; y en política, Alberto Fujimori, elegido Presidente de la República en 1990, el senador (1980–1985) Eduardo Yashimura, el viceministro de agricultura Joaquín Muruy y el ingeniero Alberto Kitasono, Secretario Nacional de Organización del Partido Aprista. En el Brasil dos brasileños de origen japonés llegaron a ser Ministros de Estado y el pintor Manabe Mabe ha tenido éxito internacional.

20.6 La liberación femenina en Latinoamérica

Como en las colonias inglesas del Continente, en Latinoamérica colonial la mujer compartió con el hombre la dura vida de la época y contribuyó su cuota de sacrificio. La india, la negra y la mestiza tuvieron un papel más duro que la blanca porque además del prejuicio tradicional al sexo femenino, experimentaron la discriminación racial. La participación de la mujer en las guerras por la emancipación política no mejoró su suerte durante el primer siglo de vida de la primera independencia de los nuevos países. En ellos la mujer siguió recibiendo parecido trato al de su hermana en el resto del mundo, sometida al concepto machista de la sociedad. Flora Tristán (1803–1844), hija de un peruano y una francesa, y abuela del pintor Paul Gauguin, dejó en *Peregrinaciones de una paria* (1838) un retrato de la sociedad peruana que visitó. Esta pionera del socialismo en Francia, en sus escritos posteriores, resumió la posición de la mujer de su época al llamarla manceba al servicio del hombre, proletaria del proletariado mismo, y como tal, explotada por la burguesía. Su simpatía se extendió a las mujeres de todo el mundo, excluídas en los análisis marxistas de entonces. Siguiendo su ejemplo, Marx y Engels entonces vieron en el *status* de la mujer la medida del progreso de la sociedad pero no explicaron cómo debía realizarse esa evaluación.

Desde fines del siglo pasado, el lento avance de la industrialización conmovió la sociedad tradicional y minó gradualmente las bases de la discriminación sexual. Desde entonces los censos indican la progresiva participación femenina en las fuerzas laborales mejor remuneradas y la disminución de su porcentaje en el servicio doméstico.

El movimiento feminista desarrollado en Europa y Norteamérica se extendió a los países del sur con un poco de retraso y con menos intensidad. En 1930, por ejemplo, se reunió en La Habana la Primera Conferencia de la Comisión Interamericana de Mujeres (CIM) para discutir la falta de derechos civiles y políticos de las latinoamericanas. Sólo en el Ecuador la mujer votaba en las elecciones nacionales desde 1929, nueve años más tarde que en los Estados Unidos. La CIM obtuvo poco porque únicamente en la República Dominicana y por concesión táctica de Rafael Leonidas Trujillo se le concedió el voto a la dominicana en 1942. Las chilenas lo consiguieron en 1949; las peruanas, en 1955; las colombianas, en 1957; las paraguayas, en 1961.

Victoria Ocampo (1893–1979), conocida escritora argentina, pertenecía a una rica familia porteña. En su casa se hospedaron el Príncipe de Gales y muchos grandes escritores de diferentes partes del mundo. Ella representaba a la mujer moderna que con su posición social, dinero e inteligencia se hizo respetar y aplaudir en el mundo hispanoamericano machista.

El desarrollo del movimiento agresivo de liberación femenina está dando buenos dividendos desde hace dos décadas. En Latinoamérica, más que en Europa y Norteamérica, por demasiado tiempo era una realidad la observación de Goethe: «La casa del hombre es el mundo, el mundo de la mujer es la casa». Prevalecía la interpretación masculina de la historia y del papel de los sexos. Más que en otras partes se aceptaba pasivamente la idea aristotélica de que «La mujer es hembra en virtud de cierta falta de cualidades». En el mundo tradicional masculino muchos concordaban con Schopenhauer en que «La mujer es un animal de cabellos largos y de ideas cortas». Estos prejuicios dieron por resultado una tasa más alta de analfabetismo entre las mujeres. Su falta de educación formal sirve de pretexto para la discriminación, como cuando recibe menor remuneración por el mismo trabajo realizado por el hombre. Como en el caso de los otros marginados en la sociedad, la baja educación no es la causa sino el efecto de la discriminación. Afortunadamente, poco a poco en Latinoamérica se comienza a abandonar el viejo concepto de aceptar al hombre como la medida del cambio y a tener una visión asexual del universo. Las últimas conquistas socioeconómicas ya comienzan a extenderse a la mujer.

20.7 El cambiante papel de la Iglesia en América Latina

El papel sociológico de la Iglesia Católica en Latinoamérica comienza con la Conquista. Aunque el factor económico predominó en la colonización ibérica del Nuevo Mundo, la propagación del cristianismo le dio una justificación religiosa como si fuera una nueva cruzada. Desde entonces la Iglesia asumió un papel descollante en la sociedad virreinal. Durante las primeras épocas del período republicano comenzó a debilitarse su poder. Las luchas entre liberales y conservadores minaron su posición privilegiada entre las élites gobernantes. En México la lucha anticlerical adquirió especial efervescencia, sobre todo, durante la Reforma, a mediados del siglo diecinueve, y durante las etapas bélica y radical de la Revolución mexicana (1910–1939). En todos los países, conforme pierde su poder económico e influencia en las fuerzas tradicionales del poder, el papel de la Iglesia se ha diversificado.

Después de la Segunda Guerra Mundial, la radicalización del bajo clero y de algunos altos prelados le ha dado a la Iglesia una imagen reformista y hasta revolucionaria, especialmente por la formulación de la llamada teología de la liberación. Centenares de sacerdotes y religiosas se han entregado al servicio de las reivindicaciones populares. Las conferencias arzobispales latinoamericanas (CELAM) reunidas en Medellín (1968) y en Puebla, México (1979), con sus debates sobre el papel de la Iglesia en la transformación social, revelaron la magnitud de los cambios experimentados. Hay muchas manifestaciones de esta inquietud y virulencia del cambio que pueden citarse: la prédica del Arzobispo de Recife, Brasil; la reforma agraria instituida en sus haciendas por el obispo de Talca; el apoyo al movimiento laboral cristiano, especialmente en Chile y en Argentina, y los fuertes vínculos con partidos reformistas como los demócratas cristianos establecidos después de la segunda guerra mundial sobre la base de las encíclicas papales; la labor guerrillera del sacerdote colombiano Camilo Torres; y la participación del sacerdote-poeta Ernesto Cardenal y del Padre Miguel D'Escoto (Maryknoll) en el gobierno sandinista de Nicaragua. El papel progresista de sacerdotes y religiosas se ha venido llevando a cabo pese a las limitaciones impuestas por el Papa Juan Pablo II. El Vaticano inició en 1984 el «proyecto de restauración» y comenzó a reestructurar la Iglesia latinoamericana, particularmente en el Brasil con el nombramiento de arzobispos y obispos conservadores, opuestos a la teología de la liberación.

La unidad de la fe religiosa en Latinoamérica es más aparente que real. Los indios mesoamericanos y andinos y los afroamericanos del Caribe y

Brasil creen en una fusión sincrética de catolicismo y cultos heredados de sus antepasados, y practican un ritual bastante diferente del de los blancos y mestizos de las clases medias. A esta cultura religiosa floreciente entre millones de latinoamericanos se le ha dado el nombre de «religiosidad popular» y «catolicismo popular». Los antropólogos la describen como expresión de fe de los sectores socioeconómicamente marginados que constituyen en casi todos los países la mayoría de la población. Este catolicismo popular coexiste con la religión oficial de la élite gobernante difundida por los sacerdotes tradicionales protectores de las normas y prácticas ortodoxas. A veces las creencias y prácticas de la religiosidad popular nacen del esfuerzo del pueblo por interpretar a su manera las ideas abstractas del catolicismo oficial en términos y símbolos más familiares. Sus manifestaciones externas más visibles son las fiestas en honor de los santos patrones, los cultos en torno a los lugares donde se cree que la Virgen o un santo han aparecido, los ritos funerales, las imágenes sagradas, el uso de símbolos religiosos (medallas, reliquias, hábitos, velas), la fundación de instituciones sociales como las hermandades y la aceptación de cargos especiales en las fiestas del pueblo. Por las condiciones inhumanas de explotación y el peso abrumador del diario sufrimiento en la lucha por el pan de cada día para sí y los suyos, las clases populares en Latinoamérica se han identificado más con Cristo crucificado y con la Virgen dolorosa que con Cristo resucitado. La nueva Iglesia Católica en general es muy comprensiva de la expresión de fe popular.

20.8 Nuevo país latinoamericano en Norteamérica

A los mismos hispanohablantes de fuera de los Estados Unidos les sorprende enterarse que en este país hay una comunidad hispánica de 23 millones, constituyendo casi una nación dentro de otra y ocupando el quinto lugar en el mundo hispanoparlante después de México, España, Argentina y Colombia. Su crecimiento cuantitativo es tan importante como su larga historia. Sus antepasados fueron los primeros en llegar al territorio actual del país con la expedición de Ponce de León, descubridor de la Florida en 1513 y los fundadores de San Agustín (1537), la más antigua ciudad de los Estados Unidos. Olas migratorias sucesivas, desde mediados del siglo pasado, pero especialmente después de las dos grandes guerras mundiales, han aumentado su número hasta la llegada de los indocumentados, que siguen la heroica tradición de los peregrinos del Mayflower establecidos aquí sin permiso de los nativos.

La mayoría de los ocho millones de chicanos (mexicano-norteamericanos) vive principalmente en la parte de los Estados Unidos que pertenecía a México antes de 1848: California, Texas, Nuevo México, Arizona y Colorado. De los aproximadamente dos millones y medio de puertorriqueños, la mitad de ellos se han establecido en el área metropolitana de Nueva York, especialmente en El Barrio donde han nacido más de cien mil ne-

Calle Saint George de San Agustín, Florida. Esta ciudad, la más antigua de los Estados Unidos, fue fundada por el marino español Pedro Menéndez de Avilés en 1565, en el sitio de un viejo pueblo indio, muy cerca del lugar donde Juan Ponce de León desembarcó en 1513.

orriqueños. Los demás viven, como sus hermanos del mosaico hispánico, a lo ancho y largo de la Unión, especialmente en las grandes ciudades (ver 15.11). Del millón de cubanos, la mitad reside en Miami y la cuarta parte en Nueva York y Nueva Jersey (ver 15.3). De los 300,000 dominicanos, la mayoría vive también en Nueva York, formando parte de los dos millones de hispanos de la gran ciudad. A los residentes de cultura hispánica se los conoce en la gran metrópoli con el nombre de «hispanos».

Pero el significado de la presencia iberoamericana en los Estados Unidos no es únicamente numérica. Aunque la fuerza de la aculturación es poderosa, los hispanos defienden su patrimonio cultural e identidad. Son enemigos poderosos la deculturación, la cultura de la pobreza y la cultura del temor en que viven los indocumentados. De los millones legalmente establecidos en el país y con nacionalidad norteamericana, la mayoría defiende su manera de ser, apoya la enseñanza bilingüe y poco a poco va conquistando los derechos económicos y políticos. Veintenas de miles ejercen profesiones liberales, sobre todo en medicina y en pedagogía. Han fundado revistas, periódicos, emisoras de radio, estaciones de televisión, casas editoriales y agencias de publicidad. En 1973 se creó la Academia Norteamericana de la Lengua Española (ANLE), correspondiente de la Real Academia Española y miembro de la Asociación de Academias de la Lengua Española.

Como lo hemos explicado en el *Boletín* de la ANLE, el español hablado por la comunidad hispánica en los Estados Unidos varía bastante de región en región, según su procedencia original. Se distinguen cuatro zonas: Sudoeste, Florida, Nordeste y Medioeste, cuyos rasgos diversos no son extraños al castellano general. En esas zonas hay tres niveles lingüísticos: el segmento minoritario que se expresa con la normal tradicional, el segmento mayoritario que se expresa con léxico y morfosintaxis algo interferidos por el inglés, y el segmento de población cada vez más creciente cuyos léxico y sintaxis sufren fuerte interferencia del inglés. El primer nivel se mantiene gracias en parte a la tradición cultural establecida desde el siglo pasado por escritores distinguidos, autores de importantes libros pertenecientes al acervo[8] del castellano culto universal. En 1826 se publicó en Filadelfia anónimamente *Jicoténcal*, la primera novela histórica escrita en castellano. Después escribieron y publicaron en Estados Unidos grandes escritores ahora pertenecientes a la historia universal de sus países de origen aunque su obra muestra la impronta[9] del medio norteamericano. Esa rica producción artística forma casi una literatura aparte, como la paraguaya, la ecuatoriana y la de los demás países indoamericanos. Son sus autores José Martí, Eugenio María de Hostos, Pedro Henríquez Ureña, José Vasconcelos, Federico García Lorca, Pedro Salinas, Andrés Iduarte, Germán Arciniegas, Eugenio Florit, Enrique Anderson Imbert, sólo para mencionar unos cuantos. A ellos se sumaron con su producción erudita Federico de Onís, Américo Castro, Tomás Navarro Tomás y tantos otros de larga residencia en la Unión Norteamericana.

20.9 Sumario

    I. Interpretaciones y críticas recientes:
        A. Teorías que vinculan cultura con luchas de clases y dependencia
        B. Hipótesis sobre la socialización de la producción cultural
        C. Arco iris indoafrolatinoamericano forja el mestizaje cultural
        D. Relaciones estructurales jerarquizadas por los niveles de dominación

---

[8] *acervo*   conjunto de bienes culturales
[9] *impronta*   mark

II. Desafíos a la nueva cultura latinoamericana:
   A. Historia y ecología crean nueva cultura integrando diversos aportes
   B. La dependencia causa confrontación con la cultura euro-norteamericana
III. Los nuevos amerindios:
   A. Herencia india modificada durante tres siglos de predominio hispano
   B. Herencia europea transformada en largo contacto con otras culturas
   C. El mestizaje cultural, más evidente que el racial, crea nueva conciencia
   D. Miscegenación, arma de dos filos: unión libre o exterminio racial
   E. El nuevo indio es en realidad un mestizo cultural indoamericano
IV. Deculturación africana y aportes afroamericanos:
   A. Deculturación antecesora de la transculturación y transmisión cultural
   B. Sólo al Brasil llegaron 9 millones y medio de esclavos de 1518 a 1873
   C. Tras la emancipación se aceleró la difusión cultural negra en América
   D. La integración del negro parece ser más rápida que la del indio
   E. Desarrollo de la poesía y música negras y la literatura negrista
   F. Falsedad de la frase «Brasil es un infierno para los negros, purgatorio para los blancos y paraíso para los mulatos»
V. Presencia oriental en Latinoamérica:
   A. Pocos sangleyes (filipinos chinos) en Hispanoamérica colonial
   B. Obreros chinos engañados laboran en las haciendas, guaneras, salitreras, ferrocarriles y el Canal de Panamá de 1847 a 1874 y después
   C. 230,000 chinos nacionalizados en Latinoamérica y sus descendientes destacados, como W. Lam, R. Pedroso, P. Zulen y F. Chang-Díaz
   D. Latinoamericanos de origen japonés (1 millón en Brasil y decenas de miles en Perú, Bolivia, etc) destacan en el gobierno y las artes
VI. Liberación femenina en América Latina:
   A. Labor feminista de Sor Juana, Flora Tristán y sus sucesoras actuales
   B. Disminución del machismo y del prejuicio antifeminista
   C. Considerable aumento femenino en las fuerzas laborales y guerrilleras
VII. Cambiante papel de la Iglesia Católica en Latinoamérica:

A. Radicalización del bajo clero y algunos altos prelados desde 1960
B. Catolicismo popular y teología de la liberación entre los marginados
C. Reacción conservadora del Vaticano y reestructuración del alto clero
D. Mayor identificación con Cristo crucificado que con Cristo resucitado

VIII. Los 23 millones hispanos en Estados Unidos:
A. Quinto lugar después de México, España, Argentina y Colombia
B. Olas migratorias desde el siglo XVI a Florida y XVII al Oeste
C. Distribución en millones: chicanos, 8; puertorriqueños, 3; cubanos, 1 (seguidos de centenares de miles de dominicanos y de otros países)
D. Imitando a los del Mayflower, millones llegan indocumentados
E. Defensa de la identidad cultural, el castellano y el bilingüismo
F. La Academia de la Lengua y la prensa escrita, radial y televisiva
G. Rica producción artística y literaria desde el siglo XIX

20.10 Recomendación bibliográfica

Acosta-Belén, E. *Puerto Rican Women*. 2d ed. New York: Prager, 1986.

Acuña, Rodolfo. *Occupied America: A History of Chicanos*. 2d ed. New York: Harper & Row, 1981.

Andreas, C. *When Women Rebel: The Rise of Popular Feminism in Peru*. Lawrence Hill, 1986.

Arguedas, José María. *Formación de una cultura nacional indoamericana*. Selección y Prólogo de Angel Rama. México: Siglo XXI, 1975.

Berryman, P. *Liberation Theology: Essential Facts About the Revolutionary Movement in Latin America and Beyond*. New York: Pantheon, 1986.

Chaney, Elsa M. *Supermadre: Women in Politics in Latin America*. Austin: University of Texas Press, 1979.

Chang-Rodríguez, Eugenio, ed., *Spanish in the Western Hemisphere in Contact with English, Portuguese, and the Amerindian Languages*. *Word*, vol. 33, Nos. 1–2. New York: International Linguistic Association, 1982.

De León, Arnoldo. *They Called Them Greasers: Anglo Attitudes towards Mexicans in Texas, 1821–1900*. Austin: University of Texas Press, 1983.

Gann, L. H., and Peter J. Duignan. *The Hispanics in the United States: A History*. Boulder, Co.: Westview Press, 1986.

García, Mario T. *Mexican Americans: Leadership, Ideology, and Identity*. New Haven: Yale University Press, 1989.

González Suárez, Mirta, ed. *Estudios de la mujer: conocimiento y cambio*. San José: Editorial. Universitaria Centroamericana, 1988.

Guerra Cunningham, Lucía, ed. *Mujer y sociedad en América Latina*. Santiago de Chile: Editorial del Pacífico y Universidad de California, Irvine, 1980.

Knight, Franklin W. *Slave Society in Cuba During the Nineteenth Century*. Madison: University of Wisconsin Press, 1970.

Levine, Daniel H., ed. *Churches and Politics in Latin America*. Beverly Hills: SAGE Publications, 1980.

Maccorkle, Lyn, comp. *Cubans in the United States: A Bibliography for Research in the Social and Behavioral Sciences, 1960–1983*. Westport, Ct.: Greenwood, 1984.

Moreno Fraginals, Manuel, ed. *Africa en América Latina*. México: Siglo XXI, 1977.

Mörner, Magnus. *Race and Class in Latin America*. New York: Columbia University Press, 1970.

Mosqueda, Lawrence J. *Chicanos, Catholicism and Political Ideology*. Lanham, Md.: University Press of America, 1986.

Murray, David R. *Odious Commerce: Britain, Spain and the Abolition of the Cuba Slave Trade*. Cambridge: Cambridge University Press, 1981.

Nash, June. *Sex and Class in Latin America*. South Hadley, Mass.: Bergin & Garvey Publishers, 1980.

Padilla, Felix M. *Latino Ethnic Consciousness: The Case of Mexican Americans and Puerto Ricans in Chicago*. Notre Dame: University of Notre Dame Press, 1985.

Portes, Alejandro, and Robert L. Bach. *Latin Journey: Cuban and Mexican Immigrants in the United States*. Berkeley and Los Angeles: University of California Press, 1985.

Rodríguez, Clara. *Puerto Ricans Born in the USA*. Winchester, Mass.: Unwin Hyman, 1989.

20.11 Cuestionario y temas

Cuestionario

1. ¿Cuáles son algunas interpretaciones recientes de la cultura?
2. ¿Por qué se compara la cultura latinoamericana con el arco iris?
3. ¿Por qué dijo Bolívar que los iberoamericanos son una raza nueva?
4. ¿Cuáles son las causas fundamentales del nacionalismo latinoamericano?
5. ¿Cuáles son las características sobresalientes de la cultura india actual?
6. ¿Cuáles son los aportes afroamericanos a la cultura en Latinoamérica?
7. ¿Qué latinoamericanos de origen oriental se han destacado?
8. ¿Cómo ha cambiado el estado de la mujer en la sociedad latinoamericana?
9. ¿Qué prejuicios antifemeninos impiden la liberación de la mujer?
10. ¿Cómo ha cambiado el papel de la Iglesia Católica en Latinoamérica?

Temas para informes orales

1. Vínculos de la literatura con las luchas de clases.
2. Las frustraciones de la élite criolla latinoamericana.
3. Los choques culturales en Latinoamérica.

 4. La población indígena actual en Indoamérica.
 5. La deculturación africana en las plantaciones.
 6. La poesía negra y la poesía negrista en las Antillas.
 7. La presencia oriental en Indoamérica.
 8. Flora Tristán y el estado de la mujer en la sociedad de su época.
 9. El papel histórico de la Iglesia Católica en Latinoamérica.
10. La radicalización del clero en Latinoamérica.

Temas para informes escritos opcionales

 1. La interpretación marxista de la cultura en Latinoamérica.
 2. La teoría de la dependencia latinoamericana.
 3. La integración cultural indoamericana.
 4. La liberación femenina en Latinoamérica.
 5. La teología de la liberación.

Films, videotapes, and filmstrips

The author would like to recommend the use of films, videotapes, and filmstrips to supplement the adoption of this textbook. University and college librarians are helpful in providing the necessary audiovisual materials. Instructors who have adopted this text have used effectively in class audiovisual materials from different sources.

From Video (Box 30469, Knoxville, TN 37930–0469, Phone: (615) 694–9292: "Archeological Yucatan Mexico" (English, 1987, 30 min.); "Mexican Prehispanic Cultures" (English or Spanish., 1989, 25 min.); and "The Frescoes of Diego Rivera" (Eng., 1986, 35 min.).

From Films from the Humanities, P. O. Box 2053, Princeton, NJ 08543, Phone (800) 257–5126: "The Civilizations of Mexico" (English, 13 min.); "The Incas" (English, 13 min.); "Colón señaló el camino" (Spanish, 52 min.); "The Discovery of America" (English, 13 min.); "Conquest of Mexico and Peru" (English, 13 min); "A New World is Born" (English, 13 min.); "Simón Bolívar: The Great Liberator" (English, 58 min.); "Hernández: Martín Fierro" (Spanish, 60 min.); "Yo soy Pablo Neruda" (English, 28 min.); "The Inner World of Jorge Luis Borges" (English, 28 min.); "Octavio Paz: An Uncommon Poet" (English, 28 min.); "Gabriel García Márquez: La magia de lo real" (English or Spanish, 60 min.); "Art and Revolution in Mexico" (English, 60 min.), and "Los españoles, hoy, en los EE. UU." (Spanish, 52 min.).

The film or video "A Quiet Revolution" on the role of Liberation Theology in Latin America, may be purchased or rented from The Cinema Guild, 1697 Broadway, N. Y., N. Y. 10019, Phone (212) 246–5522. Other films available commercially and from University film libraries (e.g. Media

Technology Services, San Diego State University,, San Diego, CA 92182–0440) are: "Lucía," "México: The Frozen Revolution," and "Brazil: The Vanishing Negro."

An extraordinary source of slides is found in *Literatura hispanoamericana en imágenes*, dirección G. Reyes y O. Rodríguez, 22 vols., available from Editorial La Muralla, Constancia 33, Madrid 2, Spain.

Vocabulario

This vocabulary omits, with a few exceptions:

1. The first 1,000 most frequent words of the *Frequency Dictionary of Spanish Words,* by A. Juilland and E. Chang-Rodríguez (1964)
2. Easily recognizable cognates of English words
3. Adverbs ending in *-mente* when the corresponding adjective is included, unless there is a difference in meaning
4. Easily recognizable diminutives and superlatives without special meaning
5. Names of months and days of the week, cardinal and ordinal numbers
6. Verbal forms other than the infinitive, except when used as adjectives
7. Subject, demonstrative and possessive pronouns and adjectives, except in cases of special use and meaning
8. Personal pronouns.

Gender of nouns has not been indicated in the following cases: masculine nouns ending in *-o*, feminine nouns ending in *-a*, *-ión*, *-d*, *-ie*, *-umbre*, nouns indicating feminine or masculine beings. Adjectives, including those ending in *-ón* and *-dor* are given in the masculine singular only.

The following abbreviations are used:

adj.	adjective	*bot.*	botanical
adv.	adverb	*coll.*	colloquial
Am.	Spanish-American	*com.*	commercial
arch.	architecture	*conj.*	conjunction
aug.	augmentative	*e.g.*	for example

f.	feminine noun		*n.*	masculine noun whose feminine ending is formed regularly
fig.	figurative			
ger.	gerund			
ind.	indicative mood		*naut.*	nautical
indef.	indefinite pronoun		*p.*	person
pron.			*p.p.*	past participle
inf.	infinitive		*pl.*	plural
int.	interjection		*prep.*	preposition
irr.	irregular		*pres.*	present
lit.	literally		*pret.*	preterit indicative
m.	masculine noun		*sing.*	singular
m. & f.	masculine and feminine		*subj.*	subjunctive mood
math.	mathematics		*tr.*	translate
mil.	military term		*v.*	verb
mus.	music		*var.*	variation

A

abanderado (*adj.*) standard-bearing; (*n.*) standard-bearer

abarcar to embrace; to cover

abastecer to supply

abatir to knock down; to shoot down; to discourage

abigarrado motley, variegated

abigeato cattle-stealing

abogacía law, legal profession

abogado lawyer

abogar por to advocate

abolir to revoke; to repeal; to abolish

abono fertilizer

abordar to approach; to accost; (*naut.*) to board; to dock

aborrecer to abhor; to detest

abrigar to shelter; to foster (*hopes and plans*)

abrumador crushing

abundar to abound

aburrir to bore

acabar to finish; to end; — **con** to put an end to; — **de** + *inf.* to have just + *p.p.*

acaecer to happen, to occur

acalorado heated

acallar to silence; to quiet

acaparar to monopolize; to hoard

acariciar to caress; to cherish

acarrear to cause; to entail

acaso perhaps; **por si** — in case

acatamiento reverence; respect

acatar to hold in awe; to accept; to respect

acaudalado rich, wealthy; (*n.*) rich man

acaudillar to command

accidentado stormy; full of incidents

acechar to lie in ambush, to lurk; to spy on

aceite (*m.*) oil

acentuar to emphasize: —**se** to become marked

acerbo sour, bitter, harsh

acercamiento approach; drawing together

acero steel

acérrimo very bitter

acertar to hit the mark; to guess right; to succeed; — **a** + *inf.* to succeed in + *ger.*

acierto ability; success

aclamar to acclaim

acogedor inviting, welcoming

acoger to welcome

acometer to attack; to overcome suddenly

acometida attack, assault

acomodar to accommodate; to arrange; —**se** to comply, to adapt oneself

acontecimiento event, happening, incident

acordar to decide, to agree upon; to agree; —**se (de)** to remember

acorralar to corner

acosar to beset, to harass

acostumbrar to accustom; to be used to; —**se** to get accustomed

acre acrid; severe; mordant; (*m.*) acre

acrecentar to increase

acribillar to riddle; to riddle with wounds; — **a balazos** to riddle with bullets

acriollarse to take on Spanish American ways

acta minutes; certificate

actual present, present-day

actualidad timeliness; present interest *or* importance

acuarela watercolor

acudir to resort; to be present; to attend

acuerdo accord; agreement; **de** — in accord; **de** — **con** in accord with, according to

acuñar to coin; to mint

acusar to accuse; to show

adelantado *official leader of an expedition during the conquest of the New World*

adelanto advance, progress

ademán (*m.*) attitude; gesture, look, manner

adentrarse to get into; to comprehend

adepto (*m. & f.*) follower

adherir to adhere, to stock; —**se a** to be attached to

adhesión adherence

adiestramiento training

adiestrar to train, to instruct

adivinar to guess; to prophesy

adjudicar to adjudge (*to award*); —**se** to appropriate

adoctrinar to indoctrinate

adolecer to suffer

adormecido dormant

aduana customhouse

aducir to adduce, to bring forward

adueñarse to take possession; to become owner (*of something*)

adulón (*adj.*) fawning; (*n.*) gross flatterer, bootlicker

advenedizo (*adj.*) foreign, upstart; (*n.*) foreigner, newcomer

advenir to come, to arrive

advertir to notice; to point out; to warn

adyacente adjacent

afán (*m.*) eagerness, zeal; anxiety

aferrar to seize; —**se a** to stick to

afianzamiento security; support

afianzar to guarantee; to grasp; —**se** to steady oneself; to hold fast

afición fondness, liking

aficionado (*adj.*) fond; amateur; (*n.*) fan, amateur

afilar to grind, to sharpen

afín near, similar; akin

afinar to refine, to polish; (*mus.*) to tune

afincado resident

aflojar to loosen

aflorar to flower, to bloom

afluente (*m.*) tributary

afrancesado Frenchified; Francophile

afrancesamiento Gallicization, conformance to French standards

afrentar to affront; to insult

afrontar to confront; to defy

afuera outside; —**s** outskirts

agarrar to grasp, to seize; (*coll.*) to get

agasajar to entertain

agasajo party, treat

agazapado hidden

agobiar to weigh down; to oppress; to bow

agotado exhausted; sold out

agotador exhausting

agotar to wear out, to use up; —**se** to become exhausted

agradar to please, to be pleasing to

agradecer to thank, to show gratitude

agravar to aggravate; —**se** to become aggravated, to get worse

agregar to add

agrícola agricultural

agro land, countryside

agropecuario (*adj.*) farm, farming (*pertaining to cattle and crop-raising*)

agrupación grouping, group, cluster

agrupar to group

aguardar to wait; to expect, to wait for

aguardiente (*m.*) spirituous liquor, brandy

agudo high-pitched; sharp, acute

aguerrido inured to war, inured, hardened

águila eagle

aguzar to sharpen, to whet; to incite

ahijado godchild, protégé

ahinco ardor, eagerness

ahogar to drown; to suffocate; —**se** to choke; to drown

ahorcar to hang

ahorrar to save; to spare

ahorro economy; saving

ahuyentar to scare away, to drive away; —**se** to flee

aislamiento isolation

aislar to isolate

ajeno another's; foreign, alien

ají (*m.*) chili, hot pepper

alabar to praise, to commend

alambre (*m.*) wire; — **de púas** barbed wire

alarde (*m.*) show, ostentation, display; **hacer** — to boast

alargar to lengthen

albañil mason, bricklayer

albergar to shelter, to harbor; to lodge; —**se** to take shelter; to lodge

alborotado hasty, rush

alborozo joy, merriment

alcalde mayor

alcance (*m.*) reach; scope, range; talent, capacity; **al** — **de** within reach of

alcanzar to overtake; to reach, to attain, to obtain; — **a** + *inf.* to manage to, to succeed in + *ger.*

alcázar fortress, castle, royal palace

aldea village, hamlet

aleccionador (*adj.*) teaching, instructing

aledaño (*adj.*) bordering, attached; (*m.*) border, boundary

alegrar to cheer; to be glad, to rejoice

alejado (*p.p. of* **alejar**) distant, remote

alejar to move away; to keep at a distance

alemán German

Alemania Germany

alentador encouraging

alentar to encourage, to inspire

alfarero potter, pottery maker

algarabía clamor, uproar, confusion

Algarve Algarbe (*southernmost province of Portugal*)

algodón (*m.*) cotton

aliado ally

aliarse to ally oneself

alimentar to feed; to foster —**se de** *or* **con** to feed on *or* upon

alimento food, sustenance

alinear to align; to line up

alistar to enroll; to list; to enlist; to prepare; —**se** to enroll

alivio relief

alma soul, spirit; (*fig.*) inhabitant

almagrista (*m. & f.*) follower of Almagro

alocución address

alojarse to lodge, to take lodging

alrededor around, about; — **de** around, about

altanero haughty, arrogant

altiplanicie (*f.*) upland; high plateau

altiplano plateau

altisonancia high-flown language

altivez (*f.*) pride

alucinado deluded

alumbrar to light

alumnado student body

alusivo allusive

aluvión (*m.*) alluvion; (*fig.*) flood

alza rise

alzar to raise, to lift, to elevate; —**se** to rise (up); to revolt

allegado (*adj.*) related; (*n.*) relative

allende beyond; — **los mares** overseas

amancebamiento concubinage

amanecer to dawn; to awake at dawn

amargo bitter

amargura bitterness

amarrar to tie up

amasar to knead; to mold

ambiente (*m.*) ambient, atmosphere; **medio —** environment

ámbito limit, scope; place

amedrentar to intimidate

amén (*m.*) amen; **— de** aside from, except for

amenaza threat, menace

ametralladora machine gun

ametrallar to machine gun

amo boss; master

amontonar to pile, to pile up; to gather

amparar to protect, to shelter; to seek shelter; **—se a** to have recourse to

amparo protection, shelter

amulatarse to acquire mulatto characteristics

amurallar to wall, to wall in

anacrónico anachronistic, anachronous

anales (*m. pl.*) annals

analfabeto illiterate

ancla (*naut.*) anchor; **echar —s** to cast anchor

andino Andean

angustia anguish; affliction, pang

anhelar to desire eagerly, to crave

anhelo yearning, longing

anillo ring

animator (*n.*) inspirer

animar to enliven; to encourage

ánimo soul, spirit; will, intention

aniquilar to annihilate

anochecer to grow dark; to go to sleep; (*m.*) dusk

anotar to jot down, to note; to comment on

ansia anxiety, longing

ansiar to be anxious

ansiedad anxiety

antaño long ago, of yore

ante before, in the presence of; **— todo** first of all

antecesor (*adj.*) preceding; (*n.*) ancestor, predecessor

antepasado (*adj.*) before last; (*n.*) ancestor, predecessor

antigalo anti-French

antigüedad antiquity, seniority

antiguo ancient, old, former; old fashioned

antillano Antillean

antojarse to take a sudden fancy to *or* for; to imagine; **antojársele** a uno + *inf.* to have a notion to + *inf.*

antojo whim, caprice

antropófago cannibal

antropomorfo resembling human form

anular to annul

anunciador (*adj.*) announcing

anunciar to announce

anuncio announcement

añoranza nostalgia, longing; **— al terruño** homesickness

apacible peaceful

apaciguar to pacify

apagar to extinguish

aparentar to feign, to pretend

apartado distant

apedrear to stone

apegado attached

apego attachment, fondness

apelar to appeal; to have recourse

apelativo name

apenas scarcely, hardly, no sooner than, only

apéndice appendix, appendage

apetencia hunger, appetite, craving

ápice (*m.*) apex; summit, top

aplastar to smash, to crush

apoderar to empower; **—se de** to take hold of, to seize

apogeo apogee, pinnacle

aportar to contribute, to provide

aporte (*m.*) (*Am.*) contribution

apostar to post; to bet

apoyar to lean; to support, to back; **—se (en)** to lean on, to rely on

apoyo support, backing

aprecio appreciation, esteem

apremiante pressing, urgent

apresar to seize, to capture

aprestarse to get ready

apresurar to hasten, to hurry; —**se a** to hasten to

apretado tight; dangerous

aprisionar to imprison, to capture

aprista (*adj.*) of the APRA; (*m. & f.*) member of APRA (Alianza Popular Revolucionaria Americana)

aprobación approval

aprobar to approve

apropiar to give possession of; —**se** to appropriate

aprovechamiento use

aprovechar to profit by, to take advantage of; —**se de** to avail oneself of

apuntar to aim

apuñalar to stab

apurar(se) to worry; (*Am.*) to hurry

arado plow

arancel (*m.*) tariff

arar to plow

arauaco Arawak

araucano Araucanian

arbitrariedad arbitrary act

arbitrio free will; —**s** excise taxes

arbusto shrub

arca chest, coffer, ark

arcilla clay

arco arch

arder to burn; (*Am.*) to itch; to blaze

ardid (*m.*) stratagem, trick

arengar to harangue

argamasa mortar

aristocratizante favoring aristocracy

arma weapon; — **blanca** sword; **pasar por las** —**s** to shoot, to execute

armado armed; reinforced (*e.g. concrete*)

armario wardrobe

arqueólogo archeologist

arquetipo archetype

arquitectónico architectural

arrabal (*m.*) suburb; —**es** outskirts

arraigar to take root; to establish; —**se** to get settled

arrancar to root out, to pull out; to snatch away

arranque (*m.*) impulse, fit

arrasar to raze, to wreck

arrastrar to drag, to drag along; to crawl; —**se** to creep, crawl

arrastre (*m.*) drag; — **popular** influence with the masses

arrebatar to snatch, to grab; — **a** to snatch away from

arreglo adjustment, arrangement, settlement; **con** — **a** according to

arremeter to attack

arrendamiento lease, rent

arrendar to rent, to be rented

arrepentirse to repent, to regret

arriero muleteer

arriesgado dangerous, risky; bold

arriesgar to risk

arrimar to move up, to bring closer; —**se a** to come close to

arrodillarse to kneel

arrogar to adopt; to usurp; —**se** to arrogate to oneself

arrojar to throw, to hurl; to emit, to shed; —**se** to throw oneself; to rush

arrojo fearlessness

arrollador devastating

arropar to wrap, to wrap up; —**se** to wrap oneself up, to bundle up

arteria artery; — **fluvial** river

artimaña trap, trick

asaltar to assault, to storm; to overtake

ascendencia ancestry, line

ascenso promotion; ascent

asegurar to secure; to assure; to fasten; to guarantee, to insure; —**se** to verify

asentamiento establishment; settlement, settling

asentar to seat; to place; to be suitable or becoming

asesorar to advise

asilar to give refuge; —**se** to seek sanctuary, to take asylum

asimismo likewise, also

asir to grasp, to seize

asolar to destroy, to raze; to burn

asomar(se) to show; to stick out; to lean out

asombrar to amaze, to frighten; —**se de** *or* **con** to be amazed at

asombro astonishment

aspereza rudeness, coarseness, asperity

áspero rough, harsh; hard

asqueroso disgusting, filthy

asunceño *from Asunción, capital of Paraguay*

asustar to scare; —se de, con, *or* por to be frightened at

atañer to concern

atar to tie, to fasten

atareado busy

ataviar to dress up

atemorizar to terrify; to frighten

Atenas Athens

atenerse to depend on, to rely on

atentado attempt; attack; crime

atentar to attempt

atento attentive; polite

aterrar to terrify

atestiguar to give evidence of

atisbo sign, token

atónito astonished, amazed

atrapar to catch

atrasado slowed down; late; backward

atrasar to go slow

atraso slowness, delay; backwardness

atravesar to go across; to pierce

atreverse to dare

atrevido (*adj.*) bold, daring

atrevimiento boldness, daring

atribuir to attribute; to assume

atrincherar to entrench

atrio paved terrace or platform (in front of a church or other buildings)

atropellar to trample

atropello trampling, abuse

atroz atrocious

aturdir to confuse; to stun

audaz audacious, bold

auditorio audience

auge (*m.*) acme, apogee; boom; vogue

augurio augury, omen

aunar to join, to unite; to combine

auquénido camel-like species of animal of the Andes

auspiciar (*Am.*) to support, to back; to foster

auto edict, decree; miracle play

autóctono native

autodeterminación self-determination

autoexamen (*m.*) self-examination

autoritarismo authoritarianism

autosuficiencia self-sufficiency

autotitularse to call oneself

auxiliar to help, to attend; (*m.*) aid, assistant

ave (*f.*) fowl, bird

avena oats

aventajar to advance; to win an advantage; to excel

aventurero (*adj.*) adventurous; (*n.*) adventurer

avergonzar to shame, to put to shame, to embarrass; —se to be embarrassed

averiguar to find out, to ascertain

avidez (*f.*) avidity, greediness

avión (*m.*) airplane

aviso warning, advertisement

avistar to catch sight of

avivar to revive, to brighten

Ayacucho *city in central Peru*

aymará (*m. & f.*) Aymara (*Indian group living near Lake Titicaca*)

ayuntamiento municipal government

azar (*m.*) chance, hazard, misfortune, fate; **al —** at random

azaroso risky, hazardous

azogue (*m.*) quicksilver, mercury

azotar to whip, to scourge

azote (*m.*) whip, lash, scourge

azulejo glazed tile

azuzar to incite, to stir up

B

bachiller (*n.*) holder of a bachelor's degree

bahía bay, harbor

bajar to lower, to bring down; to descend, to go down

bajeza lowliness; lowness, meanness

bajorrelieve (*m.*) bas-relief

bala bullet, shot

balance (*m.*) balance sheet

baldaquino canopy-like structure
balde (*m.*) bucket; **en —** in vain
baldón (*m.*) insult, affront, disgrace
baluarte (*m.*) bulwark
bambuco *Colombian popular song and dance*
banano banana tree
bancarrota bankruptcy
banderín (*m.*) little flag; pennant
bando edict, proclamation; faction, party
bandola mandolin
baraja deck (*of cards*)
baranda railing
barbarie barbarism, barbarity
bárbaro (*adj.*) barbaric, barbarous, barbarian; (*n.*) barbarian
barniz (*m.*) varnish, glaze, polish
barrer to sweep, to sweep away
barrera barrier, barricade
barriada shantytown, slum
barrio neighborhood, city district, suburb
barro mud, clay
barroco baroque
basamento (*arch.*) base and pedestal (*of a column*)
basar to base; to support; **—se en** to base one's judgment on, rely on
base (*f.*) base, basis; **a — de** on the basis of
bastar to suffice, to be enough; to have enough
bastón (*m.*) cane, stick
batalla battle; **— campal** pitched battle; **librar —** to engage in battle
batallador (*adj.*) battling, (*n.*) fighter
batallar to battle, to fight, to struggle
batir to beat; to clap; **—se** to fight
bautizo baptism
bebedor (*adj.*) drinking; (*n.*) drinker
becado holder of a scholarship or fellowship
belga Belgian
bélico warlike
bendecir to bless
bendición blessing
beneplácito approval
betarraga beet

bien (*adv.*) well, all right, indeed;
ahora — now then; **más —** rather;
o — or else; **si —** while, though;
tener a — to deem wise *or* proper;
no — as soon as; **en — de** for the sake of, for the benefit of; (*m. pl.*)
—es wealth ·
bienestar (*m.*) well-being, welfare, comfort
bienhechor (*adj.*) beneficient; (*n.*) benefactor
bienvenida welcome; **dar la —** to welcome
biznieto (*n.*) great-grandchild
blanquear to whitewash; to turn white
blasón (*m.*) heraldry; honor, glory
bloque (*m.*) block
boato pomp; pageantry
bocado mouthful, bite
bochornoso embarrassing, shameful
boda(s) wedding, marriage
bodega hold (*of ship*); cellar; store
boga vogue
bolivarista follower of Bolívar
bolsa purse, pocketbook; stock exchange
bombardeo bombardment
bombo long drum, bass drum
bonachón good-natured
bonaerense (*m. & f.*) native *or* inhabitant of Buenos Aires
bondad kindness, goodness, gentleness
bondadoso kind, good
bongó bongo drum
bono bond
borbón Bourbon
borde (*m.*) edge, border
boreal (*adj.*) northern
borinqueño Puerto Rican
borla tassel
borrachín drunkard, drunk
borrego lamb
botar to throw away; to launch (*a boat*); (*Am.*) to squander; to kick out
botella bottle; (*fig.*) sinecure
botín (*m.*) booty, spoils
bóveda dome, vault
bracero day laborer

brasa live coal
bravura ferocity, bravado
brillar to shine
brillo luster, brightness
brindar to offer; to invite; to drink a toast
brío spirit, determination; elegance
brioso spirited, determined
brisa breeze
británico British
brocha brush
broma joke, jest
bromear to joke, jest
bronce (*m.*) bronze
brotar to sprout, to bud; to spring forth
bruja witch
brujo sorcerer, magician
brújula compass
bruma, fog, mist
brusco brusque; rough
buho horned owl
buitre (*m.*) vulture
bullicioso (*adj.*) bustling, rumbling; (*n.*) rioter
buque (*m.*) ship, vessel; **— de carga** freighter
burdo coarse; ordinary
burgués bourgeois
burlar to ridicule; to trick; **—se de** to make fun of
buscador searcher
búsqueda search, hunt

C

cabal exact, perfect, complete
caballería cavalry, knights, chivalry
caballete (*m.*) easel
cabaña cabin
cabellera hair, head of hair
caber to fit; to be possible
cabida space, room, capacity; **dar — a** to make room for; **tener — en** to have a place in
cabildo municipal council; meeting of the council
cabo end; cape; corporal; **al —** finally, after all; **Cabo de Hornos** Cape Horn

cacao (*bot.*) cacao (*chocolate tree*)
cacarear to cackle; to crow
cacería hunt, hunting party
cacique (*m.*) Indian chief; political boss
cadalso scaffold; gallows
cadena chain
caducar to become extinct *or* obsolete
cafetal (*m.*) coffee field *or* plantation
caída fall
cal (*f.*) lime
calabaza pumpkin, squash, gourd
calaña character, caliber
calar to fix (*a bayonet*); to perforate
calavera skull
calco copy; imitation
cálculo calculation, estimate
calibre (*m.*) caliber; quality
calidad quality; **en — de** as
cálido warm, hot
calificar to qualify; to characterize
calumniador (*n.*) slanderer
caluroso warm, hot; enthusiastic
calzón, calzones (*m.*) pants, breeches; trousers
callado silent
callejero (*pertaining to the*) street
cámara chamber, room
camarada (*m. & f.*) comrade
camarón (*m.*) shrimp
cambio change, exchange; money exchange; shift
camote (*m.*) sweet potato
campamento camp (*mil.*); encampment
campana bell
campaña campaign; country (*as opposed to city*)
campeón champion
campesinado peasantry
campestre (*adj.*) country
campiña field
canalizar to canalize; to channel
canasto basket; wastebasket
canción song, lyric poem
canela cinnamon
canónigo canon (*clergyman*)
cansancio tiredness
caña reed, bamboo, cane

cáñamo hemp (*plant and fiber*)
cañaveral (*m.*) field *or* plantation of canes *or* reeds
cañón (*m.*) cannon, gun; gorge, canyon
caoba mahogany
caos (*m.*) chaos
caótico chaotic
capa coat, cape, mantle
capaz capable, competent
capilla chapel
capital (*m.*) capital (*of column*)
capricho whim, caprice
cara case; **de —** facing, opposite
Carabobo *place in Venezuela*
carbón (*m.*) coal, charcoal; **— encendido** burning charcoal
carcajada outburst of laughter
cárcel (*f.*) jail, prison
carecer (de) to lack
carente lacking, devoid; **— de** lacking, devoid of
carga load, burden, ship's cargo
cargador (*n.*) loader, porter
cargar to load, to fill up; to carry
cargo position, charge; **a — de** in charge of (a person); **hacerse — de** to take charge of
caricia caress
caridad charity, benevolence; alms
cariño affection, love
carioca from Río de Janeiro
cariz (*m.*) aspect
carnero sheep, mutton
carrera race; career
carretera highway
carro cart
cartucho cartridge
casamiento marriage, wedding
cáscara rind, peel, crust
casco hoof
castaña chestnut; **— de Marañón** Brazil nut
castañuela castanet
castellano Castilian; Spanish
castigar to punish, to afflict
castigo punishment
casto chaste, pure
castrense military

castrista (*m. & f.*) follower of Fidel Castro; (*adj.*) Castrist
casual accidental, chance, casual
casualidad chance, accident
casucha miserable hut
catalán Catalonian
catecismo catechism
cátedra professorship, subject
catedrático (*m.*) university professor
catequización religious instruction
cauce (*m.*) river bed; channel
cauchero rubber plantation worker
caucho rubber, rubber plant
caudal (*m.*) volume (*of water*); abundance, wealth
caudaloso abundant
caudillaje (*m.*) leadership, bossism
caudillo leader, caudillo, political boss
cautela caution; cunning
cauteloso careful, cautious
cautivar to captivate
cautiverio captivity
cautivo (*adj. & n.*) captive
cavar to dig
cazador hunter
cebada barley
ceder to yield; to give up
cedro cedar (*wood*)
cédula degree
cegar to blind; to cut off
ceguera blindness
ceja eyebrow
celebrar to celebrate; to praise; to hold (a meeting); **—se** to take place
célebre famous
celibato celibacy
celo zeal; distrust; **—s** jealousy
célula cell
cenáculo cénacle, literary group
cenit (*m.*) zenith
ceniza(s) ashes
censo census
censura censure; censorship
censurable reprehensible
centenar hundred
centinela sentry, sentinel
ceñido tight, close-fitting
cercanía(s) vicinity, proximity

cercano near, close by

cercar to wall in; to encircle, to surround; to lay siege to

cercenar to trim; to curtail

cerciorarse to inform; to assure; — **de** to find out about

cerco fence, wall, enclosure; **alzar el** — to raise the siege; **poner** — **a** to lay siege to

cerebro brain, brains

ceremonial (*m.*) code of manners

cerner to sift; (*Am.*) to strain; to threaten

cerro hill

certamen (*m.*) literary content

certero sure, certain, accurate

certeza certainty

certidumbre certainty

cervantino *pertaining to* Cervantes

cicatriz (*f.*) scar

ciclópea cyclopean, huge

ciego (*adj.*) blind; (*m.*) blind man; **a ciegas** blindly

cielito (*coll.*) dearest, darling; *Argentine tune and dance*

cielo heaven, sky; **—rraso** flat ceiling

ciervo deer

cifra figure, number

cima summit, top

cimarrón wild; fugitive (*slave*)

cimentar to found; to lay the foundation for

cimiento foundation, groundwork, basis

cincel (*m.*) chisel

cincelar to chisel; to carve

cinismo cynicism

cinta ribbon; band; strip

cinturón (*m.*) belt

circundar to surround

cisne (*m.*) swan

cisplatina cisplatine (*on the left bank of the River Plate*)

cita engagement; quotation; **lugar de** — meeting place

citar to quote; to summon

ciudadanía citizenship

ciudadano citizen

ciudadela citadel, fortress commanding a city

civilista antimilitarist

clamar to cry out for; to utter loud cries

clamor (*m.*) cry, noise

claro (*adj.*) light, clear; (*int.*) of course

claudicar to limp; to back down

claustro cloister; campus

cláusula clause

clausurar to close up, to adjourn

clave (*f.*) key, clef; (*mus.*) —**s** *cylindrical sticks used as percussion instrument in music*

clavel (*m.*) carnation, pink

clérigo cleric, clergyman

clero clergy

clisé (*m.*) cliché, stereotyped phrase

coacción coercion, compulsion; co-action

cobarde (*adj.*) cowardly; (*m. & f.*) coward

cobre (*m.*) copper

códice (*m.*) manuscript

codicia covetousness, cupidity, greed

codiciar to covet

coetáneo contemporary

cofradía union, association; guild, brotherhood

cohete (*m.*) rocket

cohibir to inhibit; to restrain

cojo lame; (*n.*) lame person, cripple

cola tail, end, queue; **hacer** — to stand in line

colegir to infer, to conclude

cólera rage

colérico angry

colgar to hang; to hang up

colibrí (*m.*) hummingbird

colina hill

colindante adjacent, contiguous

colmo height; limit

colocación position, employment; place

colocar to place, put; —**se** to get placed, find a job

coloniaje (*m.*) colonial system

colonizador (*adj.*) colonizing; (*n.*)
colonizer, colonist
colono colonist, settler; farmer,
tenant farmer
columnata colonnade
comadre (*f.*) midwife; co-godmother,
friend
comarca region, territory
combatiente combatant
comediógrafo playwright
comentar to comment; to make
comments; to discuss
comestible (*m.*) food, foodstuff;
(*adj.*) edible, eatable
cometer to commit
comicio primary election; (*pl.*)
voting, elections, primary
comité (*m.*) committee
como like, as, as if; — **de** of about;
— **que** since
comodidad comfort, convenience
cómodo comfortable
compadecer to pity, to feel sorry for;
—**se** (**de**) to feel sorry (for)
compadrazgo compaternity; clique
compadre godfather; (*coll.*) pal
compañero companion, friend
comparecer to appear (*before a
judge, tribunal or police*)
comparsa carnival group dancing in
the streets
compartir to divide; to share
compás (*m.*) (*mus.*) time; measure
competencia competence,
competency; dispute; competition;
domain
complacer to please; —**se** to be
pleased (*with or* to); to take
pleasure in
complejidad complexity
complejo (*adj.*) complex; (*m.*)
complexity; complex (*psychological*)
componenda deal, compromise
comportamiento behavior
comportar (*Am.*) to entail; —**se** to
behave
comprensible comprehensible,
understandable
comprensivo (*adj.*) understanding,
comprehensive

comprobar to verify, to confirm
comprometer to involve; to
endanger, —**se** to commit oneself
compromiso compromise;
engagement
comulgar to take communion; to
communicate; to mix
comunero commoners; joint holders
of a tenure of lands
comunicante (*adj.*) communicating
conato attempt, effort
concejo town council; council
meeting
concesionario concessionaire, dealer
conciencia conscience;
consciousness, awareness; **a** —
conscientiously
conciliar to conciliate, to reconcile
concilio council
concitar to stir up
conciudadano fellow citizen
concordia concord, harmony,
agreement
concretar to make concrete; to
explain; to boil down (*a statement*);
—**se** to limit oneself, to confine
oneself
concurso contest
conducción act of leading,
conducting
conducir to lead, to conduct
conductor (*adj.*) conducting, leading,
guiding; (*m.*) conductor, leader,
driver
conferir to confer, to bestow, to
award
confianza confidence, trust;
familiarity; informality
confiar to entrust, to confide
confundir to confuse, to mix; to fuse;
—**se** to become lost or mingled; to
go astray
congelar to freeze
conjuntamente jointly
conjunto whole, entirety; (*mus.*)
ensemble; **en** — as a whole, in all
conmovedor touching, moving
conmover to stir, to stir up, to upset;
to move; —**se** to be moved, to be
touched, or upset

consciente conscious, aware

conseguir to get, to obtain; to bring about; — + *inf.* to succeed in + *ger.*

consejo advice, counsel; town or city council

consigna watchword; order

consiguiente consequent; **por** — or **por el** — consequently, therefore

consternar to dismay; to terrify

constituyente (*adj. & n.*) constituent, component

consuetudinario customary

consumidor (*adj.*) consuming; (*n.*) consumer, customer

consumo consumption; (*e.g., of liquor*)

contendor contestant; challenger

contienda contest, fight

contradanza contradance

contradecir to contradict

contraer to contract

contrapeso counterbalance, counterweight

contraproducente unproductive, self-defeating; counterproductive

contrario opposite; (*n.*) opponent; contrary; **al** — **de** unlike; **por el** *or* **lo** — on the contrary

contratación trade, commerce; contract

contratiempo misfortune, disappointment; (*mus.*) contretemps

contumaz contumacious, defiant, unruly, rebellious

convenio covenant, pact

convenir to be suitable, to be becoming; to be necessary; to convene; to agree

conversador conversationalist

convivencia (*act of*) living together, life together

convivir to live together

copa goblet, wineglass, cup; crown (*of a hat*); treetop

copla couplet, ballad

corográfico mapping, charting

corona crown; wreath, garland

corregidor corregidor (*Spanish magistrate*)

corregimiento office of **corregidor**, district governed by a **corregidor**

correligionario coreligionist; member of the same party

correo courier; postman; mail; post office

corrido Mexican ballad

corriente (*adj.*) running; current; common; **estar al** — **(de)** to be aware (of)

corro circle of people

corte (*m.*) cut; cutting; (*f.*) court, yard; (*Am.*) court of justice; **Cortes** Parliament

cosecha harvest; crop; harvest time; **de su** — of one's own invention, out of one's own head

cosechar to harvest, to reap; to grow (*e.g., corn*)

costa cost, price; coast, shore; **a** — **de** at the expense of

costado side

costal (*m.*) bag, sack

costanero (*adj.*) coastal

costarricense (*adj. & m. & f.*) Costa Rican

costarriqueño (*adj. & n.*) Costa Rican

costear to defray the cost of; **—se** to pay for itself or oneself

costeño (*adj.*) coastal

costoso costly, expensive

costumbrista (*adj.*) depicting regional customs, manners, scenes

cotidiano daily, everyday

cotización quotation, price

coyuntura occasion; juncture

creciente increasing, rising, growing

crecimiento growth

cría raising, breeding, rearing

criar to raise, to bring up; to breed, to grow

criollismo *character; movement advocating* **criollo** *things and customs*

criollización Spanish-Americanization

criollo (*adj. & n.*) Creole, native of Spanish America

crisol (*m.*) crucible, melting pot

crítica criticism
criticar to criticize
crítico (*adj.*) critical; (*Am.*) faultfinding; (*m.*) critic
cromo chromium
cronista (*m.*) chronicler
cruento bloody
cruzamiento crossing, miscegenation, interbreeding
cruzar to cross
cuadra square, block
cuadrilla group, troupe, gang, band; quadrille
cuajar to take shape; to be formed
cuantioso numerous
cuanto (*adj. & pron. rel.*) as much as, all that (which); whatever; **unos —s** some few; **—s** as many as, all those who (*adv.*) as soon as, as long as; **en —** as soon as, while, insofar as; **en — a** as to, as for; **por —** inasmuch as . . . therefore; **— antes** as soon as possible; **—más . . . tanto más** the more . . . the more
cuartel (*m.*) barracks; quarter; (*mil.*) general headquarters
cuartelazo military coup d'état (*uprising*)
cuarterón (*n.*) quadroon
cuatrero horse thief; cattle thief
cucaracha cockroach, roach
cuenca basin (*of a river*); valley
cuento story, tale, gossip
cuero leather, rawhide
cuerpo body, substance, bulk; corpse; (*mil.*) corps; **— docente** faculty
culpa blame, guilt, fault; **echar la — a uno de una cosa** to put the blame on someone for something; **tener la — de** to be to blame for
cultivo cultivation, farming; (*bact.*) culture
cumbre (.) summit; (*fig.*) acme, pinnacle; (*adj.*) top, greatest
cumplir to execute, to perform; to fulfill, to keep (*a promise*)
cuna cradle
cundir to spread
cúpula dome

cura (*m.*) priest
curandero quack, healer
curtido tanning
cúspide (*f.*) apex, peak
custodiar to guard, to watch over
cuzqueño (*adj.*) (*pertaining to*) Cuzco; (*m.*) native of Cuzco

CH

chibcha *Colombian Indian from the region of Bogotá and Tunja*
chicha corn liquor
chile (*m.*) (*bot.*) chili
chinesco (*adj.*) Chinese
chino (*adj. & n.*) Chinese
chirimoya (*bot.*) cherimoya (*a tropical fruit*)
chispa spark
chiste (*m.*) pun, joke
chivo goat; **— expiatorio** scapegoat
chocar to shock; to collide
cholo mestizo, half-breed
choque (*m.*) shock, impact, collision, clash
choteo jeering (*in Cuba*)
choza hut

D

dado (*p.p. of dar*); **— que** provided that; as long as
danzón (*m.*) *Cuban dance*
dañar to hurt, to damage, to spoil
dañino harmful
daño hurt, damage, harm
dato datum, basis, fact
debelar to subdue; to conquer
debido due, proper
débil weak
debilidad weakness
decaer to weaken; to fade; to languish; to decay
decaimiento decline; decay; weakness
decantar to exaggerate; to exalt
decenio decade
décimonono nineteenth (*century*)
dechado model, example

definir to define; to establish; to determine; —**se** to determine one's political allegiance

deidad deity

dejo accent (*of a region*)

deleitar to delight; —**se con** to take delight in

deleite (*m.*) delight, pleasure

delgado slim, thin

delinear to outline; to delineate

delito crime, transgression

demás other(s), rest; **por lo —** besides; **por —** in vain

demasiado too much; (*adv.*) too, too much, too hard; —**s** too many

demoler to demolish

demorar to delay

denominación name

denominar to name, denominate

deparar to provide, to furnish

deponer to set aside; to remove from office; to depose

depravación depravity

derivado (*adj.*) derived; (*m.*) derivative, by-product

derogar to repeal, to revoke

derramamiento spilling; spreading

derramar to pour out, to spill

derretir to melt; to thaw

derribar to demolish, to destroy, to tear down; to overthrow

derrocamiento overthrow; ousting

derrocar to overthrow

derrochador squandering; (*n.*) squanderer

derrochar to waste, to squander

derroche (*m.*) waste, squandering; profusion

derrotar to rout; to defeat

derrotero route; course

derrumbamiento collapse, wrecking

derrumbar to plunge headlong; to collapse

desacato disrespect, contempt; profanation

desacuerdo disagreement; discord

desafiar to defy; to challenge

desafío defiance; challenge; duel

desagravio redress

desaguar to drain; to empty; to flow

desalentar to discourage

desaliento discouragement

desalojar to dislodge, to evict, to eject, to oust

desalojo eviction, dislodgement

desamparar to abandon

desamparo abandonment, lack of protection

desarme (*m.*) disarmament

desarreglo disorder

desatar to untie; to unleash; —**se** to break out

desatender to take no notice of, to disregard

desatino folly; blunder, foolishness

desbandar to flee in disorder; to disband

desbaratar to ruin, to destroy

descalzo barefoot

descamisado (*adj.*) shirtless; poor; (*n.*) *follower of General Perón*

descansar to rest

descarado insolent, impudent; shameless

descartar to discard, to do away with

descendencia offspring

descollante outstanding

descollar to stand out, to excel

descomposición decay, corruption; disorder

desconcertar to disconcert, to baffle

desconcierto disorder

desconfianza distrust

desconfiar to have no confidence

desconocer to be ignorant of; to fail to recognize; to overlook, to disregard

desconsolar to distress, to grieve

descorazonar to discourage

descuartizar to quarter, to dismember

descuidar to neglect, to overlook; —**se** to be distracted

descuido carlessness, neglect

desde since, from, after; — **luego** doubtless, of course; — **que** since

desdén (*m.*) disdain, scorn, contempt

desdeñable despicable, contemptible

desdicha misfortune

desechar to cast aside, to throw out

desembocadura outlet, mouth (*e.g.*, *of a river*)

desembocar to flow, to empty, to end; — **en** to flow into, to empty into

desembolso disbursement, payment

desempeñar to redeem; to fulfill, to carry out; to fill (*a function*); to play (*a role*)

desencadenarse to break out; to be loose

desencantar to disenchant, to disillusion

desencanto disenchantment

desenfrenado unbridled

desengañar to undeceive, to disillusion

desengaño disappointment, disillusionment

desenlace (*m.*) outcome; dénouement (*of a play*)

desenlazar to untie; to solve

desenvolvimiento unfolding, development

desesperante despairing; exasperating

desesperanzado hopeless

desfilar to file by; to march in review; to parade

desgarbado graceless

desgobierno misgovernment, maladministration, mismanagement

desgraciado unfortunate

desheredado disinherited, underprivileged

deshonroso dishonorable, ignominious

desigual unequal

desigualdad inequality, unevenness

deslealtad disloyalty

deslizarse to slip

deslumbrante dazzling, bewildering, baffling

deslumbrar to dazzle

desmán (*m.*) excess; misbehavior

desmedido excessive

desmentida denial

desmentir to belie; —**se** to make an about face; to contradict oneself

desmesurado disproportionate; excessive

desmoralizar to demoralize; —**se** to become demoralized

desmoronamiento crumbling

desmoronar to decay

desnudo (*adj.*) nude, naked, bare; (*n.*) nude

desocupar to evacuate; to empty

desoír to disregard; to be deaf to

despedir to dismiss; to get rid of; to throw off; —**se** to say good-bye

despejado clear

despejar to clear out; to clear up

desperdiciar to waste, to squander; to fail to take advantage of

desperdicio waste, squandering; leftover, residue; —**s** waste products, by-products, rubbish

despiadado merciless, cruel

despilfarrar to squander

despilfarro squandering, waste

desplazamiento move; movement; shift

desplazar to take the place of; to move; to shift

desplegar to spread, to display, to unfurl

despliegue (*m.*) unfolding, display, deployment

despojar to strip; to despoil, to dispossess

despojo dispossession; spoils

desposeer to divest, to dispossess

despoeseído dispossessed

despreciar to despise, scorn

desprecio scorn, contempt

desprender to loosen; to detach; —**se** to loosen

desprestigiar to run down, disparage; —**se** to lose one's reputation or standing

desquiciamiento unhinging, upsetting, unsettling

destacado outstanding

destacar to emphasize; to make stand out (*in a painting*); —**se** to stand out

desterrado exiled, banished; (*m.*) exile, outcast

desterrar to exile, to banish; —**se** to go into exile

destituir to deprive; to dismiss

destreza skill, dexterity

destrozar to break to pieces, to destroy

desvalido impoverished

desvanecer to vanish; to fade; —**se** to vanish

desvarío ecstasy, delirium; raving

desventaja disadvantage

desventura misfortune

desviar to deviate; to dissuade

desvincular to break the ties uniting two or more persons or things

desvirtuar to lessen the value; to weaken, to spoil

detenido lengthy; careful; slow; (*n.*) prisoner

detentar to deforce (*to keep by force from the rightful owner*); to usurp

detentor (*m.*) usurper; illegal possessor

deuda debt

devenir to happen; to become

diario daily; (*n.*) diary; journal

dibujar to draw, to design, to depict

dictadura dictatorship

dictamen (*m.*) judgment, opinion

dictar to dictate; to promulgate (*a law*); (*Am.*) to deliver (*a lecture*)

dicharachero (*adj.*) witty; (*n.*) witty person; sparkling conversationalist

dicho saying; (*p.p. of* **decir**) aforesaid; **mejor —** rather

dichoso fortunate, lucky; happy

diezmar to decimate

difundir to disseminate; to spread

difunto deceased

dignamente in a suitable fashion

digno worthy

dilación delay

diligencia diligence; caution

dilucidar to elucidate, to render intelligible

diluvio deluge

dimitir to resign

diputado delegate, representative, deputy

dique (*m.*) dike

dirigente (*m. & f.*) leader, head, director

dirigir to direct, to manage; to address; —**se** to address; to apply to; to go to

disculpar to forgive; to cover up; to vindicate

discurso speech; discourse

discutir to discuss, to argue about *or* over; to contradict, to oppose

diseño design

disfraz (*m.*) disguise

disfrazar to disguise

disfrutar to enjoy; to have the benefit of

disfrute (*m.*) enjoyment, use

disgustar to displease; —**se** to be displeased

disímil dissimilar

disimuladamente furtively, underhandedly

disimular to disguise; to hide; to pretend; to excuse

disminuir to diminish, to decrease

dispar unlike, different; odd (*that does not match*)

disponer to dispose; to arrange, to prepare; to decree; **— de** to make use of, to have at one's disposal; —**se** to get ready, to prepare oneself

disponible available

dispuesto disposed, ready

distraer to distract; to amuse; —**se** to amuse oneself

ditirámbico dithyrambic (*exceedingly eulogistic*)

divagar to ramble; to wander; to digress

diversión amusement

divertido amusing

divertir to amuse, to entertain; —**se** to enjoy oneself

divisa emblem, motto; goal; foreign exchange

divisar to perceive; to make out; —**se** to make out; to be seen

divisor (*m.*) divider

divisorio (*adj.*) dividing; divider

doblar to double; to fold

doblegar to bend

docencia teaching
docente educational, instructional,
teaching; **cuerpo** — faculty
docto learned
dolencia ailment
dolicocéfalo dolichocephalic, long-
headed
doloroso painful, pitiful
domar to tame, to master
dominador dominator, ruler
dominante prevailing
dominio dominion, domination,
domain; — **público** public *or*
general knowledge; (*law*) eminent
domain
don (*m.*) gift, innate ability
donatário (*Portuguese*) recipient of a
grant
donativo gift
doncella maiden, virgen
dondequiera (*adv.*) anywhere,
wherever
dorado gilt, gilded; golden
dormido asleep, dormant
dosis (*f.*) dose
dotar to dower, to endow; to equip;
to man
dote (*m. & f.*) dowry (*f.*)
endowment, talent, gift
ducado ducat
duco car paint
dúctil easy to handle, manageable
ducho expert
dueño owner, landlord, master
dulzura sweetness
duradero lasting
dureza harshness

E

ecuestre equestrian
edificar to build, to construct
edificio building, structure
editor (*adj.*) publishing; (*n.*)
publisher
educación breeding; education; —
superior higher education
efectuar to effect, to carry out; —**se**
to be carried out; to take place

égida protection; force
egoísmo egotism; selfishness
egregio eminent
egresados (*Am.*) alumni
egresar (*Am.*) to leave; to go away;
to graduate
eje (*m.*) axis, axle, shaft
ejecutar to execute, to perform
ejemplar exemplary; (*m.*) model,
sample, example, copy (*of a*
publication)
ejercer to exercise; to exert; to
practice
ejército army; — **permanente**
standing army
ejido (*Mexico*) communal land
elogiar to praise
elogio eulogy, praise
emancipador emancipating; **gesta**
—**a** epic struggle for independence
embate attack
embaucar to deceive, to trick
embelesado spellbound
embestida assault, attack
embestir to attack
emboscada ambush
embrutecer to stupefy; to brutalize
emotivo emotional
empañar to dim, to blur
emparentado related by marriage;
related
empecinamiento (*Am.*)
stubbornness, persistence
empedernido hardened, confirmed
empeñar to pawn; to pledge; —**se**
to endeavor; to insist; —**se en** to
persist in, to insist on
empeño pledge; eagerness,
determination
empeorar to make worse, to impair
empequeñecer to belittle; to
diminish
emperador emperor
empobrecer to impoverish
emporio emporium, center of
culture
emprender to undertake
empresa enterprise, undertaking,
concern, firm
empresario manager, impresario

empréstito loan
empujar to push
empuñar to clutch, to grasp
enajenación alienation; illegal appropriation
enajenado alienated
enaltecer to praise
enarbolar to hoist, to hang out (*e.g., a flag*), to raise (*a flag*)
enardecer to inflame, to excite
encabezar to head, to lead
encajar to fit in; to be appropriate
encaje (*m.*) lace
encaminar to set on the way; —**se** to set out, to be on one's way
encapricharse con *or* **en** to whimsically set one's mind upon
encaramarse to climb; to get on top
encarar to face (*a problem*); —**se a** *or* **con** to confront; to stand up to
encarcelar to imprison
encarecer to raise the price; to enhance
encargar to entrust; —**se de** to take charge of
encarnado (*p.p. of* **encarnar**); (*adj.*) incarnate; flesh-colored
encarnar to incarnate, to embody
encauzar to channel; to guide, to direct
encendido bright, inflamed
encerrar to lock in, to shut in; to include
encierro confinement; imprisonment
encomendar to entrust, to commend, to commit
encomendero holder of an **encomienda**
encomiar to praise
encomienda *land in America and the Indians inhabiting it granted to colonists by the Spanish Crown*
encomio praise
enconado bitter, unfriendly
encono ill will, rancor
encubierto concealed, covered, cloaked
encubrir to hide, to conceal
encuentro meeting, encounter, clash
encumbrar to elevate

ende: por — therefore, consequently
endeble feeble, frail
enderezar to straighten, to set right
endógamo inbred
endurecido hardened
enemistar to estrange, to make enemies of; —**se** to become enemies
enfadar to anger; —**se** to get angry; to be annoyed
enfocar to focus
enfrentar to confront, to face
engalanar to adorn
engaño deceit, fraud
engañoso deceiving
engendrar to beget
engenho (*Portuguese*) sugar mill; sugar plantation
engorroso troublesome
engranaje (*m.*) gearing
engrandecimiento aggrandizement, enlargement
enlace (*m.*) link, connection, relationship; marriage
enlazar to embrace; to unite
enmendar to reform; to correct
enmarañado entangled
enmascarar to mask; to disguise
enmienda amendment; correction
enojar to anger; —**se** to become angry
enojoso annoying
enraizado rooted
enredar to envelope; to make trouble; —**se** to become involved
enredo entanglement
enriquecer to enrich
enriquecimiento enrichment
ensanchar to widen, to extend, to enlarge
ensangrentado bloody; bloodstained
ensangrentar to stain with blood; to bathe in blood
ensayar to try, to rehearse
ensayista (*m. & f.*) essayist, essay writer
ensayo test; essay, rehearsal
ensuciar to dirty, to stain, to soil
ensueño dream; daydream

entallador carver; engraver
ente (*m.*) being, entity
enterar to inform; —**se** to find out;
—**se de** to learn about
enterrar to bury
entidad entity
entorpecer to stupefy; to obstruct; to
delay
entrada entrance
entraña entrail, heart
entrañable close; intimate; deep-felt
entrañar to contain; to involve
entrega delivery, surrender
entregar to deliver; to surrender, to
hand over
entrelazar to interlace, to
interweave
entremetido meddlesome
entremezclar to intermingle
entrenamiento training
entrenar to train; to coach
entretanto in the meanwhile; — **que**
while
entretener to entertain
entrever to glimpse; to guess; to
suspect
entrevista conference, interview
enturbiar to confuse, to muddle
entusiasmar to enthuse; —**se** to be
enthusiastic
envasado packing, canning
envasar to pack; to package; to can
envejecer to age, to grow old
envidia envy
envilecer to vilify, to debase; —**se**
to be debased; to degrade oneself
epónimo eponymous
epopeya epic poem, epic
equidad fairness
equilibrar to balance
equipo equipment; outfit; set, unit;
(*sports*) team
equivaler to be equivalent to
equivocar to mistake; —**se** to make
a mistake
equívoco (*m.*) (*Am.*) mistake, error
erario state treasury
erigir to erect, to build; to establish
erizado bristling with
erosionar to erode

errado mistaken
esbelto graceful, well-built; slim
esbozar to outline, to sketch
escala ladder, scale; (*naut.*) **hacer** —
en to call at
escalar to scale, to reach, to get to
escalinata stone step; front step
escalón (*m.*) step (*of staircase*);
echelon, grade
escalonar to place at intervals; to
place stairways outside
escamotear to make disappear; to
cause to vanish
escarapela badge
escarmentar to learn by experience
escarmiento punishment
escasear to be scarce; to become
scarce
escasez (*f.*) scarcity, need
escindir to split
escisión splitting, schism
esclarecedor enlightening
esclarecer to explain, to enlighten;
to dawn
esclarecido illustrious
esclavista (*adj.*) pro-slavery; (*m. & f.*)
pro-slavery advocate
esclavitud slavery
esclavo enslaved; (*n.*) slave
escoba broom
escoger to choose
escuadra (*mil.*) squad; (*naut.*)
squadron
escudar to protect; to shield
escueto plain; unadorned
esculpir to sculpture; to carve; to
engrave
escultura sculpture
esforzar to strengthen, encourage;
—**se** to exert oneself
esfuerzo effort
esgrimir to wield; to brandish; to
swing (*e.g., a new argument*)
eslavo Slavic; (*n.*) Slav
esmalte (*m.*) enamel
esmerado careful
esmero care
esnob snobbish; (*m. & f.*) snob
esnobismo snobbery, snobbishness
esotérico esoteric, secret

espada sword
Española Hispaniola
espantoso frightful, awful, fearful,
  astounding
esparcir to scatter, to spread
especia spice
especie (*f.*) kind, sort, species
espectro specter, phantom, ghost;
  spectrum
esperanza hope
espinazo backbone
espino (*bot.*) hawthorn
espinoso thorny; arduous
esquema (*m.*) scheme, diagram,
  schema
esquematizar to sketch, to outline,
  to diagram
esquivo aloof, scornful
estadio stadium; stage, phase
estadista (*m.*) statesman; pro-
  statehood (*in Puerto Rico*)
estadístico statistical; (*m.*)
  statistician; **estadística(s)** statistics
estado state, condition, estate, status;
  government, country, nation; — **de**
  ánimo state of mind; — **de cosas**
  state of affairs; — **parachoque**
  buffer state
estadounidense *or*
  estadunidense American
estafa swindle
estallar to explode, to break out
estallido outburst; explosion;
  outbreak
estancado stagnant
estancamiento stagnation
estancia (*Am.*) cattle ranch; large
  farm
estanciero (*Am.*) farmer, rancher
estandarte (*m.*) banner
estaño tin
estatuir to establish
estela wake (*of a ship*); trail
estipendio fee
estirpe (*f.*) stock, race, family
estorbar to disturb; to be in one's
  way; to prevent
estrago havoc
estrechez (*f.*) want, poverty;
  narrowness

estrecho narrow; (*m.*) strait
estreno debut, première
estudiantado student body
estupendo wonderful, marvelous
etapa stage
etiqueta formality
europeizante (*adj.*) pro-European
evolucionar to evolve
ex former; — **alumnos** alumni
exacerbado irritated
exceptuar to except
excomulgar to excommunicate
exigente exacting, demanding
exigir to exact, to require, to
  demand
exiguo exiguous, small, scanty
eximio most excellent, distinguished
éxito success
expedir to send, to ship; to issue
expoliador spoliating; (*m. & f.*)
  spoliator
exponer to expose
exteriorizar to reveal; to make
  manifest
extraño foreign, strange; (*n.*)
  foreigner, stranger
extraviarse to go astray; to get lost
extravío misconduct, wrong

F

fábrica factory, plant, mill
fabricación manufacture
fábula fable
facción faction; feature; —**es**
  features (*face*)
faccioso rebellious; (*n.*) rebel
factible feasible
factoría factory(*trading post in a*
  foreign country); (*Am.*) factory
  (*manufacturing center*)
facultad faculty, power; school (*of a*
  university)
fachada façade
fado *sad popular song in Portuguese*
faena task, job, work
falacia deceit; fallacy
falangismo Spanish fascism
falaz treacherous, deceitful

falda skirt; lap; foothill; lower slope (*of a mountain*)

falsear to falsify, to misrepresent

falsificar to falsify; to misrepresent

falta lack; mistake, misdeed; **a — de** for lack of; **hacer —** to be necessary

faltar to offend; to be missing, to be lacking

falto short, lacking, wanting

falla fault, defect, failure

fallar to render a verdict; to fail

fallecer to expire

fallido unsuccessful; disappointed

fallo verdict

fanatismo bigotry, fanaticism

fandango Spanish dance

fanegada *a measure of land, equal to 1.59 acres*

fango mud

fantasma (*m.*) ghost; phantom

fantoche (*m.*) puppet

faraón Pharaoh

farol (*m.*) lantern, street lamp

fase (*f.*) phase

fastidiar to annoy; **—se** to become displeased

fatigoso fatiguing; (*coll.*) annoying, trying

fauces (*f. pl.*) gullet

fe (*f.*) faith; **auto de —** *public declaration of judgments of the Spanish Inquisition, followed by execution of sentences, including burning of heretics at the stake*

febrerista *member of a left-of-center political party of Paraguay*

febril feverish

fecundo fertile, abundant

fechar to date

federacha *derogatory name for the federal army of Juárez*

fehaciente reliable

felón treacherous

fementido treacherous, false

feria fair; holiday

feriado: dia — holiday

feroz ferocious

ferrocarril (*m.*) railroad, railway

fervoroso ardent

fetiche (*m.*) fetish

feudatario vassal; feudal tenant

feudo fief

fiar to confide; to trust; **—se** to trust; **—se de** to trust in; to rely on

ficticiamente imaginarily

fiebre (*f.*) fever

fiel faithful, honest, sincere, trustworthy; **los —es** the faithful

fiera wild animal

fiero fierce

figurar to figure, to appear conspicuously; **—se** to figure; to imagine

fijar to fix, to fasten; to set (*a date*); to establish (*residence*); **—se** to become fixed, settled; to notice; **—se en** to notice, to pay attention to

fijo fixed, firm; **a punto —** exactly

filibustero freebooter, buccaneer

filigrana filigree

filo edge; cutting edge; **al — de** at, about (*e.g., sunrise, two o'clock*)

fin end, purpose; **a — de** + *inf.* in order to + *inf.*; **a — de cuentas** after all; **a — de que** so that, in order that; **a —es de** at the end of, late in (*a period of time, e.g., week*)

finalidad end, purpose

financiación financing

financiamiento (*Am.*) financing

finanaciar to finance

finca estate

fincar (*Am.*) to reside, to rest, to be found

fingido false, fake; affected

finiquitar to finish; to wind up

finisecular *pertaining to the end of the 19th century*

firmar to sign

firmeza firmness; determination

fisco national treasury

fisiocrática physiocratic (*pertaining to the economic doctrine which considers nature as the only source of wealth*)

fisonomía face, contenance; physiognomy

flamante resplendent

flamenco Flemish; Andalusian gypsy (*dance, song, etc.*)

Flandes Flanders

flanquear to flank
flauta flute; — **pandeana** pan pipe
flojo loose, limp; weak
floresta woods, forest
florido full of flowers
fluir to flow
fluvial (*pertaining to*) river
foco focus, center
fogón (*m.*) fireside, firebox, cooking
  stove
fogoso fiery, spirited
foja sheet, leaf
folletín (*m.*) small pamphlet; serial
  story
fondo bottom, rear; background;
  fund; **a** — thoroughly
foráneo strange, foreign; (*n.*)
  stranger, outsider
forastero stranger
forjadura forging
forjar to forge
formal real; serious; formal
fortalecimiento fortification,
  strengthening
fortaleza fortitude, strength, vigor;
  fortress
fortificar to fortify
fortuito accidental; unexpected
forzoso compulsory
fracasar to fail
fray (*m.*) Fra; brother
fréjol (*m.*) kidney bean
freno bridle, brake
frigorífico (*Am.*) packing house,
  cold-storage
frijol (*m.*) bean
frondoso leafy, luxuriant
frontispicio frontispiece, front; the
  fore part of a building
fructífero fruitful
fuente (*f.*) fountain; source
fuero privilege; exemption; law,
  statute
fuga flight; (*mus.*) fugue; **ponerse en**
  — to take flight
fugaz brief, fleeting
fulano so-and-so; — **de tal** John
  Doe
fulgor (*m.*) brilliancy
funcionamiento functioning,
  performance, running

funcionario public official
fundación foundation
fundador founding; (*n.*) founder
fundamentar to lay the foundations
  of *or* for; to establish
fundamento foundation, basis;
  grounds
fundar to found; to base; —**se** to be
  founded *or* based
fundir to found (*a metal*); to smelt
fundo country property, farm, large
  estage
fúnebre gloomy; funereal
funesto dismal, sad; regrettable;
  mournful
fusilar to shoot (*with a firing squad*);
  to execute

G

gabinete (*m.*) cabinet
gaceta gazette
gachupín (*Am.*) Spaniard
  (*derogatory*)
gala festive array; gala, splendor; **de**
  — full-dress, finery
galantear to pay court
galeón (*m.*) galleon
galo Gallic
gallego Galician
gama gamut, full range, scale
gamonal (*m.*) (*Am.*) powerful and
  abusive landlord
gana desire
ganadero cattle-raising
ganado cattle, livestock; — **caballar**
  horses; — **lanar,** — **ovejuno** sheep;
  — **porcino** swine; —
  vacuno bovine cattle
ganancia gain, profit
ganar to win; to profit, to gain; to
  earn
garantía guarantee; —**s**
  constitucionales constitutional
  rights
garbanzo chickpea
garza crane
gasa chiffon
gastar to spend; to waste; to wear, to
  wear out, to use up

gasto cost, expense
gauchesco (*adj.*) Gaucho
gemelo twin
género kind, gender, genre; cloth;
— **humano** mankind
genovés Genoese
gentío crowd
germen (*m.*) germ, bud, seed; (*fig.*)
beginning, origin
gesta gest (*a narrative of a person's
exploits*); feat; —
emancipadora epic struggle for
independence
gesto gesture, face, grimace
girar to draw; to turn; to rotate
giro turn; course
globo globe; — **aerostático** balloon
gobernador (*n.*) governor
gobernante ruling; (*m. & f.*) ruler
gobierno government; management
goce (*m.*) enjoyment, pleasure
golpe (*m.*) blow, hit; coup
gótico Gothic
goyesco in the style of Goya
gozar to enjoy; to possess; —**se** to
delight (in)
gozo pleasure
grabar to engrave, to record
grada step; —**s** stone steps
grado grade, degree, rank; **de buen**
— willingly
grama (*bot.*) grass
granero granary
granjear to earn, to gain
grano grain
grasa fat, grease
grato pleasant; pleasantly
gravamen (*m.*) tax, burden;
obligation
gravitar to gravitate, to rest
gremial (*pertaining to a*) guild or
trade union
gremio guild, trade union
grieta crack, crevice
gris gray
grosero gross, coarse, rough
grosor (*m.*) thickness, bulk
grueso thick, bulky, big; (*m.*)
thickness; bulk
guacamayo macaw

guajiro Cuban peasant
guaraní Guaraní (*Indian belonging to
an ethnic group living in Paraguay;
also his language*)
guardacostas (*m. pl.*) coast guard
guardar to guard, to keep
guarecer to take refuge; to take
shelter
guarnición garrison
guaso (*Am.*) peasant
gubernativo governmental
guerrero (*pertaining to*) war;
warlike; (*n.*) warrior, fighter
guerrillero guerrilla
guía (*m. & f.*) guide, leader; (*f.*)
guidebook
guiar to guide; to drive; to direct;
—**se de** *or* **por** to be guided by; to
go by
gusto taste, whim; pleasure
gustoso tasty; pleasant; ready, glad

H

haba bean; — **de soja** soya bean
hábil skillful; capable
habilidad ability; skill, talent;
shrewdness
habitación room
hablador talkative
hacendado owner of a large farm,
plantation or ranch
haces (*m. pl.*) beams (*of light*)
hacienda landed property, fortune,
possession; extensive farm,
plantation *or* ranch
hada fairy
halagar to flatter
halagüeño flattering
hallar to find; —**se** to be
hallazgo find, discovery
haragán lazy; (*n.*) idler
harapiento ragged
harén (*m.*) harem
harina flour; — **de pescado** fishmeal
harto (*adv.*) quite; very;
exceedingly; enough; too (*much*);
(*adj.*) full; satiated
hastío boredom; loathing; surfeit

haz (*m.*) beam (*of rays*)
hazaña deed, feat, exploit
hectárea hectare (10,000 square meters or 2.471 acres)
hechicera sorcerer, witch
hechicero bewitching; (*m.*) magician, sorcerer
hecho fact, deed, act, event; **de —** in fact, de facto; **— de armas** feat of arms
helar to freeze
hembra female
henchir to fill, to stuff; **—se** to be filled; to stuff oneself
heredero heir
hereje (*m. & f.*) heretic
herencia inheritance, heritage, heredity
herida wound, injury, insult
herido hurt, wounded; (*n.*) injured or wounded person
herir to hurt, to injure, to wound
hermanar to unite
hermandad brotherhood, sisterhood
herramienta tool
hervir to boil
hiato hiatus; a gap, a lacuna
hidalgo nobleman
hidalguía nobility
hielo ice
hierba grass; herb
hierro iron
higo fig
hilar to spin
hilo thread, wire
hincapié (*m.*) firm footing; **hacer — en** to emphasize, to dwell upon
hinchar to swell, to exaggerate; **—se** to swell up (*with pride*)
hipoteca mortgage
hogar (*m.*) home
hoguera bonfire
hoja leaf; blade; **—s volantes** handbills
hojalata tin, tin plate
hojear to look over, to leaf through
hombro shoulder
hondo (*adj.*) deep; (*n.*) depth
honestidad chastity, virtue, decency
honra honor

honroso honorable
horca gallows
hormiga ant
hormiguero anthill
horrendo horrible, awful, horrendous
horroroso frightful, hideous; terrible
hosco dark, gloomy; proud
hospicio hospice; orphan asylum, poorhouse
hostigar to scourge
huaca (*Am.*) Indian burial site; **huaco** *Pre-Columbian ceramic*
huapango Mexican song and dance
hueco hollow, resounding; affected
huelga strike (*of workers*)
huérfano orphan
huerto orchard
hueso bone
huésped guest
humilde humble
humillar to humiliate; to humble
hundimiento sinking, collapse, cave-in, crash
hundir to sink; to ruin; **—se** to cave in, to collapse
hurto thieving; theft

I

i (*Am.*) and
ibérico Iberian
ibero Iberian
ida departure
idear to think up; to plan, to devise
ideólogo ideologist
idilio idyll
idioma (*m.*) language
idolatrar to idolize
idóneo suitable
ignorar not to know, to be ignorant of
ignoto unknown
igual equal; smooth, level, even, uniform; (*m.*) equal; **al — que** as, like
igualar to equalize; to equate; to be equal
iletrado uncultured, illiterate

iluso misguided, deluded
ilustración illustration; learning;
  enlightenment
ilustrado informed, learned,
  enlightened; illustrated
ilustrar to enlighten; to elucidate
ilustre illustrious
imagen (*f.*) image, statue, figure
imaginero painter or sculptor of
  religious images
imborrable indelible; ineradicable,
  inerasable
imperante ruling, prevailing
imperar to rule, to reign, to hold
  sway; to prevail
imperecedero imperishable
imperioso imperious; imperative
imponente imposing; awe-inspiring
imponer to impose; to dominate;
  —**se a** to dominate, to command
  respect from
importar to import; to be worth; to
  involve, to imply; to be important;
  to matter
impostergable compelling; urgent
imprenta printing; press
imprescindible essential,
  indispensable
imprimir to print; to stamp; to
  imprint
improperio insult
impudicia immodesty
impuesto (*p.p. of* **imponer**); (*m.*) tax
impulsar to impel
impunemente with impunity
inagotable inexhaustable
inaplazable indeferable
inaudito unheard of
incanato Inca period
incansable tireless
incapaz incapable, unable,
  incompetent
incario Inca period; empire of the
  Incas
incauto unwary, unwise
incendio fire
incertidumbre (*f.*) uncertainty
incienso incense
incitante exciting

inclusive inclusive, including; (*adv.*)
  inclusively
incluso enclosed; (*adv.*) besides,
  including, even
incógnito unknown (*m. & f.*)
  incognito (*person*)
incomodar to disturb, to annoy; —**se**
  to become disturbed
incomodidad inconvenience,
  uncomfortableness
incomunicado isolated
inconcebible inconceivable
inconciliable irreconcilable
inconcluso unfinished
inconscientemente unconsciously
incontrovertible indisputable
increíble incredible, unbelievable
incrustado inlaid
inculto unrefined
incumbencia duty, obligation; **ser de
  la** — **de** to be within the province
  of
incumplimiento nonfulfillment,
  unfulfillment, breach
indecible indescribable
indiada (*Am.*) gang *or* mass of
  Indians
indiano *Spaniard who returns rich
  from Spanish America*
índice (*m.*) index
indicio sign, token, indication; —**s**
  (*law*) evidence
indigenista defender of American
  Indians, their arts and institutions
indigesto undigested; confused
indignar to anger; —**se** to get
  indignant
indigno unworthy, contemptible
indiscutible indisputable,
  unquestionable
indoblegable unbending, unyielding
índole (*f.*) temper, disposition; class,
  kind
indomable unconquerable;
  indomitable
indómito untamable, indomitable,
  unruly
inducir to persuade, to influence
indudable certain, indubitable

indulto pardon
indumentaria apparel; clothing
inefable indescribable
ineficaz ineffective, ineffectual
ineluctable inevitable
inepcia ineptitude
inerme unarmed; unexpected,
unforeseen
inexpugnable impregnable;
unconquerable
infamatorio defamatory, libelous
infame infamous; (m.) scoundrel
infantería infantry; — de marina
marines; marine corps
infarto infarct
infiel faithless; unfaithful; disloyal;
(m.) infidel
infierno hell
influjo influence
infortunado unfortunate
infortunio misfortune
infringir to violate
infructuoso fruitless, unfruitful
infulas conceit, airs
infundir to inspire (with); to infuse;
to imbue
ingeniar to think up; to contrive;
—se para to manage
ingeniería engineering
ingeniero engineer
ingenio talent, skill; talented person;
sugar mill
ingénito innate
ingente huge
ingrato thankless; ungrateful;
disagreeable; harsh, hard; (m.)
ingrate
ingresar to enter
ingreso entrance; ingress; —s
income
inhábil unable, unqualified;
unskilled, unskillful
inhabilitación disqualification,
incapacitation
inhóspito inhospitable
inigualado unequaled, uneven
injertar to engraft; to ingraft; to
graft
inmarcesible unfading

inmediación proximity;
inmediaciones environs,
neighborhood
inmiscuir to mix; to interfere
inmóvil motionless
inmueble immovable; propiedad —
real estate
inmundo dirty
inquietante disquieting, disturbing
inquietar to worry; to move
inquieto anxious, worried; restless;
(n.) restless person
inquietud (f.) uneasiness,
restlessness, concern
inquilino tenant; (Am.) tenant
farmer
inquina aversion, hatred, dislike
inquisidor inquirer, inquisitor
inscribir to inscribe; to enroll, to
register
insensible imperceptible; insensitive
insigne noted, renowned
insinuar to suggest, to hint
insólito unusual, unaccustomed
insondable unfathomable,
inscrutable
insoportable unbearable; intolerable
insostenible untenable
insuficiencia inadequacy
instar to urge
insustituible irreplaceable
intachable irreproachable
integrar to integrate; to form
intentar to attempt
intercalar to interpolate
intercambio interchange
interés (m.) interest; intereses
creados vested interests
interesado interested party
interinamente temporarily
internado internship; boarding
school
interrogante questioning;
interrogative
intestino intestine, internal,
domestic
intimidad intimacy, privacy
intitular to entitle
intocable untouchable

intranquilo uneasy
inundar to flood; to fill
inusitado unusual; out of use
inútil useless
inutilizar to render useless
inverosímil improbable, unlikely
inversión inversion, investment
inversionista investor
invertir to invest, to invert; to
  reverse
involucrado contained
ira anger
irredenta unredeemed
irremediable irremediable,
  incurable
isleño (*pertaining to an*) island; (*n.*)
  islander
izar to hoist

J

jactancia boasting, bragging,
  boastfulness
jalisciense (*pertaining to*) Jalisco,
  Mexico
jaque (*m.*) check
jebe (*m.*) (*Am.*) rubber
jefe (*n.*) chief, leader, boss
jerarca chieftain
jerarquía hierarchy
jerga jargon
jeroglífico hieroglyphic
jinete (*m. & f.*) horseman, rider
jornada act; military expedition;
  trip, journey; event
jornalero day laborer
joya jewel
joyería jewelry
judía Jewess; string bean
judío Jewish; (*n.*) Jew
juerga carousal, spree
juez (*m.*) judge
juguete (*m.*) toy, plaything
juicio judgment; trial; **perder el —**
  to lose one's mind
Junín *city in central Peru near the*
  place where the Spanish American
  forces defeated the Spaniards in
  1824

junta council, meeting, conference
juntamente at the same time
juntar to join, to unite; to gather
junto (*adj.*) joined, united; **—s**
  together; **todo —** at the same time,
  all at once
jurado jury
juramento oath; **prestar —** to take
  oath
jurar to swear in, to take an oath
justicialismo justicialism (*Perón's*
  political philosophy)
justipreciar to appraise
juzgar to judge; to think; **— mal**
  a to think ill of

K

kafkiano nightmarish (*in Kafka-like*
  style)

L

laberinto labyrinth, maze
labrado adorned, decorated; carved;
  (*m.*) carving
labranza farming; work
labrar to till; to carve
laca lacquer
lacayo lackey
lacio straight (*hair*)
ladera slope
ladino (*Am.*) mestizo (*mixed Spanish*
  and Indian)
lado side, direction, room; **al — de**
  by the side of; **dejar a un —** to skip,
  to leave aside
ladrillo brick
ladrón (*m.*) thief
lago lake
lágrima tear; **deshacerse en —s** to
  weep bitterly
laico (*adj.*) lay, secular
lana wool
lance (*m.*) incident, event; dispute
languidecer to languish
lanza lance
lanzamiento launch, hurl, throw,
  launching

lanzar to throw, to hurl; to launch
larga long; **a la —** in the long run
largamente at length
largo long; **a lo — de** along
lastimero pitiful
lata can
latido beat, throb
latifundio latifundium; vast landed estate
latifundista large landowner
latigazo lashing, lash
latir to beat, to palpitate
laúd (*m.*) lute
lazarillo blind man's guide
lazo clasp, knot, tie, bond
leal loyal
lealtad loyalty; steadfastness
lector (*m.*) reader
lectura reading
lecho bed
legado legacy
legua league (*from 2.4 to 4.6 miles*)
legumbre (*f.*) vegetable
lejanía distance, distant place
lejano distant
lejos far; **a lo —** in the distance; **de — from a distance**
lema (*m.*) motto, saying, slogan
lentitud slowness; **con —** slowly
leña firewood
león (*m.*) lion
lesión injury
lesionar to hurt, to injure
letargo lethargy
letra letter (*of alphabet*); handwriting; lyrics
letrero sign, label
levantamiento uprising
levantar to raise, to life, to elevate; to stir up; to adjourn; **—se** to rise, to get up; to stand up; to rebel
leve light, of little weight; trifling
ley (*f.*) law, norm, standard; **— del embudo** (*coll.*) one-sided law
leyenda legend
léxico lexical; (*m.*) lexicon
libertador (*adj.*) liberating; (*m.*) liberator
libertar to free; to liberate
libertinaje (*m.*) libertinism

liberto freed, emancipated; (*n.*) freedman
librar to free; to save; to spare
licenciar to license; (*mil.*) to discharge
licencioso dissolute
liceo lyceum
lid (*f.*) contest, fight
líder (*m.*) leader
liderazgo (*m.*) leadership
lienzo linen; canvas
ligar to tie, to bind
limar to file, to polish, to smooth
limeño (*pertaining to*) Lima (*Peru*); (*n.*) native of Lima
limitar to limit, to border; **— con** to border on
límite (*m.*) limit, boundary
limosna alms, charity
linaje (*m.*) lineage, class
lindero boundary, edge
lindo pretty, beautiful
lino linen (*bot.*) flax
lisonja flattery
listo bright, alert; ready
literato writer; literary person
litigio litigation, dispute
litoral littoral, coastal; (*m.*) littoral, coast, shore
locura madness, insanity
logia lodge
logrado successful
lograr to get, to obtain; to attain; **— + *inf.* to succeed in + *ger.***
logro attainment, success, gain, profit
loma hill
lomo back (*of an animal, of a book*)
Londres London
losa slab, stone
lote (*m.*) lot
loza china
lozano vigorous, gallant
luciente bright, shining, lucent
lucir to display; to shine; **—se** to show off
lucrar to get, to obtain; **—se** to profit
luego soon, at once, then; **desde —** of course; (*conj.*) therefore

lugarteniente deputy; lieutenant
lúgubre mournful; gloomy
lujo luxury
lujoso luxurious
lujurioso lustful, lecherous; (*n.*) lecher
lusitano Lusitanian; Portuguese
lustre (*m.*) luster, gloss, shine, polish; shoe polish
lustro period of five years
Lutero Luther
luto mourning

LL

llaga ulcer, sore
llama flame, llama
llamada call; sign, signal
llamado call
llamamiento call
llamarada flare-up, flush
llamativo showy, flashing, gaudy
llanero plainsman
llano smooth, even; plain, simple; (*m.*) plane; plain
llanto weeping; tears
llanura evenness; plain
llegar to arrive; to reach, — **a** + *inf.* to come to, to get to + *inf.*; to succeed in + *ger.*
llenar to fill; —**se** to be overwhelmed with
lleno full, filled
llevar to carry, to take, to lead; to bear; to wear (*clothes*); to have been; — **a cabo** to carry out, to accomplish; — **a cuestas** to support
llover to rain
llovizna drizzle
lluvia rain

M

ma (*Am.*) wench; low class girl; mother
macizo solid; massive; (*n.*) mountain mass
macho he-man
madera wood, piece of wood; lumber, timber

madero beam, log
madrastra stepmother
madrugada dawn; break of day
madurez (*f.*) maturity, wisdom
maduro ripe, mature
maestría mastery
maestro (*adj.*) trained, expert; (*n.*) teacher; master; **obra maestra** masterpiece
magisterio teaching; teachers; teaching profession
magistrado magistrate, judge
mago magician, sorcerer
mahometano Mohammedan
maíz (*m.*) corn
maldad wickedness, evil
maldición curse, malediction
maldito cursed, damned
maléfico horrifying
maleza weeds, thicket
malhechor (*m.*) malefactor, criminal
malicia maliciousness, shrewdness
malogrado ill-fated
malograr to spoil, to waste
malsano unhealthy
maltratar to mistreat; to abuse
malvado wicked, evil; (*n.*) evildoer
malla mesh; netted fabric
mameluco mestizo (*in Brazil*)
mampara screen
manada flock, herd, pack
mancebía brothel; licentious living
mancha blemish, stain
manchar to speckel; to stain; to pollute
mandatario mandatary; (*Am.*) chief executive (*of a country*)
mandato mandate; (*Am.*) term (*of office*)
mandioca manioc
mando command, control
manejar to manage; to handle; (*Am.*) to drive
manejo handling, management; (*Am.*) driving
maní (*m.*) peanut
maniatar to tie the hands of
manifestación demonstration
manifestar to tell, to declare, to state; to show
maniobra movement

maniobrar to maneuver

mano hand; — **de obra** labor; **a —s de** in the hands of

mansedumbre (*f.*) mildness

manso gentle, meek

mantener to support; to maintain; to keep up

mantenimiento maintenance, support

manto cloak, mantle

mantón (*m.*) large cloak; — **de Manila** Spanish shawl

manufacturero manufacturing

manumisión manumission, emancipation

maña craftiness, skill

maquillaje (*m.*) make-up

maquinal mechanical

maquinar to scheme, to plot

mar (*m. & f.*) sea

maraña tangle

maravilla marvel, wonder

maravilloso marvelous, wonderful

marca mark, stamp

marcado outstanding

marco frame

marchar to march; to go, to progress; to function; —**se** to go away, to leave

marchitar to fade; to wither

marfil (*m.*) ivory

margarita daisy

margen (*m.*) margin, edge; (*f.*) bank (*of a river*)

marina navy; **infantería de —** marines; marine corps

marinero sailor

marino marine; (*m.*) seaman

mariposa butterfly

mármol (*m.*) marble

martillo hammer

mas but

masa mass; — **obrera** working class

máscara mask

matadero slaughter house

matanza killing, slaughter, massacre

mate (*m.*) checkmate; (*bot.*) mate (*Paraguayan plant and tea*); (*adj.*) brownish color, dull

materia matter; subject; — **prima** raw material

matiz (*m.*) shade, nuance

mayor greater, greatest; larger, largest; older, elder, oldest, eldest; senior; of age; main; high (*speaking of altar or mass*); major; **Estado — General** Staff; **ser — de edad** to be of age; (*m.*) superior; chief, head; major; **por —** (by) wholesale; — **de edad** person of legal age; —**es** elders, ancestors, forefathers

mayoría superiority, majority

mayoritario pertaining to the majority

mazorca ear (*of corn*)

mediano medium; average, fair, median

mediante by means of, through

mediar to mediate; to intervene; to take place

medicamento medicine

medida measure; moderation; **a — de** in proportion to, according to; **a — que** as, in proportion to; while

medievo Middle Ages

medio (*adj.*) half, middle, medium, average; **a medias** half and half; (*adv.*) half; (*m.*) half; midst, middle; medium; environment; means; —**s** means

medir to measure

mediterraneidad lack of seacoast

mediterráneo landlocked

medrar to thrive, to prosper

mejoramiento betterment, improvement

mejorar to improve; to get better; to progress

mendigo beggar

menester (*m.*) want, lack, need; job; **haber —** to need; **ser —** to be necessary

mengua diminution; **en — de** to the discredit of

menor less, lesser; smaller; younger

menoscabar to impair, to damage

menospreciar to underrate, to undervalue

mensual monthly

ménsula corbel

mentar to mention

mentira lie, error; **parece —** it hardly seems possible
mentís (*m.*) flat denial
menudo small, little, minute; **a —** often
mercader (*m.*) merchant, dealer
mercadería commodity; **—s** goods, merchandise
mercado market; **— de valores** stock market
mercancía merchandise
merced favor, grace, mercy; **— a** thanks to
merecedor deserving
merecer to deserve, to merit; **— la pena** to be worthwhile
meridional meridional, southern
mermar to decrease, to diminish
mero mere
mescolanza (*coll.*) mixture; hodgepodge
meseta plateau
mestizaje (*m.*) crossbreeding; mixture (*e.g.,* **— cultural** cultural mixture)
mestizo mixed, half-blooded; (*n.*) half-breed
meta goal
meter to put, to place
metralla shrapnel
mezcla mixture
mezclar to mix, to blend, to mingle; to intermarry
mezcolanza mixture, interbreeding
mezquino wretched, poor, mean
mezquita mosque
miel (*f.*) honey
miembro limb, member
milagro miracle, wonder; **por —** miraculously
milagroso miraculous
milenio millennium
milla mile
millar thousand
mimar to spoil, to pamper
mina mine
minar to mine; to undermine
minero mining; (*m.*) miner, mine operator
minoría minority

minuciosidad thoroughness, meticulousness
minucioso minute, meticulous
mira sight, target, objective
mirada glance, look
misa mass
misericordia mercy
misionero missionary
mismo (*adj. & indef. pron.*) same, own, similar, like, self
mita *Indian slave labor in the mines*
mitayo *Indian serving term of compulsory labor*
mítico mythic
mito myth
mixto mixed
mochica *Indian ethnic group of the coast of northern Peru*
moda fashion, mode, style; **a la —** fashionable; **a la — de** in style of; **de —** in fashion
modal (*adj.*) modal; **—es** (*m. & f.*) manners
modalidad modality, form, method
modo mode, manner, way, method; **de — que** so that; **de ningún —** by no means; **de otro —** otherwise; **de todos —s** at any rate
mofarse de to mock; to make fun of
mojado wet
molde (*m.*) mold, pattern, cast model
molicie (*f.*) fondness for luxury; sensual pleasures
moneda coil, money; **— corriente** currency; **— sonante** metal money; **— suelta** change; **casa de —** mint
monja nun
monje monk
monocultivo monoculture (*agriculture based on a single crop*)
montar to mount; to ride; to assemble
montaraz wild, untamed
monte (*m.*) woods; hills; mountain; **— bajo** scrub forest
monto amount, sum, total
montón (*m.*) pile, heap; **a montones** (*coll.*) in abudance
montonera (*Am.*) mounted guerilla group

morado purple

morador resident

moral (*f.*) ethics; conduct; (*adj.*) moral

mordida bite; (*coll.*) bribe (*in Mexico*)

morena dark-complexioned; (*coll.*) colored; (*n.*) brunette; colored person

morera (*bot.*) white mulberry

morisco Moorish

mortalidad mortality, death rate

mortandad mortality, massacre

mortífero deadly

mostrar to show, to pretend, —**se** to appear

mote (*m.*) motto, nickname

motejar to call names; — **de** to brand as

motín (*m.*) mutiny, uprising

motivo motive, reason; motif; **con —de** because of; on the occasion of

movilizar to mobilize

moza girl

mozo young, youthful; (*m.*) youth, lad, servant, waiter

muchedumbre (*f.*) crowd, multitude

mudanza change

mudo mute

muelle (*adj.*) soft; luxurious; (*m.*) spring, pier, wharf, dock

muerte (*f.*) death, murder

multa fine

multisecular centuries old

mundial world-wide, world

mundo world

municipio municipality; town council

muralla wall, rampart

muro wall

musulmán Moslem

N

nácar (*m.*) mother of pearl

nacer to be born; to bud; to originate

naciente rising

nacimiento birth

nacista Nazi

natalidad birth rate

natural natural, native; (*m. & f.*) native

naturaleza nature

naufragio shipwreck

náufrago castaway

nave (*f.*) ship, vessel; (*arch.*) nave

navegar to sail

Navidad Christmas

navío ship

necio stubborn; (*n.*) fool, bullheaded person

nefasto ominous; ill-fated

negar to deny, to refuse; to negat

negociado business; affair

negocio business, work

negrero (*adj. & m.*) Negro slave trader

negruzco blackish, dark

nervadura (*arch.*) rib

nervio nerve

nevado snow-capped peak

nevera ice-box, refrigerator

nicaragüense Nicaraguan

nido nest

niebla mist

nieto grandson, grandchild

níquel (*m.*) nickel

nítida bright, clear, sharp

nocivo noxious, harmful

nogal (*m.*) walnut

nordomanía *slavish inclination to imitate the U.S.A.*

noreste northeast

noroeste (*m.*) northwest

norteño northern

notar to observe, to notice

noticia news, notice; **una —** a news item

notificar to notify

novedad newness, novelty, news

novelado in the form of a novel, novelized

novelar to write novels, to tell stories, to novelize

nube (*f.*) cloud

nudo knot

nueva news; fresh news

nuevamente newly; again

nulo null, void
nutrir to nourish, to feed

O

obedecer to obey; — **a** to yield to;
to be due to
obispo bishop
obra work; **mano de** — labor;
—**maestra** masterpiece
obrar to work
obrero working, (*pertaining to*)
labor; (*m.*) workman, laborer
obsequiar to present; to entertain
obsequio gift, attention
obstaculizar to prevent; to obstruct,
to hinder; (*coll.*) to be in the way
obstante: no — notwithstanding;
nevertheless
obstinarse to persist
ocio leisure
ociosidad idleness
ocultar to hide; —**se** to set (*said of
the sun*)
oculto hidden; mysterious
oda ode
odiar to hate
odio hatred
oficio trade; function; **Santo** —
Holy Office (*Inquisition*)
oidor (*m.*) judge (*in Colonial days*)
ojalá God grant; may . . .
ojeada glance; **echar una** — to cast
a glance
ojiva ogive, a pointed arch
óleo oil; oil painting
olivo olive (*tree*)
olor (*m.*) odor, small; scent,
fragrance
olvidadizo forgetful; **hacerse el** —
to pretend to be forgetful
ombligo umbilical cord, navel
ombú (*m.*) *Argentine tree typical of
the pampa*
omnímodo all-embracing, all-
inclusive
onda wave (*of light, sound, etc.*)
operario worker, laborer
oponer to oppose; —(**se**)(**a**) to
resist; to oppose

opositor opponent, competitor;
(*adj.*)(*Am.*) rival
oprimir to weigh down; to oppress;
to hold down
optar to choose; — **por** to decide in
favor of
opuesto (*p.p. of oponer*); (*adj.*)
opposite
opulencia wealth
oración prayer
oráculo oracle
orfandad orphanage; orphanhood;
abandonment, neglect
orfebrería gold or silver work
orgía orgy
orgullo pride
orgulloso proud
orientación orientation, trend
orientador leading; (*m.*) leader
originario orginating, native,
original
orilla shore, bank; edge
oriundo native, coming from
ornar to adorn
osar to dare
ostentar to show, to display, to make
a show of; —**se** to show off
ostentoso ostentatious
otorgar to agree to; to grant, to
confer
otrora formerly, of yore
oyente (*m. & f.*) listener, auditor,
hearer

P

pa *abbreviation of* **para**
pactar to agree to *or* upon
padecer to suffer, to endure; — **de**
or **con** to suffer from
padecimiento suffering
padrastro stepfather
padrino godfather; sponsor
padrón (*m.*) poll, census; pattern,
model
paga wage, salary
pago payment
paisaje (*m.*) landscape
paisajista landscape painter
paja straw, piece of straw

paladín (*m.*) champion
paliza beating
palmario clear, evident
palo stick, pole; blow with a stick
paloma dove, pigeon
palpable apparent
palpar to feel, to touch
palpitante palpitating, throbbing
paludismo malaria
pampa *grassy South America plain*
pana corduroy
panameño Panamanian
pandeana (*pertaining to the Greek god*) Pan; **flauta** — pan pipe
panegrista panegyrist; defender
pantalla lamp shade; screen
pantano swamp
panzudo big-bellied; paunchy
paño cloth
papa potato
Papa Pope
papagayo parrot
papel (*m.*) paper; role, part; **desempeñar** *or* **hacer el** — **de** to play the role of; **hacer buen** — to make a good showing
par pair, couple; **a la** — jointly; **de** — **en** — wide open; **sin** — incomparable; —**es** peers
parachoques bumper; **estado** — buffer state
parado standing
parafrasear to paraphrase
paraguayo Paraguayan
paraíso paradise
páramo high barren region
parasitario parasitic
parcela plot, piece of ground; particle
pardo brown; dark
parecer (*m.*) opinion; look; countenance; **a mi** — to my mind, in my opinion; to appear, to look, to seem; **al** — apparently; **cambiar de** — to change one's mind; (*v.*) —**se a** to look like
parecido like, similar; —**s** alike; **bien** — good looking; —**a** like; (*m.*) similarity, resemblance, likeness
pared wall

pareja pair, couple; dancing partner
parejo equal, like; even, smooth
parentela relations, kin
parentesco relationship, bond
pariente relative; — **político** in-law
parisiense Parisian
parlante talking; **hispano**— Spanish-speaking person
parra (*bot.*) grapevine
párroco parish priest
parroquia parish
parroquiano customer, buyer
particular special, private, individual
particularidad detail
partida departure, item in an account
partidario (*adj.*) partisan; (*m. & f.*) partisan, supporter
partido party, part, game, match
partir to divide, to distribute; to crack, to split; to start, to depart, to leave; **a** — **de** beginning with
pasar to pass, to go on, to happen; — **de** to exceed; — **por las armas** to execute before a firing squad
paseo walk, stroll; excursion
pasillo small step; corridor, passage
pasmado astonished
paso step, pace; pass, — **a** — step by step; **abrir** — to make way; **abrirse** — to make *or* force one's way
pastor shepherd
pastoreo pasturing
pasturaje (*m.*) pasture land
patente clear, evident
patíbulo scaffold (*for executions*)
patio courtyard
patria native country, fatherland
patrocinar to sponsor
patrocinio sponsorship, patronage
patrón (*m.*) landlord, owner; master, boss; pattern, standard; — **de oro** gold standard
patronato patronage
patrono employer, patron; landlord
paulatino slow, gradual
paulista (*pertaining to*) São Paulo
pauta standard, norm; model
pavor (*m.*) fear, terror
pavoroso frightful, terrible

pecado sin
pecuario (*pertaining to*) cattle
peculado embezzlement, graft
pedregal (*m.*) stony ground
pelea fight, battle
pelear to fight, to quarrel; to
struggle
peliagudo (*coll.*) tricky; arduous
peligro danger
peligroso dangerous
pelota ball
pelucón wig-wearer; (*Am.*)
conservative
pena grief, punishment; penalty; a
—s hardly; **a duras** —s with great
difficulty; **valer la** — to be
worthwhile
pendiente pending, expecting; (*f.*)
slope
penetrar to penetrate, to pierce
penoso difficult; painful
pensador thinking; (*n.*) thinker;
become imbued with
penuria penury, poverty;
deprivation
pentatónico pentatonic
peonaje (*m.*) gang of laborers
percance (*m.*) misfortune, mischance
percatarse to become aware of; to
guard against
pérdida loss; waste, damage
perdonar to pardon, to forgive
perdurar to last a long time, to
survive
perecedero mortal, fleeting
perecer to perish
peregrinación pilgrimage;
wandering
pereza laziness, slowness
perezoso lazy; slow; (*n.*) sleepyhead;
sloth
perfil (*m.*) profile, side view; cross
section
perfilar to profile; to outline; —se
to show one's profile; to begin to
appear
periódico periodic; (*m.*) newspaper
periodista (*m. & f.*) journalist
peripecia vicissitude
perito expert

perjudicar to harm, to damage
perjudicial harmful
perla pearl
permanecer to remain, to stay
peronismo Peronism (*doctrine of
Perón*)
peronista (*pertaining to*) **peronismo;**
(*m. & f.*) follower of **peronismo**
perseguir to pursue; to persecute
personaje character; person of
importance
personero representative, solicitor
perspicaz discerning; shrewd
pertenecer to belong
pertinaz persistent
perturbar to disturb
pesadilla nightmare
pesado heavy, clumsy, tiresome
pesar (*m.*) sorrow, regret; **a** — **de** in
spite of
pesca (*f.*) fishing
pescar to fish
pese a in spite of
peso weight, burden; heaviness
pesquera (*adj.*) fishing
pez (*m.*) fish
pícaro rogue
pico beak; peak
pie (*m.*) foot; **a** — on foot; **en** —
standing; firm
piel (*f.*) skin; fur
pieza room
pilastra square pillar
pingüe abundant; profitable
pintor painter
pintura painting
pipiolo novice; liberal (*in Chile*)
pirotecnia pyrotechnics
piso story, floor
pito whistle
placentero pleasurable
placer to please; (*m.*) pleasure
plagiar to plagiarize
plagio plagiarism
planear to plan; to outline
planicie plain; level ground
planificador planning
planificar to plan
plano (*adj.*) plane, flat, level, even;
(*m.*) plan, map, level

planteamiento planning; execution; statement

plantear to plan, to outline; to state (*a problem*); to expound

plata silver

plateado silvery

platino platinum

plaza square; market, town, city

plazo term, time, extension; **a —** on credit

plegar to fold; **—se** to yield, to give in

pleito dispute

pleno full, complete; joint (*session*); **en — día** in broad daylight, openly; **en plena primavera** at the height of spring

pliego sheet (*of paper*); document

plomo lead

pluma feather; pen

pluvial (*adj.*) pluvial, rain

población population; village, town, city

poblador founding, settling; (*n.*) founder, settler

poblar to people, to populate; to colonize

pobreza poverty; poorness

poco little, small; few, some; (*adv.*) hardly, scarcely; **por —** almost; **unos —s** a few

poder to be possible; to be able; (*m.*) power

poderío power, might; wealth

poderoso powerful, mighty; wealthy

podredumbre (*f.*) rottenness

polemizar to argue; to start a polemic

policentrista (*pertaining to*) many centers

política politics; policy; manners

polo pole

polvo powder; dust; **—s de arroz** rice powder

pólvora powder; gunpowder

ponderar to ponder; to praise highly

porcino (*pertaining to*) pigs; porcine

porfía persistence, stubbornness, obstinacy

porfiado persistent, stubborn, obstinate, opinionated

porfiar to persist; to argue stubbornly

pormenor (*m.*) detail

portal (*m.*) vestibule; porch

portarse to behave; to act

portaviones aircraft carrier

porteño (*pertaining to*) Buenos Aires; (*n.*) native of Buenos Aires

porvenir (*m.*) future, promise

posbélico, postbélico postwar

poscolombion, postcolombino post-Columbian (*after 1492*)

posguerra, postguerra postwar period

postergación delaying; leaving behind; delay, postponement

posterior (*m.*) posterior, back, rear; (*adj.*) later, subsequent; **— a** later than

postor (*m.*) bidder

postre last, final; **a la —** at last, finally

postrero last, ultimate

postrimerías end

potencia potency; power; faculty; powerful country

potro colt, stallion

pozo well

pradera prairie; meadow

preciosismo preciosity

precipitado precipitant

preclaro illustrious; famous

precolombino pre-Columbian (*before 1492*)

preconizar to preconize, to commend publicly; to proclaim

precursor (*n.*) forerunner

predecir to predict, to foretell, to prophesy

prédica sermon; harangue

predicación preaching

predicador (*n.*) preacher

predicar to preach

predominar to predominate, to stand out

predominio prodominance, superiority

pregonar to announce; to shout

prejuicio prejudice
prejuicioso prejudiced
premio prize; reward
premioso urgent
premura haste, urgency
prenda garment
prensa press, printing press
presa prey, booty
presagiar to presage, to forebode, to foretell
presagio presage, omen
prescribir to prescribe; to become invalid by default
presidio imprisonment; penitentiary
presidir to preside; to govern
preso imprisoned; (*n.*) prisoner; **poner — a** to arrest
préstamo lending, borrowing, loan
prestar to lend; **— atención** to pay attention; **— juramento** to take an oath
presunto presumed
presupuesto budget
pretender to pretend to; to claim; to try to do; to try for
pretérito past, bygone; preterit
prevalecer to prevail
prevenidamente in advance, beforehand
prevenido prepared, ready; foresighted
prevenir to prevent; to ancitipate; to warn
prever to foresee
previamente previously
previo previous, preceding
previsible foreseeable
primo first; prime; (*n.*) cousin
primoroso exquisite
principe prince
prisa hurry, haste; urgency; **a —** *or* **de —** quickly, hurriedly; **dar — a** to rush
privar to deprive; to prohibit
probar to prove, to test
problemática series of problems
procedencia origen, source
procedente coming, originating
proceder to proceed; to behave; to be proper; **— de** to come from; (*m.*) conduct, behavior

procedimiento procedure, proceeding, process
proclama proclamation, ban
procurar to strive for, to endeavor; to get
productor producing; (*n.*) producer
proferir to utter
profesorado professorship; faculty
profundidad depth, profundity
profundizar to deepen, to make deeper; to fathom
prohombre leader
prole (*f.*) offspring, progeny
promedio average
prometer to promise
promover to promote, to advance
promulgación promulgation, publication
pronóstico prediction
pronunciamiento insurrection, uprising; decree
pronunciar to pronounce; to make (*a speech*); **—se** to rebel; to declare oneself
propensión inclination
propiamente properly
propiedad property, ownership; proprietorship; **— literaria** copyright
propietario proprietor, owner
propio proper, suitable, characteristic; own
proponer to propose; to name; **—se** to plan
propósito purpose
propuesta proposal, proposition
propuesto (*adj.*) proposed
propugnar to defend, to protect
propulsar to repulse; to push forward
proscribir to outlaw
proseguir to follow, to continue
prosista (*m. & f.*) prose writer
proteger to protect
provecho advantage, benefit, profit, gain
provechoso advantageous, beneficial, profitable, useful
proveedor (*n.*) supplier, provider
proveer to provide, to furnish
proveniente coming, originating

provenir to come (from), to originate (in)

próvido provident, favorable

próximo next; neighboring, nearby

proyección projection

proyectar to project; to plan; to design

proyectil (*m.*) projectile; missile

proyecto project; — **de ley** bill

prurito itch; urge

púa point, sharp point; thorn

pudiente wealthy, rich, powerful

pudor (*m.*) modesty, reticence

puente (*m.*) bridge, deck; — **colgante** suspension bridge

pueril childish

puerto port, harbor

pues then, well, because, for, why; — **bien** now then, well

puesto placed, put, set; (*m.*) place, booth, stand; post, position

pugna struggle; contest

pugnar to fight, to struggle, to strive

pujante powerful

pulido polished

pulimentar to polish

pulir to polish; to finish

pulque (*m.*) maguey beer

pulquería (*Am.*) pulque tavern

puna Andean tableland

punta end, tip; apex

punto point; — **de vista** point of view

punzón (*m.*) graver, burin (*instrument for engraving*)

puñado handful; a few

puñal (*m.*) dagger

puño fist

Q

quebracho a hardwood tree

quechua *or* **quichua** Quechuan; (*m. & f.*) Quechua

quedar to remain, to stay; to be left; to turn out

quehacer (*m.*) work, task

queja complaint, lament

quejarse to complain; to lament; —**se de** to complain about *or* of

quemar to burn; to scald; to scorch

querella quarrel

querida mistress

querido dear; (*m.*) lover

querubín cherub

quiebra bankruptcy

quijotesco quixotic

quimera chimera; vain fancy; illusion

química chemistry

quina Peruvian bark

quincha (*Am.*) wall (*made of clay and canes*)

quinto fifth; — **real** (*crown's share of the profits extracted from the Indies*)

quinua, quinoa (*South American pigweed*)

quirúrgico surgical

quitar to remove; to take away (off *or* from); —**se** to take off

quiteño (*pertaining to*) Quito (Ecuador); (*n.*) native of Quito

quizá(s) perhaps

R

rabioso rabid, mad

racionamiento rationing

radical (*pertaining to the*) Radical party of Argentina; (*m. & f.*) member of the Radical party

radicarse to settle

radiografía X-ray picture

raigambre (*f.*) deep-rootedness

raíz (*f.*) root; **a** — **de** right after; **cortar de** — to nip in the bud

rajadura cleft, crack

rajar to split; to crack

rama branch

rango rank

Rapa Nui Easter Island

rapaz rapacious, thievish

raptar to abduct; to kidnap

rascacielos skyscraper

rasgo trait, characteristics; —**s** features; **a grandes** —**s** in bold strokes

raso smooth; flat; plain

ratificar to ratify

raya strip; line

rayuela hopscotch

razón (*f.*) reason, right, ratio; **a —**
de at the rate of; **dar la — a** to
agree with; to approve

razonamiento reasoning

razonar to reason; to explain

reaccionar to react; to recover

reacio obstinate, stubborn

real real; royal

realización fulfillment

realizar to fulfill, to accomplish, to
carry out; **—se** to be carried out

realzar to make prominent, to
enhance

reanudar to renew, to resume

rebaja lowering; diminution

rebajar to reduce; to diminish

rebaño herd, flock

rebasar to pass, to go beyond

rebatir to refute

rebeldía rebelliousness, defiance

rebuscado affected, unnatural

rebuscar to search into

recalcar to emphasize

recargado overdone

recelo suspicion, fear

recién recently; **— nacido** newborn

recio strong; thick

reclamar to claim; to demand; to
reclaim

reclamo reclamation

recluir to seclude; to shut in

reclutamiento recruiting,
recruitment, year's recruit

reclutar to recruit

recobrar to recover, to regain

recoger to pick up, to gather, to
collect; to harvest

recompensa recompense, reward

reconocer to recognize; to admit

reconocimiento recognition

recordar to remember; to remind

recordatorio reminder

recorrer to cross; to run over; to
travel over

recorrido trip, run, path, route

recrear to amuse

recto straight, right (*angle*); honest;
right, just

recuerdo memory; recollection;
souvenir

recurrir to resort

recurso recourse; resource; resort

rechazar to reject

rechazo rejection

red (*f.*) network

redacción editing, wording; drafting

redactar to write up; to work; to
draft

redención redemption

redentor (*m.*) redeemer

redescubrir to rediscover

redimir to redeem

redondez (*f.*) roundness

reducción settlement

reducido reduced; small

reducir to reduce; **—se** to confine
oneself; **—se a** to come to, to
amount to

reemplazar to replace

reencuentro clash, collision; meeting
again

referir to refer; to tell, narrate,
report; **—se** to refer

reflejar to reflect; to show, reveal

reflejo reflex, reflection, glare

reflexionar to reflect, to think

reformador (*n.*) reformer

refriega fray

refuerzo reinforcement

refugiado refugee

refugiar to shelter; **—se** to take
refuge

regar to water, to irrigate

régimen (*m.*) regime; **— alimenticio**
diet

regir to rule, to govern, to control;
to manage; to prevail, to be in force

registrar to record; to search

regla rule; **en —** in order

reglamentación regulation

reglamento regulation

regocijado glad, happy, rejoicing

regocijo enjoyment, satisfaction

reguero trickle

rehacer to do over, to remake; **—se**
to recover

rehusar to refuse; to turn down

reina queen

reinado reign
reinante reigning; prevailing
reincidir to backslide; to repeat an offense
reiniciar to begin again; to initiate again
reino kingdom
reinstalar to reinstate; to reinstall
reintegrar to reintegrate; to restore; to pay back
reinvindicar to replevy; to claim *or* demand (*e.g., one's rights*)
reja iron grating, bars (*of a window*)
relámpago lightening; quick person *or* action
relato narrative
relevar to relieve; to release
relieve (*m.*) relief
reliquia relic; trace, vestige
relucir to shine
remate (*m.*) sale
remedar to imitate
remedo imitation, copy; mockery, mimicking
remesa remittance; shipment
remontarse to go back
remunerador (*adj.*) remunerating; (*n.*) remunerator
renacentista of *or* pertaining to the Renaissance
renacer to be reborn, to be born again; to bloom again
renaciente renascent
renacimiento Renaissance, rebirth
rendimiento weariness, faintness; submission; yield, income
rendir to yield; —**se** to surrender
renegar to deny; to abhor
renglón (*m.*) line; item
renovador renewing, reviving; (*n.*) renovator
renovar to renew; to renovate
renta income
renuncia renunciation, resignation
renunciar to renounce; to resign; — **a** to give up
reñir to quarrel
repartimiento distribution; assessment; dealing

repartir to distribute; to deal (*cards*); to divide
reparto distribution, delivery
repentino sudden unexpected
repercutir to reverberate
repleto full, loaded
reponer to replace; to put back; to restore; to reply, to retort; —**se** to recover; to calm down
reprender to scold
represa dam; damming; check, repression
reprimir to check, to curb; to repress
repudio repudiation
repugnar to repel; to disgust
requerir to require; to need
res (*f.*) head of cattle
resabio unpleasant aftertaste; vice
rescatar to redeem
rescate (*m.*) ransom
reseñar to review; to outline briefly, to give a short account of
resguardar to protect; to guard
resolver to resolve; to decide on; to solve
resorte (*m.*) spring; means
respaldar to back, to endorse
respaldo (*m.*) endorsement; support
respecto respect, reference, relation; **al** — in the matter
respeto respect
resplandeciente brilliant; radiant
restablecer to re-establish, to restore; —**se** to recover
restablecimiento re-establishment, restoration; recovery
restituir to return, to restore
resuelto resolute, determined; quick
resumen (*m.*) summary, résumé; **en** — in a word, to sum up
resurgir to resurge, to revive
retablo altarpiece
retaguardia rear
retahila string, line
retar to challenge
retirada retreat
retocar to retouch, to touch up; to finish
retraso delay; lag

retratar to portray; to photograph
retrato portrait, photograph
retroceder to go back
retroceso retrocession
reunir to join, to unite; to assemble,
to gather together, to bring
together; to reunite; —**se** to meet,
to assemble
revalidar to confirm; to revalidate
revaloración revaluation
revancha revenge
revelador revealing
revelar to reveal
revés (*m.*) setback, reverse
revista review, magazine
revuelta revolt
rey king
rezago residue, remainder
rezar to pray
ribera shore, bank
rienda rein; **dar — suelta a** to give
free rein to
riesgo risk, danger
rima rhyme
rincón (*m.*) corner
riña fight
río river; — **arriba** upstream
riqueza wealth, riches, richness
risa laugh, laughter
risible laughable
risueño smiling
ritmo rhythm
rivalidad rivalry
roble (*m.*) oak
robustecer to make strong, to
strengthen
roce (*m.*) rubbing, contact; frequent
contact
rodear to surround; to go around
roto broken, shattered, torn; (*n.*)
poor Chilean
rótulo label, title, poster, showbill
rozar to graze, to rub
rubio blond
rudo coarse, rough, rude; severe
ruin (*adj.*) mean, base, vile; (*m.*)
wicked, mean, *or* vile man
ruiseñor (*m.*) nightingale
rumbo course, direction

rumor (*m.*) sound, noise; murmur
ruta route

S

sabana savannah (*large treeless plain*)
saber (*m.*) knowledge, learning
sabiduría wisdom
sabio wise, learned; (*m.*) wise man,
scholar
sabor (*m.*) flavor, taste
sabotear to sabotage
sacar to extract, to draw out; to take
(or bring) out; to get
sacerdocio priesthood
sacerdote (*m.*) priest
saciar to satiate; —**se** to become
satiated
saco sack, bag
sacristía sacristy
sacudir to shake, to jolt, to throw off
sagaz sagacious, wise
sagrado sacred
sagrario sanctuary, shrine; ciborium
sainete (*m.*) one-act farce
sajón Saxon
saldo balance; remnant
salida start, leaving, departure, exit
salitre (*m.*) nitrate
salitrera nitrate bed
salmantino (*pertaining to*)
Salamanca; (*m.*) native of Salamanca
salmo psalm
salomónica (*arch.*) twisted (*column*)
salpicado sprinkled
saltar to jump, to jump over, to leap,
to skip; — **a la vista** to be obvious
saltatrás (*m. & f.*) throwback
salteador (*n.*) bandit, holdup man
salto jump, leap; waterfall
salubridad health
salud health
salvaje wild, savage; (*m. & f.*) savage
salvajismo savagery, savageness
salvar to save; to salvage
salvedad reservation; qualification
salvo safe; omitted; **a —** out of
danger
sancionar to sanction; to authorize;
to ratify

sangrar to bleed; to drain
sangre (*f.*) blood
sangriento bleeding, bloody, cruel
sanjuanito *Ecuadorean dance and song*
sano healthy; healthful; sound, sane; safe
Santa Sede Holy See
santo saint
saña rage, fury
sapiencia wisdom
saquear to sack, to plunter
saqueo booty, plunter, sacking
sastrería tailoring, tailor shop
satisfacer to satisfy
satisfecho satisfied, content, contented
savia sap
sebo tallow; grease, fat
secesión secession, separation
secesionista separatist
sectarismo sectarianism
secuaz (*m.*) supporter, follower
secuestrar to kidnap
secuestro kidnapping
seda silk
sede (*f.*) headquarters; see
sedicioso (*adj.*) seditious; rebellious; (*n.*) rebel
sedimentar to sediment, to settle
seguidillas *Spanish dance and song*
segundón (*m.*) second son, younger son
selva forest, woods, jungle
sello sela, stamp; — **de correo** postage stamp
semblanza portrait; (*biographical*) sketch
sembrar to sow, to plant, to scatter, to spread
semejante like, such, similar; —**s** alike; — **a** like; (*m.*) fellow, fellow man
semejanza similarity, resemblance, likeness
semilla seed
sencillo simple, plain
senda path, way
sendero path
seno bosom, breast; womb

sensato sensible
sentido felt; experienced; sensitive; (*n.*) sense; direction, course; meaning
sentimiento sentiment, feeling; sorrow, regret
sentir to feel; to hear; to regret; (*m.*) feeling; opinion, judgment
senzala (*Portuguese*) slave quarters
seña sign, mark; password, watchword
señal (*f.*) sign, mark; landmark; bookmark; trace, signal; **en** — **de** in proof of; **ni** — not a trace of
señalar to mark; to show
señorear to dominate, to rule; to master
señorón (*m.*) big shot, bigwig
septentrional northern
sepultar to bury
sequedad dryness, barrenness
sequía drought
serrano (*adj.*) highland; (*n.*) highlander
sertão (*Portuguese*) arid land (*of northeast Brazil*)
servidor servant
servidumbre (*f.*) servitude; servants
sideral sidereal, astral
siderurgia siderurgy, iron and steel industry
siderúrgico (*pertaining to*) iron and steel
sien (*f.*) temple
siervo slave, serf; humble servant
siglo century
silvestre wild
similitud similitude
simplista simplistic, oversimplifying; (*m. & f.*) simplistic person
simulacro semblance, pretense; sham battle
simultáneo simultaneous
sincrético syncretic (*uniting conflicting beliefs*)
sindical syndical (*pertaining to labor unions*)
sindicato union, labor union, trade union
sinecura sinecure; easy position

sino (*conj.*) but, except; — **que** but; (*m.*) fate, destiny

sinsabor (*m.*) trouble

sinvergüenza shameless

siquiera (*adv.*) at least; even; (*conj.*) although, even though

sitiar to besiege, lay siege to

sitio place; site; siege

soberanía sovereignty

soberano sovereign

soberbia pride; presumption

soberbio proud, arrogant; superb; fiery

sobornar to bribe

soborno bribery, subornation

sobra surplus, excess

sobrecoger to surprise; —**se** to be surprised

sobrellevar to endure

sobrepasar to surpass, to excell; —**se** to go too far

sobreponer to superpose, to put on top, to superimpose; —**se** to control oneself; to triumph over adversity

sobresaliente outstanding

sobresalir to be prominent; to excel

sobrevenir to happen, to take place

sobreviviente surviving; (*m. & f.*) survivor

sobrevivir to survive

socavón (*m.*) cavern, gallery, shaft, tunnel

socio partner

sofisma (*m.*) sophism (*a fallacy which may be designed to deceive*)

sofístico sophistic (*with fallacious reasoning*)

sofocar to suffocate; to smash

soga rope

sojuzgar to subjugate, to subdue

soldadura soldering, welding

soledad solitude

solidario (*adj.*) solitary

soler + *inf.* to be accustomed to + *inf.*

soltero (*adj.*) single, unmarried; (*m.*) bachelor

solterón inveterate bachelor

sombrío gloomy, sombre

someter to subject; to submit; to subdue; —**se** to humble oneself; to submit, to surrender; —**se a** to submit to

sometimiento subjection, submission

sonar to sound; to ring

soñar to dream; — **con** to dream of

soplar to blow

sordo deaf

sorna cunning; **con** — furtively

sorprender to surprise

sosiego quiet, tranquillity

sospecha suspicion

sospechar to suspect

sostén (*m.*) support

sostenedor (*n.*) supporter, sustainer; (*adj.*) supporting, sustaining

sostener to support, to hold up, to sustain; to maintain

suave gentle, smooth, soft

súbito subject

subir to rise, to go up; to raise, to hoist

subito sudden; **de** — suddenly

sublevación uprising, revolt

sublevar to incite to rebellion; —**se** to revolt

subproducto by-product

subrayar to underline; to emphasize

subsistir to last, to survive

substrato substratum, foundation, base

subsuelo subsoil

suceso event, happening

sucesor succeeding; (*n.*) successor

sucinto concise

sudor (*m.*) swear, perspiration

suegro father-in-law

suelo ground, soil, land; floor

sueño sleep; dream

suerte (*f.*) luck, chance, fate, lot; (*Am.*) lottery ticket; **de** — **que** so that

sufragar to defray; to pay; to help; (*Am.*) to vote

sufragio suffrage, vote

sufrimiento suffering

sugerencia suggestion

sugerente suggestive

sugerir to suggest

sui generis of its own peculiar kind
suicidarse to commit suicide
suizo Swiss
sujetar to subject; to subdue
sujeto subject; liable; fastened
suma sum; **en —** in short
sumar to add; to amount; **—se a** to
adhere to; to become attached to
sumido sank
siministrar to provide, to supply
sumirse to sink
sumiso submissive
sumo high, great, extreme, supreme;
a lo — at most, at the most
superación surpassing, excelling,
winning, overcoming
superar to surpass, to excel; to
improve; to overcome
supercarretera superhighway
superficie surface
superior (*adj.*) superior, upper,
higher
superponer to superpose
suponer to suppose, to assume; to
presuppose
suprimir to suppress; to eliminate
supuesto supposed, assumed,
hypothetical; **por —** of course
sureño southern
surgir to spring up; to arise; to
appear
suscitador stirring; (*f.*) stirrer;
originator, promoter
suscitar to stir up, to provoke
suspender to suspend, to hand; to
postpone; to flank, to fail
suspicacia distrust
sustentar to sustain, to support, to
feed; to maintain
sustraer *or* **substraer** to remove; to
deduct
sutil subtle

T

tabla board, plank; **—s** stage
tablado boards, stage
tabú (*m.*) taboo
tácito implied
tachar to censure

tajada slice
tal such, so, as; **— como** just as;
vez perhaps; **con — que** provided
that
talla stature
talladura carving, cutting, engraving
tallar to carve; to engrave
taller (*m.*) workshop, studio
tallo stem, stalk
tamaño size
tambaleante tottering, staggering
tambor (*m.*) drum
tanto as (so) much; **en —** *or* **entre
—** in the meantime; **estar al — de**
to be *or* keep informed about, be
aware of; **otro —** as much, the
same thing; **por lo —** therefore
tapiz (*m.*) tapestry
tardar (en) to take long; to delay
tardío late, tardy
tarea task, job, work
tasa appraisal; measure, standard,
rate; ceiling price
técnica technique, technology
técnico technical; (*m.*) technician;
expert
techado roof
techo ceiling; roof
techumbre (*f.*) roof; ceiling
teja roof tile
tejado tile roof
tejer to weave
tejido textile; weave
tela cloth, fabric, textile
telón de fondo (*m.*) background
telúrico telluric (*pertaining to earth*)
tema (*m.*) theme
temática subject matter
temblar to shake, to tremble
temblor (*m.*) tremor
temer to fear
temerario rash, reckless, hasty
temeroso fearful, dreadful
temible dreadful, fearful
temor (*m.*) fear
templado temperate, lukewarm
templo temple, church
temporada season; period; time of
year
tempranamente early, soon

tenaz tenacious
tendencioso biased
tender to tend
tenente (*Portuguese*) lieutenant
teniente lieutenant
teñido dyeing; staining
teñir to dye
teocalli, teocali (God's house)
ancient Mexican temple
teórico theoretic; (*n.*) theoretician
teorizante to theorize, to theorize
on, to deal theoretically with
terapéutico therapeutic; (*f.*)
therapeutics
terciopelo velvet
terco stubborn
tergiversar to twist (*statements, facts,*
etc.)
término end, limit, boundary, term;
primer — foreground; **último** —
background; — **medio** average
ternura tenderness
terquedad stubbornness
terraplén (*m.*) rampart
terrateniente (*m. & f.*) landholder,
landowner, landlord
terremoto earthquake
terruño soil; country, native soil
tertulia party
tesis (*f.*) thesis
tesoro treasure, treasury
testigo (*m. & f.*) witness
tibio tepid, lukewarm; (*f.*) tibia,
shinbone
tierra earth, ground, dirt; land
tildar to accuse; to stigmatize, to
brand
timbal (*m.*) kettledrum
tinaja large earthen jar
tiniebla(s) darkness
tintóreo dyeing
tirano tyrannous; (*n.*) tyrant
tirar to throw; to pull; to print; to
knock down
títere (*m.*) puppet
titular (*adj.*) titular; (*m.*) headline;
(*v.*) to title, entitle; —**se** to receive
a title; to be called, to call oneself
título title, degree; —**s**
qualifications, credentials

todo (*adj.*) all, whole, every, any,
full; —**s cuantos** all those who; (*m.*)
whole; **ante** — first of all; **con** —
still, however; **del** — wholly,
entirely
tonada melody, song, tune
tono tone, pitch; **a** — **con** in tune
with, in harmony with
torbellino whirlwind
torcer to twist; to bend; to turn
tornar to return; —**se** to become; to
turn
torno turn; **en** — around, about; **en**
— **de, en** — **a** around, about
torpe awkward; stupid
torreón (*m.*) fortified tower; turret
tosco crude, coarse, rough
totora reed
traba obstacle
trabajoso hard, arduous, laborious;
unpleasant, annoying
traición treachery, treason; **a** — *or*
a la — treacherously
traicionar to betray
traidor treacherous; (*n.*) traitor,
betrayer
traje (*m.*) costume, dress, suit
trama texture; plot, scheme
trampear to trick, to swindle, to
cheat
trampolín (*m.*) springboard
tramposo tricky; deceitful; (*n.*) cheat
trance (*m.*) critical moment; **a todo**
— at any risk
transcurrir to pass, to elapse
transcurso course; lapse (*of time*)
transigir to settle; to compromise;
— **con** to compromise on
tras after, behind; in search of;
besides
trasero (*adj.*) back, rear; (*m.*)
buttock
trasladar to transfer; to translate; to
postpone; —**se** to move
trastornar to upset, to overturn; to
disturb
trastorno upset, upheaval;
disturbance
trata trade
tratado treaty; treatise

tratar to handle, to deal with; to treat; **— a uno de** to address someone as; **—se de** to be a question of

trato treatment; dealings

través (*m.*) reverse; *a* (*or* al) **— de** through, across

travesía crossing

trayectoria trajectory

traza appearance, aspect

trazo trace; stroke

tregua truce

trepar to climb

tríade (*f.*) triad

trigo wheat

trillado trite; hackneyed

trinchera trench

triste sad

tristeza sorrow, grief, sadness

triturar to triturate; (*fig.*) to tear to pieces

trocar to exchange; **—se** to change

trocha trail, road; (*Am.*) gauge (*of track*)

tronco trunk; leg; stock; origin

trono throne

tropa troop; troops, soldiers

tropel (*m.*) jumble, confusion; crowd

tropezar to hit, to strike; to stumble; **— con** to meet

tropiezo stumble; stumbling block, obstacle; fault

trovar to write verse (*particularly by a troubador or for him*)

trozo piece, fragment; part; passage

trueno thunder

trueque (*m.*) barter; trade-in; **a — de** in exchange for

trujillano (*pertaining to*) Trujillo, Peru; (*m.*) native of Trujillo

trunco truncated

tugurio small room; poor hut

tullido crippled

tumba tomb

tumbar to knock down; to tumble

tupido thick, dense

turbar to disturb, to trouble, to stir up

turbio turbid, muddy, confused, obscure

turno turn, shift; **por —** in turn; **por —s** by turns; **de —** taking turn

tutela tutelage; protection

tuteo *addressing a person in the Spanish second person singular*

U

ubicación location, situation

ubicar (*Am.*) to place; **—se** to be located *or* situated

ufanarse to boast

ultrajar to outrage, to abuse

ultramar: en — overseas

ultraterreno life beyond

umbral (*m.*) threshold

unificador unifying

uña nail, fingernail, toenail

urbe (*f.*) big city

urgir to be urgent

usufructo enjoyment, profit

usufructuar to enjoy

útil useful; **—es** (*m. pl.*) tools, equipment

utilidad utility, usefulness; profit; earning

utilitarismo utilitarianism

uva grape

V

vaciar to drain, to empty

vacío vacant, vacuous, empty

vacuno bovine

vacuo empty; vacant; (*m.*) hollow, vacuum

vagar to wander, to roam

vago wandering, vagabond; idle, lazy; vague; (*m.*) vagabond

vaivén (*m.*) swing, backward and forward motion; wavering

valentía (*f.*) courage; boldness

valer to be worth; to cost; **—se** to help oneself; **—se de** to make use of

valor (*m.*) value; courage

vals (*m.*) waltz

valle (*m.*) valley

vanadio vanadium

vanagloriarse to boast

vanidoso vain

varita little wand, staff

vasco Basque

vaticinio prediction, prophecy

vecindad neighborhood, vicinity

vecino neighboring, near; (*n.*) neighbor, native

vedar to forbid, to prohibit

vejez (*f.*) old age

velar to guard, to watch; to veil; — **por** to watch over

veleidoso capricious

vencedor conquering; (*n.*) victor, conqueror, winner

vencer to conquer, to vanquish, to overcome

vendaval (*m.*) strong wind

veneno poison

vengar to revenge; —**se** to take revenge

vengativo vengeful, vindictive

ventaja advantage

ventajoso advantageous, profitable

ventura happiness; chance

veraniego (*pertaining to*) summer

verdugo executioner

vergüenza shame; disgrace; shyness; **tener** — to be ashamed

verificar to verify, to check, to inspect; —**se** to be verified; to take place

vértice (*m.*) vertex

vertiente (*f.*) slope

vestimenta clothes

vez (*f.*) time; turn; **a la** — at one time, at the same time

vía road, route, way; track (*rail*); gauge (*of a track*) passage; — **férrea** railway; — **pública** thoroughfare; — **de comunicación** communications

viajero traveling; (*n.*) traveler

viciar to vitiate; to falsify; to adulterate

vicio vice, viciousness

vid (*f.*) (*bot.*) grapevine

vidrio glass

vientre (*m.*) belly; bowels; womb

viga beam

vigencia force, operation; use; vogue; **en** — in force, in effect

vigente effective, in force, of today

vilipendiar to vilify, to scorn

villa village

villancico Christmas carol

villista (*pertaining to*) Pancho Villa; (*m. & f.*) follower of Villa

vinculación binding; connection

vincular to tie; to bind; to unite; to found (*e.g., hopes*)

vínculo bond, tie

vindicar to vindicate, to avenge

viña vineyard

violentar to do violence to; to break into; —**se** to force oneself

viraje (*m.*) turn, change of direction

virar to turn, to veer

virreinato viceroyalty, viceroyship

virrey viceroy

virtud virtue

viruela smallpox

vislumbrar to glimpse; to suspect, to surmise; —**se** to glimmer; to loom, to appear indistinctly

víspera eve, day before

vistazo glance; **dar un** — to look over

visto obvious; in view of; **bien** — looked on with approval; **por lo** — evidently; — **bueno** approved, O.K.

vistoso gay, bright, showy

vitalicio (*adj.*) lifetime; life, lasting for life

¡viva! long live . . . !

vivaz vivacious; keen

víveres (*m. pl.*) food, supplies

vivienda dwelling; housing

vivo alive, living, live; intense

vocablo word, term

vocero spokesman, mouthpiece

vocinglero loudmouthed; chattering

volar to fly; to run swiftly

volcán (*m.*) volcano

voluntad will; love; **de buena** — willingly; **ganarse la** — to win the favor

vórtice (*m.*) vortex; center of a
  cyclone
voto vow, vote; **hacer** —s to wish,
  to hope
vuelco upset, overturning
vuelta turn, rotation, revolution;
  walk; **a la** — on returning; on the
  other side of the page; **a la** — **de** at
  the end of, after, around; **dar** —s to
  turn
vulgar (*adj.*) vulgar, common;
  popular

Y

ya already, now, then, soon; — **que**
  inasmuch as
yacer to lie
yacimiento mine, deposit
yanqui Yankee

yaraví (*m.*) *brief melancholic poem
  with Inca poetic flavor, often set to
  music*
yerba grass; herb
yodo iodine
yuca casava
yugo yoke

Z

zafra grinding season in the sugar
  industry; sugar crop; sugar harvest
zaga: a la — behind; at the end
zamacueca Peruvian folk dance and
  tune
zambo (*Am.*) person of Indian and
  Negro parents
zanja to surmount, to overcome
zarpar (*naut.*) to sail
zozobra anguish

Indice